国家中心城市（郑州）功能完善提升研究

石 玉 著

Research on Function Improvement
and Promotion of National Central Cities
—A Case Study of Zhengzhou

经济管理出版社
ECONOMY & MANAGEMENT PUBLISHING HOUSE

图书在版编目（CIP）数据

国家中心城市（郑州）功能完善提升研究/石玉著．—北京：经济管理出版社，2021.3
ISBN 978 – 7 – 5096 – 7830 – 5

Ⅰ．①国…　Ⅱ．①石…　Ⅲ．①城市建设—研究—郑州　Ⅳ．①F299.276.11

中国版本图书馆 CIP 数据核字（2021）第 042227 号

组稿编辑：申桂萍
责任编辑：魏晨红
责任印制：黄章平
责任校对：董杉珊

出版发行：经济管理出版社
　　　　　（北京市海淀区北蜂窝 8 号中雅大厦 A 座 11 层　100038）
网　　　址：www.E – mp.com.cn
电　　　话：(010) 51915602
印　　　刷：唐山昊达印刷有限公司
经　　　销：新华书店
开　　　本：720mm × 1000mm/16
印　　　张：18.5
字　　　数：361 千字
版　　　次：2021 年 3 月第 1 版　　2021 年 3 月第 1 次印刷
书　　　号：ISBN 978 – 7 – 5096 – 7830 – 5
定　　　价：88.00 元

序

　　建设国家中心城市，是党中央、国务院着眼完善全国城镇体系、促进区域协调发展、提升特大中心城市辐射力带动力、赢得全球城市竞争做出的重大战略部署。以城市群为主体形态推进新型城镇化，以国家中心城市为牵引促进大、中、小城市和小城镇协调发展，以培育现代化都市圈为抓手推动城市群高质量发展，是党中央确定的新时代我国城市与区域发展的基本思路。

　　国家中心城市建设是我国城镇化进程中和城镇体系规划中的一项重大课题。

　　国家中心城市是居于国家战略要津、体现国家意志、肩负国家使命、引领区域发展、跻身国际竞争领域、代表国家形象的特大型都市，处于中国城镇体系规划设置的最高层级，体现着全国城市发展的水平和品质，具有引领、示范和辐射带动效应。自 2005 年原国家建设部启动研究《全国城镇体系规划》首次提出"国家中心城市"概念以来，学术界的专家学者就国家中心城市的内涵、特征、功能和建设国家中心城市的意义、布局和路径等，进行了大量的学术研究和探讨，取得了丰硕成果，为国家中心城市建设提供了有力的学理支撑和智力支持。

　　2010 年以来，国家从推动区域协调发展和国家中心城市均衡布局的战略高度，先后把北京、天津、上海、广州、重庆、成都、武汉、郑州、西安九个城市明确定位为国家中心城市。郑州是华夏文明的重要发祥地、国家历史文化名城、中国八大古都之一。郑州位居中华腹地，承东启西、连南贯北，具有显著的区位交通优势。国家明确支持郑州建设国家中心城市，这是国家赋予郑州的新定位，是郑州发展面临的新机遇，是郑州人民肩负的新使命。

　　近年来，在以习近平同志为核心的党中央的坚强领导下，郑州市牢固树立五大发展理念，统筹推进"五位一体"总体布局和协调推进"四个全面"战略布局，抓住难得历史机遇，坚持改革开放，致力于创新发展，国家中心城市建设取得了显著进展和可喜成就。2018 年，郑州市经济总量突破万亿元大关，常住人口突破千万，人均生产总值突破 10 万元，昂首跨入超大城市行列。2019 年，经济发展迈上新台阶，经济总量在中国百强城市排行榜中跃居第 13 位，超过青岛进入中国北方城市前三名。2019年9月18日，习近平总书记在黄河流域生态保护和高质量发展座谈会上的讲话中对郑州市的发展给予了充分肯定，称赞郑州中心城市"加快建设""新的经济增长点不断涌现""发展水平不断提升"。

尽管近些年来郑州市的经济发展取得了骄人成绩，但在九大国家中心城市中仍处于第三梯队，发展空间巨大。对照国家中心城市建设标准，郑州在综合经济实力、城市承载功能、科技创新水平、辐射带动作用等方面仍存在较大差距。这就要求郑州不能有任何喘口气、歇歇脚的念头，必须以时不我待、只争朝夕的精神加倍努力，不断强化郑州国家中心城市的核心竞争力和综合服务功能，持续提升郑州的首位度、辐射力和带动力，实现高质量发展，奋力在谱写新时代中原更加出彩绚丽篇章中先出彩、出重彩。

建设国家中心城市有许多工作要做，其中的重点工作之一，就是提升城市综合功能，按照国际大都市标准规划、建设、管理和运营城市，不断提高科技创新、国际竞争、辐射带动、可持续发展和交通信息的联通能力。如何优化提升国家中心城市功能？最终解决这个问题要靠实践，但首先必须加强这方面的理论研究，从理论上搞清楚、讲明白。理论是行动的先导，对实践发展具有重要引领作用。列宁曾经说过："没有革命的理论，就不会有革命的行动。"① 优化提升国家中心城市功能也是这样。只有搞清楚了相关理论，才能做到行动上更加自觉，实践上避免出现颠覆性错误。石玉同志在这方面做了有益的探讨，撰写了《国家中心城市（郑州）功能完善提升研究》这部新作。该书在系统阐述国家中心城市功能的内涵和属性、特征和类型以及郑州城市功能的历史演进和发展总体目标的基础上，着重从综合服务功能、产业集聚、综合枢纽、科技创新、开放交流、人文凝聚、生态宜居、城市结构、城市空间形态九个方面对优化提升郑州国家中心城市功能做了较为深入的研究和探讨，其中不乏一些很有参考价值和可操作性的对策建议。在这里，我特向广大读者推荐这部著作，并殷切期望郑州师范学院国家中心城市研究院的专家学者们再接再厉，不断推出更高质量、更有价值的新的研究成果。

中国国际经济交流中心副理事长兼秘书长
郑州师范学院国家中心城市研究院首席顾问

张大卫

2020年5月

---

① 列宁.列宁选集（第1卷）[M].北京：人民出版社，1995：311.

前　言

郑州是一座既非常古老又十分年轻的城市。言其古老，是从历史层面讲的，是说郑州这座城市具有非常悠久的历史，曾经创造了璀璨夺目的文明；言其年轻，是就发展层面讲的，是说郑州这座"火车拉来"的城市进入现代文明比较晚，新中国成立时她还是个"小县城"。然而，新中国成立以来特别是改革开放以来，在中国共产党的正确领导和全市人民的不懈奋斗下，郑州发生了惊人的沧桑巨变！尤其是党的十八大以来，郑州发展之迅猛更是为世人所瞩目——完成了从曾经的"小县城"到国家中心城市的华丽转身与精彩"蝶变"！

郑州人民至今仍铭记着那让人难以忘怀的重要历史时刻：2016 年 12 月 26 日，国务院正式批复的《促进中部地区崛起"十三五"规划》明确提出，支持郑州建设国家中心城市；2017 年 1 月 22 日，国家发展和改革委员会正式发布《关于支持郑州建设国家中心城市的指导意见》。这既表征着国家对郑州的既往发展给予了充分肯定和高度认可，同时也意味着郑州发展进入了一个崭新的历史阶段，站在了一个新的历史起点上。

国家中心城市处于中国城镇体系规划设置的最高层级，是居于国家战略要津，肩负着国家使命，是引领区域发展、参与国际竞争、代表国家形象的现代化大都市。建设国家中心城市，是以习近平同志为核心的党中央着眼完善全国城镇体系、促进区域协调发展、提升特大中心城市辐射带动力、赢得全球竞争作出的重大战略部署。切实贯彻落实好这一重大战略部署，高质量推进国家中心城市建设，这对郑州来说既是千载难逢的发展机遇，又是前所未有的严峻挑战。应当看到，郑州建设国家中心城市具有诸多优势，同时也存在一系列亟待认识解决的矛盾和问题，如何完善提升国家中心城市功能便是其中之一。

城市功能亦称"城市职能"，是指城市在一定地域内的经济社会发展中所发挥的作用和承担的分工。作为全国城镇体系中能级最高的"塔尖"城市，国家中心城市具有其特定的功能。完善提升城市功能既是国家中心城市提升城市能级和核心竞争力的客观要求，也是建设国家中心城市的题中应有之义和重要路径。

只有不断完善提升城市功能，才能更进一步增强国家中心城市引领区域发展、参与国际竞争的实际能力，更好地代表国家形象、完成国家使命。

一般而言，国家中心城市具有综合服务、网络枢纽、科技创新、开放交流、人文凝聚、生态宜居六大核心功能。除了这六大核心功能外，国家中心城市还具有其他一些非核心功能。由于国家在选定国家中心城市时是着眼全国区域发展大局的，是从国家战略高度进行谋划和布局的，而不是基于各中心城市在某种标准下排序的结果，尤其不是依据 GDP 总量取舍的结果，所以目前已经选定的 9 个国家中心城市在发展水平上并不处在同一个层次，如郑州市与其他国家中心城市相比较，许多指标都处于后进状态。根据我们的理解，国家之所以批复郑州建设国家中心城市，更多的是看重其未来发展，未来在完成建设"一带一路"倡议、中部地区崛起等中发挥重要的支撑作用。与此同时，现有的九个国家中心城市在地理区位、历史文化、资源禀赋、产业特色等方面呈现出各自不同的特点，因而在城市功能及其强弱上也会出现较大差异。发展层次和发展水平的不同，城市特点以及由此所带来的城市功能及其强弱的不同，决定了完善提升国家中心城市功能的努力方向和重点任务的不同。

综合考虑上述诸多因素，本书在框架设计上，从郑州的城市特点及其建设国家中心城市的具体实际出发，着重从综合服务、产业集聚、综合枢纽、科技创新、开放交流、人文凝聚、生态宜居七个方面对郑州国家中心城市功能的完善提升问题进行了研究和探讨；同时，鉴于城市空间的结构和形态以及城市能级与城市功能之间的内在联系，鉴于这些因素对城市功能的影响，本书又以"以城市结构优化提升郑州城市功能""以城市空间形态优化提升郑州城市功能""以提高城市能级优化提升郑州城市功能"三章的篇幅来探讨和研究相关问题。

出于对完善提升郑州城市功能相关问题做实证分析的客观需要，本书在撰写过程中，多数章节采取了下列体例结构：首先考察所讨论问题的相关基础理论，尽力阐述清楚相关的概念及其内涵以及学界所持有的一些基本观点；然后考察郑州某个城市功能的历史演进并作出现状分析，找出存在的主要问题或短板，明确郑州完善提升该城市功能面临的主要任务，指出完善提升该城市功能的现实路径和对策建议。

完善提升国家中心城市功能，是 1000 万郑州人民正在进行着的、波澜壮阔的伟大实践。1917 年 4 月，伟大革命导师列宁曾转述过德国著名文学家约翰·沃尔夫冈·冯·歌德长篇诗剧《浮士德》中的一句名言："理论是灰色的，而生活之树是常青的。"[①] 与人民群众实践这棵常青的生活之树相比，我们对完善提升

---

① 列宁. 列宁选集（第 3 卷）[M]. 北京：人民出版社，2012：27.

郑州国家中心城市功能的理论研究同样也是灰色的，总是显得那样不相适应。然而，理论总是要在实践中得到检验并获得丰富和发展的。我们的研究和探讨不会随着本书的出版而告终结，只是站在了一个新的起点上。人民群众的实践在不断发展，我们的理论研究和探讨也没有止境，永远在路上！

目　录

第一章　导论：国家中心城市功能概说

城市既是非农业产业和非农业人口聚集而成的规模较大的居民点，也是人类多种聚集行为和行为空间的有机集合体，更是所在区域经济社会发展的中心。在中国城镇体系规划中，城市按其在国家和区域中的地位与作用被划分为不同的层级。国家中心城市是中国城镇体系规划设置的最高层级，是居于国家战略要津、肩负国家使命、引领区域发展、参与国际竞争、代表国家形象的现代化大都市，具有产业聚集功能、综合服务功能、物流枢纽功能、科技创新功能、开放交流功能、人文宜居功能。建设和发展国家中心城市，根本在最大限度地发挥其功能。而要使国家中心城市的功能得到充分发挥，就必须在建设发展实践中着力完善和提升其功能。完善和提升国家中心城市功能，是建设和发展国家中心城市的重要基础和关键所在。

一、国家中心城市功能的内涵和属性

国家中心城市这一层级划分，并不是从来就有的，而是在中国城市现代化发展进程中新出现的。国家中心城市是对一个城市的功能定位，而不是指它的行政级别。完善和提升国家中心城市功能，充分发挥国家中心城市的功能和作用，首先应当搞清楚什么是国家中心城市的功能，搞清楚国家中心城市功能的基本内涵和属性。

（一）国家中心城市的由来和现有布局状况

城市是社会生产力发展到一定历史阶段的产物，是人类文明的鲜明标志和重要里程碑。恩格斯在《家庭、私有制和国家的起源》一文中曾经指出："用方木和木板造船、作为艺术的建筑术的萌芽、由设塔楼和雉堞的城墙围绕起来的城市、荷马的史诗以及全部神话——这就是希腊人由野蛮时代带入文明时代的主要遗产。①

在几千年的发展历程中，城市为人类文明发展和社会进步做出了不可磨灭的重大历史性贡献。当今世界，加快城市化发展已成为不可阻挡的历史趋势；城市化水平的高低已成为衡量一个国家或地区经济发展水平的重要标志。

中华人民共和国成立 70 年来特别是改革开放 40 多年来，中国的城镇化水平显著提高，城市人口大幅度增加，城市经济持续快速增长，城市发展质量明显改善，城市居民生活水平不断提升，取得了举世瞩目的历史性成就。1949 年，我国的城镇常住人口只有 5765 万人，城镇化率仅为 10.64%。党的十一届三中全会后，沐浴着改革开放的春风，中国的城市发展步入了"快车道"。有资料显示，中国的城镇化率从 1978 年的 17.9% 提高到了 2018 年的 59.6%；城镇常住人口由 1978 年的 1.72 亿提高到了 2018 年的 8.31 亿。改革开放 40 多年间，中国的城镇化率提高了 40 多个百分点，年均提高 1 个百分点左右；现代城镇体系逐步建立和完善起来，城市对于区域经济社会发展的辐射带动作用日益增强，已成为推动中国现代化建设的重要引擎，初步形成了以城市群为主体形态、核心城市引领城市群并带动区域协调发展的空间发展格局。

当今世界，经济全球化极大地改变了国家和城市的世界分工模式，许多资源能够在全球范围内进行配置，从而推动城市发展实现了重大转变："在城市形态上，出现了巨型城市、城市带、城市群、大都市连绵带等，在功能上，城市从单一功能走向越来越综合，从功能影响的范围角度来看，出现了能够掌控世界发展的世界城市，能够携领一国发展的国家中心城市，在区域经济发展中起重要核心作用区域中心城市等。"② 随着国内城市新的空间发展格局的形成，为应对经济全球化背景下城市发展新变化带来的严重挑战，国家中心城市这种新的城市层级和发展样式便在中国应运而生了。

"国家中心城市"的概念，最早是由原国家建设部在编制全国城镇体系规划过程中提出的。2007 年 2 月，该部在上报国务院的《全国城镇体系规划（2006—2020 年）》中指出：国家中心城市是全国城镇体系的核心城市，在我国的金融、管理、文化和交通等方面都发挥着重要的中心和枢纽作用，在推动国际经济发展和文化交流方面也发挥着重要的门户作用。并且强调指出，国家中心城市应当具有全国范围的中心性和一定区域的国际性两大基本特征。

---

① 恩格斯. 马克思恩格斯选集（第 4 卷）[M]. 北京：人民出版社，2012：34 - 35.
② 宋思曼. 国家中心城市功能理论与重庆构建国家中心城市研究 [D]. 重庆大学博士学位论文，2013.

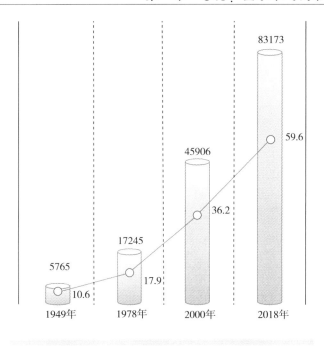

城镇常住人口（万人）＆城镇化率（％）

图1-1 1949~2018年中国主要年份城镇常住人口及城镇化率变化

资料来源：《中国统计年鉴》（2019）。

　　对"国家中心城市"这一概念，专家学者们从不同视角作出自己的阐释。陈江生、郑智星以东京、伦敦等国际中心城市为例进行研究，指出："国家中心城市一般是在国家中居于核心地位、发挥主导作用的城市。它聚集了一定区域内各种要素资源和相应的经济活动，是国家生产力布局的中心与枢纽，具有高度的聚集性、开放性和枢纽性等特征。"① 周阳强调应用世界眼光和全球化思维来看待国家中心城市，认为："国家中心城市是指，国家重点城镇群（城市区域）的核心城市，全国性或国家战略区域的经济中心，全球城市网络体系和产业价值链分工体系的重要功能节点，促进区域融合和参与国际竞争的门户，是在现代化和国际化方面居国内领先水平，在配置国际国内资源、促进资源要素双向流动中具有重要地位和作用，具有较强控制、管理、整合、创新功能的特大中心城市。"② 通过对广州建设国家中心城市的实力研究，朱小丹认为："国家中心城市是在政

---

　　① 陈江生，郑智星. 国家中心城市的发展瓶颈及解决思路——以东京、伦敦等国际中心城市为例 ［J］. 城市观察，2009（2）：14-19.

　　② 周阳. 国家中心城市、概念、特征、功能及其评价 ［J］. 城市观察，2012（1）：132-142.

治、经济、文化和社会等领域有着全国性的重要影响，并能代表国家参与国际竞争与交流的主要城市。也可以说，国家中心城市是一个国家综合实力最强、集聚辐射和带动能力最大的城市代表，通常是全国性或区域性的经济中心、政治中心、文化中心、科教中心或对外交往中心。"① 王旭阳提出："国家中心城市是城市群和产业集群功能分工和经济区生产布局的空间表现形式，是城镇化进程与生产要素向城市集聚的产物，具有较强的创新、服务、集聚和扩散功能。"② 姚华松则强调国家中心城市"代表一国最高的城市发展水平，是联系国内外的重要端口和关键门户，代表国家最高端城市参与国际竞争与合作"，"是一国参与全球经济循环的主要载体，是国家和地区经济全球化过程的重要平台，起着衔接国家其他城市和地区与世界联系的桥梁、纽带作用"。③

就"国家中心城市"的概念，国家发展和改革委员会也曾给出定义："国家中心城市是指居于国家战略要津、肩负国家使命、引领区域发展、参与国际竞争、代表国家形象的现代化大都市。"④ 国家发展和改革委员会还阐述了建设国家中心城市的重大意义和实践价值：在资源环境承载条件和经济发展基础较好的地区规划建设国家中心城市，既是引领全国新型城镇化建设的重要抓手，也是完善对外开放区域布局的重要举措。郑州师范学院国家中心城市研究院课题组的专家学者在《中国国家中心城市建设综述及发展态势》的报告中认为："所谓国家中心城市，就是能够服务全国战略布局、体现国家意志、肩负国家使命、具有较强发展潜力、具有较高开放度、能够引领区域发展、跻身国际竞争领域、代表国家形象的现代化大都市。"该报告还着重强调说："国家中心城市在经济、政治、社会、文化、国际交往、区域辐射等领域承担国家战略职能，具有全国性重要影响，并能代表国家参与国际合作和竞争，是国家主要经济区域和城市群的核心城市。"⑤

为更好地贯彻国家战略意图，引领全国新型城镇化建设，完善对外开放格局，国家有关部门在21世纪的第二个十年开始着手设立和布局国家中心城市。2010年2月，原国家住房和城乡建设部在其发布的《全国城镇体系规划（2010—2020年）》中，首次将北京、天津、上海、广州、重庆5个城市确定为国家中心城市，并明确提出了这五大国家中心城市的规划和定位。2016年4月，国家发展和改革委员会和住房城乡建设部在联合印发的《成渝城市群发展规划》

① 朱小丹．论建设国家中心城市——从国家战略层面全面提升广州科学发展实力的研究［J］．城市观察，2009（2）：5-13．

② 王旭阳．积极推进国家中心城市建设的建议［J］．中国物价，2017（4）：17-20．

③ 姚华松．论建设国家中心城市的五大关系［J］．城市观察，2009（2）：62-69．

④ 国家发展和改革委员会．关于支持武汉建设国家中心城市的指导意见［Z］．2016-12-14．

⑤ 赵健，孙先科．国家中心城市建设报告（2018）［M］．北京：社会科学文献出版社，2018：7．

中提出，成都要以建设国家中心城市为目标，增强成都西部地区重要的经济中心、科技中心、文创中心、对外交往中心和综合交通枢纽功能。同年12月，国家发展和改革委员会在《关于支持武汉建设国家中心城市的复函》中指出，武汉建设国家中心城市，有利于增强辐射带动功能、支撑长江经济带发展，有利于激发改革创新动力、推动中西部地区供给侧结构性改革，有利于构筑内陆开放平台，纵深拓展国家开放总体格局。一个星期后，经国务院同意，国家发展和改革委员会发布《促进中部地区崛起"十三五"规划》，明确提出：支持武汉、郑州建设国家中心城市。2017年1月，国家发展和改革委员会发布的《关于支持郑州建设国家中心城市的指导意见》指出，郑州作为中原城市群核心城市，区位优势明显，腹地市场广阔，人力资源丰富，文化底蕴厚重，建设国家中心城市具有良好条件和巨大潜力。该意见要求郑州努力建设具有创新活力、人文魅力、生态智慧、开放包容的国家中心城市，在引领中原城市群一体化发展、支撑中部崛起和服务全国发展大局中做出更大贡献。2018年2月，国家发展和改革委员会和住房城乡建设部在联合印发的《关中平原城市群发展规划》中明确提出，建设西安国家中心城市。至此，在国家层面的正式文件中，共有北京、天津、上海、广州、重庆、成都、武汉、郑州、西安九个城市被明确为国家中心城市会被支持建设成为国家中心城市。

表 1-1　截至 2018 年国家批复建设的国家中心城市

批复时间	批复城市	文件依据
2010 年 2 月	北京 天津 上海 广州 重庆	《全国城镇体系规划（2010—2020 年）》
2016 年 4 月	成都	《成渝城市群发展规划》
2016 年 12 月	武汉 郑州	《促进中部地区崛起"十三五"规划》
2018 年 2 月	西安	《关中平原城市群发展规划》

（二）国家中心城市功能的内涵

搞清楚国家中心城市功能的内涵，首先就要弄明白什么是功能，什么是城市功能。

所谓功能，是指一事物作用于他物的能力。"功能"一词在中国古已有之。《汉书·杜钦传》："观本行于乡党，考功能于官职。"这里所说的"功能"，即为能力之意。在古代汉语中，"功能"又有效能、功效之解。《汉书·宣帝纪》："五日一听事，自丞相以下各奉职奏事，以傅奏其言，考试功能。"在自然辩证法中，"功能"与"结构"相对，是指有特定结构的事物或系统在内部和外部的联系、关系中表现出来的特性和能力。①

作为社会生产力发展到一定阶段的产物，城市也有其功能。城市功能又称城市职能，人们通常将其理解为一个城市在国家和地区范围内的社会经济生活中所能发挥的作用。由原国家建设部 1998 年 8 月 13 日发布、1999 年 2 月 1 日起施行的《城市规划基本术语标准》中，没用使用"城市功能"的概念，而是使用了"城市职能"的术语。该国家标准对城市职能做出的解释是：城市职能是指城市在一定地域内的经济社会发展中所发挥的作用和承担的分工。

学界通常使用"城市功能"概念，但由于不同学科看问题的视角不同，人们对这一概念的理解和界定也不尽相同。城市历史地理学认为，城市功能变迁是城市兴衰的决定性因素。一个城市之所以发生变化，一定可以从城市的政治功能、交通功能、经济功能、文化功能的变化上找到最后的答案。② 城市管理学理论强调，城市功能主要体现在其所具有的承载体、依托体、中心主导性、职能特殊性等方面，认为城市功能体现为文化承载体、社会生活依托体和经济中心。③在城市经济学看来，城市是一个空间地域系统，是城市内部各组成部分之间通过相互联系和制约而形成的有一定地域范围的有机体；是一个以人为主体，以空间利用和自然环境利用为特点，以集聚经济效益、社会效益为目的，集约人口、经济、科学、技术和文化的空间地域大系统；是一个坐落在有限空间内的各种经济市场住房、劳动力、土地、运输等相互交织在一起的网状系统。因此，城市就是市场的集合，城市存在的最大功能是服务于交易的实现。而城市地理学和城市规划学则认为，城市功能指某城市在国家或区域中所起的作用或承担的分工。④

尽管不同学派的专家学者们从不同层面或视角表达了他们对城市功能的观点和看法，但城市经济学从城市的形成及其本质的角度来界定城市功能更带有深刻性。从事城市经济学问题研究的专家们认为，在城市的形成过程中，集中呈现出了这样两种经济效应：一种是区域经济效应，另一种是集聚经济效应。正是在这样两种经济效应的基础上，城市这种特定的组织形式才能对经济社会发展产生影

① 陈柳钦. 城市功能及其空间结构和区际协调 [J]. 中国名城，2011（1）：46 – 55.
② 蓉平. 成都"五中心一枢纽"内涵演变说明了什么 [EB/OL]. 人民网，2017 – 12 – 15.
③ 陈柳钦. 论城市功能 [EB/OL]. 光明网·光明观察，2009 – 10 – 30.
④ 周一星. 城市地理学 [M]. 北京：商务印书馆，1995：5.

响、发挥作用。城市将一定区域内的物流、人流、资金流、信息流、能量流聚集起来，经由一定的经济社会活动形式来满足城市内部的需要，并向其他地区扩散。这一深刻认识触及城市功能的本质。

法国经济学家弗郎索瓦·佩鲁是区域经济效应理论观点的鼻祖，他在1955年就首次提出了"增长极理论"。他认为，如果把发生支配效应的经济空间看作力场，那么位于这个力场中推进性单元就可以描述为增长极。增长极是围绕推进性的主导工业部门而组织的有活力的高度联合的一组产业，它不仅能迅速增长，而且能通过乘数效应推动其他部门的增长。因此，增长并非出现在所有地方，而是以不同强度首先出现在一些增长点或增长极上，这些增长点或增长极通过不同的渠道向外扩散，对整个经济产生不同的最终影响。增长极（即城市）带来的区域经济效应，表现为通过资源与产业的集中来提高经济效益或降低社会成本，以此来带动区域发展。

集聚经济效应，是指因集聚而形成的有利环境。当人口和产业在地理上集中于一定的范围，公共设施和基础设施的费用就比处于分散状态要低廉得多；同时，集中的产业和资源为经济个体提供了更多的信息和交易机会，降低了交易成本，而信息外溢也需要较近的空间集结，其效应也随着空间距离的增大而迅速递减。英国城市经济学家 K. J. 巴顿把城市的集聚经济效应划分为：增加本地市场的潜在规模；降低实际生产的费用；降低输入本地区原料及延伸的费用；促进辅助性工业的建立；促进就业及相关制度的建立；有才能的经营家和企业家集聚；金融等行业机构条件更优越；提供范围更广泛的设施如社交、教育；工商业者可以更有效地进行经营管理；能给予企业很大的刺激去改革 10 个方面。城市经济学强调，城市中产业规模和空间分布的均衡点是积极外部性和消极外部性相同的时候，在城市化达到一定规模之前这些优势会产生一种拉力效应，拉动产业向城市集聚。社会生产力带动社会分工，加速了城市产业的形成与发展。城市完善便利的交通和服务设施、充分的经济要素，使产业聚集在城区。这种集聚效应有利于利用城市经济资源以及生产协作、配套与专业分工，节约劳动成本，提高劳动生产率，城市产业的聚集增强了城市作为经济中心的作用。[①]

根据城市经济所体现的集聚效应和区域效应，学者们将城市功能分为对内、对外两个层面：在对外层面上，是指城市对特定区域内资源发挥吸纳作用，并随着城市发展对社会、经济、文化等方面产生辐射带动作用；在对内层面上，则表现为市场环境功能、服务环境功能和服务能力三个方面。"城市功能的经济实质，就是提供各种外溢效应。城市外部功能实现的前提是内部市场功能的实现，而外

---

① 陈柳钦. 论城市功能 [EB/OL]. 光明网·光明观察，2009 – 10 – 30.

部吸纳功能的强化又进一步提升其内部各项功能。城市对内对外功能是其基本功能，在这一基础上还可以从不同角度细分城市功能，如根据城市主导产业划分为制造型城市、服务型城市等；根据资源环境特征划分为旅游城市等，但这些划分只体现具体城市提供产品的类型和城市职能，是城市基本功能的扩展。"①

国家中心城市是中国城镇体系中能级最高的"塔尖"城市，在一定区域范围内具有绝对的引领能力，是国家战略布局中区域发展的重要空间支点。因此，并不是每一座特大城市都有资格成为国家中心城市。国家中心城市不仅体现在人口数量和地域面积，更需要这座城市有能力承载起"引擎"性质的功能。国家中心城市对内体现着全国城市发展的水平和品质，在经济、政治、文化、社会、生态等发展领域承担全国性功能；对外在区域协调发展中发挥集聚和辐射带动作用，成为经济发展新的增长节点，承担着全方位参与国际竞争与合作，引领所在区域城市群进入全球城市体系的"顶端"，全面融入全球经济网络，抢占我国在全球城市体系和产业价值链分工体系中的制高点，形成对全球生产要素和科技创新资源的配置和控制能力，提升我国国际核心竞争力、影响力和话语权的重要功能。可见，国家中心城市在功能上不同于一般的区域中心城市，它更注重功能的外向性，对城市以外地区的引领辐射带动是通过集聚—扩散实现其功能作用的。

（三）国家中心城市功能的属性

城市功能是具有特定结构的城市系统，在内部和外部物质、信息、能量相互作用的关系或联系中所表现出来的属性、能力和效用。城市功能作为一种属性，它反映和体现的是城市系统运行过程中各构成要素之间所形成的相互关系，以及这些要素之间相互作用的形式或方式。从理论上说，城市功能一般具有两种既相互联系又相互区别的基本属性。这就是城市功能的结构属性和空间属性。

所谓结构属性，是指城市功能诸要素之间的配置关系。国家中心城市作为国家发展战略的战略支点和重要平台，其城市功能是由若干个功能要素或者功能组分所构成的。这些功能要素或者功能组分分属于不同的城市功能域，它们之间的配比和组合关系支配着国家中心城市功能体系的发展和变化，同时也影响着国家中心城市与所在区域的关系。从城市功能的内在逻辑看，国家中心城市功能可划分为六个城市功能域，即经济功能域、政治功能域、文化功能域、社会功能域、生态功能域、综合服务功能域。

经济功能域是指城市对人才、资金、信息、项目等各类生产要素的集聚和配置的管理活动，"即生产管理、交通管理、金融管理等，如公司总部、行业协会、

---

① 陈柳钦. 基于产业视角的城市功能及其优化协调 [J]. 上海城市管理职业技术学院学报，1999（1）：3 – 7.

民航管理机构等经济管理机构。"① 政治功能域大致可以分为三个组分：立法功能、司法功能、行政功能。文化功能域则包括下述功能组分：科技、教育、历史文化、对外文化交流等。在中国现有的国家中心城市中，有一些文化功能非常突出的城市，如历史文化底蕴十分深厚的西安、北京、成都、郑州等历史文化名城。这些城市的文化功能组分可能会更细一些，并且与经济功能的组分紧密结合在一起。社会功能是指在整个社会系统中各个组成部分所具有的一定的能力、功效和作用。社会治理是现代城市的一项重要功能，它要求在城市政府的主导下，多元社会主体共同参与、良性互动，依法对社会事务、社会组织和社会生活进行引导和规范，以协调社会关系、规范社会行为、保持社会稳定，实现公共利益最大化。在绿色发展成为构建高质量现代化经济体系的必然要求，城市应致力于促进人与自然和谐发展的历史背景下，城市的生态功能显得愈加突出。国家中心城市生态功能域可有资源管理、环境保护、污染治理等功能组分。综合服务功能是国家中心城市的基本职能，也是其提升国际国内竞争力的核心。在全球化时代，国家中心城市在全球经济系统中的地位，不仅取决于其人口规模，更取决于其综合服务功能。城市的能级越高，集聚高端要素、发展高端产业的能力越强，越是需要增强综合服务功能。综合服务功能域的组分可有金融服务、商贸生产服务、信息技术服务和管理服务等。

二、国家中心城市功能的特征及类型

任何事物都具有为其所独有的特征。这是此事物区别于其他事物的重要标志。国家中心城市作为中国城镇体系的"塔尖"城市，其城市功能也具有不同于一般中心城市的重要特征。与此同时，国家中心城市还具有一定的功能分类。深刻认识和阐明国家中心城市功能的特征和类型，是研究国家中心城市功能提升问题的重要前提和基础。

（一）国家中心城市功能的特征

现代城市的功能都不是单一的，而且呈现出日益多元化的趋势，各种不同的城市功能相互交织、相互影响，共同支撑和推动着城市的发展。作为引领城市群发展并带动区域协调发展的核心城市，国家中心城市的城市功能更是呈现出复杂

---

① 张复明，郭文炯. 城市职能体系的若干理论思考［J］. 经济地理，1999（3）：19－23.

化、多样化的特点，表现出叠加性、整体性、结构性、层次性、动态性、开放性等重要特征（见图1-2）。下面，我们对国家中心城市功能的这些特征逐一加以简要的分析和阐明。

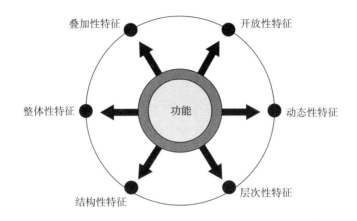

图1-2 国家中心城市功能的特征

第一，国家中心城市功能具有叠加性特征。决定城市功能发展的根本动力是社会分工和社会生产力的发展。马克思曾经从社会分工的视角阐述了城市功能从简单到复杂、由低级向高级的历史发展过程。正是在社会分工和社会生产力发展的推动下，城市功能逐步从单一功能发展为多元功能，在其已有的核心功能上叠加上被称为"附加功能"的其他功能。如若说核心功能反映的是城市功能的共性和稳定性的话，叠加功能反映的则是城市功能的特性与可变性。作为中国城镇体系的"塔尖"城市，国家中心城市功能的叠加显得异常突出，都是多功能的综合体。它们不仅具有一般城市所具有的生产功能、流通功能、交通功能、教育功能、文化功能、居住功能等对内功能，而且还具有一般城市所不具有的集聚和辐射带动区域协调发展、全方位参与国际竞争与合作等对外功能。国家中心城市越发展，其城市功能的叠加性就越强。而城市功能的这种叠加性越强，越是能以整体的非加和性特点使城市功能的能量得到极大增强，产生出倍增效应。

第二，国家中心城市功能具有整体性特征。城市功能是一个由诸多功能构成的复合体，因而具有整体性。它是由彼此之间相互联系和作用的各种功能共同构成的有机统一体，而绝不是城市多种功能的简单相加。各种城市功能的性质和作用是由其在城市功能整体中的地位和作用所决定的，它们作为城市整体功能的一部分，按照城市整体功能的目的和指向而各自发挥自己应有的作用，并且要受到整体与部分之间关系的制约。"在现代城市中，任何一个环节、任何一个功能出问题，都会影响其他功能乃至整体功能系统，甚至使之瘫痪。在现代城市管理中，无论经济、社会、市政、交通、政治哪一个方面出问题，都不能听之任之，而是要采取强有力的措施使其尽快恢复秩序，保证城市的正常运转。"① 国家中心城市功能的整体性特征更加明显，各种功能的联动性和协同性更强。在国家中心城市完整的功能体系中，各种功能作为整体的一部分，按整体功能和功能分工的要求各自发挥其特有的作用，其中的任何一个功能出现问题，都会影响经济要素的集散和流通，从而影响其主要功能正常发挥作用。

第三，国家中心城市功能具有结构性特征。"城市的整体功能是由其内在结构决定的，这种城市的内在结构是指城市系统的经济、政治、社会、文化等各要素之间、各要素与系统整体之间互相联系、互相作用的方式。"② 国家中心城市的城市功能在内部结构方面较一般城市功能更为复杂，包含着更加多样的功能要素，而且其内部结构中的每一个要素都表现出一种功能，各个要素之间的相互有机结合，从而形成国家中心城市的整体结构。在这个整体结构中，每个功能要素的数量和质量以及它们与其他要素或整体结构的结合方式一旦发生变化，都有可能引发整个结构功能的变化。因此，要提升国家中心城市的功能，就必须使各功能要素合理配置并整体优化，从而使其在总体要求上达到最佳运行状态。明确了国家中心城市功能的整体性特征，就应当在功能开发和调整转换中对各功能给予足够的重视，以发挥其城市功能的整体性优势。

第四，国家中心城市功能具有层次性特征。国家中心城市的功能虽然是多元的，其内在结构较一般城市更具复杂性，但这些功能要素并非处在同一层面上，而是有着层次之分的。也就是说，国家中心城市功能作为一个系统整体，是由不同层次的功能子系统所构成的。不同层次的城市功能，既循着共同的规律来运行，又在其特殊规律支配下发挥特有作用，它们既相互依存、相互作用，又相互区别、相互制约。

第五，国家中心城市功能具有动态性特征。对于国家中心城市而言，它的城市功能是一个历史的概念。尽管其城市功能在一定的历史时期内是相对稳定的，但却又不可能是一成不变的。随着时间的推移，国家中心城市自身的发展条件及其外部环境便会发生一些变化，从而促使其城市功能也逐步地发生变化。此外，国家中心城市的诸多功能要素在城市功能内在结构中所处的地位和所起到的作用也不是一成不变的，随着城市的经济社会发展和城市规模的扩大，某些城市功能的地位和作用可能会逐步增强，而另外某些城市功能的地位和作用则可能会逐步

① 孙志刚. 城市功能论［M］. 北京：经济管理出版社，1998：64.

② 刘静波. 关于产业结构调整与城市功能演变的关系研究［J］. 生产力研究，2012（4）：182 - 183.

下降。

第六，国家中心城市功能具有开放性特征。国家中心城市的城市功能作为一个不断运动着的有机系统，无疑具有耗散结构系统的逻辑，它不可能是孤立与封闭地独自运行，必须不断地与外界发生各种联系，进行物质、能量和信息等方面的交换。这就是国家中心城市功能的开放性。事实上，国家中心城市功能的发挥过程，就是城市与外部发生物质、能量和信息交换的过程。没有这种开放与交换，国家中心城市就无法通过各种方式将一定区域内的物流、人流、资金流、信息流汇集起来，并经过城市的优化组合产生能量聚集效应和放大效应，从而形成了城市的各种功能。国家中心城市在功能上有对内功能和对外功能之分，但无论是对内功能还是对外功能，要维系其自身的正常运行，并对国家中心城市的建设和发展中发挥应有作用，都不能把自己孤立和封闭起来，都必须不断地与外界发生各种联系，进行物质、能量和信息等方面的交换。而国家中心城市的对外功能，则更是如此。

（二）国家中心城市功能的类型

"物以类聚，人以群分。"为正确地认识事物和改造事物，人们通常会按照种类、等级或性质对事物进行归类。对事物进行分类，是人们认识事物的出发点，也是人们认识世界的一种重要方法。而任何一种分类都是根据对象的相似性和差异性特点，把它们归并成若干组群，从而形成类型，类型内部保持高度相似性，类型外部保持高度差异性。[①] 依据这一原理和原则，对国家中心城市的功能进行分类，把它们的城市功能划分为若干个组群，有助于深化对国家中心城市功能及其特征的认识，更加精准地观察和分析不同的国家中心城市在某一区域范围内发挥作用的实际水平和状况。

首先，依据国家中心城市功能的共通性进行分类。依据城市功能的共通性，可以将国家中心城市功能划分为一般功能和特殊功能两种类型。每个国家中心城市都具备的功能，通常被称为一般功能。而凭借着其他国家中心城市所不具备的特殊资源和环境等有利条件而形成的功能，则被称为特殊功能。对国家中心城市的一般功能，学界尚存在不同的观点和看法。赵健、孙先科等在概括国家中心城市的功能要素时，将高端要素聚集功能、引领扩散带动功能、交通信息枢纽功能、科技创新功能、对外开放功能、管理服务功能、生态宜居功能[②]视为国家中心城市的一般功能，而田美玲、方世明则把经济集聚功能、空间辐射功能、对外开放功能、文化创性能、管理服务功能、生态保护功能看作国家中心城市的一般

---

① 周一星．城市地理学［M］．北京：商务印书馆，2007：198.
② 赵健，孙先科．国家中心城市建设报告（2018）［M］．北京：社会科学文献出版社，2018：370.

功能。[1] 笔者比较认同赵健、孙先科等的观点。特殊功能相对于一般功能而言，是某一国家中心城市所特有而不为其他国家中心城市不具备的功能。例如，北京作为中国的首都，它所特有的全国政治中心、文化中心、国际交往中心、科技创新中心的功能定位，是其他任何国家中心城市所不可能具备的。作为一个国家中心城市，它既要具备一般功能，特殊功能也必不可少，二者缺一不可。一个国家中心城市如果缺失一般功能，不能为市民生产生活提供基本保障，那么这个城市就无法正常运转；假若缺乏特殊功能，没有自己的特色，那么它就难以展现出强劲的发展活力和竞争力。

其次，依据国家中心城市功能所发挥的实际作用进行分类。依据城市功能所发挥的实际作用，可以将国家中心城市功能划分为经济功能和非经济功能。所谓经济功能，是指一个城市在一定区域范围内发生的物质资料生产、交换、分配和消费等活动中所发挥的实际功效。按照经济是基础、经济基础决定上层建筑的历史唯物主义观点，无论国家中心城市具有多少城市功能，但经济功能始终是起决定作用的核心功能，它决定着该城市的城市性质和一个历史时期内的发展方向。与此相对应，非经济功能则是指城市在非物质资料生产、交换、分配和消费等活动中所产生的作用，如行政管理、社会治理、文化传播与交流等。城市的经济功能和非经济功能，对一个国家中心城市及其所在的城市群和区域发展，都是至关重要的。经济功能既是国家中心城市的核心功能，也是国家中心城市的一般功能。着力发挥城市经济功能的作用，对于充分释放国家中心城市聚集高端要素、引领扩散带动动能，推动城市自身及所在城市群和区域的发展，夯实非经济功能发挥作用的基础，都具有决定性的意义。同样，对于一个国家中心城市来说，非经济功能也是不可或缺的。经济功能是核心，对非经济功能起决定作用；而非经济功能是经济功能发挥作用的重要支撑和保障。

最后，依据国家中心城市功能的作用强度进行分类。依据城市功能的作用强度，可以将国家中心城市功能划分为主导功能和辅助功能。所谓主导功能，是指在一个城市诸多功能中处于突出地位、发挥主导作用的功能，它影响和支配着其他城市功能的运行和作用效力。"中心城市的主导功能一般具有两大特性：一是对城市发展的决定性，即对城市自身的形成和发展具有支配作用，城市因其盛而盛，因其衰而衰；城市的性质是城市发展的灵魂，决定城市发展的方向、城市功能的选择和培育以及城市功能的布局，而城市性质主要决定于城市主导功能。二是对区域作用的外向性。即该城市的特殊功能是以满足自身以外区域的需要而发挥其主导作用的"。[2] 主导功能既是城市发展最重要的功能，也是城市竞争力的

① 田美玲，方世明. 国家中心城市的内涵与判别［J］. 热带地理，2015（3）：372－378.
② 庞亚君. 中心城市功能的内涵特征与发展演变［J］. 中国城市化，2015（2）：30－34.

关键所在。同时，城市又是市民生产生活的场所，因此，它除了主导功能以外，还具有生活功能、生态功能以及其他生产非主导性功能，即辅助功能。与一般的城市相比，国家中心城市是具有全国性重要影响并能代表国家参与国际合作与竞争的核心城市，是国家综合实力、辐射带动能力最强的城市，它必须具备组织经济活动和配置资源的主导功能。作为"塔尖"上的中心城市，国家中心城市正是靠着其主导功能，才确立和维系了它在全国或区域发展中的中心地位。主导功能和辅助功能相互联系、相辅相成，主导功能决定辅助功能的内容及其能量，辅助功能协助主导功能为国家中心城市发展做出贡献。

三、国家中心城市的功能定位与角色分工

作为对城市发展做出的战略筹划，城市功能定位是城市总体战略的核心组成部分，是制定现代城市发展战略的前提和基础，是对城市未来发展总趋势的方向指引。因此，城市功能定位问题是每个国家中心城市在自身发展过程中务必妥善解决的一个带根本性的战略问题。在经济全球化的时代背景下，国家中心城市在对自身城市功能做出科学定位的基础上，明确自身在全国发展总体布局和区域发展大局中的角色定位，对于实现各国家中心城市之间错位互补、协调发展，共同担当起国家赋予的历史使命，具有十分重要的意义。

（一）国家中心城市的功能定位

城市功能定位是根据城市的历史演进、发展现状以及所具有的资源禀赋、产业基础和区位条件等，统筹谋划城市未来发展所要实现的主要功能与努力的战略方向。所谓城市功能定位，是在对城市自身优劣势、区位条件、外部环境等深入分析的基础上，通过确定城市在区域当中的区位，使城市在区域中占据一个独特的位置，获得更大竞争力的过程。城市的功能定位，并不一定是其他城市所没有的，而应该是结合自身优劣势、区位条件、外部环境等做出的科学合理的判断。确定城市功能定位，是为了使城市与竞争对手相区别，展示城市与竞争对手的不同之处，目的是城市获得更大的竞争优势，其本质就是确定城市在区域当中的位置。[①] 一个精准的城市功能定位是制定城市发展战略的科学依据，也是实现城市高质量发展的关键。

---

① 高宜程，申玉铭，王茂军，刘希胜．城市功能定位的理论和方法思考［J］．城市规划，2008（10）：21 - 25.

科学确定城市功能定位，一般而言，应当遵循以下四条重要原则：一是战略性原则。一个城市要对自身功能进行定位，不应该局限于该城市现有的基础，而应当将自身置于更大的区域范围内，着眼于更长远的发展，从更高的层次上，来对自己的城市功能进行战略定位。二是阶段性原则。城市功能在不同的发展阶段是不应该相同的，在不同时期要依据当时的历史条件和环境来确定适合这一时期的城市功能定位目标，逐步优化和完善城市功能。三是突出城市特色和文化价值原则。一个城市的发展必须要有自己的地域特色与文化特点，唯有如此，方能赋予自身以发展的活力与灵魂，并通过差异化发展的获得彰显个性特征。四是紧密联系城市主导产业原则。城市主导产业发展决定着城市的性质，城市主导产业发展是城市其他方面发展的基础和决定因素。因此，城市的功能定位应着重从城市经济发展方面来定位。如图1-3所示。

图1-3 城市功能科学确定遵循原则

城市功能定位是建设国家中心城市的逻辑起点，也是科学推动国家中心城市高质量发展的重要前提和基本遵循。科学谋划国家中心城市的未来发展，首先必须搞好城市功能定位。这是扎实推进国家中心城市建设的重要前提和基础。在特定的空间范围和宏观背景下，科学把握城市自身的区位条件、外部环境和优势与劣势等，确定好城市的功能定位，找准自己在国际国内发展格局中的位置和发展方向，正确回答自己在这一大格局中所处的地位、体现的功能、展示的风貌等重大问题，对于任何一个国家中心城市来说都是至关重要的。通过按照城市功能定位，国家中心城市可以更好地贯彻落实创新、协调、绿色、开放、共享发展理念，有效地发挥自己的独特优势，规避城市发展中可能出现的矛盾、问题和风险。

根据中央有关批复文件精神，目前中国九大国家中心城市均有了明确的城市功能定位，如表1-2所示。

表 1-2　九大国家中心城市的城市功能定位

城市	功能定位	文件依据
北京	中华人民共和国首都，全国政治中心、文化中心、国际交往中心和科技创新中心	2017 年 9 月 13 日，中共中央、国务院《关于对北京市城市总体规划（2016—2035）的批复》
天津	全国先进制造研发基地、北方国际航运核心区、金融创新运营示范区、改革先行示范区	2015 年 6 月，中共中央、国务院印发的《京津冀协同发展规划纲要》
上海	我国直辖市之一、国家历史文化名城，国际经济中心、国际金融中心、国际贸易中心、国际航运中心、国际科技创新中心，国际大都市	2017 年 12 月 15 日，国务院《关于上海市城市总体规划的批复》
广州	广东省省会、国家重要中心城市、历史文化名城、国际综合交通枢纽、商贸中心、交往中心、科技产业创新中心	2016 年 2 月 5 日，国务院《关于广州市城市总体规划的批复》
重庆	我国重要的中心城市之一、国家历史文化名城，长江上游地区经济中心，国家重要的现代制造业基地，西南地区综合交通枢纽	2011 年 10 月 15 日，国务院《关于重庆市城乡总体规划的批复》
武汉	湖北省省会，国家历史文化名城，我国中部地区的中心城市，全国重要的工业基地、科教基地和综合交通枢纽	2010 年 3 月 8 日，国务院《关于武汉市城市总体规划的批复》
成都	西部地区重要经济中心、科技中心、文创中心、对外交往中心和综合交通枢纽，国家自主创新示范区	2016 年 4 月 27 日，国家发展和改革委员会、住房城乡建设部印发的《成渝城市群发展规划》
郑州	中原城市群核心城市，我国重要综合交通枢纽、商贸物流中心，新亚欧大陆桥经济走廊主要节点城市	2017 年 1 月 22 日，国家发展和改革委员会《关于支持郑州建设国家中心城市的指导意见》
西安	西部地区重要的经济中心、对外交往中心、丝路科创中心、丝路文化高地、内陆开放高地、国家综合交通枢纽	2018 年 2 月 2 日，国家发展和改革委员会、住房城乡建设部印发的《关中平原城市群发展规划》

（二）国家中心城市的角色分工

城市功能特别是城市主导功能与城市之间的分工有着密切的联系。城市之间产业结构差异性和互补性以及由此所导致的城市产业分工，是城市产业合作的基础和前提。在人类发展史上，城市分工的发展演变大体上经历了以下三个阶段：一是部门间或产业间的分工；二是部门内或产业内的分工；三是产业链分工或功能分工。"在分工高度发达的当今社会，产业链是产业运行的基本模式，经济全球化和市场化发展，使得市场竞争越来越激烈，市场竞争由企业之间的竞争演变为产业链之间的竞争。"①

　　产业是城市发展的基础，城市是产业发展的载体。城市越是发展，越有利于产业链的延伸和完善，越有利于现代产业的聚集、融合发展。一个国家的城市发展高度，决定于这个国家城市之间产业分工与互补合作的程度。不同城市的产业发展基础不同，产业结构不同，因而彼此之间形成了一定的差异性和互补性。城市之间的要素流动和功能联系，促进产业协作、功能互补。各城市之间差异性、互补性产业的相互合作，推动着产业链的延伸、分工，进而形成和强化国家的整体竞争力。一个城市在全国乃至世界发展格局中所扮演的角色，根本取决于它在全国乃至世界产业链中所处的位置。

　　与一般区域性中心城市相比，国家中心城市的生产要素聚集程度更高，产业集聚效应、产业辐射效应和城市综合服务能力更强，产业链和城市基础设施更为完善，更能主导和带动城市群及区域经济发展。因此，国家中心城市的经济势能高于一般区域性中心城市，它们理所当然地要在所在城市群和区域经济发展中发挥引领主导和核心带动作用。与此同时，目前中央已经确定或支持建设国家中心城市和九大国家中心城市，由于市情差异很大，因而它们在服务国家发展战略中并不处在同一角色层面上。

　　这九个国家中心城市，虽然都是服务国家战略布局、体现国家意志、肩负国家使命、具有较强发展潜力、具有较高开放度、能够引领区域发展、跻身国际竞争领域、代表国家形象的现代化大都市，大多居于中心、节点和枢纽等关键位置，具有包括高端要素聚集功能、引领扩散带动功能、交通信息枢纽功能、科技创新功能、对外开放功能、管理服务功能、生态宜居功能等一般功能，但是，由于各国家中心城市在资源禀赋、产业基础、区位条件、外部环境等方面存在较大差异，因而它们又各有其特殊功能和独特的功能定位，并且彼此之间存在着很强的互补性，因而在促进区域协调发展和代表国家参与国际竞争与合作中扮演着不同的角色，既有明确的分工，又彼此密切合作，共同致力于中华民族伟大复兴。

　　譬如，北京市侧重其作为国家首都的政治、文化、科创和国际交往功能，上海市侧重其经济、金融、贸易等现代化国际大都市的功能，天津市则是国际港口城市，广州市侧重于华南综合服务功能，重庆侧重于对长江上游及中国西部地区

---

　　① 弓志刚，李亚楠．乡村旅游产业链共生系统的特征及模式的演化和构建——以山西省为例［J］．农业现代化研究，2011（1）：73-77.

的聚集、辐射和带动作用。从区域空间上看，北京市既是中国国家首都，又是京津冀城市群的核心城市；上海市既是国际化大都市，又是长江三角洲城市群的核心城市；天津市既是中国北方地区的经济中心，又是环渤海地区的工业和航运中心；广州市既是珠江三角洲的核心城市，又是粤港澳大湾区、泛珠江三角洲经济区的重要中心城市；重庆市、成都市既是中国西部地区的经济中心，也是成渝城市群的核心城市；武汉市、郑州市、西安市则分别是长江中游城市群、中原城市群、关中平原城市群的核心城市。在对外开放程度上，北京市定位于世界城市，上海市是现代化国际大都市，天津市是国际港口城市，广州市国际城市和对外交往中心，而重庆市、成都市、武汉市、郑州市和西安市则是中国内陆开放高地。在文化功能上，北京市定位为国家文化名城，上海市和重庆市定位为国家历史文化名城，广州市则定位于文化中心。在基础设施方面，上海市是国际航运中心之一，天津市是中国北方国际航运核心区，重庆市和成都市则是中国西南地区综合交通枢纽，武汉市、郑州市是中国中部交通枢纽。总体上看，北京、天津、上海、广州地处中国东部，承担着引领京津冀、环渤海、长三角、珠三角等区域发展的历史重任；重庆、成都、西安地处中国内陆腹地，居于承东启西的重要战略地位，肩负着引领和带动中国西部地区发展的历史重任；武汉、郑州地处中国中部，担负着引领带动中部地区崛起的历史重任，特别是区位居中的郑州，承担着东、中、西部和南北方综合交通与信息网络枢纽的功能作用，在经贸、科技、文化发展的承东启西、连南贯北的交流互鉴中独特优势日益凸显。

第二章 郑州城市功能的演进与 总体目标

城市功能是城市发展的主导和本质动力因素。一个城市发展进步的历史过程，就是这个城市的城市功能随着产业发展和经济增长不断整合与优化提升的历史过程。郑州的城市发展历史，同样是其城市功能从单一功能到多元功能、简单功能到复杂功能、低级功能到高级功能不断演进和变迁的历史。站在新的历史起点上，优化提升郑州城市功能，加快推进郑州国家中心城市建设，就要回顾郑州的发展历史，展望未来郑州发展。只有回看走过的路、远眺前行的路，弄清楚郑州从哪里来，要往哪里去，才能深刻把握历史规律，确立前进方向和目标，使郑州的发展行稳致远。要立足现有功能定位，明确优化提升目标，厘清优化提升思路，为优化提升郑州城市功能不懈努力。

一、郑州城市功能的历史演进和提升意义

作为一个"火车拉来的城市"，郑州之所以能从当年默默无闻的郑县逐渐发展演变成为现在的超大城市和国家中心城市，从经济根源上说，得益于产业发展和经济增长基础上的城市功能的不断优化提升。在新的历史起点上进一步提升郑州城市功能，对于加快推进郑州国家中心城市建设，提升郑州的首位度和开放度，创造郑州参与国际竞争的产业优势，增强郑州的聚集和辐射带动作用，把郑州建设成为国际综合枢纽、国际物流中心、国家重要的经济增长中心和富强民主文明和谐美丽的社会主义现代化强市，使郑州成为具有全球影响力的城市，都具有极其重要的意义和价值。

（一）郑州城市的历史发展

郑州地处黄河中下游和伏牛山脉东北翼向黄淮平原过渡的交接地带，居河南

省中部偏北，西部高，东部低，中部高，东北低或东南低，属北温带大陆性季风气候，四季分明。东与开封相依，西与洛阳接壤，南与许昌、平顶山为邻，北与新乡隔黄河相望。截至 2018 年，郑州下辖 6 个市辖区（金水区、管城区、二七区、中原区、惠济区、上街区）、1 个县（中牟县），代管 5 个县级市（新郑市、新密市、登封市、荥阳市、巩义市），总面积 7446 平方千米，建成区面积 830.97 平方千米，总人口 1013.6 万人。

郑州历史悠久，是中国的八大古都之一和华夏文明的重要发源地。5000 多年前，中华人文始祖轩辕黄帝在这里出生、创业和建都。从公元前 21 世纪开始，郑州先后做过夏、商、郑、韩的都城。隋唐时期，随着大运河和通济渠的开通，地处交通要道的郑州开始繁荣起来，当时的手工业很发达。北宋时期，毗邻宋都开封的郑州经济空前繁荣。此后，因黄河泛滥及宋王朝国都由河南开封南迁至浙江杭州，郑州开始逐渐衰落。至 19 世纪末，郑州已经没落为一座中原的小县城。

郑州城市发展时间轴如图 2-1 所示。

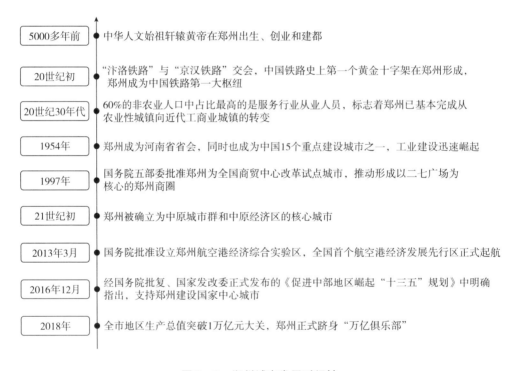

图 2-1 郑州城市发展时间轴

20 世纪初，在郑州交会的京汉、汴洛两大铁路干线建成通车，郑州一跃成为"缩毂东西、贯通南北"的重要交通枢纽，从而为郑州城市发展带来重大转机。铁路交通枢纽的形成，带来了商业贸易的兴隆。商业区的迅速拓展和人口的大量聚集，使郑州形成了新的城市功能，城市结构也随之发生一定变化，形成了以大同路、福寿街、铭功路、德化街、一马路等为核心的繁华商业区，并在火车站与老城区之间形成了一个新城。一些银行竞相在郑州设立分支机构，邮政、电讯、电话、电灯照明等基础设施也逐渐发展起来。便利的交通条件和日益兴隆的商贸活动，还一定程度上拉动了郑州服务业的发展。20 世纪 30 年代，非农业人口在郑州人口构成中已占 60%，其中占比最高的是服务行业从业人员，这标志着郑州已基本完成从农业性城镇向近代工商业城镇的转变，开启了向现代城市的转型。

1928 年 3 月，河南省政府呈请国民政府批准，决定将郑州市政筹备处改为郑州市政府，市政府设财务局、社会局、工务局、公安局及秘书处，所辖事务中，土地事务、街道建筑等土木工程、统计、公共卫生、公共娱乐场所管理等更具有建设现代城市的职能。然而由于种种原因，郑州设市不到 3 年，就于 1931 年 1 月被南京国民政府撤销了城市建制。抗日战争时期，郑州城曾两度被日本侵略军的铁蹄所践踏，1938 年郑州最繁华地区更是遭到了日军的狂轰滥炸。抗日战争胜利后，郑州又被国民党反动派所统治。连年的战争中断了郑州城市发展进程，使之出现了历史倒退。

1948 年 10 月 22 日，人民解放军攻克郑州，郑州终于回到了人民的怀抱。在中国共产党领导下，郑州城市发展进入了一个新的历史时期。第一个五年计划期间，郑州被确定为国家重要工业基地，国家在郑州投资兴建了以五个国营棉纺织厂和中国第二砂轮厂、郑州电缆厂、郑州纺织机械厂等为代表的大型工业企业，确立了在全省的经济中心地位，同时也使郑州城市性质发生了重大变化。1954 年 10 月，河南省会由开封迁至郑州，郑州从此成为全省的政治、经济、文化中心。短短几年间，郑州大学、河南农学院、郑州工学院等大专院校先后迁入或在郑州建成，省体育场、河南饭店、百货大楼、河南人民剧院、中原电影院等文化体育设施相继建成。到 1959 年，郑州城区面积已达 50 平方千米，人口 50 多万，由过去功能单一的县级行政治所转变为作为多元功能的综合性区域中心城市。

改革开放为郑州的城市发展注入了强大动力。20 世纪 80 年代，食品加工业、机械制造业、化学工业等成为郑州的支柱产业。90 年代，郑州商贸城建设方兴未艾，推动形成了以二七广场为核心的郑州商圈。此后，相继设立的国家高新技术开发区、国家经济技术开发区，成为郑州对外开放的窗口，高新技术企业和新兴战略产业快速发展。进入 21 世纪，河南着力推进以郑州为核心的中原城市群建设。为提升郑州在全省的首位度，增强其经济实力和辐射带动能力，加快建设全国区域性中心城市，郑东新区建设迅即启动。2007 年 10 月，郑州航空港区获准设立，郑州国际航空枢纽建设有序推进。经国务院批准，郑州围绕航空港区建设设立中国中部地区第一个综合保税区。2013 年 3 月，国务院批准设立郑州航空港经济综合实验区，全国首个航空港经济发展先行区正式起航。

郑州经济发展为城市发展奠定了坚实基础。新中国成立以来特别是改革开放以来，郑州的产业结构在调整转型中不断演进和优化升级，三次产业内部结构尤其是工业内部结构都发生了根本性的变化，逐步形成了以先进制造业为支撑、以现代服务业为主导的现代产业体系。产业结构优化升级既依赖于经济增长，同时又反过来推动经济向更高水平发展。正是基于产业结构的不断优化升级，郑州的经济实现了快速发展，而且经济发展的质量也呈现出不断提高的趋势。1949 年郑州的国民生产总值不足亿元，仅有 9040 万元。到 1978 年，郑州的 GDP 总量也只有 20.3 亿元。改革开放后，郑州经济发展进入"快车道"：1990 年 GDP 总量达到百亿元，2003 年突破千亿元，2018 年突破万亿元，正式晋级国内"万亿俱乐部"。如图 2-2 所示。

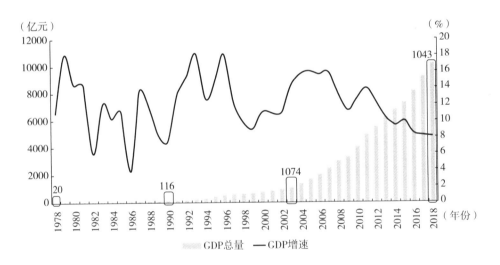

图 2-2　1978～2018 年郑州市经济总量变化趋势

资料来源：《2018 郑州统计概要》。

郑州经济发展推动了城市空间结构和城市性质、城市形态的演进，促进了城市功能的提升。新中国成立以来，郑州产业结构升级和经济发展，在推动郑州城市空间不断扩大的同时，也不断改变着郑州城市空间结构。1948 年郑州解放时，市区面积仅有 5.23 平方千米，人口 16.4 万。当时，因京广、陇海两大铁路干线在此交汇，把郑州分为不均等的四个象限，形成了典型的双 V 字形城市空间格局。20 世纪五六十年代，西部工业区建设推动郑州城市空间向西拓展。从 80 年代后期开始，郑州城市空间向外围拓展加快，城市功能日趋多元，服务功能不断得到强化。以二七广场为核心的郑州商圈的形成，促使主城区内的工矿企业大举向郊外迁移。郑州国家高新技术开发区、国家经济技术开发区建设，开启了郑州"飞地"城市空间扩展模式。高新技术产业和战略性新兴产业快速发展，使郑州的主导产业和城市性质出现了新变化。以郑州为核心的中原城市群的形成，推动郑州在城市功能定位上向全国区域性中心城市转变。郑东新区和航空港区的规划建设，更是彻底改变了长期以来郑州单中心放射状圈层式发展的空间结构，加速了"多中心、组团式"的整体空间结构的形成。如图2-3所示。

郑州航空港经济综合实验区

作为全国首个上升为国家战略的航空港经济发展先行区，为郑州成为"一带一路"互联互通的重要交通枢纽和内陆地区融入"一带一路"建设的核心支点奠定坚实基础

中国（河南）自由贸易试验区

立足内陆、服务全国、面向世界，以制度创新为核心任务，力争成为服务于"一带一路"的现代综合交通枢纽、全面改革开放试验田和内陆开放型经济示范区

郑洛新国家自主创新示范区

自创区是河南创新驱动发展的核心载体和增长极，以科技创新和体制机制创新为支撑，助力经济转型发展，为河南继续引领中部地区经济发展提供新动能

中原城市群

中原城市群是河南省推进新型城镇化的重要抓手，对于加快促进中部地区崛起、推进新型城镇化建设、拓展我国经济发展新空间具有重要战略意义

图2-3 河南省委、省政府实施以郑州为主导的"三区一群"发展战略

（二）提升郑州城市功能的意义和价值

现有的郑州市城市功能是在这座城市长期发展的过程中历史地形成的，并对郑州市乃至河南省的经济社会发展起到了不可磨灭的重要促进和推动作用。没有现有城市功能作用的发挥，就没有今天郑州市令人自豪的巨大发展成就。然而，郑州的发展没有也永远不会停滞，因此它客观上要求这座城市的城市功能也要随之与时俱进，不断优化提升。进入中国特色社会主义发展新时代，郑州要全面贯彻落实新发展理念，更好地担当起建设国家中心城市、支撑中部崛起和服务全国发展大局的历史重任，迫切要求进一步优化提升自己的城市功能。加快优化提升城市功能，对郑州市来说，时不我待、意义重大。

首先，优化提升城市功能是进一步提升郑州城市品质和能级的内在要求。马克思、恩格斯指出："全部人类历史的第一个前提无疑是有生命的个人的存在。"

在他们看来，城市作为人类的栖居之地，现实的人本身及其生产生活状况，构成了城市面貌及其变迁的首要前提。人类对更加美好生活的追求，是一切城市发展和变迁的逻辑起点。人们要不断实现对更加美好城市生活的追求，客观上就要求不停顿地进行物质资料生产，并在此基础上逐步提升城市的品质和能级。城市功能变迁与产业发展演进密切相关。产业的发展及其现代化，不断改变着城市性质、形态及其空间结构。而城市性质、形态及其空间结构的发展变化，又内含着城市功能的发展变化，并对城市功能的优化提升提出新的要求。随着中国特色社会主义进入新时代，中国社会主要矛盾已经转化为人民日益增长的美好生活需要和不平衡不充分的发展之间的矛盾。在此背景下，郑州要顺应时代发展要求，解决好发展不平衡不充分问题，大力提升城市发展质量和效益，更好满足人民日益增长的需要，就必须按照新的城市定位谋划未来发展，着力构建高端高质高新现代产业体系，不断推升郑州的城市品质和能级，打造中部地区核心增长极，增强经济辐射和扩散能力，从而肩负起引领中原发展、支撑中部崛起、服务全国大局的历史重任。而所有这一切，又都内在地对优化提升郑州城市功能提出了要求。

其次，优化提升城市功能是谱写郑州先出彩出重彩时代篇章的迫切要求。2014年5月，习近平总书记在河南调研指导工作时指出，实现"两个一百年"奋斗目标、实现中华民族伟大复兴的中国梦，需要中原更加出彩。这是对河南广大干部群众的极大鼓舞和鞭策，同时也为郑州城市发展赋予了义不容辞的重要历史使命。中原更加出彩，郑州必须先出彩，出重彩。近年来，郑州充分发挥区位交通、国家战略叠加优势，把握有利时机，积极作为，着力优化产业结构，着力构筑内陆开放高地，开辟空中、陆地、网上"丝路"，推动郑州从内陆腹地走向世界舞台，肩负起跻身国际竞争引、领区域发展的国家使命，迈上了建设国家中心城市新征程。郑州要先出彩、出重彩，最根本的是要在引领中原城市群一体化发展、支撑中部崛起和服务全国发展大局中展现新作为，谱写新篇章。对全省发展的龙头郑州来说，要切实担负起肩上的国家使命，其中最紧迫、最重要的，就是要着力优化提升城市功能。只有大力优化提升城市功能，使郑州具有更强的聚集和带动能力，在引领中原城市群一体化发展、支撑中部崛起和服务全国发展大局中发挥应有作用，郑州才能真正做到先出彩、出重彩。郑州要不辜负习近平总书记的嘱托，不辱时代赋予的历史使命，就要按照省委书记王国生在郑州调研时提出的要求，进一步"深化改革开放创新，推进经济高质量发展、城市高品位建设，增强对全省的引领带动辐射作用，加快建设国家中心城市"。

最后，优化提升城市功能是贯彻以人民为中心的发展思想，提升郑州城市品质、改善郑州人居环境的客观要求。坚持以人民为中心的发展思想，是习近平新时代中国特色社会主义思想的核心要义，鲜明地诠释了中国共产党的根本政治立场和核心价值取向。这一重要发展思想是我们做好各项工作的根本遵循，同时也是我们优化提升城市功能、建设国家中心城市的根本遵循。人民既是城市发展的主体，也是城市发展成果的享有者。我们优化提升城市功能，推动城市发展，其根本目的就是要通过提升城市品质，改善城市人居环境，提高保障和改善民生水平，不断满足人民群众日益增长的美好生活需要，为人民群众构建更高质量、更有效率、更可持续的城市生活空间，让城市发展成果更多更公平惠及人民群众，让人民群众更多的获得感、幸福感和安全感。从目前情况来看，与其他国家中心城市相比，与人民群众对美好生活的向往和期盼相比，郑州市在城市发展、城市治理和民生保障水平方面，尤其是在城市生态宜居建设方面还存在较大差距。而要改变这一落后局面，最根本的还是要靠发展。唯有加快发展，方能建设具有创新活力、人文魅力、生态智慧、开放包容的国家中心城市。而要推动郑州的城市发展，完善和提升城市功能是重要路径。为此，就要坚定地把以人民为中心的发展思想贯彻到国家中心城市建设实践中去，着力完善和提升城市功能，补齐城市发展短板。

二、郑州市的六大功能定位与优化提升目标

城市功能是一个空间的概念，同其所辐射带动的空间范围即区域有着密切的相互联系。一个国家中心城市要充分释放其功能作用，更好地辐射带动区域经济社会发展，准确把握城市功能定位十分重要。所谓城市功能定位，就是"在对城市自身优劣势、区位条件、外部环境等深入分析的基础上，通过确定城市在区域当中的区位，使城市在区域中占据一个独特的位置，获得更大城市竞争力的过程。"为加快推进国家中心城市建设，郑州市依据国家对本市经济社会发展提出的要求，深入分析自身现有发展基础、区位条件、外部环境及其发展趋势，对郑州建设国家中心城市做出了六个方面的发展定位：国际综合枢纽、国际物流中心、国家重要的经济增长中心、国家极具活力的创新创业中心、国家内陆地区对外开放门户、华夏历史文明传承创新中心（见图2-4）。要在精准把握郑州城市功能定位的基础上，进一步明确城市功能提升目标，并朝着这个提升目标不懈努力。

（一）郑州的六个功能定位

郑州建设国家中心城市的六个方面的功能定位，最初是由2017年8月14日

召开的中共郑州市委十一届四次全体（扩大）会议提出来的，这次市委全会审议通过了《中共郑州市委关于加快国家中心城市建设的意见》。市委全会在全会决议中强调指出："郑州国家中心城市的功能定位是：国际综合枢纽、国际物流中心、国家重要的经济增长中心、国家极具活力的创新创业中心、国家内陆地区对外开放门户、华夏历史文明传承创新中心。"同年 12 月 21 日，根据市委全会精神，郑州市第十四届人民代表大会常务委员会第三十三次会议表决通过的《郑州建设国家中心城市行动纲要（2017—2035 年）》（以下简称《行动纲要》），重申并进一步明确了郑州建设国家中心城市的六个功能定位。

图 2-4　郑州建设国家中心城市发展定位

郑州国家中心城市的功能定位，彰显着郑州国家中心城市的鲜明特色，标志着郑州国家中心城市特有的核心价值，指明了郑州国家中心城市发展的方向。因此，正确理解和把握郑州城市六个功能定位，对于加快推进郑州国家中心城市建设、实现《行动纲要》提出的发展目标十分重要。

（1）国际综合枢纽。郑州是中国内陆地区最大的综合性交通枢纽。长期以来，郑州一直被称为全国重要的综合性交通枢纽。为充分发挥郑州的区位优势和综合性交通枢纽优势，服务"一带一路"建设，国务院印发的《"十三五"现代综合交通运输体系发展规划》，首次提出将重点建设郑州、武汉、西安、厦门等八大国际性综合交通枢纽。至此，郑州正式由全国性综合交通枢纽升格为国际性综合交通枢纽。国际性综合交通枢纽不同于区域性综合交通枢纽，它使通达全球、衔接高效、功能完善的交通中枢，承担的是国际人员往来、物流集散、中转服务等综合服务功能，一般建设在具有国际辐射性的节点性城市。把郑州定位为国际性综合交通枢纽，符合郑州发展的客观实际，可以大大提升郑州的综合实力和国际地位，推动郑州经济社会发展。也正是基于以上这些，《行动纲要》把国际综合枢纽作为郑州建设国家中心城市的首要功能定位。如图 2-5 所示。

铁路为主导的国家枢纽

航空、铁路为主导、多式联运的国际型枢纽

图 2 - 5　郑州国家中心城市的国际枢纽中心定位

资料来源：原河南省委常委、郑州市委书记马懿 2017 年 12 月在郑州师范学院宣讲党的十九大精神时的报告《高举习近平新时代中国特色社会主义思想伟大旗帜　开启郑州全面建设国家中心城市新征程》。

（2）国际物流中心。这个功能定位是由国际综合枢纽的功能定位所决定的。枢纽是物流的依托，物流是枢纽的龙头。作为国际综合枢纽，郑州势必要把发展国际物流业摆上重要位置，着力打造国际物流中心。近年来，随着国际航空货运枢纽建设和"米"字形高铁建设的持续推进以及多式联运的加快发展，郑州正在由过去以铁路为主导的国家枢纽向以航空、高铁为主导的国际性综合枢纽转型升级，在国内外的服务能级不断提升，优势更加凸显。发展国际物流业的条件已经基本具备。2014 年 5 月 10 日，习近平总书记在郑州调研指导工作时做出的把河南建成"连通境内外、辐射东中西的物流通道枢纽"、朝着"买全球、卖全球"目标迈进的重要指示，进一步为郑州发展指明了前进方向，提供了根本遵循。《行动纲要》鲜明提出郑州建设国际物流中心的功能定位，着力推进以郑州为节点连通国际、辐射内陆广大腹地的国际物流中心建设，既符合产业演进规律和发展趋势，也符合郑州经济社会发展的客观要求。

（3）国家重要的经济增长中心。随着社会主义现代化进程的加快，特别是东部率先发展、西部大开发、中部地区崛起、东北振兴等国家发展战略的统筹推进，中国区域经济增长的空间格局悄然发生变化，一个合理有序的国家增长极体系正在形成，从而支撑全国经济的高质量发展。郑州便是这个增长极体系中的重要一员。推动中部地区崛起是党中央作出的重要决策，也是国家实施的重大战略。实施这一重大战略，客观上要求郑州成为全国重要的经济增长中心，进而带动中原城市群和中原经济区发展，在推动中部地区崛起中发挥重要支撑作用。2018 年 11 月 18 日，中共中央、国务院在《关于建立更加有效的区域协调发展新机制的意见》中明确指出："以重庆、成都、武汉、郑州、西安等为中心，引领成渝、长江中游、中原、关中平原等城市群发展，带动相关板块融合发展。"这就进一步明确了郑州作为"国家重要的经济增长中心"的功能定位。如果不具有这一功能定位，郑州就无从释放带动中原城市群发展的功能作用。

（4）国家极具活力的创新创业中心。创新是引领发展的第一动力。抓创新就是抓发展，谋创新就是谋未来。创业是发展之基、富民之本，是推动经济社会发展、改善民生的重要途径。郑州要加快发展、高质量发展，成为国家重要的经济增长中心，首先就要成为国家极具活力的创新创业中心，最大限度地激发全社会创新潜能和创业活力，推进大众创业、万众创新，释放新需求，创造新供给，推动新技术、新产业、新业态蓬勃发展。国家极具活力的创新创业中心与国家重要的经济增长中心，这两个功能定位相互联系、相互促进、相辅相成。国家极具活力的创新创业中心这一功能定位，是国家重要的经济增长中心功能定位的基础和前提；一个城市如果不能成为国家极具活力的创新创业中心，那它就不可能成为国家重要的经济增长中心。国家重要的经济增长中心这一功能定位，是国家极具活力的创新创业中心功能定位的必然逻辑；一个成为并有效释放国家极具活力的创新创业中心功能城市，必然会成为国家重要的经济增长中心。因此，在将郑州定位于国家重要的经济增长中心的基础上，内在地要求应同时将其定位于国家极具活力的创新创业中心。

表 2 – 1　2018 年城市年轻指数 Top20

排名	城市	年轻指数
1	贵州·贵阳	88
2	广东·深圳	87
3	云南·玉溪	86
4	江西·南昌	85
5	海南·三亚	85
6	江苏·苏州	83
7	湖北·武汉	83
8	河南·郑州	82
9	浙江·金华	81
10	浙江·杭州	80
11	广西·南宁	80
12	陕西·西安	79
13	安徽·合肥	79
14	河南·洛阳	79
15	湖南·湘潭	79
16	北京	79

排名	城市	年轻指数
17	湖南·长沙	78
18	海南·海口	78
19	河南·开封	77
20	广东·东莞	77

资料来源：QQ大数据。

（5）国家内陆地区对外开放门户。门户是指出入口和必经之地。国家内陆地区对外开放门户，就是服务国家战略的内陆地区融入国际经济体系、参与国际竞争与合作的要冲和通道。它具有强大的资源要素吞吐能力，在区域开放型经济发展和对外交往中发挥着牵引作用。河南是一个不沿边、不靠海、不临江的内陆省份。作为河南省省会的郑州要成为国家极具活力的创新创业中心和国家重要的经济增长中心，深化改革、扩大开放是最关键的一招。中国的发展离不开世界，郑州的发展同样也要向全世界开放。开放的层次和水平决定发展的质量和水平。加快建设郑州国家中心城市，把郑州打造成为支撑中部地区崛起的核心增长极，必须进一步深化改革开放，积极融入全球经济体系，以全方位高水平开放推动内陆开放高地建设，发展更高层次的开放型经济，不断巩固提升"一带一路"核心节点城市地位。为此，2013年3月《国家发展改革委关于印发郑州航空港经济综合实验区发展规划（2013—2025年）的通知》在定位郑州航空港经济综合实验区时，首次使用了"内陆地区对外开放重要门户"这一概念。现在，郑州要建设国家中心城市，体现国家意志、肩负国家使命、服务国家战略、引领区域发展，就理应将自身的战略定位做进一步的提升，由区域性的对外开放重要门户进一步升格为国家内陆地区对外开放门户，如图2-6所示。

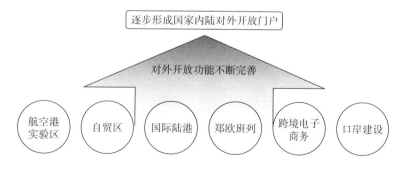

图2-6　郑州不断完善的对外开放功能

（6）华夏历史文明传承创新中心。华夏历史文明是以中原文化为主体形态的历史文化形态，是中华文化的根脉和主干。华夏文明与华夏文化同根同源、一脉相承，二者有着共同的内涵和传承地域。河南是华夏文明的起源地和主体区域，这里孕育了历史悠久、璀璨瑰丽的中原文化。在广袤的中原大地上，至今完整保留着包括文化遗产和非物质文化遗产在内的中华民族文化基因。中原是中国人的精神家园，是中华之源、中国之源。如果没有中原文化，我们都会失去回家的路，我们的灵魂将无所皈依。华夏历史文明传承创新，不仅事关河南自身的发展与出彩，而且事关中华文脉的发展延续、中华民族的文化复兴。传承创新华夏历史文明，就是推进其在传承中不断创新发展，培育具有中原风貌、中国特色、时代特征和国际影响力的文化品牌，为进一步增强文化自信，提升国家文化软实力和中华民族凝聚力提供强大动力。2011 年 9 月《国务院关于支持河南省加快建设中原经济区的指导意见》，将打造河南华夏历史文明传承创新区为中原经济区五大战略定位之一，这是中国主体功能区划中唯一明确了传承文化使命和功能的经济区域，凸显了河南在国家文化发展战略中的重要地位。郑州是中原文化的起源地、核心区，推进华夏历史文明传承创新具有独特优势，肩负起这一庄严使命义不容辞。因此，赋予郑州国家中心城市以华夏历史文明传承创新中心的功能定位，是历史的必然。

（二）郑州城市功能优化提升目标

确立正确的目标，对于一个国家或政党推进自己为之奋斗的伟大事业来说是十分重要的。目标引领前进方向，目标凝聚磅礴力量。郑州要提升完善自己的城市功能，同样也必须要确立正确的目标。明晰提升完善目标，是科学推进城市功能提升完善的前提和关键。因此，在明确郑州建设国家中心城市的功能定位的基础上，还需要进一步明确优化提升郑州城市功能的目标。根据建设郑州国家中心城市的客观实际和内在要求，优化提升郑州城市功能的目标应当主要有以下六个方面（见图 2 - 7）。

一是建成辐射全国、链接世界、服务全球的国际综合枢纽。加快推进郑州国际综合枢纽建设，经过努力，使郑州综合枢纽场站和城市交通设施趋于完善；国际航空货运枢纽、国内大型航空枢纽地位进一步提升；建成具有一定规模、健康有序发展的通用航空基础设施体系；形成客运专线、普速铁路、城际轨道和城市轨道相互衔接配套的轨道交通"四网"并存格局；形成以公路运输为纽带、高效连接铁路和航空运输的多式联运体系，确立郑州辐射全国的多式联运中心和集散分拨中心的地位。持续强化口岸功能建设，依托郑欧国际铁路货运班列、国际货运航班等物流载体，提升郑州"丝绸之路经济带"重要节点地位，建立多式联运"一站式"通关机制，形成具有货物转口分拨、分装加工、票据服务、金融信息等高端服务功能的贸易中心，将郑州打造成以国际化、立体化、现代化综合交通枢纽为特征的国家中心城市和国际商都，使之成为辐射全国、链接世界、服务全球的国际综合枢纽。

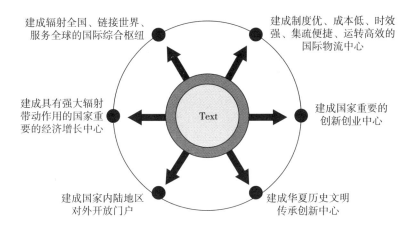

图 2-7　郑州城市功能优化提升目标

二是建成制度优、成本低、时效强、集疏便捷、运转高效的国际物流中心。按照国际节点、国家枢纽、区域中心发展思路，坚持网络化布局、智能化管理、一体化服务、绿色化发展，推进交通物流基础设施建设，构建以航空港、国际陆港为核心的双向开放国际物流通道，拓展以集散型物流为骨干的全国性集疏运服务网络，完善枢纽场站设施、标准规范和协同机制，促进"空铁公海"多种运输方式有机衔接，力争在国际陆空通道建设、联运经营主体培育、联运枢纽功能提升、运输组织方式创新、规则和标准制定、物流资源平台搭建等方面取得实质性突破。着力推动物流产业转型升级，建设郑州国际冷链物流中心，打造郑州国际快递物流枢纽，构建全球网购商品集疏分拨中心，将郑州建设成为"买全球、卖全球"的国际物流中心。优化物流业发展环境，深化"放管服"改革，激发物流运营主体活力，降低企业通行成本，加大降税清费力度，提升物流企业经营效率，力争到 2020 年，物流总费用占生产总值的比重低于全国平均水平的 0.5个百分点。

三是建成具有强大辐射带动作用的国家重要的经济增长中心。加快制造业向高端化、集群化、绿色化、智能化、融合化方向发展，先进制造业基地建设取得重大进展。以消费升级引领产业升级，以科技创新驱动产业变革，着力打造现代金融中心、国际商贸都会、国际会展名城、国际文化旅游名城，现代服务业中心建设取得重大进展。实施乡村振兴战略，按照"产业兴旺、生态宜居、乡风文明、智力有效、生活富裕"的总要求，构建现代农业产业体系、生产体系、经营体系，发展多种形式适度规模经营，现代都市农业示范区建设取得重大进展。以供给侧改革为主线，推动经济发展质量变革、效率变革、动力变革，提高全要素生产率，实体经济、科技创新、现代金融、人力资源协调发展的产业体系基本形成。提高首位度，进一步集聚高端要素，做大做强优势产业，培养和形成区域核心发展优势，使城市的综合实力、竞争力、带动力得到显著提升，中原城市群核心城市和中部主要增长极的综合服务功能显著提升，具有强大辐射带动作用的国家经济增长中心基本形成。

四是建成国家重要的创新创业中心。以郑州国家高新区为核心区，以郑州航空港经济综合实验区、郑东新区、郑州经济技术开发区等创新创业综合体为辐射区，较为完善的郑州国家自主创新示范区空间布局基本形成。畅通人才流动渠道，建立灵活多样的创新型人才流动与聘用模式，推进和保障创新型科技人才的国际流动，成为中部地区人才智力高度密集、创新创业充满活力的人才管理改革试验区。实施更加开放、更有竞争力的创新人才引进政策，建设一批高度专业化的载体平台和引智平台，吸引海内外优秀科技人才和团队来郑创新创业的能力显著增强。出台针对高层次人才的住房、医疗、户籍、配偶安置、出入境等配套服务政策，认真落实外籍高层次人才永久居留政策和通关便利措施，形成创新、创业、有利于激发人才活力的体制机制。推动创新成为城市精神的重要内涵，形成鼓励创新、追求卓越、宽容失败的社会氛围。弘扬激励勇于创新、敢于拼搏的企业家精神，塑造专注、极致、完美的创新文化，形成营造崇尚创新的优良社会环境。

五是建成国家内陆地区对外开放门户。充分发挥"一带一路"建设统领作用，紧扣建设内陆开放高地目标，以开放的视野谋创新，以创新的思路抓开放，着力打造高品质营商环境，使开放通道、平台基础优势得到明显提升，创新要素开放合作有效促进，外贸优化升级进一步加快，功能齐备、要素集聚、产业繁荣、互联互通、环境优良的全面开放新格局基本形成。加快推进空中、陆上、网上、海上四条"丝绸之路"建设，深度融入"一带一路"，同沿线国家之间的经济联系日益紧密，国际影响力和国内辐射力显著增强；以河南自贸区郑州片区为引领，统筹航空港实验区、国际陆港、跨境电商综试区、海关特殊监管区和各类功能口岸建设，在投资自由化、贸易便利化、监管法治化、功能国际化等方面走在内陆地区前列。国际枢纽建设持续推进，航空、铁路、公路"三网"融合、无缝衔接的便利化程度不断提升，以航空为引领、货运以公铁集疏为主、客运以高铁集疏为主的空陆衔接、多式联运的综合枢纽优势更加突出。传统产业转型升级和战略性新兴产业培育成效显著，以先进制造业为支撑、现代服务业为主导的现代产业体系基本形成，国家中心城市建设的产业基础日趋坚实。

六是建成华夏历史文明传承创新中心。牢牢把握社会主义先进文化前进方向，坚定文化自信，增强文化自觉，确保社会主义先进文化在国家中心城市建设中的引领和支撑作用得到充分发挥。以培育和践行社会主义核心价值观为主线，深化全国文明城市创建，大力实施公共文明素养提升行动，整个城市的文明程度得到显著提升。深化文化体制改革，完善文化管理体制，把社会效益放在首位、社会效益和经济效益相统一的体制机制构建成效逐步显现。坚持共建共享，优化配置公共文化资源，推动覆盖城乡的现代公共文化服务体系不断健全和完善，以群众需求为导向的公共文化服务模式服务效能显著提升。文化产业高质量发展，现代文化产业体系和市场体系日益健全，各类文化市场主体发展壮大，文化与科技、创意、旅游、商贸融合发展，培育新型文化业态和文化消费模式取得明显成效，人民群众的文化获得感、幸福感显著增强。充分发挥文化资源优势，传承中原历史文脉、丰富城市文化元素、彰显城市文化特色、提升城市文化品质，推动文化软实力得到显著提升，将一个具有历史文脉、文化内涵、时代气息的现代化城市呈现在世人面前。

三、优化提升郑州城市功能的基本思路

国家支持建设国家中心城市，特别是共建"一带一路"倡议的提出，为郑州的城市发展带来了千载难逢的重大历史机遇，同时也对郑州城市功能提出了新的、更高的要求。党的十八大以来，作为支撑中部地区崛起国家战略的重要中心城市和"一带一路"内陆核心节点城市，郑州着力做强产业根基、增强综合实力，厚植增长动力、提升城市活力，拓展优化空间布局、增强城市承载能力，推进综合枢纽建设、增强辐射带动能力，在优化提升城市功能方面做了大量的工作，取得了显著成绩。但是也应清醒看到，郑州与国内先进城市相比，城市功能还存在很大差距：功能结构还不够合理，特色功能辐射带动能力还相对较弱，功能支撑体系还不够完备，城市功能发挥作用的基础尚待进一步夯实。所有这些，都在一定程度上影响着郑州国家中心城市建设，制约着郑州深度融入"一带一路"。要进一步厘清基本思路，加快推进郑州城市功能优化提升，为郑州建设国家中心城市奠定建设基础，使之在服务国家战略和国家发展大局中发挥更大作用。

（一）优化提升郑州城市功能的原则

优化提升郑州城市功能，应当遵循以下三个原则：

一是战略性原则。所谓战略性原则，"是指城市在优化功能时应具备长期发展的战略眼光，将城市功能的优化视为城市发展的一个战略阶段，考虑城市的未来发展而不是眼前利益，全局利益而不是局部利益。城市发展战略取向的实质上决定着城市的性质和功能。"在城市发展战略取向上，郑州是要充分利用自己的区位优势，深度融入"一带一路"，构筑内陆开放新高地，加快推进国际综合枢纽、国际物流中心、国家重要的经济增长中心、国家极具活力的创新创业中心、国家内陆地区对外开放门户、华夏历史文明传承创新中心建设，服务国家战略和国家发展大局，并在2050年建成富强民主文明和谐美丽的社会主义现代化强市，成为具有全球影响力的城市。郑州优化提升城市功能，必须牢牢把握这个发展战略取向，紧紧围绕这个发展战略取向来优化、来提升。

二是开放性原则。开放发展是人类社会发展的内在要求和客观规律，也是中国共产党所提出的中国特色社会主义新时代五大发展理念的重要内容之一。习近平同志曾经指出："人类的历史就是在开放中发展的。任何一个民族的发展都不能只靠本民族的力量。只有处于开放交流之中，经常与外界保持经济文化的吐纳关系，才能得到发展，这是历史的规律。"一个城市优化提升城市功能，同样也要坚持开放，在开放中优化提升，靠开放优化提升。"城市的各种功能都是相对于一定的外围区域而言的。随着经济发展，一定区域内的物流、人流、资金流、信息流通过各种方式汇集于城市，经过城市的优化组合产生了能量聚集效应和放大效应，从而形成了城市的各种功能。"无论是城市功能的形成还是其功能作用的发挥和释放，无一例外都是城市与外部进行物质、能量和信息交换的过程，实质上也就是全方位开放的过程。离开了开放，城市功能既不能形成，也不能发挥其作用。对于郑州这样一个不沿边、不靠海、不临江的内陆城市，特别是对于郑州这样一个建设功能定位于国际综合枢纽、国际物流中心、国家重要的经济增长中心、国家极具活力的创新创业中心、国家内陆地区对外开放门户、华夏历史文明传承创新中心的国家中心城市来说，优化提升城市功能，更要始终遵循开放性这一重要原则。

三是阶段性与可持续性原则。城市功能优化提升的过程是一个动态发展的过程。由于所处的地域和历史发展阶段不同、城市的现代化程度不同，城市功能优化提升的内容和要求也就有所不同。在确立了城市功能优化提升目标要求以后，就要将优化提升的总体目标分解为任期目标和阶段性目标，而后分层级、分阶段地逐步加以推进。城市功能的必要完善和适度更新，势必会受到城市承载力的制约。推进城市功能的完善和更新，要以实现城市与自然之间相互动态平衡为指向，构建与城市资源禀赋和生态环境特征相匹配的城镇功能布局，实现人口、城市、产业相互融合。因此，在优化提升城市功能过程中，郑州市既要勇于进取、积极推进、敢于突破，同时又要尊重规律、稳扎稳打、循序推进，做到谋划要实、优化要实、提升要实，绝不能指望可以一蹴而就、一劳永逸，更不能急功近利、贸然推进。尤其是要注重追求城市功能结构的合理化。合理的城市功能结构有利于该功能结构中各单项功能的发挥与释放，更重要的是这样的城市功能结构有利于该功能结构中主导功能的强化。

（二）优化提升郑州城市功能的重点

坚持两点论与重点论相统一，强调抓重点带一般，是中国共产党在长期的革命、建设和改革实践中始终坚持和强调的辩证唯物主义方法论。没有重点就没有政策，就不可能把党的事业顺利推向前进。习近平总书记曾经强调指出："在任何工作中，我们既要讲两点论，又要讲重点论，没有主次，不加区别，眉毛胡子一把抓，是做不好工作的。"优化提升城市功能，同样也应当既讲两点论，又讲重点论，善于把握住优化提升的重点。从郑州市的具体实际看，优化提升城市功能的重点主要有以下三个方面，如图 2－8 所示。

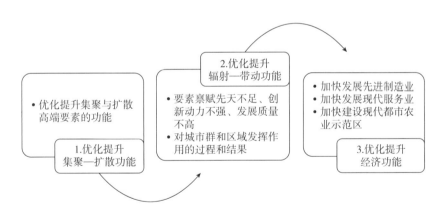

图 2－8　郑州城市功能提升重点

一是优化提升集聚—扩散功能。城市是经济社会活动及其要素集聚与扩散的过程与结果。城市的成长发展过程是集聚功能与扩散功能相互影响、共同作用的过程和结果。集聚功能促进和推动各种要素在城市空间集聚，吸纳相关企业向城市空间转移，使要素集聚规模不断扩大。当要素在城市空间集聚到一定程度时，便会产生向外扩展的排斥力，即要素扩散功能。要素集聚与扩散是城市空间演化的基本表现，贯穿于城市发展的全过程。集聚和扩散是国家中心城市的核心功能。国家中心城市对所在城市群和区域的引领辐射作用，就是通过其集聚—扩散功能来实现的。优化提升集聚与扩散功能，对于提升国家中心城市的能级，增强其辐射带动能力和参与国际竞争的能力都具有十分重要的意义。对于地处内陆的国家中心城市郑州来说，优化提升集聚与扩散功能，核心任务是优化提升集聚与扩散高端要素的功能。"产业集聚是工业化过程中的普遍现象，是市场经济工业化进行到一定阶段后的必然产物，是现阶段产业竞争力的重要来源和集中体现。"国家中心城市是中国城镇体系中的"塔尖城市"，所集聚与扩散的要素应是高端要素，而非普通要素和低端要素。

二是优化提升辐射—带动功能。作为一种城市功能，辐射和带动是这一功能紧密联系、不可分割的两个方面。前者是该功能对城市群和区域发挥作用的过程，而后者则是该功能对城市群和区域发挥作用的结果。辐射带动功能国家中心城市是不可或缺的最重要功能。从静态的视角看，一个国家中心城市由于集聚了大量的高端要素，综合经济实力强，科技创新能力高，成为城市群和区域发展的要素配置中心、产业扩散中心、技术创新中心和信息流转中心，成为带动城市群和区域高质量发展的辐射源和先导区。世界城市群的发展历程表明，"中心城市与其他区域之间的关系是集聚与辐射并存的良性互动过程，即先将资源集聚到中心城市形成增长极，中心城市发展后又对其他区域产生辐射带动作用，形成高质量发展的动力源。"从现实情况看，由于要素禀赋先天不足、创新动力不强、发展质量不高，作为中原城市群的核心城市的郑州，辐射带动功能还不够强，其能量等级远不能与长三角、珠三角和京津冀城市群的核心城市同日而语。推进中原城市群建设，推动中原城市群综合竞争力和区域影响力不断增强，必须加快优化提升郑州的辐射带动功能。

三是优化提升经济功能。经济功能是一个城市的基础性功能，也是城市赖以存在和发展的基本依托。城市的其他各项功能，都是建立在经济功能基础之上并由经济功能所决定的。"城市的经济功能由产生和服务于城市经济活动的生产、分配、消费以及交通运输、金融、商务、信息等功能组成。组织生产和服务城市经济是城市的主要经济功能。"因此，一个城市尤其是一个国家中心城市优化提升城市功能，最根本的是要优化提升它的经济功能。从本市市情和建设国家中心城市的实际需要出发，郑州市优化提升经济功能，首先是要加快发展先进制造业。以新一代信息技术与制造业深度融合为主线，以智能制造为主攻方向，推动制造业向高端、智能、服务、绿色发展，加强与互联网、大数据、人工智能的深度结合，构建新型制造业体系，到2025年把郑州建设成为全国重要的先进制造业中心。其次是加快发展现代服务业。以消费升级引领产业升级，以科技创新驱动产业变革，全力建设现代金融中心、国际商贸都会、国际会展名城、国际文化旅游名城等，打造具有国际影响力的"郑州服务""郑州消费"品牌。最后是加快建设现代都市农业示范区。按照"产业兴旺、生态宜居、乡风文明、智力有效、生活富裕"的总要求，着力构建现代农业产业体系、生产体系、经营体系，发展多种形式适度规模经营，推进一二三产业融合发展。

（三）优化提升郑州城市功能的路径

人们能否顺利到达自己的目的地，路径选择至关重要。找准合适的优化提升路径，也是实现优化提升郑州城市功能目标的关键。依笔者之见，优化提升郑州城市功能的路径主要有以下三个方面：

一是着力强化主导功能。按其在这一体系中所处地位和所发挥作用的不同，城市功能有主导功能和辅助功能之分。所谓主导功能，"是指在城市诸功能中处于突出地位和起主导作用的功能，影响或左右城市的其他功能的运行，甚至决定着城市的性质和发展方向。"城市的功能特别是城市的主导功能，是由产业分工决定的。发展阶段不同，产业分工以及由此所决定的城市功能也就有所不同。即城市的产业分工以及由分工决定的城市功能是动态的，总是处在发展变化之中。城市产业分工发展变化了，城市的主导功能也就随之发生变化。"但在一定时期，城市的功能、主导功能是一定的，寓于城市的产业之中即城市功能必须通过产业结构体现出来。"近年来，随着城镇化和工业化进程的加快，郑州的产业分工与以往相比已发生重大变化，旧的城市主导功能正在让位于新的城市主导功能。目前，郑州新的城市主导功能尚在发育发展中。加快建设郑州国家中心城市，客观上要求必须着力强化郑州的城市主导功能。从理论上说，城市功能的发育发展需要有产业发展作支撑，城市的主导功能往往是由城市的优势产业孕育出来的。因此，就应加快推进产业结构的转型升级，努力做大做强郑州的优势产业。

二是着力增强创新功能。创新是一个民族进步的灵魂，也是一个国家兴旺发达的不竭动力。党的十八大以来，习近平总书记高度重视创新，反复强调创新是引领发展的第一动力，抓创新就是抓发展，谋创新就是谋未来。不创新就要落后，创新慢了也要落后。2018年4月，习近平总书记在湖北考察时语重心长地说："新发展理念，创新是第一位的。"创新也是城市至关重要的功能，在城市功能体系中居于首要位置，是城市发展的第一动力。城市创新功能的核心是人才资源要素的集聚。由于历史和现实的种种原因，郑州同北京、上海、广州、武汉、西安、成都等知名高校和科研机构云集的国家中心城市相比，创新人才匮乏，创新平台不足，创新能力不强，创新功能较弱（见图2-9）。郑州要加快推进国家中心城市建设，必须进一步解放思想、转变观念，以自主创新能力提升和高新技术产业发展为核心，以培育百亿级高新技术企业和千亿级新兴产业集群为引领，加快建立产学研政资介相结合的自主创新体系，全面推进国家创新型城市建设，着力增强城市创新功能，努力把郑州建成国家重要的创新中心。

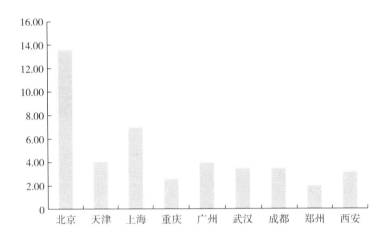

图 2-9 2018 年九个国家中心城市科研创新功能建设指数对比

资料来源：《国家中心城市建设报告（2019）》中"2018 年中国国家中心城市建设指数及成长性指数评价分析"。

三是着力优化城市功能的空间结构。城市功能的空间结构，"是指在城市空间结构的基础上形成的城市内部的功能分区，以及不同功能区之间的相互关系。"城市空间是城市功能的地域载体，城市空间结构决定城市功能的模式。城市功能依附于城市空间结构，城市空间结构是城市功能赖以存在和释放功能作用的重要依托。城市空间结构的演变势必引起城市功能的转换，城市功能的转换又反过来为城市空间结构的演变增添动力。完善提升城市功能，内在地要求优化城市空间结构。优化城市空间结构是完善提升城市功能的重要路径。目前，郑州的城市空间结构不够合理，在很大程度上抑制了城市功能的发育和功能作用的释放，制约和影响了郑州建设国家中心城市的历史进程。完善提升郑州城市功能的当务之急，是尽快优化城市空间结构。"城市功能的空间结构优化主要是通过城市的产业结构调整实现的。产业结构的调整不仅能强化城市的辐射功能，而且还会引起城市功能系统在空间分布格局上的巨大变化。"因此，要把推动郑州产业结构优化升级作为优化郑州城市功能空间结构的重要举措。

第三章　优化提升郑州综合服务功能

综合服务功能是国家中心城市的又一重要功能，也是在国家中心城市功能体系中发挥核心作用的主导功能。郑州的城市综合服务功能是随着其进入大城市和特大城市行列而逐步形成和发展起来的。近年来，随着郑州被定位于国家支持建设国家中心城市，这座"一带一路"核心节点城市的综合服务功能日益强大。但是，与先进国家中心城市相比，郑州的城市综合服务功能还尚待进一步优化和提升。城市综合服务功能是中心城市实现要素资源集散和配置功能的重要支撑，是城市综合竞争力的集中体现。优化提升郑州要素资源集聚功能，增强郑州辐射带动能力和综合竞争力，核心是优化提升郑州的城市综合服务功能。要在明确重点、任务及其路径的基础上，加快推进郑州城市综合服务功能的优化提升。

一、郑州综合服务功能的历史演化和现状分析

综合服务功能并不是一般城市都能够具有的城市功能，中小城市并不具备综合服务功能。郑州的城市综合服务功能是随着其进入全国大城市、特大城市行列才逐渐孕育形成的。深入考察郑州城市综合服务功能的孕育形成进程，客观分析、评价郑州城市综合服务功能的现实状况，对于正确认识和把握郑州城市综合服务功能发展规律，找到郑州在城市综合服务功能方面存在的差距、问题和短板，探索优化提升郑州城市综合服务功能的路径具有重要意义。

（一）城市综合服务功能理论概述

城市综合服务功能这一概念，是在中国城镇化进程加快的背景下逐步形成和提出的。截至目前，几乎看不到国外有关城市综合服务功能的系统性研究文献。

然而，在国外堪称汗牛充栋的城市功能研究成果中，可窥见一些附带提及或引申出来的有关城市服务功能的思想和观点。1933 年，国际现代建筑协会在雅典召开的第四次会议上通过的《城市规划大纲》明确提出，城市规划的目的是解决居住、工作、游憩与交通四大功能活动的正常进行。美国都市问题学者曼纽尔·卡斯特尔则鲜明提出了城市的主要功能在于促成财富和要素流动的观点。他指出，一个城市的竞争力不在于她拥有什么，而主要在于有多少财富和要素流经这里。一座城市的兴衰，是由其对流经的经济要素流的把握程度所决定的，如果她能够吸引、转化甚至创造某些关键的要素流，则必然走向繁荣；反之就走向衰败。英国著名城市规划大师彼得·霍尔在提出国际化大都市概念的同时，揭示了这些大都市的功能特征：主要的政治权力中心、国家的贸易中心、主要银行所在地和国家金融中心、各类人才聚集中心、信息中心和文化中心。美国学者米尔顿·弗里德曼则提出了衡量世界城市的 7 条标准：主要的金融中心、跨国公司总部所在地、国际性机构的集中地、第三产业的高度增长、主要的制造业中心、世界交通的重要枢纽、城市人口达到一定标准。尽管这些专家学者都未曾提出城市综合服务功能的概念，但他们的论述均触及了城市的一些重要服务功能，蕴含了对一些城市综合服务功能的认识。

国内学界中，郭元晞在1991 年发表的一篇论文中最早使用了城市综合服务功能的概念，强调了城市综合服务功能对于城市经济的商品化、社会化的重要性。他指出："城市经济的商品化、社会化，要求城市必须具有综合的服务功能，才能为商品经济的不断发展和社会化生产的不断扩大提供良好的条件。"① 但是，遗憾的是，他在该文中也没有对城市综合服务功能给出定义。上海著名经济学家周振华在城市综合服务功能研究方面做出了开拓性贡献。他较系统地阐释了城市综合服务功能的内涵、基本属性及其度量，论述了城市综合服务功能与城市综合竞争力的相互关系。指出"增强城市综合服务功能集中反映了城市综合竞争力的本质特征"，并认为"把增强城市综合服务功能摆到提高城市综合竞争力的中心地位，具有很强的针对性和现实意义"。②

目前，国内外学术界对城市综合服务功能的概念还没有形成较为权威的定义。广州社会科学院学者借鉴国内外有关学术研究成果，根据城市功能演进的逻辑进程，为城市综合服务功能给出了自己的定义：所谓城市综合服务功能，主要指一个城市所具有的为本辐射区域各类经济活动和商品要素的自由流动提供全面、高效、便捷的能力。在他们看来，综合服务功能主要体现为城市的"基本活动"，即为城市以外地区提供生产和服务的活动与能力；综合服务功能承载主体

---

① 郭元晞. 论在发展商品经济中增强城市的综合服务功能［J］. 兰州学刊，1991（6）：43－48.
② 周振华. 城市综合竞争力的本质特征：增强综合服务功能［J］. 开放导报，2001（4）：8－10.

主要指向智力资源较丰富的大城市或特大城市，如首都、省会、首府等大城市，只有这样的城市才可能提供其他一般城市不能提供的高级专业化服务；综合服务功能与集聚辐射功能高度相关，二者之间是相互依存的关系，集聚辐射功能是中心城市的本质属性，而综合服务功能则是实现集聚辐射功能的基本途径；综合服务功能涉及多种功能的集合，特别是大城市，一般具有更加综合而齐备的服务品质和服务能力，既包括经济领域的服务功能，也包括社会领域、环境领域的服务功能，并且不同城市的综合服务功能具有不同特色及功能侧重点；综合服务功能也包括为周边地区提供高端、特种制造服务或某些稀缺性产品。①

与一般的城市功能相比较，城市综合服务功能主要具有以下几个方面的特征：

一是服务的对外性。作为城市基本活动的主要体现，城市综合服务功能主要是为城市以外的地区，而不是为本城市区域提供生产和服务的活动。对外性服务是城市服务功能的一个显著特征。香港尽管只有700多万人，而且近年来经济总量也已被上海、深圳等大都市超过，但仍是我国重要的外资进入地。改革开放40多年来，我国每年从全球引进的外资50%左右是经由香港这个跳板投过来的。可见，香港作为国际金融中心、资本市场中心、经济中心，其服务是外向型的，是辐射全球的，而不是局限于服务本市城区的。

二是服务的空间聚集性。城市综合服务功能大多通过关联产业和机构在特定区域的空间集聚来体现，只有相互关联的产业和机构在金融中心、商业中心、文化中心、科技园、产业园等空间上集中布局、频繁协作，才能形成富有效率的服务功能。在当今的一些国际大都市，都形成了一些如华尔街的金融区等那样集聚度很高的功能集聚区，这些功能集聚区不仅服务于都市本身，更重要的是服务都市之外，甚至辐射全球。②

三是服务的全方位性。一个城市的综合服务在功能上不只为第三产业的发展提供服务，同时也为第一产业和第二产业的发展提供服务。在全国各大城市都面临产业转型升级任务的新形势下，为制造业提供服务的需求越来越强烈，越来越迫切。同时，城市综合服务功能所提供的服务不仅涉及不同产业层次，而且还覆盖了政治、社会、文化等层面。

四是服务的整合性。一个城市的综合服务在功能上不仅需要较大的服务容量和足够的服务半径，并以"硬件"基础设施作为服务平台，更需要有足够的科

---

① 张强，刘江华，周晓津. 增强城市综合服务功能研究——理论、实证与广州策略［M］. 北京：中国经济出版社，2012：5 - 6.

② 张强，刘江华，周晓津. 增强城市综合服务功能研究——理论、实证与广州策略［M］. 北京：中国经济出版社，2012：7.

技、信息、技术、人才等"软件"资源要素与之相匹配。一个城市的综合服务功能要得到高效率的释放和发挥，客观上要求对相关的"软硬件"进行有效整合，以实现二者发展的同步性和协调性。

按照不同的性质和标准划分，城市综合服务功能具有不同的分类和构成。从服务功能作用的主要对象来看，城市综合服务功能既包括提供生产性服务，也包括提供非生产性服务。从服务功能的性质来分析，既包括一般服务功能或共同服务功能，也包括主导服务功能以及某些特殊服务功能。从服务功能的支撑性产业类别来观察，其组分构成可包括金融、物流、会展、信息、商贸、商务中介、总部经济、文化娱乐、教育培训、旅游休闲、科技研发、创意设计、专业知识提供、高端制造、国际交往等具体服务品种或类型。[1]

（二）郑州城市综合服务功能的历史演化

前已述及，综合服务功能承载主体主要指向智力资源较丰富的大城市或特大城市，只有如首都、省会、首府等大城市才可能具有综合服务功能。这是因为，综合服务功能在组分构成上较为综合、复杂和多元，大多表现为一个城市同时具有多种并且有机结合、互为支撑的主导功能，这些主导功能大多以复杂、高级的技术型服务、创新性服务乃至独特性服务为依托，其作用范围和影响自然较大，这样的服务水平及辐射能级要求必然使其功能承载者主要指向智力资源较丰富的大城市或特大城市。[2] 因此，在1954年10月河南省省会由开封迁至郑州以前，郑州是不具有综合服务功能的，当时郑州既不是省会城市，也不是经济强、规模大的大城市，不具备相应产业基础支撑。省会由汴迁郑后，尽管郑州已成为省会城市，成为全省政治、经济、文化中心，但因产业基础薄弱，集聚和扩散能力不足，综合服务功能尚在孕育中，因此对市外区域提供的生产性服务和非生产性服务很少，可以说是微乎其微。

随着郑州成为河南省省会，国家将其确定为全国重点建设城市，开始投入巨资进行大规模建设。现代工业的快速发展，带动了郑州交通运输、邮电通信、金融保险、批零贸易等服务业发展，但其在三次产业结构中所占比重很小，空间聚集性也不强，服务范围也主要是本市，这就使当时的郑州虽已具有一定的城市综合服务功能，但其作用还相当弱小。

改革开放为郑州发展注入了强大动力与活力。20世纪80年代，郑州将发

---

[1] 张强，刘江华，周晓津. 增强城市综合服务功能研究——理论、实证与广州策略［M］. 北京：中国经济出版社，2012：8.

[2] 张强，刘江华，周晓津. 增强城市综合服务功能研究——理论、实证与广州策略［M］. 北京：中国经济出版社，2012：5.

展的重心放在能源、交通运输、原材料等基础工业上，大力发展轻工业，着力推进基础设施建设。进入 90 年代，郑州在加快推进商贸城建设的同时，充分利用区位和交通优势，加快综合交通网络建设，着力打造综合交通枢纽。与此同时，电子信息、汽车、装备制造等战略新兴产业也呈现加快发展趋势，服务业占经济比重进一步上升，三次产业结构趋于优化，三次产业构成由 1979 年的 18.6∶61.8∶19.6 演变为 2000 年的 5.7∶49.2∶45.1。①

　　进入 21 世纪，河南省委省政府在中原崛起发展的布局中，要求郑州建设成现代制造业、高新技术产业集聚地，现代服务业中心和现代农业示范带。郑州以招商引资为突破口，加大政策扶持力度，推进产业集聚区建设。2012 年全市建成重点产业集聚区 38 个，其中省级重点产业集聚区 15 个，国家级产业园区 3 个，初步形成了汽车及装备制造、电子信息、铝精深加工等产业集群，当年产业集聚区营业收入完成 5150 亿元，增长 40%；固定资产投资完成 1033.5 亿元，增长 62%。产业集聚区的快速发展，为第三产业发展提供了有效空间载体。产业与人口在一定空间内的高度集聚，必然对生产性服务业和非生产性服务业发展提出要求，这就有效提升和增强了郑州的城市综合服务功能。

　　党的十八大以来，郑州按照习近平总书记视察指导河南工作时的指示精神，抢抓"一带一路"建设机遇，加快构建以先进制造业为支撑、以现代服务业为主导的现代产业体系，三次产业比 2017 年已调整到 1.7∶46.5∶51.8，实现了第三产业比重超过第一产业和第二产业之和的历史性突破。与此同时，着力做大做强现代服务业，推进生产性服务业向专业化转变、价值链高端延伸。加快建设航空港经济综合实验区，构建"米"字形快速铁路交通网络，推动多种运输方式协作、协调、协同发展，形成了东连大海、西接中亚的陆路口岸体系和陆空高效衔接、区港联动、多式联运的综合口岸体系，为"东联西进、贯通全球、构建枢纽"提供了强力支撑。不断完善信息服务、贸易口岸、物流园区等服务平台，推动跨境电商、冷链物流、快递配送快速发展，打造集仓储、运输、配送、流通加工、信息服务于一体的完整物流产业链条，加速商流、物流、资金流、信息流资源融合共享，不断向价值链高端延伸，现已成为全国重要的进口鲜活产品集散地和全国功能性口岸最多的内陆城市。持续推进郑东新区金融集聚核心功能区建设，着力打造服务中原经济区、辐射中西部的国家区域金融中心。到 2017 年底，持牌金融机构达到 312 家，12 家全国性股份制商业银行全部集聚郑州，甲骨文、

---

　　① 于向英，张庆华．郑州市产业结构现状及优化方略的思考［J］．河南省情与统计，2002（1）：21 – 24.

华为、浪潮等 102 家大数据企业和 70 多家基金机构相继入驻。① 以国际化、市场化、专业化为方向，高标准推进会展设施建设，强化与国内外知名会展机构对接，引进培育高规格展会，大力发展现代会展业。包括国际智能制造与服务博览会、国际汽车展览会、国际体育产业博览会、国际环保产业博览会、国际旅游城市市长论坛等在内的重量级国际展会，以及全国卫生产业博览会、中国粮食储藏技术及物流装备展览会、全国汽车服务业耗材及易损件展览会、中国高端美容产品及化妆品博览会等重大国内展会活动在郑州隆重举办，特别是 2015 年上海合作组织成员国政府首脑（总理）理事会第十四次会议在郑州的隆重举行，极大地推高了郑州的国际知名度和影响力。加快推进"一带四区"（即沿黄文化旅游带、中牟国际时尚创意文化旅游区、登封华夏历史文明传承创新示范区、新郑黄帝故里历史文化园区、郑州航空港对外文化贸易区）重点文化功能区建设，重点培育郑州国际文化创意产业园、"天地之中"文化旅游园区、中原科技创新文化产业园、国家知识产权创意产业试点园区等十大文化产业园区，着力打造郑州华强文化科技产业基地、华夏非物质文化遗产传承展示基地、宗教文化博览基地、红色旅游文化教育体验基地和华夏历史文明传承主题园，不断完善城市功能，传承城市文脉，提升城市品质，彰显文化特色，加快构建与国家中心城市相适应的文化支撑体系。所有这些，都使郑州的城市综合服务功能得到了显著增强。

（三）郑州综合服务功能现状分析

中华人民共和国成立 70 年来特别是改革开放 40 多年来的发展，郑州已由新中国成立前夕仅有十几万人口的小县城，发展成为如今拥有千万人口，我国长江以北规模最大、实力最强的省会城市。1949 年郑州市生产总值仅有 9040 万元，人均生产总值也只有 41 元；2018 年全市经济总量超过万亿元，人均生产总值突破 10 万元②。先进制造业发展水平不断提高，2018 年全市制造业投资占工业投资比重达到 79.5%，战略性新兴产业投资增长 26.4%，其中高端装备制造业、新一代信息技术产业投资分别增长 380.5%、734.7%，七大主导产业增加值增长 7.6%，对全市工业增长的贡献率达到 93.9%，初步形成电子信息、汽车及装备制造两个 5000 亿级产业集群，国家级技术创新和制造业单项冠军示范企业达到 9家。

现代产业的高质量发展，为现代服务业发展提供了产业支撑。2018 年全市服务业增加值完成 5545.5 亿元，增长 8.3%；物流业增加值完成 780 亿元，增长

① 徐建勋，王延辉，何可. 在郑州，在改革开放中崛起 [EB/OL]. 郑州市政务服务网，2019 - 02 - 22.
② 夏先清，杨子佩. 站在高质量发展新起点上 [N]. 经济日报，2019 - 07 - 25.

9%；金融业增加值达 1145.8 亿元，占 GDP 的 11.3%①。2018 年郑州上榜"国家物流枢纽承载城市"，陆港型、空港型、生产服务型、商贸服务型物流枢纽地位巩固提升。现代服务业发展载体建设稳步推进。郑东新区中央商务区成为"中国最具活力中央商务区"，中牟汽车产业集聚区成为国家级新型工业化产业示范基地，国际物流园区晋升为国家级示范物流园区。国家区域性金融中心地位日益凸显。2018 年郑州在全国 28 个区域金融中心城市中的排名跃升至第 10 位。会展业呈现持续良好发展态势。在 74 个省会城市及地级市的会展业竞争力指数排行榜上，郑州排名第 2 位，成功入选 2017 年度中国最具竞争力会展城市。郑州的首位度、辐射力和带动力持续提升，首次进入"世界城市 100 强""亚洲城市 50强"，成功晋身国家区域协调发展新机制 12 城市。在中国社会科学院研究机构发布的"国家中心城市指数"中，郑州市荣登潜在国家重要中心七项榜单；"中国大陆最佳商业城市"和《中国金融中心指数报告》中，郑州市均居第 12 位。所有这一切都表明，郑州的城市综合服务能力大幅提升，综合服务的外向性越来越强，综合服务的功能作用日益得到彰显。作为中原城市群龙头的郑州，正以昂扬的姿态大步走向世界。

经过 70 年的孕育和发展，郑州的城市综合服务功能由小到大，由弱变强，日益成为郑州城市综合竞争力增强的核心推动力量。然而，与先进的国家中心城市横向比较起来，郑州在城市综合服务功能方面有长有短、有弱有强，但总体上说，长项、强项少，短项、弱项多，长项、强项优势并不明显，短项、弱项差距很大。

金融是现代经济的核心和资源要素配置的枢纽，金融服务是一个中心城市特别是国家中心城市综合服务功能的核心。近年来，郑州市着力加强郑东新区金融核心区功能建设，优化金融生态环境，推进金融创新，完善金融集聚功能。截至2017 年 8 月底，东区新引进金融机构 35 家，核心区持牌类金融机构突破 300 家，累计入驻金融机构 1200 余家。小麦、甲醇、棉花、白糖等价格已成为国际市场的风向标。资本市场功能不断提升，全区境内外上市和新三板挂牌企业达 18 家。2018 年第 10 期《中国金融中心指数报告》显示（见表 3 - 1），在全国 31 个金融中心城市综合竞争力排名中，郑州居第 12 位；在金融市场规模排名中，郑州更是居第 5 位。但就金融市场规模而言，在 9 个国家中心城市的指数排名中，郑州以 44.2 的得分位居第八位，与位居前两名的上海（235.62）、北京（184.43）差距巨大；比排名第 13 的西安也仅高出 0.96 个百分点。"国家中心城市指数"报告经分析指出，郑州在金融集聚度方面具有明显优势，但在基金、银行、保

---

① 王新伟.2019 年郑州市政府工作报告［N］.郑州日报，2018 - 10 - 24.

险、风投等联系度上相对较弱，因此被该报告评估为潜在的国家重要金融中心城市。

交通是联通城市的物质基础，交通服务在国家中心城市综合服务功能中占有重要位置。

表 3 - 1　第 10 期中国金融中心相关指数前十五强

城市	第 10 期中国金融中心指数（CFCI10）		金融市场规模	
	得分	排名	得分	排名
上海	235.62	1	363.66	1
北京	184.43	2	23.12	3
深圳	123.83	3	81.93	2
广州	74.33	4	6.8	7
杭州	59.22	5	7.45	6
成都	56.78	6	2.65	13
天津	56.75	7	2.19	17
南京	56.73	8	1.9	19
重庆	51.52	9	0.93	24
武汉	48.20	10	6.5	9
苏州	46.44	11	0.46	27
郑州	45.55	12	11.81	5
西安	44.59	13	1.63	21
大连	42.59	14	20.46	4
济南	41.20	15	4.24	10

资料来源：中国（深圳）综合开发研究院 2018 年 9 月 12 日发布的第 10 期"中国金融中心指数"（CDICFCI）。

综合交通枢纽是郑州的突出优势。随着"米"字形高铁网的初步成形和以郑州为核心的"两环多放射"高速公路网的基本建成，郑州的交通集聚度与交通联系度在全国处于领先地位。有研究成果评价显示，郑州处于潜在的国家重要交通中心层级，未来有望成为国家重要的交通中心城市。但综合起来分析，在 9 个国家中心城市中，郑州的城市交通服务仍处于落后状态。在 2016 年的国家中心城市枢纽性排名中，郑州的城市枢纽性指数为 86，与排在前三位的上海

（100）、北京（99.6）、广州（95.6）相比明显不在一个档次上，与排名第8的西安（86.3）也存在差距；物流指数排名第8，比排名末位的西安也只高出0.8个百分点；交通通达度指数排名第5，低于上海、北京、广州、天津和武汉，略高于重庆、成都和西安。如图3–1所示。

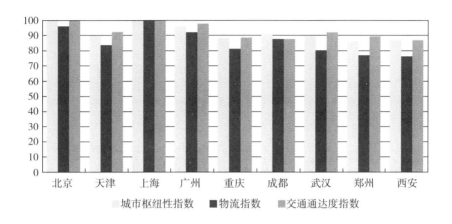

图3–1　2016年国家中心城市枢纽性排名分析

资料来源：新一线城市研究所：《2016中国城市商业魅力排行榜之城市枢纽性排名》。

商贸服务是现代大都市不可或缺的重要功能之一。环顾当今世界，各国际大都市几乎都是商贸流通业高度发达的经济中心城市。郑州自古就有中国"商都"的美誉。20世纪80年代末，郑州就开始了进行大规模的商贸城建设。经过30年的发展，郑州以大枢纽带动大物流、大商贸的发展，目前已经实现了从单一核心商圈（二七商圈）到"一心（一个核心商圈）一圆（一个副中心级商圈）多圈（多个区域型商圈）"的历史嬗变，物业形态也实现了从传统的大卖场和百货向大空间、多体验、主题化的购物中心转变，商贸规模竞争力和商业辐射力都明显增强。但无论从商业规模还是分项零售、批发产业规模来看，郑州同先进的国家中心市相比还有很大差距。2018年郑州全市社会消费品零售总额为4268.1亿元，不仅与总额在万亿（元）以上规模的上海（12669亿元）、北京（11748亿元）无法相比，而且也大大低于位居第7的天津（5533亿元）和第8的西安（4659亿元）（见图3–2）。2018年郑州快递服务企业业务量为6.82亿件，在9个国家中心市中处于中游偏下状态，低于广州、上海、北京、成都、武汉，高于天津、重庆和西安，位居第6名（见图3–3）。在2018年全国商场销售额排名中，郑州丹尼斯大卫城以53亿元排名第10位，而北京的SKP则以135亿元独居鳌头，西安的赛格国际购物中心以70.86亿元排名第5。在福布斯中国发布的2018年

"中国大陆最佳商业城市"榜单中，郑州以 0.46375 的综合得分在 100 个城市中居第 12 位，比 2017 年前进了 11 个位次；在 9 个国家中心城市中名列第 8 位，综合得分仅略高于位居末位的天津（0.44886）。

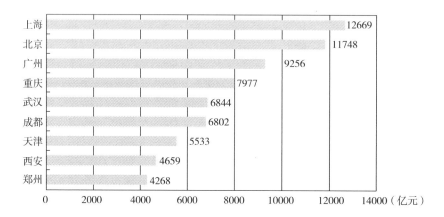

图 3-2 2018 年国家中心城市社会消费品零售总额对比

资料来源：各国家中心城市 2018 年国民经济和社会发展统计公报。

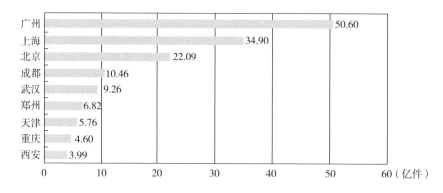

图 3-3 2018 年国家中心城市快递服务企业业务量对比

资料来源：各国家中心城市 2018 年国民经济和社会发展统计公报。

会展服务是现代生产性服务的典型形态，是现代国际大都市不可或缺的重要功能，是国家中心城市增强影响力和辐射力的重要路径。近年来，郑州加快推动国际会展名城建设，着力打造高端会展核心区，全市会展业呈现出蓬勃发展之势，会展经济正由快速扩张向提质增效转变。2018 年，郑州全市共举办展览 239 个，在 9 个国家中心市中居第 4 位，仅次于位列前三名的上海（741）、北京（277）、广州（277），处于中上游水平；成都（107）、武汉（83）、西安（75）、重庆（68）则分别居第 5 位至第 8 位①；因未进入国家贸促会 2018 年举办 50 个以上展览城市总汇前 20 强，所以没有天津的统计数据。2018 年，中原国际博览中心、郑州国际会展中心实现高效运转，出租率均创新高，分别居全国展馆排名第 8 位、第 9 位。② 2018 年，郑州国际会展中心和中原国际博览中心的展场出租率分别达到 43%、40%，在全国处于较高水平；会展业实现经济社会效益约 340 亿元。③

包括科技、教育、文化等在内的社会公共服务功能，是国家中心城市功能体系中发挥支撑作用的重要功能。完善提升城市公共服务功能，是实现国家中心城市高质量发展和城市竞争力提升的重要保障。近年来，郑州市在国家中心城市建设过程中着力加强社会公共服务体系建设，强化文化、教育、科技创新功能，取得明显成效。在科技创新方面，《中国城市科技创新发展报告 2018》做出的测度与评估结果显示，在 2018 年全国省会及副省级城市科技创新发展指数的排名中，郑州以 0.324 的得分名列第 17 位；而在同一指数排序中，郑州在 9 个国家中心城市中远低于位列前三的北京（0.613）、上海（0.507）和广州（0.474），仅高于得分 0.257 的重庆，名列第 8 位。如表 3 - 2 所示。④ 在高等教育方面。据第一财经对主要城市在校大学生数量所做的统计，郑州 2018 年在校本专科生数量达 99.35 万人，仅次于广州（108.64），在全国 38 个城市中名列第 2 位。从这个数据统计我们还可以看到，在 9 个国家中心城市中，郑州的这个数量同时是只低于广州，而高于武汉（96.93）、成都（84.03）、重庆（76.28）、西安（71.28）、北京（59.49）、天津（52.33）和上海（51.78）等其他所有城市。但是，在主要城市 2018 年在校研究生的数量统计中，郑州却以 3.02 万人被排在了第 20 位，远低于同样作为国家中心城市的北京（33.6）、上海（15.85）、武汉（13.8）、西安（10.41）、广州（10.11），也大大低于成都（9.9）、天津（6.81）和重庆（6.51）。⑤ 在拥有"211"和"985"大学数量方面，北京以 26 所"211"、8 所"985"大学名列榜首，上海以 10 所"211"、4 所"985"大学次之，排名第 8 的重庆也有 2 所"211"和 1 所"985"大学，排名最后的郑州仅有 1 所"211"，"985"大学为零。如表 3 - 3 所示。在文化产业发展方面。郑州在文化名人方面处于国家重要文化层级，在全国的排名仅次于北京，居第 2 位，但旅游景区质量

① 中国贸促会. 中国展览经济发展报告（2018）［EB/OL］. 中国贸促会官网，2019 - 01 - 24.

② 宋迎迎. 会展经济蓬勃发展 2018 年郑州经贸展览数全国第四［N］. 东方今报，2019 - 01 - 16.

③ 2018 年郑州会展发展概述［EB/OL］. 郑州会展网，2019 - 05 - 23.

④ 首都科技发展战略研究院. 2018 中国城市科技创新发展指数排名公布：北京全国第一［EB/OL］. 首都科技发展战略研究院官网，2018 - 12 - 08.

⑤ 西部菌. 在校大学生数量排名：南京、武汉领先新一线，郑州亮了［EB/OL］. 腾讯网，2019 - 08 - 25.

和吸引力处于短板位置处于非国家文化中心层级。郑州国家中心文化功能联系度综合得分为 0.1，在 25 个样本城市中仅排在第 20 位，与国家中心文化功能联系度综合得分均值 0.185 存在差距。①

表 3 - 2　2018 年全国省会及副省级城市科技创新发展指数排名

城市	发展指数	全国排名	国家中心城市排名
北京	0.613	1	1
上海	0.507	3	2
广州	0.474	4	3
武汉	0.429	6	4
天津	0.421	7	5
西安	0.394	9	6
成都	0.363	11	7
郑州	0.324	17	8
重庆	0.257	30	9

资料来源：《中国城市科技创新发展报告 2018》。

表 3 - 3　2018 年九个国家中心城市高等教育情况对比

城市	本专科以上在校生数量（万人）	在校研究生数量（万人）	"211""985"高校数量（所）	双一流高校数量（所）
北京	59.49	33.6	26	8
天津	52.33	6.81	4	2
上海	51.78	15.85	10	4
广州	108.64	10.11	4	2
重庆	76.28	6.51	2	1
成都	84.03	9.9	5	2
武汉	96.93	13.8	7	2
郑州	99.35	3.02	1	1
西安	71.28	10.41	7	2

资料来源：本专科学生数来自国家统计局；各城市 2018 年国民经济和社会发展统计公报；双一流高校为世界一流大学建设高校数（不包含一流学科）。

---

① 倪鹏飞，杨东方，王雨飞. 国家中心城市视角下的郑州指数："一带一路"倡议下郑州建设国家中心城市研究［M］. 北京：中国社会科学出版社，2018：158 - 160.

二、完善提升城市综合服务功能的意义和重点

郑州古代就是中国的著名"商都"。在其历史发展演变中，服务业一直都扮演着十分重要的角色。20 世纪 80 年代末，发生在郑州的"商战"震惊中原，闻名全国。当前，郑州正处于经济结构转型升级和发展方式转变的重要变革时期，正处在向国际区域性中心城市跨越的重要发展阶段，并且已经开启了全面建设国家中心城市的新征程。在这一新征程上，优化提升城市综合服务功能，对于优化提升郑州的其他城市功能，增强郑州的城市综合竞争力，把郑州建设成为面向世界、服务全国，具有较强影响力和辐射力的国际化现代大都市，具有重大现实意义。优化提升郑州城市综合服务功能，既要深刻认识重大意义，又要明确重点，更要加快推进。

（一）优化提升城市综合服务功能的意义

首先，优化提升城市综合服务功能是郑州加快推进"一中枢一门户三中心"建设的迫切要求。

纵观全球，但凡国际化中心城市，无不以服务立足，以服务为本，把增强城市综合服务功能作为促进城市高质量发展的一项带根本性的重要任务。现实实践中，国际中心城市几乎就是国际服务中心的代名词。一座城市如果没有强大的综合服务功能，那么就难以成为名副其实的国际中心城市。跻身中国国家城镇体系的最高层级，郑州要肩负起国家使命、代表国家形象、引领区域发展，其最重要的任务，就是加快推进"一中枢一门户三中心"建设，即国际综合交通和物流中枢、内陆地区对外开放门户、国家重要的经济增长中心、极具活力的创新创业中心、华夏历史文明传承创新中心。实质上就是要建设强大的城市综合服务功能，为全面建成人民群众认可、经得起历史检验的高质量、高水平小康社会，继而率先基本实现社会主义现代化，最终建成富强民主文明和谐美丽的社会主义现代化强市提供高质量、高层次、高水平的服务。郑州优化提升城市综合服务功能，既是提高自身综合竞争力、服务国家战略的需要，也是加快建设"一中枢一门户三中心"的迫切要求。从区域发展的视角看，郑州目前正在加快建设全国重要先进制造业中心城市，为建设国家中心城市提供产业支撑。为此，客观上就要求优化提升城市综合服务功能，为先进制造业高质量发展提供优质服务。

其次，优化提升城市综合服务功能是郑州产业结构升级优化和城市转型的迫

切要求。

城市综合服务功能，首先表现为城市的基本经济活动，即主要为城市以外地区而不是为本市区域提供生产和服务活动，制造服务功能最直接地体现了城市综合服务功能的基本内涵和要求。由于制造企业的产品绝大部分向区域外提供，在制造业全球化趋势推动下，提升城市制造服务功能，更能增强和体现一个城市的对外辐射和影响能力。[①] 为加快推进国家中心城市，郑州提出要经过努力，到2020 年基本建成具有质量效益好、规模质量大、产业结构优，高端化、智能化、集群化、品牌化、服务化、绿色化、国际化水平达到全国一流的先进制造业体系。实现这一目标，迫切要求优化提升郑州的城市综合服务功能。只有城市综合服务功能得到优化提升，才能更有效地推动郑州制造业由低端向高端发展。同时，城市综合服务功能的优化提升，将有利于加快郑州产业结构优化，推动产业结构的高级化、服务化，持续提高郑州第三产业在整个国民经济中的比重，增强城市对内对外的服务功能。此外，优化提升城市综合服务功能，将有助于从基础层面加快推进城市功能的历史演进和变迁过程。伴随着产业结构优化升级和功能转换，城市自身也将实现从现代工业为主导的经济体系向现代服务业为主导的经济体系转型。

最后，优化提升城市综合服务功能是郑州加快提升城市竞争力的迫切要求。

作为国家中心城市俱乐部中的一员，郑州必须着力增强自己的城市竞争力。这既是郑州把自己打造成为中国内陆的经济高地、引领和辐射带动中原城市群发展、支撑中部地区崛起的现实需要，也是代表国家参与国际竞争、担负起国家使命的迫切要求。一项研究报告显示，在 2018 年 9 个国家中心城市城市竞争力排名中，郑州整体上处于弱势地位。在综合经济竞争力方面，郑州得分为 0.1422，在 9 个国家中心城市中排名第 7，仅高于重庆（0.1298）和西安（0.1066）；在可持续竞争力方面，郑州得分为 0.5298，在 9 个国家中心城市中排名第 8，仅高于西安（0.5246）；在宜居城市竞争力方面，郑州得分为 0.5838，在 9 个国家中心城市中排名第 7；高于西安（0.5612）和重庆（0.538），在宜商城市竞争力方面，郑州得分为 0.5932，在 9 个国家中心城市中排名末位。[②] 城市竞争力是一个由诸多要素构成的综合体，综合服务功能是其重要组成部分。与区位条件、基础设施、经济实力等要素相比，综合服务功能体现的是城市竞争力的本质，直接决定着城市集聚辐射能力的大小，是城市竞争力的直接体现，其他要素对城市竞争力而言则具有间接的性质，主要表征城市的竞争潜力，用以解释城市竞争力强弱

① 张强，刘江华，周晓津. 增强城市综合服务功能研究——理论、实证与广州策略［M］. 北京：中国经济出版社，2012：114.

② 中国社会科学院财经院. 中国城市竞争力第 17 次报告［N］. 经济日报，2019 – 06 – 24.

的原因。[1] 因此，完善城市基础设施、增强经济实力固然重要，但优化提升综合服务功能更为迫切，对提升郑州城市竞争力具有更直接的意义。

（二）优化提升城市综合服务功能的重点

优化提升郑州城市综合服务功能的重点，应当从全球化背景下国家中心城市赋予郑州的使命及从郑州城市综合服务功能演进与跃迁的内在规律和要求中来把握。优化提升郑州市综合服务功能的重点如图 3 - 4 所示。

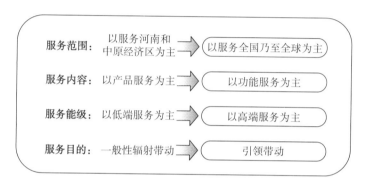

图 3 - 4　优化提升郑州综合服务功能的重点

一是在服务范围方面，应从以服务河南和中原经济区为主跃升至以服务全国乃至全球为主。由于历史和现实的种种原因，郑州以往的城市功能在服务的范围上，主要是河南和中原经济区的发展。但是，在经济全球化、区域一体化历史大趋势和全面深化改革开放的新形势下，尤其是国家中心城市应有的使命担当，都要求郑州必须把城市功能服务的范围由河南和中原扩展至全国乃至世界。应依托郑州的区域优势和综合枢纽地位实施全面开放，着力打造内陆开放型经济高地，深度融入"一带一路"建设，高端切入全国乃至全球产业链、供应链、价值链、创新链，融入全球经济大循环，在为全球提供服务的格局下全面优化提升郑州城市综合服务功能，使郑州成为全球综合服务体系中的一个重要节点。

二是在服务内容方面，应从以产品服务为主跃升至以功能服务为主。长期以来，在郑州的产业结构中，能源、原材料等资源性产业所占比重较大，处在产业链的上游和价值链的低端，主要是为外地企业提供原材料和零部件。因此，郑州的城市功能在服务内容上，主要是提供产品服务。郑州的棉纱和铝锭

---

① 张强，刘江华，周晓津. 增强城市综合服务功能研究——理论、实证与广州策略［M］. 北京：中国经济出版社，2012：114.

生产出来后，运到上海，再由那里的企业进行深加工。在郑州制造由中低端迈向中高端的今天，在郑州着力打造国家重要的经济增长中心的新形势下，这种以产品服务为主的城市功能状况已经不能再继续下去了，必须加快实现从以产品服务为主到以功能服务为主的转型和跃迁。也就是说，郑州应当在着力构建现代产业体系的基础上，更多地为全国乃至全球提供金融服务、物流服务、会展服务等功能服务。

三是在服务能级方面，应从以低端服务为主跃升至以高端服务为主。目前，郑州经济已经进入了产业结构转型升级的关键时期。对于郑州来说，当前最迫切的任务，一方面需要大幅提高现代服务业在整个国民经济中所占的比重，另一方面必须推动三次产业由低端领域向高端领域大踏步地迈进。无论哪个层次的产业要转型升级，都离不开现代服务业作为有力支撑，由其依托技术研发、技术咨询、信息和文化创意等为企业提供战略性生产要素服务。因此，优化提升郑州城市综合服务功能不仅要体现在服务内容上，更要体现在服务能级上，站在发展高端和产业高端来辐射、服务全国乃至全球。为全国乃至全球提高高端服务，就是在构建现代产业体系的基础上，对标国际先进水准，在产业结构高级化、市场体系国际化、创新能力现代化、社会治理现代化等方面彰显优势，从而全国乃至全球释放城市服务功能。

四是在服务目的方面，应从一般性辐射带动跃升至引领带动。作为国家中心城市俱乐部中的重要一员，郑州必须在支撑中部地区崛起、服务全国发展大局上发挥作用、做出贡献。这就要求必须优化提升城市综合服务功能，牢牢把握正确的服务目的。一般情况下，普通城市的服务功能，主要体现在通过较强的资源要素优势辐射带动周边区域发展，而发挥这种服务功能的基点和目的则是城市自身的发展。作为一个国家中心城市，郑州所要释放的城市服务功能就应当不同于普通城市的服务功能，因此，必须牢固设立起与国家中心城市和现代化大都市身份相匹配的服务目的，在继续强化辐射带动功能的同时，更加注重发挥和释放引领带动功能，带动服务对象沿着科学和先进的道路向前发展，并切实做到寓服务于辐射之中，寓引领于辐射之中。

三、完善提升城市综合服务功能的任务和路径

优化提升郑州城市综合服务功能，是提升郑州城市能级与核心竞争力的迫切要求和重要保障。要切实优化、提升郑州的城市综合服务功能，就必须在明确优

化提升的目标和重点的基础上，进一步明确优化提升的任务与路径。只有这样，才能把郑州城市综合服务功能的优化提升卓有成效地推向前进。

（一）优化提升城市综合服务功能的任务

优化提升郑州综合服务功能的任务如图 3-5 所示。

图 3-5　优化提升郑州综合服务功能的任务

一是加快构建国际金融服务体系，着力打造国际化郑东新区中央商务区。作为郑东新区的核心组成部分，郑东新区中央商务区在空间上具有高端楼宇的现代商务环境，在产业上具有以金融业为主导的高端生产性服务业特征，在现代服务业产业方面具有很强的辐射带动力，是区域经济综合发展服务平台的集中区。优化提升郑州城市综合服务功能，应加快整合优化郑东新区中央商务区进程，以金融产业为引导，以总部经济、科技研发、中介服务龙头企业为带动，形成功能完善、结构优化、布局合理、特色鲜明的现代服务业体系，增强郑东新区金融集聚核心功能区的承载、集聚、创新、辐射功能，打造国际化的区域性金融中心。要加快实施金融机构引进工程、金融机构培育工程、金融中介服务完善工程、大宗商品现货交易平台建设工程，推动金融机构集聚发展。要着力做大做强郑州商品交易所，规范发展区域性市场，推动企业上市和发行债券融资，加快发展创业投资、产业投资和私募投资基金，完善多层次资本市场。要大力发展航空金融，加快发展跨境金融服务，促进科技金融发展，积极发展供应链金融服务，推动产业金融加快发展。要加快发展互联网金融，积极发展财富管理，探索建立民间资本与产业发展对接平台，积极发展新兴金融业态。要着力优化拓展产业空间布局，大力发展总部经济和楼宇经济，加快公共服务设施建设，建设产业发展平台。要加快金融改革试验区建设，推进金融服务产品研发，强化金融全方位合作，推动金融开放创新发展。

二是加快构建国际商务服务体系，着力打造中国内陆国际商都。建设国家中心城市，每个中心城市都有自己独特的市情。市情不同，建设国家中心城市的路子和办法也就有所不同。在建设国家中心城市时，郑州也要从具体实际出发，走自己的路，不可盲目照抄照搬其他城市的做法。根据具体市情，郑州应着力建设以国际商都为特征的国家中心城市，也就是具有国际性的现代商贸大都市。为此，就要加快构建国际商务服务体系，为国际商都建设提供强大的城市服务功能。要以开放包容的姿态加快构建与沿海相当、与国际接轨的大通关体系，建设"一带一路"倡议上的国际商都。要积极推进航空网、铁路网、公路网"三网融合"，航空港、铁路港、公路港、海港"四港一体"多式联运的立体综合交通体系构建，加快构建国际化现代化立体综合交通大枢纽体系。要大力发展以金融业为主导的现代服务业，加快推进郑东新区金融集聚核心功能区建设，着力打造"一带一路"倡议国际会展名城，更好发挥郑州商品交易所平台作用。要积极构建国际物流、区域分拨、本地集疏的大物流体系，推动形成连通境内外、辐射东中西的内陆国际物流中心。要全面强化优化购物环境、品牌、服务、载体等要素竞争力，着力提升郑州零售业国际化水平，强化其在全国的消费示范和时尚引领功能，精心打造"中原购物天堂"。加快构建具有国内外影响力、亲和力、感染力的大文化体系，推动形成与国际商都相适应的多元包容文化。

三是加快构建高端制造业服务体系，着力打造国际化先进制造业基地。从全球产业竞争与变迁的角度来看，衡量一个城市在国际经济格局中的实质性地位，其中的一个关键指标，就是看其在制造业领域是否具有发言权。一个城市一旦拥有了发达的高端制造业体系，它在制造业领域就占据了主导地位。郑州要建成国际化大都市，首先应当大力发展先进的高端制造业。要加快构建高端高质的现代产业体系，着力把郑州打造成为全球最大的智能终端制造研发基地、国内领先的电子信息产业基地、全球最大的客车生产基地、全国重要的新能源汽车研发和生产基地、全国领先的跨境贸易电子商务基地。要加快提升郑州在金融服务、科技创新、产业配套、人才培养、国际合作等方面整合资源的能力，在高端制造业领域积极构建以郑州为中心的全球性资源配置体系。积极培育和提升世界级的项目统筹和运营管理能力，特别是管理全球供应链的能力，推动形成从设计、生产到服务的系统集成，以实现在全国乃至全球范围内配置资源。要以不断健全和完善的郑州高端制造业服务体系，推动建成具有质量效益好、规模质量大、产业结构优，高端化、智能化、集群化、品牌化、服务化、绿色化、国际化水平达到全国一流的郑州先进制造业体系。

四是加快构建社会环境服务体系，着力打造国际化营商环境标杆城市。营商环境是一个国家中心城市走向世界的名片，更是其参与世界经济大循环、全球竞争与合作的实力所在。当今世界，营商环境日益成为城市竞争的核心和焦点，成为其聚集资源的战略能力。全球产业链、价值链的生成与排序，从根本上说取决于营商环境竞争力。营商环境没有最好，只有更好。在优化营商环境方面，尽管郑州近年来一直在努力，但对照先进的国家中心城市，在一些方面还存在很大差距。全球化背景下的城市，绝不会因地处内陆和后发阶段而被跨国投资公司所宽容。郑州要坚持以打造国际化营商环境标杆城市为目标，着力打造国际化、法治化、便利化营商环境。要全面加强政务、商务、市场、人文、法治、城市建设，全力打造制度成本低、商务成本低，投资环境优、政务服务优、公共服务优、法治化程度高的稳定、公开、透明、可预期的营商环境，为郑州国家中心城市建设提供有力保障。应重点聚焦科技创新全链条，持续提升高端人才及各类创新资源集聚能力，营造全面融入全球产业链高端和价值链核心的优良环境。要对标国际国内现行标准，全面提高行政审批服务效率，全面提高政务服务便利化水平，全面推进亲清新型政商关系建设。要放宽市场准入机制，健全市场监管体系，支持"双创"平台载体建设，全面实施市场准入负面清单制度。要进一步健全产权保护工作机制，健全涉企执法制度体系，健全商事纠纷解决机制，着力构建完善的法治体系。要进一步优化城市生态环境，强化社会信用体系建设，全面提升住房、教育、医疗、康养等服务品质，增强城市基础设施承载力和基础设施保障能力。

（二）优化提升城市综合服务功能的路径

一是加快推进产业结构优化升级，着力强化城市综合服务主体。一个城市的综合服务功能，归根结底是由这座城市的产业发展层次、产业集聚和辐射能级所决定的。从城市功能细分的角度分析，一些典型的城市功能如资源配置、文化引领、科技创新、国际交通等，本身就是由相应的总部经济、批发、金融、科技、文化、物流等产业直接承担的。同时，作为产业的微观构成主体，企业尤其是龙头企业的实力及其跨区域拓展能力也是某些服务功能的重要决定因素。[①] 因此，优化提升郑州城市综合服务功能的根本路径，就是大力推进产业结构的优化升级。当前，以低端代工、毛利率低、劳动密集型为主的产业结构，正日益成为郑州城市升级、经济转型的巨大阻力。历史经验表明，一个城市要实现高质量发展，必须有好的产业结构，而好的产业结构既要靠存量优化，更要靠增量引进和更多优质资源要素的集聚。对于郑州这个城市来说，现阶段优化提升城市综合服务功能，必须切实把增加优质增量摆上更加突出的位置，在加快推进传统产业转型升级的同时，着力推进产业结构优化升级，增强吸引和集聚优质资源要素的能力。要千方百计通过引进好企业、好项目，形成良性竞争态势，加速本地传统企业优胜

---

① 张强，刘江华，周晓津. 增强城市综合服务功能研究——理论、实证与广州策略［M］. 北京：中国经济出版社，2012：162.

劣汰，促进企业生态优化，并通过"高大上"项目对产业链上下游的整合提升，有效推动产业结构升级，促进现代产业体系建设，抢占现代产业发展新高地。

二是全面深化政务服务创新改革，着力推动降低制度性交易成本。目前，制度性交易成本偏高问题，仍是影响郑州营商环境优化、制约城市集聚辐射功能释放的突出问题，是优化提升城市综合服务功能的核心问题。这个问题如得不到有效解决，郑州的营商环境就不可能有根本性改善，也很难把更多优质资源要素集聚过来。大量实例表明，企业经营成本偏高，多是由政府不合理干预造成的。此外，中介收费不规范、政策不透明及信息不对称、政府市场管理缺位等，也是制度性交易成本偏高的重要原因。有效解决制度性交易成本偏高问题、优化政务服务环境、根本在于全面深化"放管服"改革（见图3-6）。为此，必须坚持市场化、法治化、国际化原则。要牢牢把握市场化改革方向，让市场在资源配置中起决定性作用，政府的主要着力点是围着市场主体转，以权利公平、机会公平、规则公平保障公平准入，以加强公正监管促进公平竞争，以优化公共服务便利投资兴业，把市场主体的活力激发出来。政府要以刀刃向内的自我革命精神大力放权减权，坚决把不该管的事项交给市场，尽可能地削减微观领域管理事务和具体审批事项，最大限度地减少政府对市场资源的直接配置和对市场活动的直接干预。要大力营造公开透明、公平公正的法治环境，给市场主体以稳定的预期，切实做到规则公开透明，政府所有规则和标准原则上都要公开，让市场主体按照规则和标准去做。同时，还要做到监管公平公正，在法律面前各类市场主体一律平等，政府对各类市场主体一视同仁。要持续扩大开放，对接国际通行经贸规则，提高国际竞争力。要坚持智能化、移动化、一体化、便利化的理念，扎实推进政务服务平台规范、标准、集约建设，全面提升网上政务服务能力。

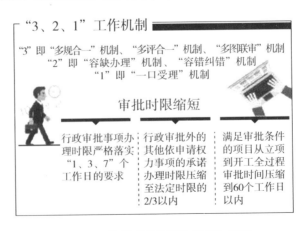

图3-6　郑州"放管服"改革加速跑

资料来源：《河南日报》2018年3月25日第2版。

三是全面实施"智汇郑州"人才工程，着力打造内陆城市海外人才集聚地。人才是创新活动中最活跃、最积极的因素，更是郑州实施创新驱动战略的根本动力。在经济高质量发展阶段，城市发展已不能再主要依靠空间规模的扩张，最根本的是靠她所拥有的科研、人才实力。哪个城市能培养和吸引更多优秀人才，哪个区域就能在竞争中占据优势。高端人才具有引领性、创新性、不可替代性，其关键作用集中体现在突破关键技术、发展新兴产业、带动新兴学科上。实现生活中，引进一个领军人才，有时能带动一个产业发展，甚至培育出一个新的经济增长点。长期以来，缺乏高端创新人才和研发机构、创新能力不强等，一直是制约郑州发展的突出问题。郑州要建设国家中心城市、赢得国际竞争主动，必须把尽可能多的高端人才吸引到郑州来创业发展，打造内陆城市人才集聚地。要加快实施"智汇郑州"人才工程，实行更加开放的人才政策，不唯地域引进人才，不求所有开发人才，不拘一格用好人才，在大力培养本市创新人才的同时，更加积极主动地引进域外人才，热忱欢迎国内外优秀专家和高端人才以各种方式参与郑州发展。要依托郑州大学、河南省科学院等重要科研平台引进科创团队，着力开拓科研优势领域。要积极鼓励有实力的上市公司在郑州设立研发中心，并以此为载体聚集科创人才团队。应从人才资本产权激励、收入分配和精神激励等方面着手，健全和完善高端人才激励机制。要完善创新人才收入分配机制，进一步扩大高校和科研机构内部收入分配自主权。要着力构建高端人才引进"全球网络"，优化海外招才引智联系点、研发中心、孵化载体、分支机构的全球布局，打造覆盖面更广、招引效率更高的全球招才网络。要围绕打造全国重要的经济增长中心，着力构建人才集聚圈。要创新人才引进理念和方法，研究出台更加开放的引进高端人才服务政策，为高层次人才提供保障、做好服务，切实做到以事业引才、以感情聚才、以待遇和环境留才，以识才的慧眼、爱才的诚意、用才的胆识、容才的雅量、聚才的良方，把各方面的人才特别是高端人才集聚到郑州国家中心城市建设中来。

　　四是着力改变城市发展逻辑，更加注重内涵发展和生活品质提升。郑州这座中原城市进入快速发展的新时期，肇始于改革开放。当时，郑州的城市发展主要是以开发区和新区为主要方式进行，其逻辑是开发区吸引产业，产业集聚劳动力增加人口，人口集聚推动城市和空间扩张，形成所谓的"业兴人，人兴城"的城市发展逻辑。这种逻辑有其历史合理性，也确实在较短的时间内推动了郑州的城市发展。目前，新发展理念成为城市发展的思想引领，生态保护成为城市的发展底线，创新发展成为城市的必由之路。这就要求郑州必须坚决摒弃"摊大饼"的传统发展模式，转而推进内涵式发展，把可持续发展和高品质生活作为城市发展的内在追求，把优良生态、宜居环境、包容性文化作为吸引集聚人才的重要砝码，以城市吸引力的提升推动城市竞争力和影响力的增强。现代城市，只有宜居才会宜业。没有良好的城市环境不会有好的营商环境、发展环境。应当把生态环境、文化品质、公共服务作为今后郑州城市发展必须着力强化的三大基础。要坚持把新发展理念和以人民为中心的发展思想贯穿到城市规划、设计、建设、管理的全过程、各方面，遵循城市发展规律、遵循人民群众的生产生活需求，科学化、人性化布局城市空间尺度，优化城市功能分区，完善城市基础设施，处理好动与静、人与车、生产与生活、产业与生态的关系，抓好城市交通组织、道路微循环体系建设、现代服务业发展、生态文化功能提升等工作，以宜居宜业的城市环境吸引人、留住人、成就人。要做好生态文明的"加法"，找准城市绿化工作的着力点，坚持设计引领，高标准绿化美化城市；做好文化建设的"加法"，精心提炼郑州丰厚文化遗产的精神内核，讲好华夏文明流传有序、生生不息的文化故事，传承好具有中原文化特征的城市文脉；做好公共服务的"加法"，围绕人民群众需求，大力发展教育、卫生、文化等事业，努力补齐公共空间、公共设施、公共服务短板。要明晰各城市区功能和定位，系统抓好城区有机更新，提升建设品质，促进城市高水平发展。要以文明城市创建和城市精细化管理为带动，提升城市内涵品质，为加快建设国家中心城市创造条件。

第四章　优化提升郑州产业集聚功能

产业集聚功能既是国家中心城市最重要的经济功能，也是在国家中心城市功能体系中发挥基础性作用的一种功能。作为国家支持建设的国家中心城市，郑州的产业集聚功能在历史上经历了一个长期演化的过程。与北京、上海、广州、成都等先进发达的国家中心城市相比，郑州所存在的一个重要差距就是产业集聚功能方面的差距。优化提升产业集聚功能，是构建高端高质高新现代产业体系，增强郑州在中原城市群的核心地位和在河南全省的首位度，增强郑州辐射带动中原城市群和中原经济区高质量发展的能力，担当起支撑中部地区崛起、服务全国发展大局的国家中心城市使命，都具有十分重要的意义。要明确重点、任务及其路径，加快推进郑州产业集聚功能的优化和提升。

一、郑州产业集聚功能的历史演化和现状分析

与其他城市功能一样，产业集聚功能也不是一成不变的，也是随着城市分工的发展而不断演进的。在历史上，郑州市的产业集聚功能就曾经历了一个不断发展变化的过程。认真考察郑州产业集聚功能的演进历史，客观分析郑州产业集聚功能的现实状况，是遵循产业集聚功能演进的客观规律，有序有效推进郑州产业集聚功能优化提升的重要前提和基础。

（一）产业集聚及产业集聚功能理论概述

所谓产业集聚，"是指同一产业在某个特定地理区域内高度集中，产业资本要素在空间范围内不断汇聚的一个过程"。19 世纪英国著名经济学家马歇尔最早关注并研究了产业集聚现象。在他看来，产业集聚的本质就是把性质相同的中小厂商集合起来，对生产过程各个阶段进行专业化分工，来实现作为巨型企业特征

的规模经济生产。德国经济学家韦伯则最早提出"集聚经济"的概念，他把集聚因作为素区位因素的重要组成部分来看待，认为区位因子的合理组合使企业成本和运费最小化。根据集聚经济原理，产业集聚能够产生外部规模经济和外部范围经济。企业在空间上的集聚能够有利于相互之间开展分工与合作，促进知识的传播与学习，从而使众多的中小企业通过外部的合作获得规模经济。同时，由于集聚而增加了企业的数量，相互间建立垂直或者水平联系，扩大了产业集群内部的生产范围，使中小企业通过就地拓展业务联系，增加发展机会，从而获得外部范围经济。"具体而言，产业集聚可以使企业通过互为客户，增加了本地市场需求，节约运输费用和降低原材料价格，以及开展集体性的营销活动，使生产成本降低，边际收益递增。特别是集聚地往往成为产品的市场中心和信息中心，不仅有利于降低营销成本，还可以产生'区域品牌效应'，获得营销优势。正是这些方面的有利因素，促成了产业集群的形成和持续发展。"

产业集聚是市场经济条件下产业发展的必然规律。在市场经济机制作用下，工业化发展到一定阶段，必然出现产业集聚现象。产业集聚主要表现在特定地理区域内的产业高度集中。随着同一产业或相关配套产业的集中，其资本要素也在不断集聚，最终形成一个相互联系、相互依存的有机整体。在产业发展过程中，由于产业资本及其企业共处于某一地理空间内，彼此之间便会不可避免地形成某种既定的、内在的经济联系，即彼此之间的依赖性、互补性和协作性。这种特定的、内在的经济联系将它们有机地整合在一起，从而导致产业集群这一经济现象的出现。从工业革命至今，随着市场经济的不断发展，产业集聚也将是经济发展的趋势。在当今市场经济条件下，工业发展如此迅速，企业之间的协作也将愈演愈烈，各个区域间的竞争将日趋激烈，产业集聚必将成为现阶段产业竞争力的重要来源和集中体现。

城市经济本质上是一种集聚经济，要素集聚是城市形成和发展的强力经济动能。城市本身其实就是生产要素及各类经济活动在地理上规模集中的产物。产业集聚与要素集聚具有十分密切的联系。"要素集聚是资源空间配置的主要模式，它产生资源空间配置效应，通过产业时空变动促进产业地理的变动与演化。"产业集聚是要素集聚的具体表现，要素集聚是产业集聚的重要表征，产业集聚以要素集聚的形态和方式，驱动城市产业结构的优化升级和城市竞争力的增强，推动城市的发展。一部城市发展历史表明，当城市发展达到一定程度和水平时，城市自身的资源禀赋已不再是其发展的决定因素，而是城市本身所具有的集聚资本和劳动力等生产要素的实际能力，这一能力又取决于城市产业集聚功能的强弱。

城市产业集聚功能是一个城市不可或缺的重要经济功能。产业集聚功能是整个城市功能体系的基础。城市在其形成和发展过程中，通常会出现区域经济效应和集聚效应。正是在这两种效应的基础上，城市被赋予了产业集聚功能。城市是现代区域社会经济要素及产业的核心空间载体。随着市场经济的发展和深化，产业发展与城市功能之间的空间耦合程度会不断加深。"城市的发育发展需要产业发展予以支撑，产业空间与城市空间、人口分布的关联程度进一步加深，城市功能的实现和产业的发展需要专业化空间承载。城市功能与城市产业相辅相成。有什么样的功能，就必然由创造这些功能的产业，有什么样的产业，一般就具有相应的功能。"也就是说，产业集聚孕育和催生城市功能，城市功能引领和强化产业集聚。

城市集聚功能是内含集聚与扩散两个环节或方面的辩证统一体，二者既相互联系又彼此区别，共同构成一个中心城市的基本运动形式。在城镇体系和经济区域内，中心城市有着多种多样的具体运动形式，"但基本运动形式却只有两种：集聚和扩散，其他运动形式都是集聚和扩散的具体表现形式。"城市是所在区域的政治、经济、社会、文化中心，是区域经济的核心增长极。作为核心增长极，城市会对区域发展产生两种截然相反的效应：一是集聚效应，即产业和经济活动在空间上集中产生的经济效果，以及吸引经济活动向一定地区靠近的向心力；二是扩散效应，也就是作为核心增长极的城市向周边区域输出或转移生产要素和产业，从而辐射带动区域经济发展。城市的产业集聚有着极强的集聚能力，它对周边区域的生产要素和产业有着非常强的吸引力。城市产业集聚旨在获得规模效益，但规模效益并不要求城市产业过分集聚。过分的产业集聚最终会导致集聚的不经济，且会引发生态环境恶化、资源短缺等社会问题。这就使得城市产业集聚到一定程度，会不可避免地产生扩散效应。扩散效应的具体表现是，作为核心增长极的城市向周边区域产生辐射作用，释放城市功能能量，把生产要素和产业转移到或溢出于周边区域，以此带动和促进周边区域发展。

（二）郑州产业集聚功能的历史演化

20世纪初叶，郑州还是一个人口不足2万的不知名的小县城。后来，因京汉、汴洛铁路建成通车，位于这两条铁路交会处的郑州随之繁荣起来。但由于民国时期的河南省省会是开封，因此郑州虽萌芽了一些工商业，但当时仍处于被辐射的地位，还谈不上有什么产业集聚功能。如果有一点的话，那也只是相对于周边的农村而言。直到新中国成立前，郑州的城市规模都非常小。1948年郑州解放时，市区面积仅有5.23平方千米，人口也只有16.4万，而且经济结构和产业结构比较单一。当时虽有少量手工业作坊式的企业，但总体上是一个农副产品集散地和工业品输入小商埠。这表明当时郑州的城市集聚功能还相当弱，还没有把更多的周边区域生产要素和产业吸引到本市来的能力。这一状况一直持续到20

世纪 50 年代中期。

20 世纪 50 年代中期发生的两大历史性事件，为郑州城市发展带来了重大机遇：一是河南省省会迁入郑州，郑州成为河南省的政治、经济、文化中心，巨量资源要素随之汇聚这座新兴城市，交通运输、邮电通信、金融保险、批零贸易等服务业快速发展，第三产业迅速崛起；二是国家根据全国生产力布局的需要，在郑州投入巨资兴建了棉纺厂、郑纺机等 60 多家以轻工业为主的大中型骨干企业，随着这些企业的相继建成投产，郑州市的第二产业特别是工业经济迅速隆起，极大地改变了郑州的经济结构和产业布局，以往的以第一产业为主的"一二三"初级产业序列，开始演变为以第二产业为主"二一三"产业序列，同时也从地理空间上促进了郑州的城市发展，郑州的城市集聚功能由此逐渐转强。

从第二个五年发展计划时期，国家在郑州又投资兴建了一批以重工业为主的大中型骨干企业，奠定了郑州重工业和机械工业的产业基础。按照 1954 年编制的《郑州市城市总体规划》，新建工业项目大多布局于京广、陇海铁路沿线，构成了郑州工业区沿铁路一侧带状分布的产业格局。与此同时，郑州的第三产业也有所发展。1979 年，郑州市的产业结构实现了又一次重大变革，产业结构进一步演变为"二三一"产业序列，第三产业取代第一产业上升为郑州的第二大产业。但是，由于受到"文化大革命"等的影响，再加上受制于僵化的计划经济体制，20 世纪六七十年代郑州的城市建设和产业发展虽有一定进展但进展不大，产业城市集聚功能虽有所增强但增强不多，基本上处于停滞状态。1978 年，郑州市建成区面积仅有 73.6 平方千米，市区城市人口也只有 63 万。

1978 年党的十一届三中全会的胜利召开，开辟了中国改革开放新的历史时期，也使郑州的产业发展和城市建设进入了快速发展时期。在对存量工业进行内涵改造的同时，郑州市引进和采用了大量先进技术装备，催生了一批新兴工业，大中型骨干企业的技术装备水平得到大幅提升。到 20 世纪 80 年代末，郑州初步形成了以大中型企业为骨干、多门类、结构较为合理的现代工业生产体系，一跃成为全省重要的工业基地。在此期间，借助于区位优势和交通优势，以商贸业为主体的第三产业在郑州迅猛发展。经济结构和产业结构的优化升级，使郑州的产业集聚和扩散能力得到迅速提升，同时也推动城市建设获得较快发展。到 1991年，郑州城市建成区面积扩大至 90 平方千米，城市非农业人口增加到 118 万。

进入发展社会主义市场经济新时期，郑州依托所特有的区位、交通、资源和城市发展基础等比较优势，先后实施商贸城发展战略和区域性中心城市发展战略。在城市建设和发展上，郑州按照"保护改造老城区，加快建设外围组团"的思路，推动土地和空间资源配置向良性循环的轨道回归：中心城区持续实施"退二进三"发展策略，引导第二产业用地置换为生活居住和第三产业用地，第三产业获得长足发展，建成了功能完善、交易规范、布局合理的农产品期货和现货交易市场，金融、科技等生产要素市场也得到较快发展，使郑州成为中国中部地区经济实力最强的商贸中心城。与此同时，结合产业结构优化和城市功能提升，郑东新区、高新区、经济开发区等外围组团的建设迅速展开，多中心、组团式的城市发展格局基本形成。伴随旧城改造更新和城市空间拓展，城市人居环境、道路交通及基础设施等得到明显改善，历史文化名城特色初步显现。

进入 21 世纪，随着国家中部崛起战略和河南中原城市群发展战略的实施，郑州市不失时机地提出"建设大郑州""使其成为中原城市群经济隆起带的龙头，全省先进制造业和高新技术产业基地、现代服务业中心、现代农业示范区及经济社会的核心增长极"的发展战略目标。为此，郑州加大改革开放力度，优先发展战略性新兴产业，改造提升传统产业，推动工业结构优化升级，着力打造先进制造业基地。大力发展现代服务业，规划建设大型物流园区和商住中心、会展中心、电子商务中心，建设辐射中原乃至全国的各类商品批发市场、商品交易所。郑东新区规划建设取得重大进展，吸引了一大批中外企业入驻，其中世界500 强企业就有数十家，集聚了一大批产业巨头，金融服务、企业总部、现代物流、会展旅游等产业迅速崛起，形成了以高端服务为主的城市新业态，成为中原现代服务业的核心集聚区和中原崛起的新引擎，辐射带动周边城市和区域的能力进一步显现。

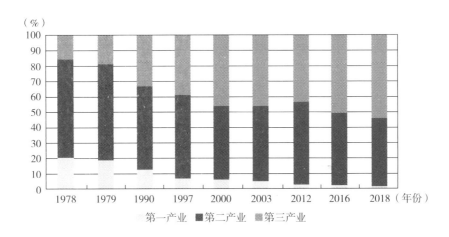

图 4 - 1 1978 ~ 2018 年郑州市产业结构发展变化

资料来源：郑州市统计局。

党的十八大以来，郑州经济结构调整加快，转型升级成效明显，现代产业体系构建的框架基本确立，经济结构转型升级加快。"一中枢一门户三中心"建设成效显著，上榜"国家物流枢纽承载城市"，陆港型、空港型、生产服务型、商贸服务型物流枢纽地位巩固提升；郑州航空港经济综合实验区"五年成规模"目标全面实现，中国（郑州）跨境电子商务综试区、河南自贸区、郑州国家通用航空产业综合示范区先后获得国家批复并启动建设，各类口岸和海关特殊监管区建设取得重大突破，成为全国拥有功能性口岸最多的内陆城市；郑济、郑万、郑阜高铁及郑州南站、机场至南站城际铁路加快建设，国家综合交通枢纽地位进一步强化；郑州机场获批第五航权，已开通航线 236 条，横跨欧美亚三大经济区国际枢纽航线网络初步形成，成为全国第二个实现航空、铁路、轨道交通、高速公路一体化换乘机场；国际物流园区晋升为国家级示范物流园区，郑东新区中央商务区成为"中国最具活力中央商务区"之一；首次进入"世界城市 100 强"和"亚洲城市 50 强"，晋身国家区域协调发展新机制 12 城市。2018 年，郑州地区生产总值首次突破万亿元大关，城市建成区面积达 1055.27 平方千米，常住人口超过千万。所有这些，都为郑州产业集聚功能的增强奠定了更加坚实的基础，同时也彰显了郑州日益强大的产业集聚能力。郑州市产业发展历史变化过程如图 4-2 所示。

（三）郑州产业集聚功能的现状分析

一个城市究竟能不能成为国家中心城市，最终并不是由哪一级政府说了算，从根本上说，最终要由市场说了算，由市场作出评判和答案，而核心的问题是看这个城市是否具备国家中心城市的功能。国家明确支持郑州建设国家中心城市，并不意味着郑州就已经是国家中心城市了，关键还是要靠郑州自己努力地去建设。建设国家中心城市，不仅是把城市规模、经济总量做大，最重要的要把城市功能做强，使之与国家中心城市的地位和名分相匹配。增强城市功能是加快国家中心城市建设的核心。因此，郑州建设国家中心城市，必须牢固树立以功能论地位、论输赢的现代中心城市发展理念，把提升城市功能提到战略高度来认识、来对待。

提升城市功能，首先就要着力提升城市的产业集聚功能，尤其是要着力城市对高端要素的集聚能力。新中国成立 70 年来，郑州产业集聚功能从无到有、从弱到强，为城市发展提供了强大动力。在充分肯定业已取得的发展成就的同时，也要清醒地看到，与先进的国家中心城市相比，郑州产业集聚功能仍不够强，提升空间还很大。就现实情况看，郑州在集聚高端要素和高端产业方面还存在着以下四个方面的"矛盾并存"。

一是产业结构优化升级与高端产业发育不足的矛盾。党的十八大以来，郑州在推动产业结构优化升级方面取得了重要成就。2018 年郑州市 GDP 达到 10143.32

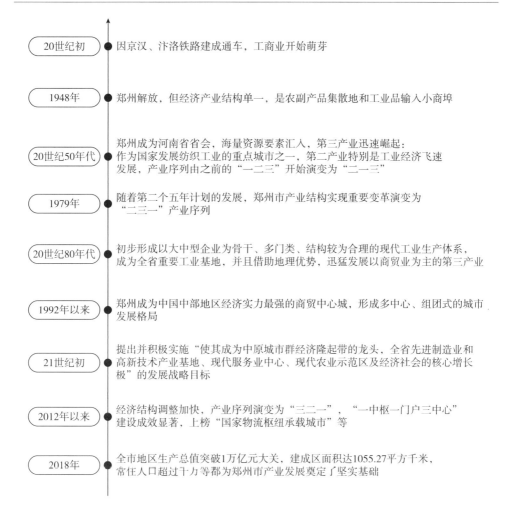

20世纪初	因京汉、汴洛铁路建成通车，工商业开始萌芽
1948年	郑州解放，但经济产业结构单一，是农副产品集散地和工业品输入小商埠
20世纪50年代	郑州成为河南省省会，海量资源要素汇入，第三产业迅速崛起；作为国家发展纺织工业的重点城市之一，第二产业特别是工业经济飞速发展，产业序列由之前的"一二三"开始演变为"二一三"
1979年	随着第二个五年计划的发展，郑州市产业结构实现重要变革演变为"二三一"产业序列
20世纪80年代	初步形成以大中型企业为骨干、多门类、结构较为合理的现代工业生产体系，成为全省重要工业基地，并且借助地理优势，迅猛发展以商贸业为主的第三产业
1992年以来	郑州成为中国中部地区经济实力最强的商贸中心城，形成多中心、组团式的城市发展格局
21世纪初	提出并积极实施"使其成为中原城市群经济隆起带的龙头，全省先进制造业和高新技术产业基地、现代服务业中心、现代农业示范区及经济社会的核心增长极"的发展战略目标
2012年以来	经济结构调整加快，产业序列演变为"三二一"，"一中枢一门户三中心"建设成效显著，上榜"国家物流枢纽承载城市"等
2018年	全市地区生产总值突破1万亿元大关，建成区面积达1055.27平方千米，常住人口超过千万等都为郑州市产业发展奠定了坚实基础

图 4-2　郑州产业发展历史变化过程

亿元，其中，第一产业增加值完成147.1亿元，第二产业增加值完成4450.7亿元，第三产业增加值完成5545.5亿元。郑州市三次产业结构由2012年的2.5∶53.2∶44.3变化为2018年的1.4∶43.9∶54.7，第三产业占GDP比重超过第一、第二产业合计9.4个百分点。郑州市产业结构持续向第三产业调整，产业结构不断优化，其中金融业增加值占GDP比重11.3%，比2017年提高0.5个百分点；以租赁和商务服务业、信息传输软件和信息技术服务业、科学研究和技术服务业为代表的其他服务业增加值占GDP比重19.3%，比2017年提高0.5个百分点。但是，还要看到，目前郑州的高端产业发育不足，产业集群的发展缺乏领袖级龙头企业引领。2018年，郑州市高新技术产业产值在工业规模以上总产值中的占比尚未过半，远低于一些先进国家中心城市。在拥有上市公司数量和高新技术企业数量，以及企业研发能力、拥有完整产业链、具有较强实力和根植性的本土龙头企业等方面，也严重落后于一些先进国家中心城市，尤其缺乏北京联想、杭州阿里巴巴这样具有全球影响力的旗舰型高新技术企业，缺乏武汉光谷这样的高科技产业集群。

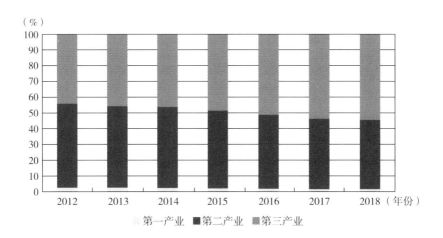

图 4 – 3   2012 ~ 2018 年郑州市三产比例变化

资料来源：郑州市统计局。

　　二是第三产业快速发展与现代服务业结构失衡的矛盾。近年来，郑州市致力于产业结构优化升级，现代服务业提质增效成效显著：国家区域性金融中心地位日益凸显，郑州在全国 28 个区域金融中心城市中的排名跃升至第 10 位，金融业增加值占 GDP 比重从 7.9% 上升至 10.8%，存贷款余额均居全国省会城市第 6位。12 家全国性股份制商业银行全部集聚郑州，郑东新区金融集聚核心功能区迈上新台阶，龙湖金融岛加快规划建设，国家区域性现代金融中心载体再获突破，全球首个鲜果期货品种"苹果期货"在郑商所上市。2018 年，郑州跨境电商交易额达到 86.4 亿美元，增长 25.1%，交易额位居全国第三。物流业发展态势良好，2018 年完成增加值 780 亿元、增长 9%，国家级示范物流园区达到 3个。国家区域性会展中心城市地位基本确立，会展业综合竞争力位居全国前列。同时，还应清醒看到，目前郑州的现代服务业还存在结构失调的突出问题。尽管第三产业发展迅速，但现代物流、商务会展、文化创意、金融服务、科教服务、信息服务等生产性服务业所占比重较低，而商贸业、餐饮业、住宿业、旅游业等传统服务业所占比重仍然较高。如表 4 – 1 所示，2018 年郑州信息传输软件和信息技术服务业、科学研究和技术服务业、租赁和商务服务业仅占全市 GDP 比重

的 19.3%，与先进国家中心城市相比差距巨大。2018 年郑州金融业增加值为
1145.8 亿元，绝对值不足上海的 1/5 和北京的 1/4，也远低于广州、天津、重
庆、成都等国家中心城市如图 4 - 4 所示。

表 4 - 1   2018 年郑州各行业 GDP 占比

行业		GDP 总量（亿元）	比例（%）
第一产业	农、林、牧、渔业	147.1	1.45
第二产业	工业	3746.2	36.93
	建筑业	708.6	6.99
第三产业	批发和零售业	798	7.87
	交通运输、仓储和邮政业	557.3	5.49
	住宿和餐饮业	380.4	3.75
	金融业	1145.8	11.30
	房地产业	693.9	6.84
	租赁和商务服务业、信息传输软件和信息技术服务业、科学研究和技术服务业	1957.7	19.30
	其他	8.34	0.08

资料来源:《2018 年郑州市国民经济和社会发展统计公报》。

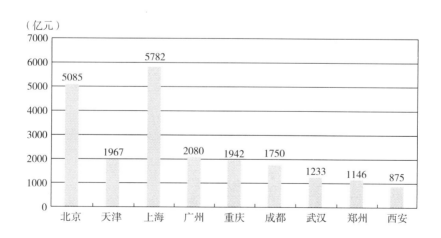

图 4 - 4   九个国家中心城市金融业增加值对比

资料来源:成都来自 36kr 网站报道，广州金融业增加值由占比 × GDP 总量得到，其他城市金融业增
加值数据来自《2018 年国民经济和社会发展统计公报》。

三是创新环境日益优化与自主创新能力不强的矛盾。近年来，郑州市聚焦培育引进创新引领型企业、平台、人才、机构"四个一批"，促进科技与金融、军工与民用、国家与地方、产业与院所"四个融合"取得明显成效。2018年，万人发明专利拥有量13件、增长20%，科技进步贡献率达到63%。大数据产业园等重大项目入驻中原科创谷，创新创业载体达211家，孵化载体面积突破850万平方米，在孵企业（团队）近万家，孵化水平居全国13位。技术合同交易额82.3亿元，增长136.8%，全省占比54.9%。高新技术企业和科技型企业分别达到1329家、4283家，比2017年增长了55%、32.7%；大力实施"智汇郑州"人才工程，吸引21万余名青年人才来郑就业创业，办理人才落户近5万人；成功承办首届中国·河南招才引智创新发展大会，签约项目111个，引进高层次人才293人。盾构及掘进技术实验室被科技部评为全省唯一优秀国家重点实验室。新增省级以上研发中心221家、制造业创新中心3个。同时，还应清醒看到，郑州高层次人才匮乏，研发投入不足，自主创新能力不强。猎聘大数据研究院2019年7月26日发布的一项调查结果显示，2019年上半年郑州中高端人才净流入率为1.92%，在15个新一线城市中排名第7位，远低于西安的5.07%、武汉的3.75%、成都的3.07%（见表4-2）。2017年郑州市研发经费投入强度（与国内生产总值之比）为1.74%，不仅远低于西安的4.82%、武汉的3.2%、广州的2.5%、成都的2.39%，而且也低于全国2.12%的平均水平。尽管郑州拥有6个国家工程技术研究中心、231个省级工程技术研究中心、20个国家级企业技术中心、339个省级企业技术中心，但实际自主创新水平并不很理想。专利授予量是衡量自主创新能力的核心指标。2018年郑州的授权量为3.16万件，远低于重庆的4.57万件、成都的5.74万件、天津的5.47万、武汉的3.24万件（见图4-5）。

表4-2 新一线城市商业魅力排名及其中高端人才净流入率

城市	2019年新一线城市商业魅力指数	2018年第二季度至2019年第二季度中高端人才净流入率（%）
成都	100.00	3.68
杭州	90.41	8.82
重庆	89.71	0.23
武汉	78.20	3.75
西安	77.75	5.07
苏州	75.23	-0.64
天津	71.33	-2.77

续表

城市	2019 年新一线城市商业魅力指数	2018 年第二季度至 2019 年第二季度中高端人才净流入率（%）
南京	68.44	0.06
长沙	60.59	5.38
郑州	60.06	1.92
东莞	56.97	-2.09
青岛	54.25	-0.04
沈阳	54.07	-8.39
宁波	53.67	8.27
昆明	52.77	0.45

资料来源：新一线城市长夜魅力指数来自第一财经，2018 年第二季度至 2019 年第二季度中高端人才净流入率来自猎聘大数据研究院。

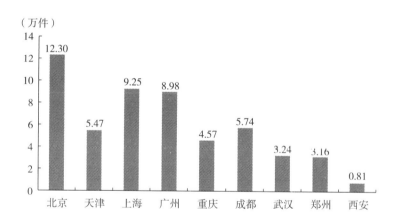

（万件）

图 4-5　国家中心城市 2018 年国家发明专利授权数
资料来源：各国家中心城市《2018 年国民经济和社会发展统计公报》。

四是城市产业空间结构日益优化与高端要素资源配置能力区域失调的矛盾。近年来，紧紧围绕"让郑州这个龙头高高扬起来"新要求，郑州全面提升"五区联动"优势，强化航空港实验区引领作用、高水平建设自贸区郑州片区、全力推动自创区发展、加快推进跨境电商综试区和国家大数据综试区建设；高标准建设中央文化区和四大历史文化片区，培育文旅产业集群优势。随着一系列重点产业项目的落地和重大基础设施建设的推进，在郑州车补形成了布局合理、功能明确、分工协调的城市产业空间结构新格局。从高端产业空间布局看，河南自贸区郑州片区聚焦先进制造业、现代服务业等重点产业，着力推进贸易、现代物流、现代金融、现代信息、专业服务、高端制造业等产业集群建设；依托郑州航空港区，着力打造国际航空物流中心，重点布局航空物流业、高端制造业、现代服务业。同时，也要清醒看到，与区域主体功能相匹配的高端要素资源配置能力尚待尽快提高。区域主体功能要得到充分释放，客观上要求有高端要素资源的合理配置与之相适应。然而，郑州创新人才、科教机构、科技创新等高端创新资源要素比较稀缺，公共服务体系尚不完善，高端服务要素资源供不应求，综合配套服务能力比较低。二者不相匹配的状况，使区域主体功能缺乏高端要素资源的有力基础支撑。

上述四个方面的"矛盾并存"，不仅影响了郑州对高端要素和产业的集聚力，同时也制约了郑州对周边区域的辐射和扩散。有研究成果显示，2005～2015年郑州产业集聚功能虽有所提升，但对比其他国家中心城市，郑州的产业集聚功能仍比较弱。在这方面，郑州与上海的差值由 2005 年的 0.0149 变为 2015 年的 0.0328，与广州的差值由 2005 年的 0.0138 变为 2015 年的 0.0194，与武汉比由 2005 年的略高于武汉到 2015 年的略低于武汉。郑州的区域辐射功能与其他国家中心城市相比，除 2005～2008 年略高于武汉仅次于成都外，2005～2015 年均处于最低水平。

二、优化提升城市产业集聚功能的意义和重点

产业集聚是一群自主又相互关联的企业或机构通过分工协作聚集在一个稳定的地域空间，形成具有稳定、持续竞争优势的集合体。产业集聚可以吸引各类专业人才和技术的集中，促进城市专业化分工，提高配置要素资源的效率，增强城市对周边区域的辐射带动能力，提升城市的核心竞争力，加快区域经济发展。引领区域发展、代表国家参与国际竞争，是国家中心城市的价值与使命。优化提升城市产业集聚功能，对于提升郑州的核心竞争力、引领和带动区域经济发展、加快国家中心城市建设进程具有重大现实意义。要在深刻认识重大意义的基础上，明确重点、有序推进城市产业集聚功能的优化提升。

（一）优化提升城市产业集聚功能的意义

优化提升郑州城市产业集聚功能的意义，应着重从如图 4-6 所示三个方面来认识。

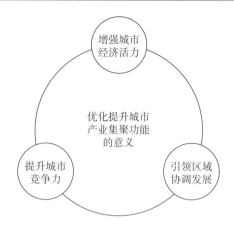

图 4-6 优化提升城市产业集聚功能的意义

首先，优化提升城市产业集聚功能有利于增强郑州的城市经济活力。现代社会，人们评价一个城市，越来越在意这个城市是否具有活力。美国城市规划理论家凯文·林奇就把城市活力看作评价城市市空间形态质量的首要指标。在他看来，所谓活力就是一个聚落形态对于生命机能、生态要求和人类能力的支持程度。有中国学者则认为，"城市活力是优质城市空间需求的根本，是城市空间具有旺盛生命力和促进城市功能生存发展的保证"。城市活力可细分为经济活力、社会活力、文化活力。经济活力是整个城市活力的基础，是城市活力的首要表征，反映了一个城市应有的高效性、物质的丰富性以及经济空间的活跃性。优化提升城市产业集聚功能是提升城市活力的重要路径。产业集聚有两个重要特性：产业特性和区域特性。产业特性是指空间上集聚在一起的大量产业联系密切的企业及相关机构，而区域特性则是指高度集中、相互联系的企业与政府、金融部门、中介机构等形成一个经济、社会、文化多层面彼此相互作用与协调的区域复合体。产业集聚的产业特性和区域特性，可有效增强区域经济发展活力。随着集聚的发展，将进一步拓展和延伸产业链，更广泛地吸引相关甚至不同关系的产业，扩大区域产业规模，形成资源优势，而且由于集聚企业分工协作的发展和内部分工的外化，企业间的互补性与合作性得到深化，更有利于提高资源利用效率和优化资源配置。同时，大批产业相关的企业聚集在相对集中的空间区域，既加强了彼此间的竞争，又可能产生相互学习的效应，使原来基于资源禀赋的比较优势发展为创新优势，从而加快了企业技术创新步伐，进而成为推动区域的经济发展的动力。作为国家支持建设国家中心城市的郑州而言，要真正成为名副其实的国家中心城市，最重要的就是必须具有很强的经济活力。近年来，郑州城市空间规模、经济规模和人口规模持续增长，创新发展能力持续增强，城市经济各项指标增势明显，但也存在一些短板，其中最突出的是在城市产业集聚功能还存在一些结构性矛盾，城市经济活力还有待进一步增强。正是基于此类的原因，在中国社会科学院"国家中心城市视角下的郑州方位"课题组 2018 年 11 月发布的"国家中心城市指数"中，郑州仅被列为潜在的国家重要综合中心（见表 4-3）。在未来的发展中，郑州要补齐这些短板，增强城市经济活力，优化提升城市产业集聚功能是必须做好做足的功课。

表 4-3　2018 年国家中心城市总体层级

城市	所处层级
北京	国家综合中心
上海	国家重要综合中心
广州	国家重要综合中心
深圳	潜在的国家重要综合中心
武汉	潜在的国家重要综合中心
天津	潜在的国家重要综合中心
成都	潜在的国家重要综合中心
重庆	潜在的国家重要综合中心
西安	潜在的国家重要综合中心
南京	潜在的国家重要综合中心
杭州	潜在的国家重要综合中心
郑州	潜在的国家重要综合中心

资料来源：中国社会科学院研究机构 2018 年 11 月 3 日发布的"国家中心城市指数"。

其次，优化提升城市产业集聚功能有利于提升郑州的城市竞争力。对一个城市来说，产业集聚功能强就意味着其产业基础坚实、产业发展条件和环境优越，对产业要素资源具有较强的吸引力与市场化配置能力，具有较强的区域辐射能力，从而使该城市成为要素资源转换、价值增值、资源配置、信息交换和人才聚集中心，使城市具有更强的竞争能力。大量实例表明，产业集聚功能是城市核心竞争力的内生动力。一个城市的核心竞争力的强与弱，根本取决于这个城市的产业集聚功能的强与弱。因此，一个城市要提升自己的核心竞争力，首先就必须优化提升自己的产业集聚功能。在日趋激烈的区域竞争和国际竞争中，优化提升产业集聚是提升城市竞争力的战略选择。代表国家参与国际竞争是一个国家中心城市的使命担当。要有效增强郑州的核心竞争力，增强郑州代表国家参与国际竞争的能力，必须在优化提升郑州的产业集聚功能上狠下功夫。当今时代，创新是引领发展的第一动力，在激烈的国际竞争中，唯创新者进，唯创新者强，唯创新者胜。产业集聚促进了同类企业和相关行业之间的技术切磋与交流，从而有效激发产业创新活力。大批相关产业的企业聚集在相对集中的空间区域，既加强了彼此间的竞争，又能产生相互学习效应，使原来基于资源禀赋的比较优势，发展成为创新优势，大大加快了企业技术创新的步伐，进而成为推动该区域经济发展的动力，成为个性化区域经济竞争力提升的新支点。当今时代，人才资源是发展的第一资源，人才竞争已成为综合国力竞争的核心，人才已成为经济社会发展的最大红利。产业集聚的一个重要特点，就是它的地理空间上的集中性。把更多的高端人才集聚到一个城市的空间范围内，更有利于他们及时洞察和把握科技发展动向、市场需求变化，相互协作进行科技攻关，从而产生"1＋1＞2"的集聚效应。

最后，优化提升城市产业集聚功能有利于以郑州为引领实现区域协调发展，推进中原城市群一体化融合发展。实施区域协调发展战略是新时代国家重大战略之一，是贯彻新发展理念、建设现代化经济体系的重要组成部分。党的十八大以来，中原城市群各地各部门围绕促进区域协调发展与正确处理政府和市场关系，在建立健全区域合作机制、区域互助机制、区际利益补偿机制等方面进行了积极探索，并取得了一定成效。同时要看到，中原城市群区域发展差距依然较大，区域发展不平衡不充分问题依然比较突出，区域发展机制还不完善，难以适应新时代实施区域协调发展战略需要。促进中原城市群区域协调发展，加快一体化融合发展进程，迫切需要有作为该城市群发展"领头羊"的核心城市来引领。2018年11月18日，《中共中央国务院关于建立更加有效的区域协调发展新机制的意见》明确要求：以郑州为中心引领中原城市群发展，带动相关板块融合发展。城市群是有效的空间组织形式，也是推进区域协调发展的主体形态。促进中原城市群融合发展，是河南实现区域协调发展的重大战略举措。为此，就要充分发挥郑州作为中原城市群核心城市的引领带动作用。这种核心要素主要有两个方面：一是高端要素和高端产业要向郑州集聚；二是郑州的产业要向周边区域扩散和转移。这是发挥郑州城市产业集聚功能这同一个问题的两个方面，这两个方面相互联系、相辅相成，前者是这种核心要素的根本特征，后者则是这种核心要素的本质要求。作为中原城市群的核心城市，要发挥引领带动作用，首先就要集聚足够的产业，这样才能拥有更多的发挥引领带动作用的核心要素；在此前提下，又要推动一些产业向周边区域扩散和转移，这样才能推动形成区域融合发展的新局面。

（二）优化提升城市产业集聚功能的重点

优化提升郑州的城市产业集聚功能，需要把握住以下三个重点：

一是要着力打造产业高端平台，推动产业转型升级，强化产业集聚支撑。产业是城市经济的根基，决定着城市的发展进程、集聚资源要素的能力水平，是城市竞争力的最根本体现，也是区域发展的基础支撑。国家中心城市是中国城镇体系中处于最高位置的"塔尖城市"，理应具有足够大的经济规模、足够强的综合实力和足够坚实的产业基础。唯有如此，才能成为国家组织经济活动、配置资源的中心，才能在区域城市群功能分工和经济区生产分布中处于核心和顶端的地位，才能对高端资源要素产生很强的集聚能力和扩散能力。近年来，郑州市围绕做强先进制造业、做大现代服务业、做优都市农业，以壮大实体经济为着力点，以科技创新为引领，加快构建以先进制造业为支撑、以现代服务业为主导的现代产业体系，目前已形成电子信息工业、新材料产业、生物及医药产业、现代食品制造业、家居和品牌服装制造业、汽车及装备制造业、铝及铝精深加工业七大主导产业和电子信息、汽车及装备制造两个5000亿级产业集群，智能手机产量约占全国1/7，速冻食品占全国60%份额，客车销量约占全球1/7。正是凭着这样的产业基础，郑州正在成为全国人流、物流、资金流、信息流的集聚高地。同时也要看到，与先进国家中心城市相比，郑州的经济总量还不够大，首位度还不够高，产业结构还不够优，在很大程度上影响和制约着城市集聚和扩散功能的提升。郑州发展的根基在产业，核心在先进制造业。郑州要培育和壮大城市集聚功能的产业基础，更好释放产业集聚功能，在建设国家中心城市新征程上取得新成就，必须进一步深化供给侧结构性改革，加快推进推动产业转型升级，构建先进的现代产业体系，打造产业高端平台，吸引更多高端优质资源要素，促进产业链延伸、价值链提升、供应链优化，实现郑州现代产业的高质量发展。如图4-7所示。

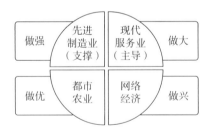

图4-7 郑州现代化产业体系构建思路

二是要着力优化产业集聚模式，推进产业集聚模式转型。在现有发展阶段，郑州在城市产业集聚功能方面存在的一个突出问题，就是在产业集聚模式上往往以政府推动的产业要素和企业集聚为主，而由市场内在驱动所形成的"主动式集聚"则处于次要的和辅助的地位。我们把前者称为"被动式集聚"模式，而把后者称为"主动式集聚"模式。在具体发展实践中，"被动式集聚"主要表现为以政府为主导推动工业园区的招商引资、资金扶持和人才保障等，市场机制很少发挥作用。这种"被动式集聚"为主、"主动式集聚"为辅的产业集聚模式，是与产业集聚的内在要求及其发展规律不相符合的。德国著名工业布局学者韦伯认为，产业集聚是许多性质相似的企业为了获取外部规模经济提供的在降低成本等方面的好处而在特定地方集中的过程。这就是说，产业集聚本质上是在市场机制驱动下出现的一种经济现象。产业能否在一个城市空间形成集聚，从根本上说，必须依靠市场的利益导向机制。如果单纯依靠或者主要依靠政府推动，而离开市场机制的驱动作用，这样所形成的产业集聚就难免是粗放性的、低效能的，因而是不可持续的。培育产业集聚能力，固然需要城市政府做出努力，但绝不能忽视以致忘记发挥市场机制的作用。"被动式集聚"模式，很容易才导致因滥用与误用各项政策优惠而造成土地浪费和资源闲置等现象。因此，应着力推进产业集聚模式转型，尽快实现从政府主导型向市场决定型转变，最大限度地发挥市场机制在产业集聚中的作用。

三是要着力推动城市政府在产业集聚中的角色转换，切实解决好政府职能错位、越位、缺位问题。产业集聚是市场经济条件下资源要素配置的一种组织形式。因此，要确保产业集聚过程中资源要素配置的合理性和有效性，必须发挥市场的决定性作用。市场在产业集聚中起决定性作用，这并不等于说政府就不能发挥任何作用了，就可以无所作为了。大量实践证明，产业集聚既要依赖于市场这只"看不见的手"，同时也离不开政府这只"看得见的手"。在产业集聚形成和发展过程中，市场并不是万能的，也有失灵的时候，需要由政府这只"看得见的手"来弥补。由于知识外溢和外部性的存在，创新厂商的私人收益小于其社会收益，当不存在政府干预时，经济增长通常都只是一种次优增长，而只有通过政府调节并消除市场只是一种次优增长，而只有通过政府调节并消除市场机制所造成的资源配置扭曲时，才能实现帕累托最优。但是必须明确，政府在产业集聚中的角色定位是提供公共产品和公共服务，其主要职能是创造良好的投资环境，提供完善的公共基础设施和健全的社会保障体系。然而，在郑州市的产业集聚发展过程中，政府在提供公共产品和公共服务方面虽然也做了大量工作，但把更多的精力放在招商引资上。当然，在产业集聚形成初期，政府倾力于招商引资也无可厚非。在市场条件下，资源的配置是受利益驱动的，在完整的或基本完整的产业集群框架形成之前，只有通过政府有意识地规划，并通过相应的政策扶植，才能促进资源向目标产业链条上的高端价值环节转移。但是，在产业集聚发展到一定阶段，再把过多的精力用于招商引资，就会出现政府职能错位、越位、缺位问题。

到了这个发展阶段，政府不应再去充当产业集聚的干预者、包办者，而应当是产业集聚的引导者、服务者。不然的话，客商、外资招引过来了，但是如果政府不能提供令人满意的公共产品和公共服务，不能提供优良的营商环境，也会严重影响产业集聚的效率和质量。因此，郑州在未来的发展实践中，必须着力解决好政府职能错位越位、缺位、问题，尽快实现城市政府在产业集聚中的角色转换。

三、优化提升城市产业集聚功能的任务与路径

优化提升城市产业集聚功能是提升郑州城市能级和核心竞争力的一个复杂的系统工程，涉及郑州城市发展的许多方面。要把这一复杂的系统工程完成好、建设好，既要确定目标和重点，也应明确任务与路径。明确了任务，就明确了所肩负的责任；明确了路径，完成任务、实现目标就有了遵循。因此，在确定了优化提升郑州城市产业集聚功能的目标和重点的基础上，还必须进一步明确优化提升郑州城市产业集聚功能任务与路径。

（一）优化提升城市产业集聚功能的任务

一是在打造现代产业发展高地、建设国家重要的经济增长中心方面取得重大突破。在国家已经明确支持建设国家中心城市的九个城市中，郑州最明显的不足是经济实力偏弱，2018年GDP仅高于西安，居倒数第二位。如表4-4所示。产业基础薄弱、经济实力不强，仍是郑州建设国家中心城市的一个短板。因此，优化提升郑州城市产业集聚功能的首要任务，就是着力打造现代产业发展高地，全面提升郑州综合经济实力，在推进国家重要的经济增长中心建设方面取得重大突破。

二是在全面提高自主创新能力和产业竞争能力、建设全国极具活力的创新创业中心方面取得重大突破。这些年来，郑州市的经济增长主要依赖于传统生产要素的投入，仍属于投入拉动型经济。科技创新资源集聚不够，高端研发创新机构匮乏，高层次创新人才及团队缺乏，自主创新能力不足，与创新驱动建设国家中心城市的要求很不相适应。自主创新能力的不足严重制约了郑州产业竞争能力的提高，从而也在很大程度上影响了郑州城市产业集聚功能的提升。目前，郑州产业的结构性矛盾仍比较突出，新旧产业之间的衔接仍不到位，新兴产业的主导作用仍不够突出，产业创新能力特别是原始创新能力还有待提升，与迈向新高端的产业发展要求很不相适应。这个问题在建设国家中心城市的九个城市中也是最突

出的。因此，优化提升郑州城市产业集聚功能的一个极其重要的任务，就是要以建设郑洛新自主创新国家示范区为契机，全面提高自主创新能力和产业竞争能力，在建设全国极具活力的创新创业中心方面取得重大突破。

表 4 - 4　2018 年 9 个国家中心城市 GDP 及增速对比

城市	GDP（亿元）	位次	GDP 增速（%）	位次
北京	30320	2	6.6	5
天津	18810	5	3.6	9
上海	32680	1	6.6	5
广州	22859	3	6.2	7
重庆	20363	4	6.0	8
成都	15343	6	8.0	3
武汉	14847	7	8.0	3
郑州	10143	8	8.1	2
西安	8350	9	8.2	1

资料来源：各城市《2018 年国民经济和社会发展统计公报》。

三是在建设国家内陆地区对外开放门户、提升现代化国际化水平、形成更大的国际影响力方面取得重大突破。高水平开放是郑州优化提升城市产业集聚功能的关键一招，是推进郑州国家中心城市建设的必由之路。近年来，郑州市围绕推动"五区联动""四路协同"，借助空中、陆上、网上、海上"四条丝路"，积极融入全球经济体系，不断巩固提升"一带一路"核心节点城市地位，同时提升标准，提高经济开放度，加快推进国际化城市建设，着力打造联通世界贸易网、融入全球产业链的内陆开放新高地，成效非常显著。但是与其他先进国家中心城市相比，郑州在对外开放方面还相对落后。一项研究结果显示，在国家支持建设国家中心城市的九个城市中，郑州除开放结构指数较高（指数为 2.47，居第 2 位）外；开放支撑指数和开放程度指数均列末位，指数分别为 0.51 和 0.75；而开放综合指数则处于中下游状态，指数为 1.21，居第 7 位。基于这一实际状况，优化提升郑州城市产业集聚功能，推动郑州国家中心城市高质量建设，迫切需要进一步扩大对外开放，提高开放的程度和层次，打造内陆开放新高地。

（二）优化提升城市产业集聚功能的路径

优化提升郑州产业集聚功能的路径如图 4 - 8 所示。

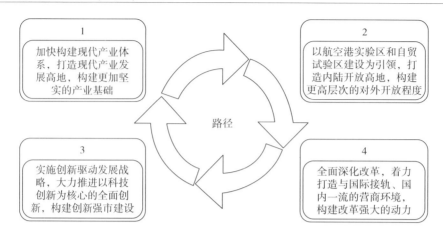

图4-8 优化提升郑州产业集聚功能的路径

一是加快构建现代产业体系，打造现代产业发展高地，构建更加坚实的产业基础。要充分发挥郑州市的要素禀赋优势，突出先进制造业的主导地位。坚持把制造业发展摆在首要的战略位置，加快完善产业链和产业生态体系，着力打造全国先进制造业重要基地，确保制造业在全市经济中的比重持续上升，战略性新兴产业在制造业中占据主体地位，使其成为郑州经济发展的主引擎、科技创新的主战场。要突出主导产业发展，优化制造业布局，坚持以电子信息、汽车和装备制造业产业集群为主攻方向，持续扩大规模、提升水平，向产业链和价值链的高端攀升，形成支撑郑州发展的优势产业。各县市应立足现有基础，依托产业集聚区，强化产业配套，下决心淘汰落后产能，统筹推进先进制造业培育和传统产业转型升级。要立足郑州产业基础、围绕完善产业链条，着眼数字时代发展特征、加快数字化网络化智能化技术应用，以数字化转型提升产业层级。要大力培育战略性新兴产业，努力在大数据、新一代人工智能、新能源、新材料、生物医药等方面不断突破，抢占未来产业发展的制高点。要立足于服务全省、对接国际，围绕造业发展布局生产性服务业，着力推进现代金融、现代物流、科技服务会展商务等生产性服务业的专业化、高端化发展，特别是要把物流业、金融业发展作为突破口来抓，把握国际贸易的要素需求、功能需求和发展趋势，搭建好国际化物流体系、金融服务体系，促进国内外物流龙头企业、金融机构集聚发展。要推动先进制造业和现代服务业深度融合，并以此作为增强制造业核心竞争力、培育现代产业体系、实现高质量发展的重要途径。要顺应技术革命、产业变革、消费升级的趋势，深化业务关联、链条延伸、技术渗透，探索新业态、新模式、新路径，推动先进制造业和现代服务业相融相长、耦合共生。

二是以航空港实验区和自贸试验区建设为引领，打造内陆开放高地，构建高层次的对外开放程度。要坚持把对外开放作为全局性、综合性战略扎实推进，抓住一系列国家政策利好，积极融入"一带一路"建设，加快从内陆腹地走向开放前沿的步伐。要注重发挥航空港实验区、自贸试验区、跨境电子商务综合试验区的政策叠加优势，突出制度创新、平台打造、产业培育，巩固和提升"一带一路"核心节点城市地位。要围绕河南自贸区郑州片区建设，积极推进商事制度、关务制度、监管制度、金融制度创新，完善大通关体系，形成投融资便利化、贸易便利化、物流便利化、监管服务便利化、人员往来便利化的制度高地。要进一步加大航空港实验区建设力度，以航空物流为带动，积极承接国际产业转移和合作，加快主要功能区开发建设，不断巩固和提升在国内外航空港中的竞争优势。要加快推进跨境电子商务综合试验区建设，完善"买全球、卖全球"的网购商品集疏分拨体系，确保跨境电子商务交易额保持全国领先水平。要加快推进联通全球、服务全国、领先内陆的开放体系建设和具有国际影响力的现代产业基地建设。要聚焦智能终端及新型显示、智能网联和新能源汽车、智能装备、生物医药、航空制造和服务五大先进制造业集群与航空物流、电子商务、文旅商贸三大现代服务业集群培育，加快构建现代服务业、先进制造业互为支撑、相互促进的开放型经济新格局。要加快对外开放平台建设，进一步提高经济开放度，形成对外开放聚合效应，使郑州越来越有"国际范儿"。

三是深入实施创新驱动发展战略，大力推进以科技创新为核心的全面创新，构建创新强市建设。要深刻认识和全面把握市委市政府"一条主线、二力联动、三大创新、四个一批"总体思路的内容和要求，坚持以建设国家极具活力的创新创业中心为主线，进一步增强创新意识，汇聚创新要素，厚植创新文化，打造全要素、自组织、快成长的创新创业创造生态；坚持内生创新资源创新能力与引进创新资源创新能力联动，培育壮大创新主体，立足本地创新要素；坚持开放创新、产业创新、制度创新，营造创新生态环境；加快扶持一批创新引领型企业、培育一批创新引领型人才、搭建一批创新引领型平台、引进一批创新引领型机构，聚集创新资源，进一步增强科技创新活力，打造创新经济的动力源，加快实现高质量发展。要坚定贯彻落实这一总体思路，进一步解放思想、更新观念，增强创新意识、激发创新活力，大力推进以科技创新为核心的全面创新，加快构建以企业为主体、市场为导向、产学研深度融合为支撑的科技创新体系，增强内生式发展动力，推动创新要素在郑"聚集—聚合—聚变"，最大限度地释放全社会创新、创业、创造动能，建设国家极具活力的创新创业中心，塑造活力郑州，为郑州国家中心城市建设和经济高质量发展提供强大科技动力。要搭建好创新平台，发挥郑东新区、经开区、高新区、航空港区"四梁八柱"作用，加快布局创新创业载体，完善金融科技服务，大力引进创新引领型企业、人才、平台和机构，不断提升源头创新能力。要着力完善加大全社会研发投入支持政策，鼓励企业与科研院所、高等院校开展以企业为主体、产学研用一体的紧密合作，通过自建或共建技术创新中心、工程（技术）研究中心、企业技术中心、制造业创新中心、重点实验室、新型研发机构等创新平台，开发新产品、新技术、新成果。要大力引进中科院系统、国内外高校院所、行业龙头企业来郑州设立新型研发机构。要聚合国内外创新资源，推进创新链、产业链融合，提升科技创新、产业集聚、综合枢纽功能，加快形成发展新动能，形成更多以制度创新为引领、高端功能为支撑的发展新优势。

四是全面深化改革，着力打造与国际接轨、国内一流的营商环境，构建改革的强大动力。要聚焦质量变革、效率变革、动力变革，持续深化供给侧结构性改革，提高供给体系质量和效率，提高投资有效性，加快培育新的发展动能，改造提升传统比较优势，增强经济持续增长动力。要加快构建以公平竞争、优胜劣汰为主导的正向激励机制，坚决破除各类要素流动壁垒，增强微观主体活力。要大胆探索、先行先试，加快推进河南自贸区郑州片区建设，构建既符合国际化和法治化要求，又有利于实验区科学发展的新体制新机制，探索可复制可推广的体制、制度、机制，把郑州片区建设成为全面深化改革示范区。要对标国际最高标准、最好水平，以加快形成法治化、国际化、便利化的营商环境为目标，深化政府"放管服"改革，不断提升制度环境软实力，努力打造营商环境新高地。要聚焦政务服务的"痛点"、群众需求的"难点"，深入推进"互联网＋政务服务"，简政放权、简化流程，落实政务服务"一网通办"改革举措，为群众办事提供"只进一扇门""最多跑一次"的"一站式"服务。要突出改革工作重点，聚焦补齐中心城区首位度、科技创新、产业竞争力、基层社会治理等发展短板，确保重点领域和关键环节改革工作取得突破。要把着力点放到加强系统集成、协同高效上来，巩固和深化这些年来在解决体制性障碍、机制性梗阻、政策性创新方面取得的改革成果，推动各方面制度更加成熟更加定型。

第五章　完善提升郑州综合枢纽功能

　　枢纽功能是交通物流节点城市的重要功能，也是在以交通物流节点为特征的国家中心城市功能体系中发挥基础性支撑作用的重要功能。作为"一带一路"的内陆核心节点城市，郑州的枢纽地位和功能，经历了从单一铁路枢纽到多元综合枢纽的历史发展过程。进入新时代，郑州陆上、空中、网上和海上"四条丝路"建设快速推进，综合枢纽功能得到极大增强。随着建设"国际性综合交通枢纽"的使命任务落在郑州肩上，优化提升郑州综合枢纽功能的重要性和紧迫性更加凸显。下一轮城市竞争将是枢纽功能竞争，将是通过枢纽功能聚集未来发展要素的竞争。优化提升综合枢纽功能，既是郑州建设国家中心城市的内在要求，也是郑州在下一轮城市竞争中赢得战略主动的客观要求。要在深刻认识下一轮城市竞争趋性变化的基础上，以时不我待、只争朝夕的精神，加快推进郑州综合枢纽功能的优化提升。

一、郑州综合服务功能的历史演化和现状分析

　　任何城市都有一定的城市功能，但综合枢纽功能只有作为交通物流节点的城市才可能具有。郑州的综合枢纽功能是随着其综合交通网络日益完善、客货运输保障能力持续提升才逐渐形成并愈益增强的。深入考察郑州城市综合枢纽功能的历史形成，客观分析和评价其综合枢纽功能的现实状况，对于正确认识和把握郑州城市综合枢纽功能发展规律、找准郑州在综合枢纽功能方面存在的差距和短板、探索优化提升郑州城市综合枢纽功能的路径具有重要意义。

（一）城市综合枢纽功能理论概述

交通是指从事旅客和货物运输及语言和图文传递的行业，包括运输和邮电两

个方面，在国民经济中属于第三产业。运输有铁路、公路、水路、航空、管道等方式，邮电则包含了邮政和电信等方面的内容。经济地理学高度重视交通对经济活动区位的影响，认为"交通作为联系地理空间中社会经济活动的纽带，是社会化分工成立的根本保证。交通技术与手段决定着空间相互作用的深度与广度，因而是影响经济活动区位选择的重要因素之一"。① 并且指出，生产与消费的空间分离是现代经济活动的一个重要特征，基于经济活动追求利润最大化的基本目标，交通运输过程中产生的运费成本以及交通便利程度都成为影响区位选择的重要因素，交通便利程度又主要取决于交通网络的完善程度，而交通网络的完善程度往往直接影响一个区域的地理可入性。

随着交通的发展，位于交通通道或线路节点上的一些城市便成为了交通枢纽。所谓交通枢纽，一般是指地处交通网络各大通道或线路的交叉点，是运输过程和为实现运输服务所拥有的设备的综合体，是交通运输网的重要组成部分，也是客流、物流和交通工具流的重要集散中心。所谓交通枢纽，是指在一种或多种运输方式交通干线的交叉与衔接之处，共同为办理旅客与货物中转、发送、到达所建设的多种运输设施的综合体。②

随着交通网络完善程度和交通便利程度的进一步提高，在一些重要节点城市又形成了综合交通枢纽。关于综合交通枢纽，交通运输领域的专家学者从各自的视角给出了不尽相同的定义。尽管定义不一致，却也在一些方面达成了共识。归纳他们的意见和看法，综合交通枢纽主要有以下三个重要特征：第一，在地理位置上，交通枢纽地处两种及以上的运输方式衔接地区或客货流重要集散地；第二，在运输网络上，交通枢纽是运输网络上多条干线通过或连接的交汇点，是运输网络的重要组成部分，连接不同方向上的客货流，对运输网络的畅通起着重要作用；第三，在运输组织上，交通枢纽承担着各种运输方式的客货到发，同种运输方式的客货中转及不同运输方式的客货联运等运输作业。然而，随着交通运输业的发展特别是物流管理理念的嵌入，综合交通枢纽已不仅是多种运输设备构成的综合体，同时也是集设备、信息和运输组织综合管理于一体的复杂系统。此外，城市内道路运输和轨道交通迅速发展，也为综合交通枢纽赋予新的内涵③。因此，应对综合交通枢纽的概念进行重新定义。

综合多方面的意见和看法，笔者认为，综合交通枢纽是指布局在一个城市或以该城市为核心的区域内，承担综合交通运输网络中诸多交通运输方式的节

---

① 李小建. 经济地理学（第2版）[M]. 北京：高等教育出版社，2006：48.

② 国家质量监督检验检疫总局，中国国家标准化管理委员会. 中华人民共和国国家标准：物流术语[M]. 北京：中国标准出版社，2007.

③ 赵丽珍. 关于综合运输枢纽概念及其分类[J]. 综合运输，2005（12）：23 - 24.

点，是各种交通运输方式的组织基地和综合交通运输网络中客货集散、换乘及过境功能实现的场所，是具有交通运输组织管理、中转换乘、多式联运、信息流通和辅助服务等功能的综合性交通设施。它是国家或区域交通运输系统的重要组成部分，是不同运输方式的交通运输网络相邻路径的交会点，是集多种运输方式所连接的固定设备和活动设备于一体的运输空间结构，是衔接多种运输方式、辐射一定区域的客货转运中心，对所在区域的交通运输网络的高效运转具有重要作用。

综合交通枢纽的功能主要体现在以下三个方面：第一，为区域内部和区域对外的人员及物资交流提供集散和中转服务，带动和支撑区域经济发展。综合交通枢纽一般地处区域主要中心城市，为所在地区或城市的经济发展和居民生活提供客货运输服务，是城市对外联系的桥梁和纽带。第二，实现不同方向和不同运输方式间客货运的连续性，完成运输服务的全过程。以信息化、网络化为基础，改进运输组织方式，实现各种运输方式一体化管理，完成运输服务全过程，是提高运输效率、降低运输成本、节约资源、实现交通可持续发展的有效途径，而综合交通枢纽正是实现这一目标的关键。第三，为运输网络吸引和疏散客货流，促进交通运输产业的发展。交通运输产业发展的基础是日益增长的运输需求，在经济高度发达、需求日趋多样化的现代社会，交通运输产业的发展向着综合集成和一体化运输的方向发展，以满足客货运输多样化的需求。①

综合交通枢纽具有以下三个方面的特征：第一，网络性。综合交通枢纽在地理空间上一般是布局在国家或某一重要区域的综合交通运输网络上，是网络上的核心节点或重要节点，通过网络衔接发挥其功能作用，离开交通运输网络便不能称其为枢纽。第二，综合性。综合交通枢纽通常是布局在多种交通运输方式集聚的城市或以该城市为核心的区域，由各类场站设施、集疏运通道、信息技术及装备、市场主体以及口岸等配套设施和相关产业共同构成的一个特定的"生态圈"，各类要素在其中相互影响、相互作用，形成内部循环。第三，功能性。基于其网络性和综合性，综合交通枢纽对客货运输高效组织、快速集散的功能作用才得以释放和发挥，从而进一步实现在"点"上优化区域布局，在"线"上承载人流物流通道的功能和要求，在"面"上强力辐射周边区域，有力支撑国家区域发展战略的实施，促进区域协调发展。②

国家对综合交通枢纽曾多次进行分类或分级。第一次是2005年，由建设部和中国城市规划设计研究院合作编制的《全国城镇体系规划（2006—2020年）》明确提出，在全国范围内建设一级综合交通枢纽城市和二级综合交通枢纽城市。

① 赵巍. 综合交通枢纽的概念解析［N］. 中国民航报，2013 – 12 – 23.
② 王娟，杨勇，孙东泉. 我国多式联运枢纽发展分析［J］. 综合运输，2016（10）：42 – 45.

一级综合交通枢纽城市指在交通分区内中起到支撑作用的城市，对区域经济发展作用十分重要，并在人口和经济规模上具有足够的区域辐射能力。二级综合交通枢纽城市指在区域发展中起到辅助支撑作用的城市，交通系统应同时具备中型枢纽机场（按照 2020 年机场布局规划）、铁路大型客运站（按照中长期铁路网规划）和公路主枢纽（按照国家高速公路网规划）两个条件以上。

第二次是 2012 年。《国务院关于印发"十二五"综合交通运输体系规划的通知》（国发〔2012〕18 号）提出，要按照零距离换乘和无缝化衔接的要求，全面推进综合交通枢纽建设，基本建成 42 个全国性综合交通枢纽。为统筹协调各种运输方式，推进我国综合交通枢纽的一体化发展，提高交通运输的服务水平和整体效率，国家发展和改革委员会于 2013 年 3 月 7 日印发了《促进综合交通枢纽发展的指导意见》，并在附件中列出了 42 个全国性综合交通枢纽（城市）：北京、天津、哈尔滨、长春、沈阳、大连、石家庄、秦皇岛、唐山青岛、济南、上海、南京、连云港、徐州、合肥、杭州、宁波、福州、厦门、广州、深圳、湛江、海口、太原、大同、郑州、武汉、长沙、南昌、重庆、成都、昆明、贵阳、南宁、西安、兰州、乌鲁木齐、呼和浩特、银川、西宁、拉萨。

第三次是 2017 年。国务院印发的《"十三五"现代综合交通运输体系发展规划》明确提出了优化综合交通枢纽空间布局的要求，强调要着力打造北京、上海、广州等国际性综合交通枢纽，加快建设全国性综合交通枢纽，积极建设区域性综合交通枢纽，优化完善综合交通枢纽布局，完善集疏运条件，提升枢纽一体化服务功能，并在综合交通枢纽布局的专栏 7 中详细列出了 12 个国际性综合交通枢纽和 63 个全国性综合交通枢纽（见表 5－1）。该发展规划还着重指出，要重点打造北京—天津、上海、广州—深圳、成都—重庆国际性综合交通枢纽，建设昆明、乌鲁木齐、哈尔滨、西安、郑州、武汉、大连、厦门等国际性综合交通枢纽，强化国际人员往来、物流集散、中转服务等综合服务功能，打造通达全球、衔接高效、功能完善的交通中枢。

全国性综合交通枢纽是指国家综合交通网络的节点城市，与国家综合运输通道共同构成国家级综合交通运输网络的骨架，具有区域和全国性客货运集散和支撑国家战略实施等功能，主要包括基础设施、运输服务和支持保障等。国际性综合交通枢纽则是交通枢纽的更高形态，其通达能力与全国性综合交通枢纽相比更为强大，是全球范围内交通的重要节点。国际性综合交通枢纽不仅是对区域交通的改善和服务功能的提升，同时也是对城市空间布局的集聚和延伸。拥有畅达全球的综合交通网络和多层次的交通系统，是全球城市保持竞争力的共同特点。当今世界，国际性综合交通枢纽已成为衡量城市是否为全球城市的重要标志。

表5-1　综合交通枢纽布局

枢纽类型	主要内容
国际性综合交通枢纽	重点打造北京—天津、上海、广州—深圳、成都—重庆国际性综合交通枢纽，建设昆明、乌鲁木齐、哈尔滨、西安、郑州、武汉、大连、厦门等国际性综合交通枢纽，强化国际人员往来、物流集散、中转服务等综合服务功能，打造通达全球、衔接高效、功能完善的交通中枢
全国性综合交通枢纽	全面提升长春、沈阳、石家庄、青岛、济南、南京、合肥、杭州、宁波、福州、海口、太原、长沙、南昌—九江、贵阳、南宁、兰州、呼和浩特、银川、西宁、拉萨、秦皇岛—唐山、连云港、徐州、湛江、大同等综合交通枢纽功能，提升部分重要枢纽的国际服务功能。推进烟台、潍坊、齐齐哈尔、吉林、营口、邯郸、包头、通辽、榆林、宝鸡、泉州、喀什、库尔勒、赣州、上饶、蚌埠、芜湖、洛阳、商丘、无锡、温州、金华—义乌、宜昌、襄阳、岳阳、怀化、泸州—宜宾、攀枝花、酒泉—嘉峪关、格尔木、大理、曲靖、遵义、桂林、柳州、汕头、三亚等综合交通枢纽建设，优化中转设施和集疏运网络，促进各种运输方式协调高效，扩大辐射范围
区域性综合交通枢纽及口岸枢纽	推进一批区域性综合交通枢纽建设，提升对周边的辐射带动能力，加强对综合运输大通道和全国性综合交通枢纽的支撑 推进丹东、珲春、绥芬河、黑河、满洲里、二连浩特、甘其毛都、策克、巴克图、吉木乃、阿拉山口、霍尔果斯、吐尔尕特、红其拉甫、樟木、亚东、瑞丽、磨憨、河口、龙邦、凭祥、东兴等沿边重要口岸枢纽建设

资料来源：转引自《"十三五"现代综合交通运输体系发展规划》专栏七。

（二）郑州城市综合枢纽功能的历史演化

人们常说："郑州是一座火车拉来的城市。"有人对这话并不认同，并且反驳说："不对，郑州是一座被隆隆的火车轮声唤醒的历经5000多年沧桑的古都。"这两句话虽然意见相左，但却都深刻揭示了铁路在郑州近现代城市发展中的重要地位和意义。毫不夸张地说，郑州由通铁路到构建现代综合交通体系的历史变迁，就是一部郑州城市发展史。有专家曾经评说："郑州是一座因铁路而兴、因路网而繁荣、因枢纽而发达的城市。"[①] 这一评说言简意赅地高度概括了郑州从一个不起眼的小小"郑县"，到现在建设国际性综合交通枢纽的国家中心城市的历史发展进程，同时也描述粗线条地描述了郑州城市综合枢纽功能的历史演化进程。郑州交通运输发展历程如图5-1所示。

---

① 王建国．郑州建设国家中心城市研究［M］．北京：中国经济出版社，2018：165.

缓慢起步期（1949~1978年）	稳定提升期（1978~2012年）	跨越发展期（2013年至今）
• 1949年，公路有效通车里程10.3千米，完全依赖人力车和畜力车；铁路运输仅8股铁道，每天运送旅客不足千人次 • 1952年，毛泽东视察郑州时指示将郑州车站建成远东最大、最完善的客运大站 • 1955年，国家进行为期30年的郑州铁路枢纽建设	• 1980年，政府出台公铁分流规划，开辟公铁分流线路15条，总长1734千米 • 1985年，政府鼓励社会办交通，出现了跨部门、跨地区的联合运输公司；同年3月，郑州铁路北站上行系统全部建成开通 • 1987年，郑州车站投入使用大型跨线高架候车室，日发送旅客13万人次，中转旅客人数居全国第一 • 1989年，郑州北站成为中国铁路第一个综合自动化编组站 • 1994年，郑州东站开行郑州至香港九龙的国际集装箱专列，后开行郑州至青岛、连云港、天津的国际集装箱专列 • 2012年，全国唯一的"米"字形高铁枢纽——郑州东站正式运营	• 2013年7月，第一趟中欧班列（郑州）拉响汽笛，正式开始连接郑州与欧洲 • 2017年底，位于航空港实验区的河南米字形高铁重要枢纽站—郑州南站建设工程开工，设计为16台32线，将引入郑万、郑阜高铁和郑州机场至郑州南站城际铁路 • 近几年，郑州大都市区交通运输一体化进程加速，"两环多放射"高速公路网和"七横十四纵五放射"干线公路网的建设有序推进

图 5 - 1　郑州交通运输发展历程

　　清朝末期，在洋务派人士李鸿章、张之洞等的引领下，一条贯穿南北的京汉铁路应运而生，在中国腹地增添了一条便捷的大通道。1904 年 3 月，位于京汉线上的郑州站建成投入使用。当时只有一座站台、两间平房、四条股道和几名雇员。铁路通车初期，设备简陋，运输效率低下，北京到汉口的列车需运行3 天。车站相距也比较近，除郑州站外，仅卢汉线在郑州境内就有郑州南、南阳寨等 11 个车站。随着 5 年后汴洛铁路的建成通车，与京汉铁路在郑州交汇，郑州开始成为铁路枢纽城市。后来，随着京汉线拓展为京广线、汴洛铁路拓展为陇海铁路，郑州在全国的铁路枢纽地位开始凸显出来。1952 年 10 月底，毛泽东乘专列抵达郑州。这位时代伟人登上郑州站月台，望着伸向远方的铁路对时任铁道部部长的滕代远说，要高度重视郑州在中国举足轻重的枢纽地位，并作出重要指示："要把郑州车站建成远东最大、最完善的客运大站。"① 1954年，新改造的郑州火车站入围中国十大车站，成为京广线上最好的车站。1956年，郑州火车站被铁道部划为特等站。1963 年，承担京广、陇海两大干线东西南北 4 个方向货物列车的解体、编组任务的郑州北站建成投入使用，成为亚洲最大的列车编组站。此后，随着对京广、陇海铁路的复线化和电气化改造，以及一些支线铁路和地方铁路的新建，使以郑州火车站、郑州北站、郑州东站（今圃田西站）为核心的铁路交通运输网络进一步完善，铁路场站功能布局进

　　① 刘涛、李舒薇、王星星. 国家中心城市建设背景下的郑州文脉挖掘和人文形象塑造［J］. 上海城市管理，2017（3）：29 - 36.

一步优化，使郑州的铁路枢纽地位和功能进一步巩固与增强。郑州枢纽以位居铁路干线交汇的区位优势和强大的客货集疏和列车编解服务功能，成为名副其实的中国铁路心脏。1954年，河南省政府由开封迁入郑州，郑州成为河南省省会。于是，先后建成通车的国道310和国道107在郑州交汇，促进了国道和省道网络布局的优化，构建形成了以郑州为中心、以国道为骨干的通达全国的公路交通网络，进一步提升了郑州作为国内重要的陆路交通枢纽地位。

1994年，连霍高速公路（G30）开封至郑州段建成通车，标志着河南实现了高速公路零的突破，河南交通从此进入高速公路时代。此后，河南高速公路建设进入了快车道。截至2018年底，全省高速公路通车总里程达到6600千米，连续12年保持全国领先地位。如今，以京港澳高速和连霍高速为骨架，以郑州为核心的"两环多放射"高速公路网、"三横八纵"国省干线公路网（见图5-2）已基本形成，一个半小时可抵达中原城市群经济圈，三小时可到达全省任何一个省辖市，六小时可到达周边六省任何一个省会城市，全省所有县市20分钟上高速，郑州区位优势更加凸显，枢纽地位愈益巩固。

2010年，郑西高速铁路成功运营，宣告了河南境内无高速铁路历史的结束，河南交通从此迈入了高速铁路时代。此后，随着京广高铁、徐兰高铁的陆续贯通和投入运营，以及郑州东站的建成运营，郑州开始成为高速铁路的重要枢纽。目前，郑合高铁、郑万高铁河南段已开始联调联试，郑太高铁、郑济高铁和郑州南站也在加快建设之中。一经全部建成投入运营，以郑州为核心的"米"字形高铁网络将基本成型。这个"米"字形高铁网络建成后，将与国家快速铁路网有机衔接，形成京津冀地区经郑州至港澳，长三角地区经郑州至西北边界口岸，环渤海地区经郑州至西南地区乃至孟加拉湾、东南亚各国，东南沿海地区经郑州至西北内陆地区的快速运输通道，以郑州为中心连南贯北、承东启西的"四面八方"轴带发展格局。这样，郑州将从"四通"升级至"八达"，其高铁枢纽地位更加突出、更加巩固。

郑州民航事业发展起步较晚。1956年军民两用的燕庄机场开始通航，1958年开辟了郑州首条地方航线——郑州至南阳航线。直到20世纪60年代初，郑州机场还没有固定的航线和航班，只开通了广州—郑州—北京航线。1987年开通卫郑州到香港的直航旅游包机。1997年，郑州新郑国际机场建成通航，成为中国国内干线运输机场和国家一类航空口岸。2007年底，郑州新郑国际机场改扩建工程竣工，遂成为中国八大区域性枢纽机场之一。2011年，郑州机场的旅客吞吐量突破1000万人次。2013年，郑州航空港经济综合实验区获国务院批复，成为全国首个国家级航空港经济实验区。2014年，郑州至卢森堡全货机航线开通，架起了一条连接河南与世界的"空中丝绸之路"，郑州成为全国重要的国际航空货运枢纽。2015 年底，郑州机场二期工程完工投用，郑州机场进入双跑道、双航站楼时代。截至 2018 年 12 月，郑州新郑国际机场有 55 家客运航空公司，208 条客运航线，116 个客运通航城市；21 家货运航空公司，34 条货运航线，40 个货运通航城市。

图 5 - 2　郑州"米"字形高铁网络

（三）郑州城市综合枢纽功能的现状分析

经过 70 年的发展，郑州先后经历了从火车拉来的城市到中国铁路心脏、从国内重要枢纽到国际性综合枢纽的历史性跨越。同时，随着航空枢纽持续打造、"米"字形高铁加快形成、多式联运不断发展，郑州正在由过去以铁路为主导的国家枢纽向以航空、高铁为主导的国际性综合枢纽转型升级，在国内外的服务能级不断提升，优势更加凸显，被国内外普遍认可。目前在郑州，正逐步形成以航空港、铁路港为主体，依托区位交通优势，通达多数国际主要航空货运枢纽、覆盖欧洲主要城市和国内重要经济区域、口岸种类基本齐全，空铁陆海多式联运的连通国际、畅通国内的重要国际交通枢纽。①

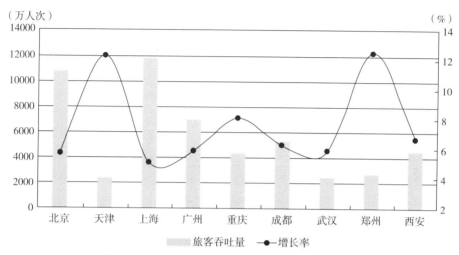

图5-3　国家中心城市机场客运量及增长率对比

资料来源：各城市《2018年国民经济和社会发展统计公报》。

　　郑州的综合交通枢纽功能进一步强化，并且仍有巨大发展潜力。随着"米"字形高铁网络的建成运营，郑州将成为全国为数不多的"双十字"铁路枢纽，其在"丝绸之路经济带"上的重要节点地位进一步提升。郑州长途汽车站是交通部核定的一级客运站，郑州北站则是按照部颁标准一级客运站规划建设的现代化客运枢纽。随着郑州成为国家级公路运输枢纽、国家级公路转运中心和全国高速公路客运中心，其公路枢纽地位进一步巩固。截至2018年底，郑州新郑国际机场基本形成覆盖全球主要经济体的航线网络，已成为民航局确定的中国八大区域性枢纽机场之一。2018年，郑州新郑国际机场完成旅客吞吐量2733万人次，同比增长12.5%，增速在全国2000万级以上前22个大型机场中排名第一；完成货邮吞吐量51.5万吨，货运规模继续稳居在全国第7位，国际性航空枢纽地位已基本确立。② 如图5-3、图5-4所示。然而，与先进国家中心城市相比，郑州的综合交通枢纽功能仍存在较大差距。中国社会科学院的一项研究报告显示，在国家交通中心指数排名中，郑州以0.606的得分在9个国家中心城市中名列第8位，远低于广州（1.000）、北京（0.997）、上海（0.969），也低于西安

①　王建国.郑州建设国家中心城市研究［M］.北京：中国经济出版社，2018：167.
②　宋敏，施书芳，曹楷.郑州机场发布2018年成绩单客货运规模继续领跑中部地区［N］.河南日报，2019－01－15.

（0.721）、武汉（0.701）、成都（0.637）和重庆（0.607），仅高于天津（0.382）。① 而在国家交通中心指数的联系度与集聚度排名中，郑州也分别以0.632095和0.386743的得分在9个国家中心城市中名列第5位和第8位。据此，该研究报告将郑州列为潜在的国家重要交通中心。

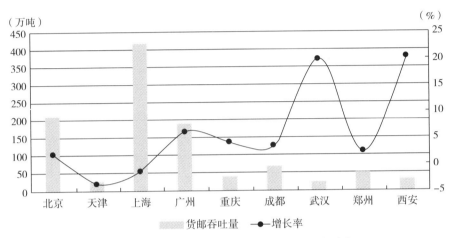

图5-4　国家中心城市机场货运量和增长率对比

资料来源：各城市《2018年国民经济和社会发展统计公报》。

郑州的物流集聚优势进一步显现，发展潜力非常可观。2014年5月，习近平总书记在郑州国际陆港考察时对郑州提出了要"建成连通境内外、辐射东中西的物流通道枢纽，为丝绸之路经济带建设多作贡献"②的殷切希望。这些年来，郑州牢记总书记的殷殷嘱托，依托郑州航空港全球货运航线网络、"米"字形高铁和高速公路网，加快建设多式联运国际物流中心，"四路协同"效应和物流集聚高地优势显现。郑州机场获批第五航权，成为全国第二个实现航空、铁路、轨道交通、高速公路一体化换乘机场。卢森堡货航郑州航线已覆盖欧洲、北美、亚洲三大洲23个国家的100多个城市，基本形成以郑州为中心、连接欧亚美的国际航空货运网络。2018年，郑州机场完成货邮吞吐量51.5万吨，其中国际货邮吞吐量32.9万吨，居全国第四位；国际航空邮件增长75%，增速位居全国第一。③

① 倪鹏飞，杨东方，王雨飞. 国家中心城市视角下的郑州指数："一带一路"倡议下郑州建设国家中心城市研究［M］. 北京：中国社会科学出版社，2018：120-123.
② 李斌，平萍，张建新. 习近平在河南考察时强调：深化改革发挥优势创新思路统筹兼顾确保经济持续健康发展社会和谐稳定［N］. 河南日报，2014-05-11.
③ 顾立林，刘怀丕，潘革平. 郑州与卢森堡：货运航线架起中欧"空中丝路"［N］. 郑州日报，2019-04-18.

中欧班列（郑州）构筑了多线路、多口岸的国际物流大通道。2019 年上半年，中欧班列（郑州）共开行 524 班，同比增长 75%；总累计开行 2284 班，总累计货重 101.1 万吨、价值 108.1 亿美元。① 在 23 个物流枢纽入选 2019 年国家物流枢纽建设的名单中，郑州是唯一空港型国家物流枢纽。但总体而言，郑州与先进城市相比，在物流集聚发展方面仍有不小差距。中国社会科学院的一项研究报告显示，郑州的陆运货运量指数与陆运客运量指数分别为 0.192 和 0.120，在 25 个样本城市中均居第 13 位，处于中游位置。同样，郑州航空客运量指数与航空货运量指数也处于较低水平。郑州航空货运量指数在 25 个样本城市中居第 11 位，但其得分仅为 0.059，仅为样本城市均值的 25%，说明样本城市的整体航空货运量指数均较低。而郑州航空客运量指数在 25 个样本城市中居第 22 位，处于落后位置，其得分只有 0.066，仅为样本城市均值的 24%。由此可见，郑州的航空运输与样本城市相比上有一定差距。②

二、完善提升郑州综合枢纽功能的意义和重点

上述回顾和分析表明，尽管新中国成立 70 年来，郑州城市枢纽建设取得了辉煌成就，城市综合枢纽功能大幅增强，但与先进城市特别是其他国家中心城市相比，郑州的许多相关指数，都存在较大差距。唯物辩证法告诉我们，这些差距恰恰正是郑州的潜力所在。潜力是指没有完全释放的、潜在的发展空间，差距大就意味着郑州的发展潜力也大。要深刻认识优化提升郑州综合枢纽功能的重大意义，在明确重点的基础上加快推进郑州综合枢纽建设。

（一）优化提升城市综合枢纽功能的意义

首先，优化提升综合枢纽功能，是进一步巩固郑州"一带一路"核心节点城市地位、加快打造内陆开放高地的重要抉择。共建"一带一路"是习近平总书记为促进沿线各国经济繁荣与区域经济合作、加强不同文明交流互鉴、促进世界和平发展、造福世界各国人民而提出的重大倡议。郑州要加快建设国家中心城市进程，必须积极融入"一带一路"建设，着力打造内陆开放高地。"共

① 河南省国资委.中欧班列跑出"郑州加速度"［EB/OL］.国务院国资委官网，2019 - 07 - 12.
② 倪鹏飞，杨东方，王雨飞.国家中心城市视角下的郑州指数："一带一路"倡议下郑州建设国家中心城市研究［M］.北京：中国社会科学出版社，2018：120.

建'一带一路'，关键是互联互通。"① "一带一路"建设中的互联互通，其核心内涵是"政策沟通、设施联通、贸易畅通、货币流通、民心相通"。而这"五通"里面，就内在地包含着交通枢纽建设和综合枢纽功能优化提升的内容和要求。其中，"设施联通"包括交通基础设施、口岸基础设施、跨境光缆等通信干线网络设施等方面的互联互通。基础设施是互联互通的基石。习近平总书记强调："建设高质量、可持续、抗风险、价格合理、包容可及的基础设施，有利于各国充分发挥资源禀赋，更好融入全球供应链、产业链、价值链，实现联动发展。"他明确提出，要"构建以新亚欧大陆桥等经济走廊为引领，以中欧班列、陆海新通道等大通道和信息高速路为骨架，以铁路、港口、管网等为依托的互联互通网络"。② 郑州是"一带一路"新亚欧大陆桥经济走廊的核心节点城市，是我国重要的综合交通枢纽、商贸物流中心和内陆进出口大市，具有打造内陆开放型经济高地的先天优势。优化提升郑州综合枢纽功能，有利于郑州推动对内对外开放联动，不断拓展开放发展新空间，积极服务和参与"一带一路"建设。

其次，优化提升综合枢纽功能，是郑州肩负国家中心城市使命担当的必然选择。2016年12月26日，是郑州城市发展史上非常重要、很值得纪念的一天。这天下午，国务院对国家和发展改革委员会编制的《促进中部地区崛起"十三五"规划》做出正式批复，该规划明确提出：支持郑州建设国家中心城市。这就意味着，打从这天起，郑州正式开启了全面建设国家中心城市的新征程，向着国家城市体系中综合实力最强的"塔尖城市"和"经济极核"努力奋进。进入国家支持建设国家中心城市的行列，就要明确作为一个国家中心城市应尽的责任，担负起一个国家中心城市的使命担当。支持郑州建设国家中心城市，国家赋予了郑州什么样的责任和使命？这从2017年1月22日国家发展改革委发布的《关于支持郑州建设国家中心城市的指导意见》（以下简称《指导意见》）中可以看得很清楚，就是要求郑州在引领中原城市群一体化发展、支撑中部崛起和服务全国发展大局中做出更大贡献。《指导意见》强调，郑州地处国家"两横三纵"城镇化战略格局中陆桥通道和京哈、京广通道交汇处，是新亚欧大陆桥经济走廊主要节点城市，要加快建设贯通南北、连接东西的现代立体交通体系和现代物流体系，提升内陆开放门户地位，深化与中原、沿海地区的联动，形成新亚欧大陆桥经济走廊区域互动合作的重要平台，辐射带动中原和中部地区开发开放，在全国发展格局中发挥开放引领、区域联动作用。《指导意见》还着重指出，尽管郑州是国家重要的综合交通枢纽，具有打造内陆开放型经济高地的先天优

---

①② 习近平．齐心开创共建"一带一路"美好未来——在第二届"一带一路"国际合作高峰论坛开幕式上的主旨演讲［N］．人民日报，2019－04－27．

势，但是开放水平不高、窗口作用不强，必须着力增强国际物流通道功能。增强国际物流通道功能，内在地要求郑州必须加快推进综合交通枢纽建设，优化提升综合枢纽功能。枢纽是郑州发展的最大比较优势，也是国家战略选择郑州的主要考量。发挥枢纽优势，形成国际商贸流通节点，带动要素集聚、城市发展，建设国际枢纽之城，是郑州建设国家中心城市最应突出和强化的战略路径。建设综合交通枢纽，优化提升综合枢纽功能，更好地服务全国发展大局，是国家对郑州寄予的厚望，更是赋予郑州的重大历史任务，既符合郑州的发展实际，也是郑州未来的发展方向。

最后，优化提升郑州综合枢纽功能，是河南在中部地区崛起中奋勇争先、谱写新时代中原更加出彩绚丽篇章的迫切要求。经过改革开放40多年的发展，河南已成为全国重要的经济大省、新兴工业大省和有影响的文化大省，在全国发展大局中所处的战略地位越来越重要。党中央一直在关注着河南发展。2014年5月，习近平总书记调研指导河南工作时指出，河南是人口大省、产粮大省，又地处连接东西、贯通南北的战略枢纽，在中华文明发展进程中占有重要地位。他强调说："自古以来就有'得中原者得天下'之说。实现'两个一百年'奋斗目标、实现中华民族伟大复兴的中国梦，需要中原更加出彩。"① 2019年9月，习近平总书记再次亲临河南考察调研，对河南提出了"坚定信心、埋头苦干，在中部地区崛起中奋勇争先，谱写新时代中原更加出彩的绚丽篇章"② 的殷殷嘱托。总书记不仅高度重视河南发展，而且还对河南发展提出了具体的指导和明确的要求：要围绕加快转变经济发展方式和提高经济整体素质及竞争力，着力打好产业结构优化升级、创新驱动发展、基础能力建设、新型城镇化"四张牌"。其中打好"基础能力建设牌"，就是要求河南要大力提升基础设施、基础产业、基础功能现代化水平，构建枢纽型、功能性、网络化的现代综合交通运输体系。郑州是河南省省会，是中原城市群的核心城市，在全省乃至全国的综合交通枢纽地位十分显赫。优化提升郑州综合枢纽功能，关系到河南全省的高质量发展。千古百业兴，先行在交通。交通运输是国民经济的基础命脉，是经济发展的先行官。交通运输是兴国之要、强国之基。河南要不负总书记的重托，在中部地区崛起中奋勇争先，谱写新时代中原更加出彩绚丽篇章，迫切要求强化综合交通枢纽建设，进一步优化提升综合枢纽功能。

① 李斌，平萍，张建新．习近平在河南考察时强调：深化改革发挥优势创新思路统筹兼顾 确保经济持续健康发展社会和谐稳定［N］．河南日报，2014－05－11.
② 习近平在河南考察时强调：坚定信心埋头苦干奋勇争先 谱写新时代中原更加出彩的绚丽篇章［N］．人民日报，2019－09－19.

（二）优化提升城市综合枢纽功能的重点

首先要着力增强航空枢纽作用，提升郑州对外开放重要门户功能。河南地处中原腹地，不沿边、不靠海，建设郑州国际航空枢纽，优化提升郑州航空枢纽功能，打造通达全球的"空中丝绸之路"航线网络，有利于加快资源要素集聚，增强郑州对中原城市群的辐射带动作用，推动河南高质量发展。要以"大交通"的宽广视野，以郑州新郑国际机场为核心，着力构建多向立体、内联外通、覆盖全球的快速运输通道。一是要着力打造郑州全球航空货运枢纽。要以"空中丝绸之路"为核心，打造高效通达全球主要货运枢纽和经济体的运输通道，构筑辐射全球的货运航线网络体系。以打造全球卓越效率机场为核心，提升专业能力，优化口岸服务，建设国际快（邮）件分拨中心、跨境电商分拨中心、国际冷链物流中心和全球供应链管理中心等，形成国际航空物流中心。二是要着力打造郑州现代国际综合交通枢纽。要以打造现代立体交通体系、现代物流体系和服务"一带一路"建设的现代综合交通枢纽为导向，建设以航空运输为核心的多式联运中心，促进航空网、铁路网、公路网"三网"深度融合发展，城市、城际、区际和国际客货流的高效集疏、中转。建设航空客货业务量位居全球前列的超级枢纽，实现货物运输"一单到底、协同高效、货畅全球"，旅客运输"一票到底、行李直挂、人享其行"。三是要着力打造郑州航空物流改革创新试验区。注重发挥全国航空港经济先行区的作用，以提升服务效率为核心，全面实施通关服务、货代管理、多式联运、航空安保等领域的政策改革试点。大力推进大数据、人工智能、机器人等新兴技术与航空物流的融合发展，创新商业模式，引领航空物流产业变革。要经过上述努力，大幅度提升郑州国际航空货运枢纽的服务能级，以航空物流服务为纽带，积极融入全球供应链、产业链、价值链，做大做强航空偏好型产业集群，形成大枢纽、大物流、大产业、大都市融合发展格局，提升内陆地区对外开放的重要门户功能，强化"空中丝绸之路"示范引领作用，培育形成中部崛起的新动力源。

其次要着力巩固提升全国铁路枢纽功能，推动重大铁路交通设施项目建设在郑州加快落地。交通强国，铁路先行。作为国民经济大动脉和国家关键基础设施，铁路发展特别是铁路枢纽建设，对于促进经济社会协调发展具有重要的基础保障和先导作用。特别是"一带一路"倡议的实施，使我国铁路发展的地理空间已经突破国界，为全国发展大局提供重要战略支撑。郑州是全国线路最长、运输最为繁忙的京广、陇海两条铁路大通道的十字交汇枢纽，是历史形成的全国铁路网心脏。铁路综合交通枢纽建设是郑州发展的战略重点，推动重大铁路交通设施项目建设在郑州加快落地，巩固提升全国铁路枢纽功能，对于实施交通强国战略、支撑全国发展大局具有重要意义。要全面贯彻落实党的十九大提出的建设交通强国的决策部署，立足郑州实际，围绕打造现代综合交通枢纽，完善相关规划，加快重大铁路交通设施项目建设落地，进一步拓展铁路枢纽对外通道网络，构建以郑州为中心的"米"字形高速铁路大通道，强化郑州铁路枢纽在全国铁路网中的作用和地位。要以枢纽建设引领经济圈、都市圈，不断增强郑州的辐射力、集聚力和影响力。要加强各方面产业合作，共同扩大开放，积极推进货运建设与"一带一路"门户建设相结合，构建"口岸＋物流＋交通"的格局，不断开创铁路和地方合作新局面。郑州铁路局应抢抓机遇、主动作为，积极对接上级部门，加大对郑州在客运、物流等方面的支持，进一步增加客运始发比例，提升货运集疏功能，优化本地交通组织，加快完善多式联运体系。同时，郑州市也要全力支持郑州铁路局大力发展客货运能力，科学设计客货运总体规划，着力提升提高综合枢纽作用，不断强化郑州的交通枢纽地位，打造综合、立体、统筹的配送体系，促进郑州铁路局和地方发展相互支撑、相互衔接、相互服务，共同推进郑州国家中心城市高质量建设。

最后要着力推进以航空和铁路为骨干的国际物流通道建设，打造多式联运国际物流中心。枢纽是物流的依托，物流是枢纽经济的龙头。国际多式联运是一种以实现货物整体运输的最优化效益为目标的联运组织形式，它通常是以集装箱为运输单元，将不同的运输方式有机地组合在一起，构成连续的、综合性的一体化货物运输[①]。国际多式联运具有整合各种运输方式的优势，成为世界各国发展国际物流产业竞相采用的重要运输方式。郑州是全国 12 个最高等级的国际性综合交通枢纽之一，又是商务部确定的 37 个国家级流通节点城市[②]之一，具有发展多式联运国际物流得天独厚的区位优势和交通优势。发展多式联运国际物流，打造多式联运国际物流中心，对于郑州深度融入"一带一路"建设，加快建设国家中心城市、支撑中部地区崛起、更好地服务全国发展大局都具有重大的战略意义。要紧抓中国（河南）自由贸易试验区、中国（郑州）跨境电子商务综合试验区、郑洛新国家自主创新示范区、郑州航空港经济综合实验区等国家战略机遇，以郑州航空港全球航线、"米"字形高铁、高速公路国际国内物流通道和集疏网络为支撑，加快推进航空港、铁路港、公路港、出海港（国际陆港）一体协同，以发展多式联运为着力点，聚焦航空、冷链、电商、快递等特色物流，构建以航空和铁路为骨干的国际物流通道，完善以快速铁路和高等级公路为支撑的国内集疏网络，全面提升郑州物流国际化、现代化、集约化水平。要努力提升郑

---

① 胡杨. 国际多式联运的优越性［J］. 大陆桥视野，2014（14）：58－59.
② 所谓国家级流通节点城市，是全国骨干流通网络中的关键节点，国家流通大通道上的枢纽，流通节点城市网络中的中心城市或重要支点城市。

州流通节点城市功能，更好发挥流通产业的基础性和先导性作用。要创新多式联运方式，支持开展国家空铁联运试点，建设物流一体化公共信息平台。要着力推进标准创新，率先探索制定不同运输方式间的规范标准，通过标准化实现多式联运的匹配、对接。要推进制度创新，特别是监管制度创新，通过不断提升通关便利化实现"一单到底、货通全球"。要推进商业模式创新，通过多式联运实现信息互通、运力互动、利益互享。要抓好综合枢纽场站建设，使不同运输方式的转运高效便捷顺畅。要抓好信息服务平台建设，真正做到数据资源的优化配置。要抓好贸易口岸功能提升，满足不同企业要求，提升吸引力和企业满意度。要注重多式联运协同，确保多式联运中各种运输方式、运输组织的目标一致、利益相同。要探索建立共同利益基础上的协同机制，最大限度地降低运输成本、提高运输时效、优化运输资源。

三、优化提升郑州综合枢纽功能的任务和路径

从铁路时代到航空、高铁时代，郑州一脉相承地荷载着国内交通枢纽地位。而对标建设国家中心城市的要求，郑州又将目标提升至打造国际性综合枢纽。建设国际枢纽之城，提升郑州综合枢纽功能，对于提升郑州城市枢纽能级和核心竞争力、建成国家中心城市、增强郑州对中部地区崛起和全国发展大局的支撑能力具有十分重要的意义。要把郑州的综合枢纽功能切实优化好、提升好，就应当在明确优化提升目标与重点的基础上，进一步明确优化提升的任务与路径。只有明确了任务与路径，优化提升郑州综合枢纽功能才会在努力方向上有所遵循，在具体工作实践中强化责任担当。

（一）优化提升郑州综合枢纽功能的任务

首先，要加快推进航空枢纽、铁路枢纽、公路枢纽一体化建设，强化"三枢纽"联动。一是要着力提升郑州现代航空枢纽功能。以打造国际航空货运枢纽和国内大型航空枢纽为目标，坚持客货并举，拓展客货运航线，形成覆盖全球主要货运枢纽机场的货运航线网络，加密国内客运航线和短程国际航线，增开远程洲际航线。增强运力保障，增加南航河南分公司运力投放，引进培育客货运基地航空公司，积极组建本土航空公司，加强与国际知名航空公司合资合作。完善枢纽基础设施，引入高速铁路、城际铁路、城市轨道交通、高速公路等多种交通方式，打造全国领先的"空地中转"机场。二是要着力提升郑州南站客货集疏能

力。要围绕加快"米"字形高速铁路网建设和促进陆空衔接，高标准建设郑州南站及配套的公路客运站、公交枢纽站和轨道交通换乘站，密切与郑州机场联系，实现快速铁路与航空旅客"零距离"换乘；同步规划建设高铁快运物流基地，配套建设物流基地至机场货站联络线，实现高铁与航空物流无缝对接，打造客货功能兼备、高铁和城际铁路融合的综合枢纽。三是要着力打造内捷外畅的公路网络。按照"环形＋放射"路网框架，建成"三纵两横"高速公路网、"三横两纵"干线公路网。加快推进连接主城区及各城市组团的快速路网建设，构建"四纵五横半环"路网布局，实现对实验区各功能片区及重要枢纽节点全覆盖。建成开封至港区、许昌至港区快速通道，为开港、许港产业带发展提供支撑。四是要着力强化枢纽高效协同。优化交通网络布局，完善运输通道，促进航空港、铁路港、公路港、出海港"四港"联动发展。推进城际铁路公交化，强化机场、铁路货场、公路货站、物流园区便利化衔接，提高区内物流服务能力和配送效率。发挥郑州机场综合交通换乘中心功能，促进高铁、城际铁路、地铁、公交运行时刻、运行班次与机场航班紧密对接，满足旅客便捷换乘需求。强化与郑州东站、郑州站、铁路集装箱中心站、郑州北站、公路客货运站等枢纽场站联系，实现"铁路、公路、民航、海运"集疏联动。

其次，加快推进畅通郑州工程，着力构筑"域外枢纽、域内畅通"都市区交通体系。畅通郑州工程建设是建设国家中心城市的重要内容，是提升城市承载能力、改善发展环境、打造国际枢纽之城的基础性工程，对于郑州市建设国际综合交通枢纽、打造国际物流中心具有重要支撑作用。"域外枢纽、域内畅通"，是郑州在提升城市承载能力、打造国际枢纽之城实践中提出并一直坚持的重要理念，也是郑州构建都市区交通体系所要实现的重要目标。按照这一理念和目标，在未来郑州高质量发展的实践中，不仅需要周密地谋划域外枢纽建设，同时还应对大都市区内交通"微循环"做出与之相适应的发展规划。大都市区内交通"微循环"是域外枢纽的主动脉。大都市区内交通"微循环"通畅了，域外枢纽的高效运转才会有可靠保障。航空枢纽和铁路枢纽是郑州联通外界的大枢纽，要想让这些大枢纽更好发挥功能，必须畅通郑州大都市区内交通的"微循环"。要以构建多元开放的国际枢纽都市、生态绿色的公交都市、安全文明的畅达都市、以人为本的智慧都市为目标，着力打造以轨道交通为骨干、地面公交为主体、微型交通和慢行交通为延伸的市域交通体系。要加快推进郑州大都市区内3条铁路（高铁、普铁、城际）、3条高速公路和4条国省干线道路的规划建设，尽快形成"3＋3＋4"向心交通体系结构。具体地说，就是加快建设郑登洛城际铁路，推进建设郑州—许昌市域铁路，积极开展市域（郊）铁路规划研究；推进建设"双环＋放射"高速公路网络；新建焦平高速、机西高速（连霍高速以北）、焦桐高速（巩义北段），实施郑少高速加宽改建，开展郑新高速、郑巩洛高速、连霍高速北移前期工作，研究新增跨黄河高速公路通道。同时还要适时安排和推进续建G107、G310、G234、京港澳高速辅道、S312 等工程，新建 G207、G343 等工程，研究新增跨黄河国省干线公路通道。着力打造"轨道上的郑州"，持续推进中心城区环放结构的轨道线网建设，强化与航空港区等重点区域轨道联系。加快推进国家发展改革委已批复的第三批轨道交通建设，力争实现 2021 年运营里程超过240 千米，形成"环+米"轨道交通网络。大力推进"公交都市"建设，建强智慧交通系统，优化枢纽内部交通组织，打造高效便捷的换乘体系，确保市民出行更加便捷通畅、绿色高效。围绕新建快速公交和轨道交通线路接驳需求，着力优化公交线路，同步新增支、微、定制公交线路。

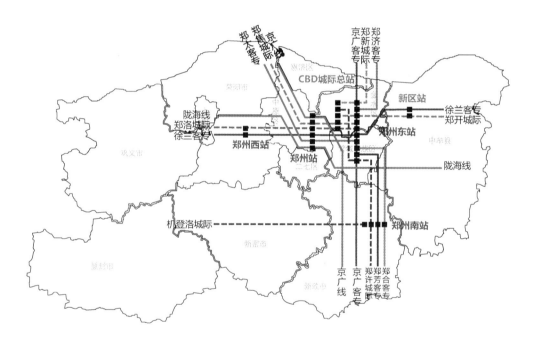

图 5 - 5 "轨道上的郑州"打造示意图

最后，加快推进以郑州—卢森堡"空中丝绸之路"和高铁南站建设为带动的枢纽提升工程。随着郑州机场获批第五航权，机场三期、郑州高铁南站等重大基础设施工程开工建设，郑州的枢纽地位更加凸显。打造国际性综合枢纽城市，建设名副其实的国家中心城市，迫切要求加快推进郑州—卢森堡"空中丝绸之路"建设。要深入贯彻落实习近平总书记关于"支持建设郑州—卢森堡空中丝绸之路"的重要指示，依托郑州—卢森堡"双枢纽"，加密和开通卢森堡货航航线，连接国际主要枢纽节点城市。要吸引更多货运航空公司开辟郑州至欧洲（莱比锡、科隆、华沙、马斯特里赫特等）、美洲（达拉斯、迈阿密、哈利法克斯、亚特兰大、洛杉矶、辛辛那提、圣地亚哥等）、亚洲（曼谷、东京、河内、阿布扎比等）、大洋洲（悉尼、墨尔本）以及非洲（吉布提、内罗毕、约翰内斯堡、亚的斯亚贝巴）等地的货运航线，构建覆盖全球的货运航线网络。要积极争取增开更多的国际客运航线和洲际客运通航点，进一步完善港澳台地区航线网络及日韩、东南亚中短程国际航线网络。要加强与卢森堡大使馆沟通，推进签证便利业务常态化。要规划建设"河南卢森堡中心"，同步推进卢森堡"豫卢交流中心"建设。要着力提升郑州国际航空货运枢纽服务能级，打造全球航空网络的重要节点、全球航空物流的发展标杆和现代综合交通枢纽的实践典范，建成通达全球的"空中丝绸之路"。加快推进郑州机场三期工程建设，同步推进卢森堡货航及其成员企业专属作业区建设，合作引进大型物流集成商，打造卢森堡货航亚太地区分拨转运中心。积极拓展郑州—卢森堡"双枢纽"货物集疏功能，促进双方物流信息共享，完善卢森堡货航及相关货代企业与郑州机场国际物流多式联运数据交易服务平台数据对接。作为"米"字形高速铁路网的重要节点，郑州南站是集高铁、城际、地铁、公路客运、城市公交、城市出租等多种交通方式为一体的现代化大型综合交通枢纽，也是完善郑州铁路枢纽布局，实现郑州东、郑州站、郑州机场等枢纽站相互协同，构建郑州现代综合交通枢纽的关键工程，必须加快建设、高质量推进。

（二）优化提升郑州综合枢纽功能的路径

首先，紧紧抓住"综合"这个关键，以枢纽的综合性强化枢纽的内聚度和功能性。作为航空港、铁路港、公路港、出海港"四港"联动的国际性综合交通枢纽城市，郑州的优势不仅在于各种枢纽本身，更在于这些枢纽的综合。枢纽综合性的增强，可以有效提升枢纽的内聚度。内聚度越高，不同交通线路和交通方式的交汇越集中，衔接的缝隙越小，换乘（转运）的距离越短，便捷度越高，其衔接转换的效率就越高。[①] 郑州是国务院批复认可的国际性综合交通枢纽，她的枢纽地位和功能不是由哪一种交通方式所决定和形成的，而是航空枢纽、高铁枢纽、高速公路枢纽、国际陆港货运枢纽等多种交通主枢纽空间集合而成的，其最大的优势就在于其综合性。对于郑州这样一个国际性综合交通枢纽来说，其综合性的优势主要体现在两个方面：其一，多种交通运输方式和线路的相互衔接与转换，有利于实现零距离换乘和无缝隙衔接，有利于强化不同运输方向和不同运

---

① 　盖星石. 推进南京交通枢纽及枢纽型经济一体化发展的若干思考［J］. 城市，2017（10）：54 – 61.

输方式之间客货运输的一体化管理，以增强其客货运输的连续性和便捷性。其二，不同交通运输方式在功能上各有其优长与不足，强化它们之间的综合性和协同性，有利于对交通运输资源进行整合与优化，从而实现各种交通枢纽之间的优势互补。特别是建立在综合交通枢纽基础上的多式联运体系的形成和逐步完善，更加有助于促进综合物流服务各环节的有效整合，简化货运手续，加快货运速度，缩短货运时间，降低货运成本，提高货运质量，实现货运效益的最大化，进一步强化交通枢纽的功能。当前，随着经济全球化、信息化、网络化的迅猛发展，国际交通枢纽的综合化趋势愈加明显，日益呈现出枢纽功能复合化、结构立体化、配置最优化、衔接多样化、运转科学化、枢纽与物流融合化、与所依托的城市和所关联的经济一体化的发展态势。[①] 要充分利用综合交通枢纽的综合性优势，大力推动郑州各重要交通枢纽的一体化发展，以打造国际航空货运枢纽为核心，加快推进"四港一体"综合物流体系建设，推进综合保税区、保税物流中心发展和陆空口岸建设，完善国际化营商环境，提升参与国际产业分工层次，提升郑州综合枢纽功能和重要门户功能。

其次，大力发展枢纽经济，着力打造枢纽偏好型产业体系，以枢纽经济强化枢纽优势和枢纽功能。所谓"枢纽经济是依托交通运输枢纽、信息枢纽等各类资源集聚载体或服务平台，对客流、货流、商流、资金流、信息流等各类具有流特征的经济要素，按照现代供应链、产业链、价值链协作运行规律，借助网络化服务体系以及现代信息技术、金融服务等手段，进行高效集聚、引导、转化、扩散而形成的资源要素高效配置和经济价值创造方式，具有显著的规模化、协同化、集群化、融合化经济组织和发展特征"。[②] 有资料显示，全世界 35 个国际大都市中有 31 个是依托交通枢纽发展起来的。[③] 大力发展枢纽经济，有利于推进要素集聚、资源整合，打造低成本、高效率的枢纽服务网络，优化提升枢纽城市的综合枢纽功能。郑州是集铁路、航空、网络等于一体的国际性综合交通枢纽，但与世界先进城市相比，郑州还存在诸多短板，如与国内国际城市的互通能力还比较弱，航空枢纽的国际竞争力还不够强，综合交通枢纽功能还不够完善，各种交通枢纽间的相互衔接还不够流畅等。所有这些，都与郑州枢纽经济不够发达、综合枢纽功能经济基础不够坚实有关。依托综合枢纽优势发展枢纽经济，有利于郑州集聚各种要素资源、参与国际资源配置，同时也是郑州优化提升郑州综合枢纽功能的重要路径。要充分发挥郑州的比较优势，进一步完善枢纽功能，以物流带产

---

① 盖星石. 推进南京交通枢纽及枢纽型经济一体化发展的若干思考 ［J］. 城市，2017（10）：54－61.

② 毛科俊，樊一江. 我国亟需明确枢纽经济发展的方向和路径 ［J］. 中国经贸导刊，2017（30）：58－60.

③ 仝新顺. 枢纽经济：区域经济发展新动能 ［EB/OL］. 中原网，2019－03－01.

业、以枢纽聚产业，积极培育高铁经济、临空产业，着力构筑和打造连接世界、与国际接轨的枢纽平台。发展枢纽经济，关键是要打造枢纽偏好型产业体系。要结合郑州的城市资源禀赋条件和发展目标导向，利用高质量、低成本的运输服务优势，积极吸引枢纽经济核心产业的龙头企业入驻，加快产业链条化和集聚化发展，打造交通枢纽偏好型产业集聚群。要依托各种枢纽场站，统筹枢纽基础设施和联运服务，大力提升和互联互通的广度和深度，以优越的枢纽设施和规模化的运量为支撑，带动贸易流、商流、资金流等集聚发展。要依托郑州综合交通枢纽资源要素集聚优势，积极培育发展特色新兴产业，着力提升产业集聚辐射能级，重点发展临空偏好性强、全球辐射广、生态涵养好的高科技及高附加值产业。

最后，构建区域协调协作机制，争取和完善相关支持政策，改善综合枢纽发展软环境。优化提升郑州综合枢纽功能，应有强力的相关保障措施。首先，应着力构建和强化区域协调协作机制。要健全和完善中原城市群、郑州都市圈协调机制，推进"一小时通勤圈"轨道交通网络和城际公路快速通道建设，强化区域内各类枢纽之间的相互协调协作。以功能、政策、贸易、监管协同为重点，推动建立郑州航空港经济综合实验区、中国（河南）自由贸易试验区、郑洛新国家自主创新示范区、中国（郑州）跨境电子商务综合试验区、国家大数据（河南）综合试验区协调联动发展机制，推进政策措施、人才引进、科技创新、金融服务、信息集成等方面互联互通、优势互补，形成优势叠加效应。加快落实"空中丝绸之路南南合作伙伴联盟"，推动国内外运输单证标准化，建立互利共赢的国际区域合作新机制。注重发挥"一带一路"国际合作、中欧区域政策合作等区域合作机制作用，推动郑州枢纽经济开放发展、高质量发展。深化省际区域合作，主动融入京津冀协同发展，推动建立交通枢纽一体化发展机制。以习近平总书记"支持建设郑州——卢森堡空中丝绸之路"重要指示精神为统领，主动沟通协调国家主管部委，争取将"郑州空中丝绸之路试验区"上升为国家战略。统筹和保障郑州国际性枢纽建设合理用地，通过投资、土地和财税等优惠政策，引导交通枢纽与城市综合体融合发展。对于郑州综合枢纽建设来说，"软环境"的重要性不亚于航空港、铁路港、公路港等"硬条件"。美国中创投资董事长白德能在谈及发展枢纽经济时曾经说，在这方面，国际型企业是很大的推动力。但国际企业的落户，需要高端服务业和人才来支撑。"国际企业看中的是软环境，国际高管最关心的是有没有好的幼儿园、小学和医院。更国际化、更开放，要从这些很实际的细节做起。"[①] 他的经验之谈，值得郑州注意和借鉴。

---

① 查金忠，刘晓．发展枢纽型经济"软环境"要跟上［N］．南京日报，2016－09－13.

第六章　优化提升郑州科技创新功能

创新是引领发展的第一动力，是建设现代化经济体系的战略支撑。科技创新既是一个城市活力和动力的源泉，也是国家中心城市的重要功能，是在国家中心城市功能体系中发挥引领作用的关键功能。科技创新能力能不能得到有效增强，科技创新功能是否能够得到充分释放和发挥，直接关系能否把郑州建设成为名副其实的国家中心城市。在当今世界范围内，科学技术越来越成为推动经济社会发展的主要力量，创新驱动是大势所趋。郑州建设国家中心城市不可能如履坦途，也注定不会一帆风顺，可能会面临诸多矛盾和问题、困难与挑战。在建设国家中心城市的道路上，郑州"要突破自身发展瓶颈、解决深层次矛盾和问题，根本出路就在于创新，关键要靠科技力量"。① 因此，郑州建设国家中心城市，必须把科技创新作为第一动力，着力优化提升科技创新功能。

一、郑州科技创新功能的历史发展及现状分析

城市历来是科技创新活动的主阵地，而科技创新是每一座城市都应具备的重要功能。新中国成立以来，郑州市是靠科技创新不断推动经济社会发展的，也是靠科技创新不断改变城市面貌的。没有科技创新，郑州就不可能成为中原城市群的核心城市，进入国家支持建设国家中心城市之列。特别是改革开放40多年来，科技创新成为郑州城市发展的强大引擎，为郑州迅速崛起提供了不竭动力源泉。但是，在科技竞争日趋激烈的当今时代，郑州要成就建成国家中心城市的梦想，为服务国家发展大局做出更大贡献，就不能满足于在科技创新方面取得的已有成绩，而应当对标先进的国家中心城市，认真检视自己的不足和差距，加倍努力、

---

① 习近平. 在参加十二届全国人大一次会议上海代表团审议时的讲话［EB/OL］. 人民网，2005 – 03 – 05.

迎头赶上，把科技创新切实摆在城市发展的核心位置，大力实施创新驱动发展战略，着力提升科技创新能力，使郑州在建设国家中心城市中释放出更强大的科技创新功能。

（一）城市科技创新功能理论概述

科技创新活动是人类重要的创造性活动，这一创造性活动无时无刻不在深刻地改变着人类生产和生活的方方面面。科技创新是原创性科学研究和技术创新的总称，是指创造和应用新工艺和新技术、新知识，利用全新的经营管理模式和生产方式，开发新产品，提高产品质量，提供新服务的过程。[①] 伟大的思想家和革命家卡尔·马克思在其光辉的一生中，对科技创新给予了极大的关注，并对科技创新在人类社会发展进步中所发挥的巨大作用给予了充分的肯定。在他看来，科学技术方面的"每一项发现都成了新的发明或生产方法的新的改进的基础"。[②]因此，对于自然科学中任何一种新的发现，马克思都感到欢欣鼓舞。马克思还强调说，科技创新不仅能极大推动社会生产力发展，推动社会生产关系变革，而且还是推动人的思维方式变革的重要力量。他指出："自然科学的每一项新发现，都使人的思维方式发生变革。"[③]

作为以非农业活动和非农业人口为主的人类聚居地，城市既是人类科技创新的重要成果，又是人类从事科技创新活动的重要平台或载体。这是因为，城市既在时间维度上承载了作为科技创新重要基础的人类文明，又在空间维度上聚集了科技创新不可或缺的资源要素。具体而言，城市在科技创新方面可以发挥知识聚集、技术溢出、产业驱动等功能作用。城市为科技创新提供了各种必要的条件和氛围，科技创新则为城市发展提供了强劲的动力。城市的知识聚集既包括基础科学和创新思维，也包括科技劳动力和资本等全要素创新资源的聚集。技术溢出是指城市本身拥有多样化的产业系统、完善的基础设施和丰富的人力资源，由于技术溢出效应，新的创新在临近地域或相似产业上产生。产业驱动是指城市通过知识聚集和技术溢出效应，在市场化的条件下进行产品创新、市场创新和管理创新，提高城市和国家实体经济竞争力并带动产业变革。[④]

在科技创新的各种资源要素日益向城市特别是中心城市集聚的新时代，科技创新越来越离不开城市这个重要平台，越来越依赖于城市这个重要载体，城市特

---

① 麦玮杰. 中国产业结构升级与自主科技创新研究［D］. 华中师范大学硕士学位论文，2011.
② 马克思. 马克思恩格斯全集（第47卷）［M］. 北京：人民出版社，1979：570.
③ 马克思. 马克思恩格斯全集（第21卷）［M］. 北京：人民出版社，1965：320.
④ 赵隆，于宏源. 科技创新正成为全球城市竞争力的标志性功能［EB/OL］. 中国社会科学网，2019–09–06.

别是中心城市的科技创新功能在城市功能体系中的地位越来越显著，在城市经济社会发展中发挥的作用也越来越大。作为科技创新活动的重要平台或载体的城市，其科技创新功能可以细分为五种：①集聚功能、原创功能、驱动功能、辐射功能和主导功能。集聚功能是知识生产应用扩散的前提和基础。该功能把人才、资本、研发机构、企业等科技创新资源有机集合到一起，实现全球高端创新资源"聚集、聚合、聚变"。②原创功能是科技创新的根基与源头。创新要素聚集，必然产生一系列原创成果，成为新思想、新知识、新技术、新产品和新模式的发源地。该功能所表现出的原创力，是一个地区科学技术原始性创新的总体能力，涉及科学的探知和发现，以及技术的理论形成和重大发明等多个方面。③驱动功能是科技成果转化为现实生产力的能力，反映在对经济社会发展的强大支撑和引领作用，是科技创新中心发展的核心动力。该功能包括两方面内涵：一是指科学研究与技术开发所产生的具有使用价值的科技成果的商业化应用和产业化；二是指新知识、新思想、新理念、新设计和新创意等与科技紧密结合所形成的具有重大影响的现实生产力。④辐射功能是科技创新中心的外在表现形式，其本质是知识技术的溢出效应，该效应主要是指一个城市将科技优势资源和科技成果向周边地区扩散的能力，包括专利、人才、技术、市场等要素的流动和转移，以及科技创新思维方式等方面的传播。⑤主导功能是指在全球生产体系中，一个城市基于创新、技术标准制定、生产效率、营销能力等领先优势占据价值链和创新链的高端，从而形成的主导所在地区乃至全球产业发展格局、主要产业发展方向的综合力量。① 这五种功能相互联系、相辅相成，其中，集聚功能是科技创新功能的基础，一个城市聚集的科技创新资源要素越多，其科技创新功能就越强；原创功能和驱动功能是科技创新功能的核心，而辐射功能和主导功能则是科技创新功能发挥功能作用的过程和体现。

中国共产党历来高度重视科技创新对社会发展进步的历史作用。早在1956年1月，以毛泽东同志为核心的党中央就向全党全国发出了"向科学进军"的号召。进入改革开放新时期，邓小平同志精辟论述了科技创新对社会主义现代化建设的重大意义。他鲜明地提出了"科学技术是第一生产力"② 的著名论断。在领导全党全国人民全面建成小康社会、加快推进社会主义现代化的征程上，中国共产党制定和实施科教兴国战略，着力推进创新型国家建设。进入中国特色社会主义新时代，以习近平总书记为核心的党中央把科技创新摆在国家发展全局的核心位置，明确提出："创新是引领发展的第一动力，是建设现代化经济体系的战略

---

① 张士运，王健，庞立艳，姚常乐. 科技创新中心的功能与评价研究［J］. 世界科技研究与发展，2018（1）：61 - 70.

② 邓小平. 邓小平文选（第3卷）［M］. 北京：人民出版社，1994：274.

支撑。要瞄准世界科技前沿，强化基础研究，实现前瞻性基础研究、引领性原创成果重大突破。"① 建设社会主义现代化强国，需要强化国家的科技创新功能，大力实施创新驱动发展战略；建设国家中心城市，同样需要强化城市的科技创新功能，充分发挥科技创新的功能作用。

（二）郑州城市科技创新功能的历史演化

新中国成立70年来，郑州市科技事业走过了不平凡的发展之路。印证了科技兴则民族兴、科技强则国家强这一真理。70年来，特别是改革开放40多年来，在中国共产党的坚强领导下，在一代代科技工作者的艰苦努力下，郑州市的科技事业从一片空白走向了一派繁荣，科技创新能力不断增强，大量科技创新成果不断涌现，为郑州市经济社会发展提供了有力科技支撑和强大动力，并且为当下实施创新驱动发展战略、优化提升科技创新功能、加快国家中心城市建设进程奠定了坚实基础。如图6-1所示。

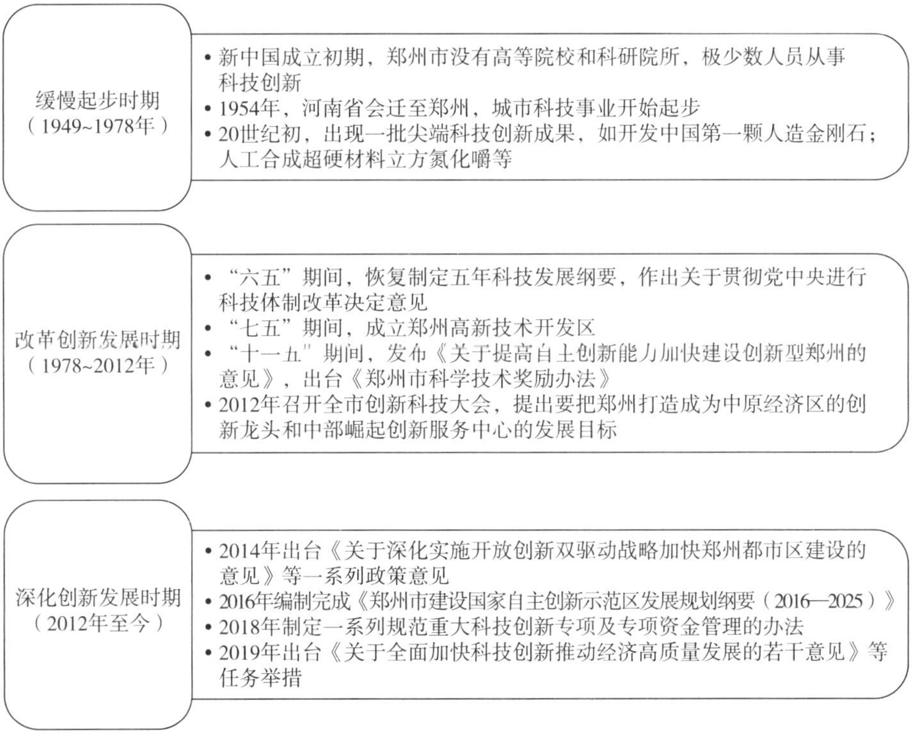

缓慢起步时期（1949~1978年）
- 新中国成立初期，郑州市没有高等院校和科研院所，极少数人员从事科技创新
- 1954年，河南省会迁至郑州，城市科技事业开始起步
- 20世纪初，出现一批尖端科技创新成果，如开发中国第一颗人造金刚石；人工合成超硬材料立方氮化嗍等

改革创新发展时期（1978~2012年）
- "六五"期间，恢复制定五年科技发展纲要，作出关于贯彻党中央进行科技体制改革决定意见
- "七五"期间，成立郑州高新技术开发区
- "十一五"期间，发布《关于提高自主创新能力加快建设创新型郑州的意见》，出台《郑州市科学技术奖励办法》
- 2012年召开全市创新科技大会，提出要把郑州打造成为中原经济区的创新龙头和中部崛起创新服务中心的发展目标

深化创新发展时期（2012年至今）
- 2014年出台《关于深化实施开放创新双驱动战略加快郑州都市区建设的意见》等一系列政策意见
- 2016年编制完成《郑州市建设国家自主创新示范区发展规划纲要（2016—2025）》
- 2018年制定一系列规范重大科技创新专项及专项资金管理的办法
- 2019年出台《关于全面加快科技创新推动经济高质量发展的若干意见》等任务举措

图6-1　郑州科技发展历史演化示意图

① 习近平.决胜全面建成小康社会　夺取新时代中国特色社会主义伟大胜利——在中国共产党第十九次全国代表大会上的报告［N］.人民日报，2017-10-28.

新中国成立初期，郑州市科技事业的发展十分落后，几乎是一片空白。全市没有一所高等院校和科研院所，从事科技创新的科技人员寥寥无几。在河南省省会由开封迁至郑州之后，随着郑州大学、河南医学院、郑州磨料磨具磨削研究所、中国农业科学院郑州果树研究所等高等院校和科研院所的组建或迁入，郑州市的科技事业开始起步，郑州的城市科技创新功能也日渐显现。到20世纪60年代初，一批尖端科技创新成果在郑州相继问世。比如，郑州磨料磨具磨削研究所继1962年成功开发出中国第一颗人造金刚石之后，又在1966年人工合成超硬新材料立方氮化硼，填补了国内空白，使新中国在超硬材料研究领域走在了世界前列，有力地推动了郑州市的经济发展和社会主义建设。

党的十一届三中全会的召开，使郑州市科技事业的发展迎来了春天。"六五"期间，郑州市恢复制定新一期五年科技发展纲要，做出了关于贯彻党中央进行科技体制改革决定意见；"七五"期间，成立郑州高新技术开发区，为高技术进入经济领域开辟广阔空间。"十一五"期间，市委、市政府发布了《关于提高自主创新能力加快建设创新型郑州的意见》，市政府出台了《郑州市科学技术奖励办法》。2012年7月召开全市科技创新大会，提出建立支撑郑州都市区发展、在中部地区具有带动与辐射作用、在全国具有示范效应的区域创新体系，把郑州建成全国重要的区域创新中心；制定"十二五"科技创新发展规划，提出把郑州打造成为中原经济区的创新龙头和中部崛起创新服务中心的发展目标。

党的十八大以来，郑州市委、市政府全面贯彻习近平总书记关于科技创新的重要思想，着力深化科技体制改革，激发创新活力，创建创新型城市。2014年密集出台了《关于深化实施开放创新双驱动战略加快郑州都市区建设的意见》《关于加快建设创新型城市的意见》《郑州市创新创业综合体建设管理办法》等政策意见。2016年出台一系列推进自主创新示范区建设的政策意见，编制完成《郑州市建设国家自主创新示范区发展规划纲要（2016—2025）》；制定"十三五"科技创新发展规划，提出了建设全国创新创业中心的战略定位。2018年制定了《郑州市重大科技创新专项管理办法》《郑州市重大科技创新专项资金管理办法》，规范重大科技创新专项及专项资金管理。2019年又出台了《关于全面加快科技创新推动经济高质量发展的若干意见》《关于实施"智汇郑州"人才工程加快推进国家中心城市建设的意见》，进一步明确了郑州加快科技创新的总体思路和任务举措。所有这些，都为郑州发展科技事业、增强科技创新能力提供了有力的政策支撑，推动全市科技创新事业发展成绩斐然，使城市科技创新功能得到了极大增强。主要体现在以下四个方面：

一是载体平台建设成效显著，高新技术持续发展。坚持把载体平台建设作为落实创新驱动发展战略的重要抓手，截至2017年底，全市建立通过政府评定的研发平台 2405 个，国家级研发平台 43 个，其中，国家级的企业技术中心 20 个，工程技术中心 6 个，重点实验室 4 个，工程研究中心 2 个，工程实验室 11 个。院士工作站 89 家，国际联合研究中心 17 家，在郑两院院士 14 名，外籍院士 2 名，这些载体已成为推动全市创新发展的重要基础。截至 2017 年底，全市高新技术企业达 856 家，占全省的 37.4%。实现高新技术产业增加值 1329.1 亿元，是 2001 年 37.5 亿元的 35.4 倍。

二是创新创业综合体建设取得积极进展。市政府主导的 20 个创新创业综合体建成投入使用面积 585 万平方米，入驻企业 3680 家，引进高层次领军人物 643 人，人才团队 1782 个，培育上市企业及新三版上市企业 54 家。着力推进创新型孵化器，众创空间建设，新认定各类孵化器 107 家，累计 254 家，其中国家级 33 家，省级 82 家，全市各类创新创业载体建筑面积突破 910 万平方米，在孵企业 9200 余家，双创人员突破 8 万人。2015 年首届郑州国际创新创业大会暨全球众筹峰会成功举办，推介了郑州创新创业的优良环境，加强对"郑州 UFO""郑州创客空间"等创新型孵化器发展的规划和引导，积极举办"郑创汇"创新创业大赛，鼓励大学生创新创业，支持大学生创新创业 65 项。

三是科技研究和技术交易取得显著成果。1991~2001 年，郑州市共有 937 项科技成果获市科技进步奖，其中 339 项获市以上奖励。2002~2017 年，全市累计完成科技成果 4466 项，年均 279 项。2017 年全市荣获国家科学技术奖 10 项，其中国家技术发明 1 项，国家科技进步奖 9 项；荣获省科技进步奖 195 项，其中一等奖 11 项、二等奖 78 项、三等奖 106 项。2017 年共签订技术合同 6013 份，是 2001 年的 4.6 倍；技术合同成交金额 162 亿元，是 2001 年的 30 倍。

四是专利申请量与专利授权量逐年上升。1985~1995 年，郑州市共申请专利 3100 件，授权 2927 件，其中发明专利 649 项。2001 年以来，全市专利申请量以每年 27.0% 的速度增长。2017 年，全市专利申请量 50544 件，是 2001 年 1100 件的 45.9 倍；授权专利 21249 件，是 2001 年 901 件的 23.6 倍，授权发明专利 2954 件，是 2001 年 201 件的 14.7 倍。万人发明专利拥有量 10.8 件，是全省的 3 倍多。[①]

（三）郑州城市科技创新功能现状分析

新中国成立 70 年来，郑州市科技事业从白手起家艰难起步，到改革开放新时期蓬勃发展，再到中国特色社会主义新时代突飞猛进，取得了累累硕果，为全市经济发展提供了强有力的科技支撑，同时也彰显了郑州科技创新能力的日益提

---

① 郑州市统计局. 改革开放 40 年科技创新谱写华章［EB/OL］. 郑州市政务服务网，2018 - 09 - 13.

升和科技创新功能的日益强大。

党的十八大以来特别是近年来，郑州市深入实施创新驱动发展战略，以建设郑州国家自主创新示范区为引领，不断壮大创新主体，加快集聚创新资源，持续优化创新创业环境，大幅提升自主创新能力，有力推动全市经济高质量发展。2017年全市财政共投入科技经费34亿元，是1978年26万元的13077倍，年均增长27.5%。2017年全社会研发经费投入总量158.7亿元，是2000年8.4亿的18.9倍，年均增长18.9%。作为研发活动的三大执行主体，企业、政府属研究机构、高等学校研发经费投入力度不断加大。2017年三大执行主体的研发经费分别为137.9亿元、10.1亿元和10.7亿元，年均增速分别是21.0%、8.6%和19.7%（见表6-1）。随着创新型龙头企业能力提升工程和培育高新技术企业行动计划的实施，涌现出了一批创新型龙头企业。2017年全市拥有创新型龙头企业35家，其中省级24家；创新型（试点）企业659家，其中国家级4家，省级134家。①

表6-1 郑州市全社会科学技术研发经费投入

数据口径	2000年（亿元）	2017年（亿元）	年均增速（%）
合计	8.4	158.7	18.9
企业	5.4	137.9	21.0
政府属研究机构	2.5	10.1	8.6
高等学校	0.5	10.7	19.7

注：郑州市2000年开始开展全社会研发统计。

近年来，全市累计新建市级以上研发平台783家，建设市级以上研发平台2795家。已实施三批"智汇郑州·1125聚才计划"，入选项目323个，支持额度7.55亿元；引进海内外高层次创新创业人才771人，其中两院院士23人，高层次专家74人，长江学者7人；引进设立了两个诺贝尔奖获得者郑州工作站，郑州市在引进高端人才数量、质量和结构上都实现了历史性突破。建立重点实验室191个，其中，国家级重点实验室5个，院士工作站108个；建立了3家技术创新联盟、4家产业技术创新研究院、中科院过程研究所郑州分所，国家专利审协河南中心、国家知识产权创意（试点）园区及国家专利导航产业发展实验区建设进展顺利。与国内知名院所和高校积极对接，先后引进郑州信大先进技术研究院、郑州大学产业技术研究院、中科院过程所郑州分所、郑州轨道交通信息技术

① 郑州市统计局. 改革开放40年科技创新谱写华章［EB/OL］. 郑州市政务服务网，2018-09-13.

研究院、浪潮集团高效能服务器国家重点实验室郑州中心、中科院计算所郑州分所、浙江大学中原研究院等新型研发机构。全市新认定科技型企业 2391 家，新培育高新技术企业 1224 家，培育创新型龙头企业 24 家。宇通客车、中铁工程装备集团、安图生物等重大产品和创新成果不断涌现，重大关键技术居全国前列。近三年来，郑州累计获得国家科学技术奖 27 项，科技进步贡献率达到 63%，成功创建知识产权服务业聚集示范城市，获批国家知识产权强市创建市、国家知识产权运营试点市，创新型城市顺利通过国家验收，进入国家创新型城市第一方阵。①

图 6 - 2 "智汇郑州"人才政策实施

尽管郑州在实施创新驱动发展战略、增强城市科技创新功能、发挥科技创新引领作用等方面取得了一定成绩，但其科技创新功能同有效支撑和驱动国家中心城市建设的需求相比还不相适应，释放功能的质量和效果同先进国家中心城市相比也存在不小差距。科技创新资源要素集聚度不高，高端教育资源和高端创新平台相对缺乏，科技服务业发展较为缓慢，技术创新的市场体系发育比较迟缓，产业技术创新体系不够健全，技术创新的基础支撑亟待强化。所有这些，都不同程度地影响和制约了郑州科技创新功能的增强。

以高端教育资源和高端创新平台为例。在中国社会科学院研究机构给出的郑州教育中心 11 个分项指标中，仅有高校指数、在校生指数、外省招生指数、学术会议指数、留学生指数以及院士指数具有相对优势，而长江学者和杰出青年指数、中科院研究所指数、分校建立指数、访问学者指数和国外高校合作办学指数 5 个分项指标基本处于零起步状态。而在郑州具有相对优势的教育中心分项指标中，在校生指数、学术会议指数、留学生指数三个分项指标相对较好，高校指数、外省招生指数和院士指数相对较差。而这后三个分项指标相对较差的原因，是郑州作为河南省省会城市和人口大市，仅具有 1 所 "211" 院校郑州大学。②

① 聂春洁，汪辉，杨鑫. 落实 "三个转变" 推进质量强市战略：郑州迈进国家创新型城市第一方阵 [EB/OL]. 中原网，2018 - 05 - 15.

② 倪鹏飞，杨东方，王雨飞. 国家中心城市视角下的郑州指数："一带一路" 倡议下郑州建设国家中心城市研究 [M]. 北京：中国社会科学出版社，2018：281.

从9个国家中心城市科技创新指数的排名情况看，北京、上海、广州分别以0.613、0.507、0.474居前三位，武汉、天津、西安、成都分别以0.429、0.421、0.394、0.363排在第四位至第八位，而郑州则以0.324位居倒数第一（见表6-2）。① 这表明，郑州科技创新功能还具有较大的提升空间。

表6-2　国家中心城市科技创新发展总指数得分及排名

城市	指数	排名
北京	0.613	1
上海	0.507	2
广州	0.474	3
武汉	0.429	4
天津	0.421	5
西安	0.394	6
成都	0.363	7
郑州	0.324	8
重庆	0.257	9

资料来源：根据首都科技发展战略研究院省会及副省级城市科技创新总指数得分及排名整理。

二、优化提升城市科技创新功能的意义和重点

从上述分析可以看出，尽管新中国成立70年来，郑州的城市科技创新功能实现了从无到有、从弱到强的历史性跨越，但是与新时代郑州高质量发展要求相比，与其他国家中心城市相比，特别是与世界先进城市相比，还存在不相适应的地方，还存在一些亟待补齐的短板。优化提升城市科技创新功能，是郑州顺应城市未来发展趋势和要求的必然选择，是郑州经济结构战略性调整和产业优化升级的迫切要求，同时也是加快建设创新型城市和国家中心城市、提升郑州城市能级与核心竞争力的关键举措。要深刻认识优化提升城市科技创新功能的重大意义，把握重点，着力推进，使郑州科技创新功能有一个大的提升。

---

① 2018中国城市科技创新发展指数排名公布：北京全国第一［EB/OL］. 首都科技发展战略研究院网，2018-12-08.

（一）优化提升城市科技创新功能的意义

首先，优化提升科技创新功能是郑州顺应城市未来发展趋势和要求的必然选择。城市科技创新功能是人类社会从工业社会向科业社会过渡、城市功能不断演化的产物。有研究表明，前工业化时期，城市功能以提供居住和相关的工作为主；工业化时期，随着大规模工业生产的兴起，城市功能主要表现在工业和工业相关产品的生产、加工与制造；到后工业化时期，信息、咨询、金融及物流业的迅速发展，推动城市作为服务中心发挥着管理与协调职能。按照城市功能的这种演变规律，可以理论推断科技研发服务大规模的产业化发展，必将推动科技创新功能成为现代城市的主要功能形式，代表城市功能未来演化发展的方向。当今世界，科技创新活动不断突破地域、组织、技术的界限，演化为创新体系的竞争，创新战略竞争在综合国力竞争中的地位日益重要。[1] 从国际范围来看，发达国家的一些核心城市已进入科业化阶段，科技创新已经成为这些城市最主要的功能。[2] 这是城市未来发展的必然趋势和内在要求。作为代表国家参与国际竞争与合作的国家中心城市，郑州要赢得科技创新优势，打造科技创新高地，建成全球核心城市，必须积极顺应城市未来发展的趋势和要求，着力完善科技创新功能，提升自主创新能力和水平。

其次，优化提升科技创新功能是郑州经济结构战略性调整和产业优化升级的迫切要求。人类赖以生存的自然资源是有限的，生态环境也是很脆弱的。随着工业文明的推进，资源消耗呈加速趋势，加之生态环境被污染破坏，传统工业文明发展方式与自然资源供给能力、生态环境承载能力的矛盾日益尖锐，人类面临可持续发展的严峻挑战。经济社会的发展不能超越资源环境承载力，超越了就会受到自然界的惩罚。改革开放40多年来，郑州经济社会发展引人注目。但是，郑州的发展和经济规模扩张更多的是依靠资源要素投入来支撑的。经济发展进入新常态，这些要素条件已经发生重大变化。在资源约束趋紧、环境污染严重、生态系统退化的新形势下，老常态的路子、简单粗放的发展路子已经难以为继了。面对新形势新挑战，郑州要实现新的更大发展，必须充分发挥科技创新的支撑引领作用，加快推进经济发展方式转变，变要素驱动为主为创新驱动发展为主，推进经济结构战略性调整和产业优化升级，建立低能耗、低污染、高效益、高产出的产业体系，促进整个产业向产业链的高端环节延伸，实现高质量、可持续发展。

① 习近平. 在中国科学院第十七次院士大会、中国工程院第十二次院士大会上的讲话［N］. 人民日报，2014－06－10.

② 张战仁. 关于发展我国京沪两市科技创新功能的思考［J］. 世界地理研究，2013（1）：130－137.

最后，优化提升科技创新功能是提升郑州城市能级与核心竞争力的关键举措。国家中心城市建设，要靠创新型城市建设来支撑，要靠提升城市能级与核心竞争力的增强来推动。郑州要建成名副其实的国家中心城市，承担起国家赋予的历史使命，必须着力提升自己的城市能级和核心竞争力，这也是实现新时代郑州发展战略目标的集中体现、核心任务和必由之路。当今世界的城市竞争，在很大程度上是科技创新功能和自主创新能力的竞争。完善科技创新功能，增强自主创新能力，是提升城市竞争力的最强大动力和最有力支撑。经济发展到今天的新常态，一个城市核心竞争力的决定性因素，已不再是土地、资本、劳动力等有形要素了，而是以科技为支撑的综合实力和创新水平。大量实例表明，一个中心城市的兴衰，在于核心竞争力的得失；一个中心城市的持久繁荣，在于能级和核心竞争力的不断提升。而一个中心城市核心竞争力的强弱，在很大程度上取决于这个城市的科技创新功能和自主创新能力，创新功能和创新能力越强，其核心竞争力就越强。面对科技创新发展新趋势，全国各大中心城市特别是其他各国家中心城市都在寻找科技创新的突破口，抢占未来经济科技发展的先机。在九个国家中心城市中，郑州的综合建设指数尚处在落后状态。在未来发展中，郑州能否后来居上、弯道超车，主要就看其能否在创新驱动发展上迈出实实在在的步伐。在这场科技创新的大赛场上，郑州不能落伍，必须迎头赶上、奋起直追、力争超越。为此，就要着力完善科技创新功能，提升自主创新能力和水平。

（二）优化提升城市科技创新功能的重点

一是要提高认识、振奋精神，坚定科技创新自信。由于历史和现实的种种原因，郑州的城市科技创新功能目前还不够强，科技创新能力在九个国家中心城市中还处于落后状态，在很大程度上影响和制约了国家中心城市建设的进程。面对这一被动局面，我们不能有丝毫的气馁和懈怠，不能有任何的悲观和沉沦，更不能心甘落后、自暴自弃，必须凝心聚力、迎难而上，以时不我待、只争朝夕的精神攻坚克难，奋起直追。当前，新一轮科技革命和产业变革正在世界范围内蓬勃兴起，重构全球创新版图、重塑全球经济结构。科学技术从来没有像今天这样深刻影响着一个城市的产业和经济社会发展，从来没有像今天这样深刻影响着一个城市的经济体系和综合竞争力。要深刻认识科技创新对郑州国家中心城市建设的重大战略意义，增强加快推进科技创新的责任感和使命感。对于郑州这样一个国家中心城市来说，科技创新是深化供给侧结构性改革、实现经济发展方式转变和增长动力转换、实现经济结构优化和提升产业竞争力的战略支撑。在未来发展中，郑州要突破发展瓶颈、解决深层次矛盾和问题，根本出路在于创新，关键要靠科技力量。尽管目前郑州的科教基础还比较薄弱，科技创新能力还不够强，但这种状况是可以改变的。在科技创新方面，后来居上、弯道超车的现象并不鲜见。只要我们树立雄心壮志，坚定技术创新自信，密切跟踪、科学研判科技创新发展趋势，看到差距、找准问题，对看准的方面超前规划布局，将成熟的思路及时转化为政策举措，切实加大投入、抢占先机，潮头搏浪、奋起直追，就一定能够有所作为，赶超国家中心城市先进水平。

二是要牢牢把握产业革命大趋势，以科技创新推动产业发展。当今世界，以信息技术深度应用为主要特征的新一轮科技革命正在兴起。历史经验表明，新的科技革命必然引发新的产业革命。习近平总书记深刻洞察这一历史发展趋势，他强调指出："现在，我们迎来了世界新一轮科技革命和产业变革同我国转变发展方式的历史性交汇期，既面临着千载难逢的历史机遇，又面临着差距拉大的严峻挑战。"他还鲜明提出："中国要强盛、要复兴，就一定要大力发展科学技术，努力成为世界主要科学中心和创新高地。"① 在这重要的历史性交汇期，郑州要加快发展，早日建成名副其实的国家中心城市，既要牢牢把握世界科技发展大势，敏锐抓住科技革命方向，瞄准世界科技前沿，大力推动科技创新，同时又要加快科技成果转移转化，打通科技与经济结合的通道，找准科技与经济紧密结合的突破口，推动科技与产业深度融合，尽快形成新的生产力，培育经济增长新动能。现在，郑州的产业发展亟待科技创新推动，急需把科技创新成果具体运用到产业发展中来。为此，就必须遵循习近平总书记提出的要求，"要坚持产业化导向，加强行业共性基础技术研究，努力突破制约产业优化升级的关键核心技术，为转变经济发展方式和调整产业结构提供有力支撑。要以培育具有核心竞争力的主导产业为主攻方向，围绕产业链部署创新链，发展科技含量高、市场竞争力强、带动作用大、经济效益好的战略性新兴产业，把科技创新真正落到产业发展上。"②

三是要在强化基础研究的同时，瞄准关键核心技术着力推进原创性突破。近年来，郑州市科技事业取得有目共睹的发展成就，科技创新能力有较大提升，从而彰显了城市科技创新功能的增强。但是，与其他发展领先的国家中心城市相比较，郑州市的科技发展水平特别是关键核心技术创新能力还存在相当大的差距，同实现跻身国家创新型城市前列，建成国际综合枢纽、国际物流中心、国家重要的经济增长中心、国家极具活力的创新创业中心、国家内陆地区对外开放门户、华夏历史文明传承创新中心奋斗目标的要求还很不适应。要切实增强紧迫感和危机感，坚定信心、奋起直追，按照需求导向、问题导向、目标导向，从郑州发展

① 习近平. 在中国科学院第十九次院士大会、中国工程院第十四次院士大会上的讲话［N］. 人民日报，2018 - 05 - 29.
② 习近平. 在上海考察时的讲话［N］. 人民日报，2018 - 05 - 25.

的实际需要出发，着力提升科技创新能力。科学技术是第一生产力，关键核心技术是高质量发展之重器。要充分认识推进原创性研发、掌握关键核心技术的极端重要性。有核心技术不一定赢，但没有核心技术一定输。只有把关键核心技术掌握在自己手中，才能从根本上掌握竞争和发展的主动权。郑州要牢牢掌握竞争和发展主动权，为经济高质量发展提供高质量科技供给，必须坚定地走自主创新之路，瞄准关键核心技术着力推进原创性创新，实现关键核心技术的自主可控。关键核心技术并非高不可攀。攻破关键核心技术，不能跟在别人后面亦步亦趋，必须打破常规，勇于实现突破与超越。实现关键核心技术突破，必须强化基础研究，把原创性研发放在突出位置。基础研究是应用研究和重大创新的源头。从理论上来看，完整的创新链就是从基础研究、应用研究到技术开发和产业化应用、规模化发展的全过程。实践证明，以科学发现为导向的基础研究是重大的、经济效益高的技术创新不可或缺的基础。① 目前，郑州市关键核心技术创新能力不足，其根源在于基础研究底子不厚、实力不济，缺乏源头活水。因此，应着力从根上查找原因，在源头上下功夫，鼓励企业和高校院所加强基础研究和原始创新，为掌握关键核心技术打牢根基、提供源泉。

四是要全面深化科技体制改革，坚决破除一切束缚创新驱动发展的观念和体制机制障碍。长期以来，在包括郑州在内的一些城市，仍然有一些束缚创新驱动发展的观念和体制机制障碍的存在。如科技成果向现实生产力转化不力、不顺、不畅问题，科技创新中封闭自我循环的"孤岛现象"问题等。郑州要强化科技创新功能，增强自主创新功能，打造科技创新高地，不仅需要基础设施等"硬件"支撑，更需要制度等"软件"保障。对郑州而言，当前最紧迫的是进一步解放思想，加快改革科技体制机制，坚决消除影响科技创新功能和自主创新能力提高的体制障碍，打通科技和经济转移转化的通道，优化科技政策供给，让各种科技创新要素都充分活跃起来，形成推进科技创新发展的强大合力。要进一步突出企业的技术创新主体地位，使企业真正成为技术创新决策、研发投入、科研组织、成果转化的主体，变"要我创新"为"我要创新"。要注重突破制约产学研用有机结合的体制机制障碍，突出市场在创新资源配置中的决定性作用，突出企业创新主体地位，推动人财物各种创新要素向企业集聚。要加快建立主要由市场评价技术创新成果的机制，打破阻碍技术成果转化的瓶颈，使创新成果加快转化为现实生产力。要探索建立高效协同的创新体系，加快科技体制改革步伐，解决好"由谁来创新""动力哪里来""成果如何用"等基本问题，培育产学研结合、上中下游衔接、大中小企业协同的良好创新格局。要推进协同创新，健全创新服

① 吕薇. 促进基础研究转化为原始创新能力 [N]. 经济日报, 2018 – 06 – 14.

务支撑体系，加强知识产权运用和保护，维护公平竞争的市场秩序。

三、优化提升城市科技创新功能的任务和路径

　　为强化科技创新，以高质量的科技供给支撑国家中心城市建设，郑州市从基本市情和发展的具体实际出发，确定了创新驱动发展分"三步走"的发展目标：第一阶段，到 2020 年建成国家创新型城市；成为全国创新创业中心。第二阶段，到 2030 年迈入创新型城市前列；科技支撑引领作用突出，在若干战略领域处于全国前列；主要产业进入全国价值链中高端。第三阶段，到 2050 年建设成社会可持续发展水平高、区域辐射带动力强的创新型强市；成为高端人才创新创业的集聚地。如图 6－3 所示。对于现阶段的郑州发展来说，就是要胜利实现"三步走"的近期目标，即到 2020 年建成国家创新型城市，成为全国创新创业中心。时间紧迫、责任重大，必须明确任务、找准路径，着力提升郑州的科技创新能力。

图 6－3　提升郑州科技创新功能"三步走"示意图

（一）优化提升城市科技创新功能的任务

　　一是要着力加强科技创新人才队伍建设。新中国成立前夕，毛泽东同志就曾经深刻阐明了人作为实践主体在社会历史发展中的重要地位。他指出："世间一切事物中，人是第一个可宝贵的。在共产党领导下，只要有了人，什么人间奇迹

也可以创造出来。"① 习近平总书记也强调说："世上一切事物中人是最可宝贵的，一切创新成果都是人做出来的。硬实力、软实力，归根结底要靠人才实力。"② 全部科技史都证明，谁拥有了一流创新人才、拥有了一流科学家，谁就能在科技创新中占据优势。科技创新要靠人才，科技人才是科技创新的主体。实现创新的要素包括人才、资本、场地、设备等，其中人才是关键要素。创新驱动实质上是人才驱动，综合实力竞争归根结底是人才竞争。推动科技创新的要素有很多，但科技人才是其中最具有能动性的，因而是最重要、起决定作用的关键性要素。对此，习近平总书记强调指出："发展是第一要务，人才是第一资源，创新是第一动力。中国如果不走创新驱动道路，新旧动能不能顺利转换，是不可能真正强大起来的，只能是大而不强。强起来靠创新，创新靠人才。"③ 经过近年来的不懈努力，郑州科技创新实力迈上了新台阶，走在全省前列，但是放在更高水平的坐标系中去衡量，仍存在较大差距。特别是同其他国家中心城市相比，郑州推进科技创新的最大短板是科教资源要素短缺，科技创新人才严重不足，高端科技创新人才更是极为稀缺。郑州要提升的科技创新能力和科技创新功能，建成国家科技创新中心，最重要、最紧迫的就是要进一步加大科技创新人才培育、引进力度，为郑州发展集聚更多、更高层次的科技创新人才，努力建设一支庞大的、与郑州发展实际需要相匹配的科技创新人才队伍。

二是要着力强化科技创新平台建设。科技创新平台是集聚科技资源、支撑和服务于科学研究和技术开发活动的科研机构或学术组织，是科学研究、技术开发、成果转化、人才凝聚的重要载体和核心力量，包括实验室、工程（技术）研究中心、临床医学研究中心、重大科技基础设施、野外科学观测研究站、国际科技合作基地等。科技创新活动不可能凭空地进行，必须依托一定的载体和平台。离开这种载体和平台，科技创新活动便无法进行，即便是国际一流创新人才也"英雄无用武之地"。强化科技创新平台建设，打造国际一流科技创新平台，形成创新增长极，是全球主要创新型国家或地区实现创新驱动发展的宝贵成功经验。美国硅谷、以色列特拉维夫、法国索菲亚、印度班加罗尔等国际一流科技园区，在集聚高端创新要素、培育战略性新兴产业、形成创新集群，促进创新型经济发展方面发挥重要作用。一些创新型国家或地区的创新实践告诉我们，科技创新平台是一个国家或地区创新驱动发展的核心发动机。全球主要创新型国家或地

① 毛泽东. 毛泽东选集（第4卷）［M］. 北京：人民出版社，1991：1512.

② 习近平. 在中国科学院第十九次院士大会、中国工程院第十四次院士大会上的讲话［N］. 人民日报，2018–05–29.

③ 习近平. 在参加十三届全国人大一次会议广东代表团审议时的讲话［N］. 人民日报，2018–03–08.

区，一般都有若干个一流科技创新平台，并以此来推动经济高质量发展。① 就目前情况来看，与科技创新人才特别是高端科技创新人才相当稀缺的现状一样，郑州的科技创新平台特别是高端科技创新平台也严重短缺，远远不能适应和满足创新驱动发展的实际需要，同样也成为制约郑州科技创新能力提升和科技创新功能增强的一个重要因素。郑州要实现创新驱动发展的近期目标，建成国家科技创新中心，必须进一步加快科技创新平台建设，推动郑州科技创新平台实现更好、更快、更多发展，为郑州科技创新人才提供施展自己创新才华提供更多、档次更高的载体和平台，为郑州创新驱动发展提供更有力的科技支撑。郑州创新驱动平台如图 6 - 4 所示。

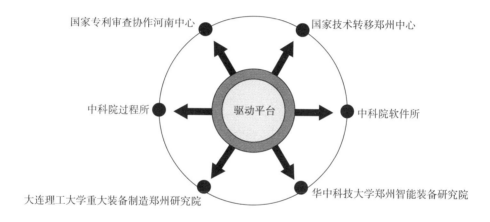

图 6 - 4　郑州创新驱动平台

　　三是要着力健全和完善以企业为主体的技术创新体系。技术创新体系是指企业在与高校和科研院所、政府部门、中介服务机构等相互作用过程中，通过应用新知识、新技术、新工艺，采用新的生产方式和经营管理模式，提高产品质量，生产开发新产品，提供新服务，占领市场并实现市场价值的相关制度和机制。作为技术创新的主体，企业是整个技术创新体系的核心。技术创新是一项与市场密切相关的活动，技术创新活动从研究开发、生产实践直至商品化、产业化的全过程，都必须紧紧依靠企业，都离不开企业这个主体。离开企业这个主体，技术创新活动、技术成果的运用就缺少应有的载体，技术开发就失去了不竭动力。只有建立以企业为中心的技术创新体系，使企业真正成为技术创新的决策主体、开发

---

① 中共浙江省委党校课题组. 国际一流科创平台发展的成功经验 [J]. 浙江经济, 2016 (13): 26 - 27.

主体、投入主体和应用主体，才能很好地实现科技与经济的有效结合①，推动经济高质量发展。科学技术是第一生产力，科技创新是实现创新驱动发展的重要基础和支撑，而科技创新成果能否能够顺利地转化为现实生产力，则是能否实现高质量发展的全部关键所在。技术创新是发展高科技、实现产业化的重要前提。推进科技创新成果向现实生产力转化，就要以健全的技术创新体系作为有力保障。党的十九大明确提出，要"建立以企业为主体、市场为导向、产学研深度融合的技术创新体系（见图6-5），加强对中小企业创新的支持，促进科技成果转化。"目前，郑州市的技术创新体系尚不健全，在一定程度上制约了科技创新和科技创新成果向现实生产力的转化。郑州要实现创新驱动发展的近期目标，建成国家科技创新中心，必须着力健全和完善以企业为主体的技术创新体系（见图6-5），加快科技成果转移转化，推动技术成果产业化。

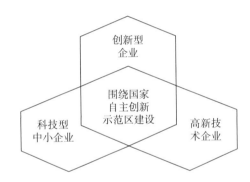

图6-5　构建以企业为主体的技术创新体系

四是要着力优化科技创新环境。提升科技创新能力和功能，推进国家科技创新中心建设，优化科技创新环境很重要。良好的科技创新环境，可以吸引和集聚高端科技人才前来创新创业，可以形成有利于科技创新的条件和氛围，可以有效激发科技人才进行创新创造的激情和灵感，从而催生更多、更有分量的科技成果；相反，如果缺失良好和适宜的科技创新环境，就会使科技创新人才的创新热情受到压抑，使其创新创造才干与潜能得不到应有发挥，从而使科技创新成为一句空话。科技创新环境有硬环境和软环境之分，硬环境主要包括物质条件与环境，如基础设施、仪器设备、研发经费、科研资料等；而软环境则主要包括政策环境、人文环境、服务环境、法治环境等。从一定意义上说，一座城市科技创新

---

① 张仁开、张宏娟、杨耀武．我国国家技术创新体系建设的战略思考［J］．科技与经济，2009（1）：11-14.

环境的优劣，决定着这座城市科技创新发展的未来。就科教资源要素来说，深圳市远不如北京、西安、武汉、上海等，但其科技创新能力不仅居全国之首，而且超过了许多国际知名的世界一线城市。根据国际知识产权组织（WIPO）的 PCT 专利数据库统计显示，截至 2016 年底，在全球创新能力活跃的城市中，深圳居第二名，仅落后日本东京，但领先美国硅谷、韩国首尔、法国巴黎、美国纽约、英国伦敦、德国法兰克福。① 为什么会出现这样的奇迹？根本就在于深圳具有全国最优良的科技创新环境。有了这样的科技创新环境，深圳在没有多少全国一流高校和科研机构的情况下，却享有了丰厚的人才红利，吸引了来自北京、西安、武汉、上海等高校毕业的各类人才。深圳市的科技创新实践启示我们，提升科技创新能力和功能，推进郑州国家科技创新中心建设，必须把优化科技创新环境放在更加突出的位置，千方百计抓紧抓好。

（二）优化提升城市科技创新功能的路径

优化提升郑州科技创新功能的路径如图 6 - 6 所示。

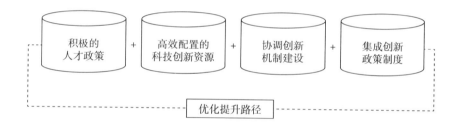

图 6 - 6　优化提升郑州科技创新功能的路径

一是实施更加积极的人才政策，推进人才培育和引进工程，着力集聚世界一流的科技创新人才。郑州市推进国家中心城市建设的目标定位，是要建成一个现代化国际大都市。建成现代化国际大都市的标志性硬条件就是要把郑州建设成为全球有影响力的科创中心。而要建成这样的科创中心，其中最关键的因素是科技创新人才，特别是有全球影响力的高层次人才，即世界一流的顶尖人才。没有大批的科技创新人才，就不能满足创新驱动发展需要；没有世界一流顶尖人才，就不可能建成全球有影响力的科创中心。要坚定实施更加积极、更加开放、更加有效的人才政策，加快形成更具竞争力的人才集聚制度和机制。要建立健全有利于人才成长的培养机制、人尽其才的使用机制、竞相成长各展其能的激励机制、各

---

① 解冰. 深圳创新能力位居全球第二　国内专利申请量全国第一［N］. 深圳商报，2017 - 03 - 11.

类人才脱颖而出的竞争机制，培植好人才成长的沃土。要尊重人才成长规律，着力解决人才队伍结构性矛盾，构建完备的人才梯次结构，培养造就一大批具有国际水平的科技创新人才、中青年科技创新领军人才、重点领域创新团队。既要注重培养造就高端科技创新人才，也要大力培养造就具有全球战略眼光、管理创新能力和社会责任感的科技型企业家，培养造就拥有核心自主知识产权、集成创新能力强的创新型企业家。要敞开大门，以更加开放包容的姿态引进国际人才，按照覆盖最广、政策最优、可操作性最强的要求，深入持续推进"智汇郑州"人才工程，广开进贤之路、广纳天下英才，重点引进掌握核心技术资源、具有较强创新创业能力的领军人才和高层次创新创业紧缺人才，尤其是诺贝尔奖获得者、各国科学院、工程院院士，世界知名科技企业高管等世界一流的顶尖创新人才。要牢固树立"不求所有、但求所用"的柔性观念，依托郑州市重大科研项目、重大工程、重点学科、重点实验室和企业引进外籍高层次人才，鼓励用人单位通过技术指导、培训咨询、项目合作等形式，柔性引进高层次人才，大力引进国内外知名猎头公司等人才中介组织，提高人力资源服务的专业化、市场化水平，以多种方式吸引各国、各领域优秀人才为郑州经济高质量发展服务。

二是进一步优化科技创新资源高效配置和综合利用，加快高端科技创新平台建设，为推进高质量科技创新提供有力载体支撑。郑州实施创新驱动发展战略，以科技创新引领高质量发展，不仅要集聚大批科技创新人才，而且还必须着力打造高端科技创新平台，补齐科技创新平台短板。高校与科研院所作为科技创新人才和研发资源高度聚集的重要场所，是科技创新活动的重要策源地，在打造高端科技创新平台方面负有重要使命。要依托郑州各高等院校和科研机构，结合培养创新创业人才、打造科技创新团队，瞄准国际一流，加快高水平科技创新平台建设，推进关键核心技术、共性技术和前瞻性技术研发以及产业技术的集成创新。科技企业孵化器是创新的重要载体，是集技术、成果、资本、人才和服务等于一身的重大平台，对于提供创新能量、推动高新技术产业发展、完善区域创新体系均发挥着重要作用。郑州高新区要立足产业发展优势，充分发挥引才聚才的核心载体功能，以国家自主创新示范区建设为引领，完善创新体系、探索创新模式、集聚创新要素、加强创新协作、推动成果转化，不断壮大创新型企业集群，努力打造创新驱动发展的先行区、引领区、示范区。要把科技企业孵化器建设作为服务科技人才创业、推动创业型经济发展的重要抓手，在优化建设布局、完善服务体系、提升建设水平、强化政策支持等方面加大力度。要通过上下联动、集成政策支持，进一步释放创业潜力和创业活力。要着力发展众创、众包、众扶、众筹等新型孵化模式，发挥"大众创业、万众创新""互联网＋""集众智、汇众力"的乘数效应。要在一定范围内高效组合创新创业要素，集成专业化众创空间、科技企业孵化器、科技服务机构等载体平台，推进创新创业孵化链条和服务体系优化。要着力强化基础研究和工程化应用创新平台建设，支持具有较强科研实力的高校、科研院所、企业及新型研发组织等单独或联合组建重点实验室，打造聚集和培养优秀学术带头人、创新团队，开展应用基础研究的重要载体，提高郑州战略前沿技术供给能力。要积极营造包括创业环境、生活环境、孵化器、加速器、中试基地、众创空间等的"小环境"，千方百计提高科技人才创业、企业孵化的成活率、成功率。

三是着力强化协同创新机制建设，积极探索产学研合作新模式，共同打造创新发展战略高地。随着科学技术不断发展，多学科专业交叉群集、多领域技术融合集成的特征日益凸显，靠单打独斗很难有大的作为，需要依靠团队力量集智攻关。要积极开展重大科技项目研发合作，支持企业同高等院校、科研院所跨区域共建一批产学研创新实体。要在加快集聚各类创新资源的同时，着力加强自主创新团队建设，推动科技研发要素资源整合，健全同高校、科研院所、企业、政府的协同创新机制，最大限度地发挥各方面优势，形成推进科技创新整体合力。要积极探索建立高效协同创新体系，切实解决好"由谁来创新""动力哪里来""成果如何用"等问题，推动形成产学研结合、上中下游衔接、大中小企业协同的良好创新格局。要进一步深化高等院校科技体制改革，坚决打破高校与其他创新主体之间的体制壁垒，把人才作为协同创新的核心要素，赋予协同创新中心在人才引进、职称评定、薪酬管理、知识产权利益分享等方面更大的自主权。探索建立促进协同创新的人事管理制度，采用以任务为牵引的人员聘用方式，推动高校、科研机构、企业之间人才双向流动。要坚持以科学研究和实践创新为主导，通过学科交叉与融合、产学研紧密合作、国际合作研究等途径，推动人才培养机制改革，创新寓教于研的拔尖创新人才培养模式。要统筹整合和发挥人才、学科和资源优势，推动形成充满活力和各具特色的科研组织模式，促进在协同创新中发现和解决重大问题。要着力优化以学科交叉融合为导向的资源配置方式，充分发挥特色学科优势，主动对接郑州经济发展和国家中心城市建设实际需要，在多学科交叉、校企合作、产学研用结合三个维度开展协同创新。深化与国内外知名高校合作，积极吸引国际创新力量和资源，争取世界一流顶尖科技人才参与协同创新。要积极鼓励和支持生产企业自带课题或联合立题，与拥有国家重点实验室、工程技术中心的科研机构或高校共同开展课题研究和技术研发。要着力强化同解放军信息工程大学等军队院校的协作与融合，积极构建军地科技协同创新体制机制，统筹军民共用重大科研基地和基础设施建设，支持重点企业联合军工科研院所合作建设军民融合创新载体，推动创新资源双向开放、信息交互、资源共享，推动重大先进技术、前沿技术和颠覆性技术的创新发展。

四是积极推进政策制度集成创新，全面提升城市服务能级，为把郑州建成创新型强市提供有力保障。推进科技创新要靠科技人才，科技人才不足，就要设法引进科技人才。引进科技人才，最根本的是要正确把握科技人才流动的特点和规律。在人才竞争极为激烈的新形势下，郑州要把人才引得进来并能留得住，必须推进政策制度集成创新，全面提升城市服务能级，营造科技人才创新创业的良好环境。既要进一步放宽落户政策限制、提供住房优惠补贴、给予创新创业扶持，在用普惠性政策吸引人才的同时也要设法满足人才的差异化需求，有针对性地制定配套服务政策。良好的政策环境只是引进和留住人才的基础，要真正把人才留住并充分发挥其创新才能，还要积极为其营造优良的生活工作环境。要从郑州实际需要出发，着力构建专业化、精细化、个性化的人才综合服务体系。对高端科技大师、领军人才、尖子人才，可实行"一人一策"，通过"一对一"的对口服务，为其提供户籍、住房、配偶随迁、子女入学等服务。要着力完善人才引进体制机制，切实保护知识产权，保障人才合法权益，对做出突出贡献的科技人才给予表彰奖励，确保有志于在郑州发展的科技人才来得了、待得住、用得好、流得动。要加快构建统一、标准、规范、高效、优质的人才公共服务体系，建立覆盖郑州全域的公共服务网络，为各类人才提供政策咨询、就业与创业指导、培训、人事代理、人事档案管理、诚信服务和社会保障服务等多方面服务。要积极争取国家支持，在郑州探索开展技术移民试点，规范技术性人才取得外国人永久居留证的条件，完善有利于外籍人才来深创新创业的工作签证制度，推动规划建设外籍人员子女学校。要进一步加大人才住房供给力度，提高人才医疗服务水平，改善城市生态环境和人才居住环境，强化城市治理、提升城市品质，为人才提供多方面的优质服务，创造宽松和谐的创新创业环境。

第七章　完善、提升郑州开放交流功能

　　开放是一个国家、一个民族繁荣发展的必由之路，也是一个城市特别是中心城市的重要功能。对于郑州这样一个地处内陆的国家中心城市，这样一个河南参与全球竞争、集聚高端资源的门户枢纽和战略平台，能否充分发挥开放交流功能，对于实现其自身的高质量发展，引领中原城市群和中原经济区在中部地区崛起中奋勇争先，更好完成国家使命担当，都具有十分重要的意义。党的十一届三中全会以来，郑州的经济发展和城市建设是在开放条件下取得的，未来郑州经济和城市实现高质量发展与建设也必须在更加开放的条件下进行。在世界经济经历深刻调整变革之时，唯有开放交流才能实现高质量发展。目前，郑州的开放交流功能与建设国家中心城市、承担国家使命的要求还不相适应，还需要进一步优化和提升。在建设国家中心城市的征程中，郑州要牢固树立和深入贯彻开放发展新理念，进一步深化改革，以改革促开放、促发展。

一、郑州开放交流功能的历史发展及现状分析

　　从本质上说，任何一座现代城市都必然是一个开放的系统。城市是社会劳动区域分工的产物，其总是在同外界的物质、能量、信息等资源要素的相互交流交换中形成和发展起来的。倘若没有开放，城市将自己封闭起来，切断与外界的资源要素交流交换，是注定不能发展的，甚至连生存都会成为问题。开放交流是城市发展的本质要求，是城市发展的重要动力源，也是城市不可或缺的重要功能。党的十一届三中全会以来，郑州市是靠着开放交流实现经济社会发展的，也是靠着开放交流迅速改变城市面貌的。没有开放交流，就不会有郑州经济社会发展的历史性跨越，也就不可能成为国家支持建设的国家中心城市。新时代郑州要获得更高层次的发展，建成名副其实的国家中心城市，就必须继续扩大对外开放，推

动形成更全面、更深入、更多元的对外开放格局。

（一）城市开放交流功能理论概述

城市是以非农业产业和非农业人口集聚形成的较大居民点，是人类历史和人类文明的结晶。在人类发展史上，最早出现的较大居民点是相对封闭的城堡。欧洲中世纪时期，战乱和杀戮不断。人们为了躲避战乱与杀戮，抵御外敌进攻，维护自身安全，于是便开始修筑城堡。城堡是一个相对封闭的系统。出于军事防御目的，人们在城堡中囤积大量生活物资，可在很长一段时间内隔绝同外部的任何联系。但城堡不是严格意义上的城市。

社会交往是人们为满足自身生存需要而进行物质生产的前提，是制约个人生存与发展的重要方面。生产活动是人类区别于动物的根本标志，是人类和人类社会存在和发展的基础。孤立的个人不能进行生产活动，人们只有结成一定的社会关系，互相交换自己的活动，才能进行生产，而生产本身又是以个人彼此之间的交往为前提的。离开人与人之间的社会交往，人类便无法生存和活动。在马克思、恩格斯看来，人的本质就在于人的真正的社会联系，没有社会交往，就不会有人类社会和人的本身。不仅如此，社会交往也是一个民族生存和发展的重要基础。马克思、恩格斯指出："不仅一个民族与其他民族的关系，而且这个民族本身的整个内部结构也取决于自己的生产以及自己内部和外部交往的发展程度。"[①]

对于一个国家、一个民族来说，社会交往至关重要。而要同外界加强社会联系和交往，就必须对外开放。开放是交往的重要前提，交往本身就表征着开放。邓小平同志深刻洞察时代特征和国际局势，提出实行对外开放的基本国策，强调中国的发展离不开世界。他指出："对外开放具有重要意义，任何一个国家要发展，孤立起来，闭关自守是不可能的，不加强国际交往，不引进发达国家的先进经验、先进科学技术和资金，是不可能的。"[②] 实践证明，只有实行对外开放，才能充分利用国际国内两个市场、两种资源，增强参与国际竞争的能力。

对于一个城市而言，社会交往同样至关重要。任何一座现代城市要生存和发展，都绝对不能把自己封闭起来，使自己与外界相隔绝，都必然地要同周边区域及外界发生各种密切联系，进行物质、能量和信息等方面的交流与交换。作为一个开放的系统，一方面，城市要从周边区域和外界集聚其发展所必需的人口、资金、技术、原材料等资源要素；另一方面，又以对周边区域和外界辐射的方式输出其所需要的资源要素。离开交往和对外开放，城市运营很快就会出现困难和危机，最后必然会变成一座空城和死城。

① 马克思，恩格斯. 马克思恩格斯选集（第1卷）[M]. 北京：人民出版社，1995：68.
② 邓小平. 邓小平文选（第3卷）[M]. 北京：人民出版社，1993：117.

进入工业文明时代，开放开始赋予城市以巨大的发展活力，日益成为城市发展的重要动力源。由于城市是一个开放的系统，人口、资本、技术等资源要素才会大量地源源不断地向城市集聚，城市又将其生产的各种商品大量地源源不断地销往周边地区或更遥远的地方。现代工业文明和以开放为重要特征的资本主义生产关系，造成了"现代的大工业城市"，并以此代替了"自然成长的城市"①。英国现代城市的发展史表明，它是以资本主义的方式将大量劳动力带进大城市而迅速发展起来的。恩格斯指出，正是靠着这种人口即劳动力的大规模集聚，伦敦人才创造了"充满他们的城市的一切文明奇迹"②。工业文明的发展极大地促进了城市之间的分工，并对原有的限制资源要素流动的地域局限性形成强有力的冲击，城市之间的联系和交往也随之日益加强了。"城市彼此发生了联系，新的劳动工具从一个城市运往另一个城市，生产和商业间的分工随即引起了各城市间在生产上的新的分工，在每一个城市中都有自己的特殊的工业部门占着优势。最初的地域局限性开始逐渐消失。"③

在经济全球化日益加深的当今世界，对外交往和开放已成为任何一个现代城市的鲜明特征。目前，世界上最具活力和创造力的城市无一不是在经济、政治、文化、社会等方面最为开放的现代大都市。作为当代中国最具活力和创造力的城市，深圳市的发展得益于对外开放。改革开放以前，深圳还是一个十分偏僻的小渔村。1980年，在邓小平同志的推动下，中央做出了在深圳设立中国第一个经济特区的重大战略决策，在开放搞活方面赋予其更加灵活的特殊政策。正是靠着这种特殊政策的有力支撑，深圳在改革开放中迅速从一个边陲小镇发展成为一座现代化大都市，综合经济实力跃居全国大中城市前列，创造了世界工业化、现代化、城市化发展史上的奇迹。可以说，深圳就是改革开放的产物。没有改革开放，就不可能有新时代建设社会主义现代化先行区的深圳。深圳可谓"因改革开放而生，因改革开放而兴"，经济社会发展取得巨大成就。党的十一届三中全会以来郑州经济社会的跨越式发展，同样也是靠了改革开放。

当今世界，相互联系、相互依存是大潮流；与之相适应，开放也是不可阻遏的历史大潮流。深入发展的经济全球化和以信息技术为核心的新一轮科技革命正在日益深刻地改变着中国人民的生产生活，推动着中国社会发展进步。随着商品、资金、信息、人才的高度流动，无论城市还是乡村，无论是大城市还是小城市，无论是近邻还是远交，彼此之间相互联系、相互依存的程度空前加深，人们生活在历史和现实交汇的同一个时空里。放眼寰球，"开放融通的潮流滚滚向前。

① 马克思，恩格斯. 马克思恩格斯选集（第1卷）［M］. 北京：人民出版社，1995：114.
② 马克思，恩格斯. 马克思恩格斯全集（第2卷）［M］. 北京：人民出版社，1957：303.
③ 马克思，恩格斯. 马克思恩格斯全集（第3卷）［M］. 北京：人民出版社，1972：60.

人类社会发展的历史告诉我们，开放带来进步，封闭必然落后。世界已经成为你中有我、我中有你的地球村，各国经济社会发展日益相互联系、相互影响，推进互联互通、加快融合发展成为促进共同繁荣发展的必然选择"①。在这一历史大趋势下，任何一个城市要发展进步，都不能在对外开放的道路上有丝毫止步，都不能把自己开放的大门关上，都必须始终坚持全方位对外开放。

（二）郑州城市开放交流功能的历史演化

郑州的经济社会发展是在中国共产党的领导下进行的，因此郑州开放交流的历史发展是同共和国的开放交流同步的。所以，探讨郑州开放交流功能的历史演化，就不能不以共和国对外开放的历史进程为背景，不能不涉及党和国家的对外方针政策在不同历史时期的变化。

马克思、恩格斯历来主张世界是开放的。在《德意志意识形态》这部光辉著作中，他们深刻阐明了人类社会交往与开放的历史作用及其对于实现共产党人理想的极端重要性。在马克思、恩格斯看来，人类的普遍交往是生产力普遍发展的产物，而以生产力普遍发展为基础的世界交往则是共产党人实现自己宏伟理想的重要前提。马克思、恩格斯指出，共产党人所要实现的理想社会，"是以生产力的普遍发展和与此相联系的世界交往为前提的""交往的任何扩大都会消灭地域性的共产主义"，从而使共产主义能够成为"世界历史性"的存在。②

以马克思主义作为指导思想的中国共产党，理所当然地秉持了马克思主义的这一基本观点。1938年，毛泽东就在中共六届六中全会上指出："中国无论何时也应以自力更生为基本立脚点。但中国不是孤立也不能孤立，中国与世界紧密联系的事实，也是我们的立脚点，而且必须成为我们的立脚点。我们不是也不能是闭关主义者，中国早已不能闭关。"③ 新中国成立后，毛泽东坚定地认为，建设社会主义强大国家，必须对外开放交流，学习和借鉴人类一切优秀文明成果。他说："我们的方针是，一切民族、一切国家的长处都要学，政治、经济、科学、技术、文学、艺术的一切真正好的东西都要学。"④

然而，历史没有为新中国开放提供应有的条件。新中国成立伊始，以美国为首的一些西方国家就对华实施政治孤立、经济封锁、军事包围，企图把新中国扼杀在摇篮中，再加上后来与苏联的关系恶化，以及国内高度集中的计划经济体制

---

① 习近平. 开放共创繁荣，创新引领未来——在博鳌亚洲论坛 2018 年年会开幕式上的主旨演讲 [N]. 人民日报，2018 - 04 - 11.

② 马克思，恩格斯. 马克思恩格斯选集（第 1 卷）[M]. 北京：人民出版社，1995：86 - 87.

③ 毛泽东. 毛泽东外交文选 [M]. 北京：中央文献出版社，世界知识出版社，1994：16.

④ 毛泽东. 毛泽东文集（第 7 卷）[M]. 北京：人民出版社，1999：41.

的束缚特别是愈演愈烈的"左"倾错误的干扰，毛泽东的对外开放交流思想主张未能得到很好实现，中国基本处于半封闭状态。正如邓小平后来所指出的："毛泽东同志在世的时候，我们也想扩大中外经济技术交流，包括同一些资本主义国家发展经济贸易关系，甚至引进外资、合资经营等等。但是那时候没有条件，人家封锁我们。后来'四人帮'搞得什么都是'崇洋媚外'、'卖国主义'，把我们同世界隔绝了。"①

　　在这种国际国内大的历史背景下，党的十一届三中全会前，尽管也开展了一些对外经济技术交流与合作，但由于受到种种历史条件的限制，郑州的城市开放交流功能相当薄弱，其功能作用也未能得到应有发挥。郑州城市开放交流历史演化进程如图 7 – 1 所示。

初步建立阶段（1949~1978年）	稳步发展阶段（1979~2002年）	快速发展阶段（2003~2008年）	稳定提高阶段（2009年至今）
• 建国初期尚未建立外贸机构企业，依赖私商进行对外出口收购 • 1961年，成立郑州市对外贸易局，下设市进出口公司及丝织厂等 • 出口实行收购制，进口实行拨交制，盈亏由国家统负，建立高度集中统一、政企不分的外贸体制	• 1986年，郑州第二砂轮厂获得自营进出口经营权 • 1992年，邓小平"南方谈话"，郑州被国务院确定为内陆开放城市，享受沿海开放城市的优惠政策 • 2002年，郑州市出口总额首次突破10亿美元	• 中国加入世界贸易组织使得郑州市对外贸易进入新阶段 • 2008年，郑州市进口总额达到42.8亿美元 • 此阶段，全市进出口总额年均增幅在30%以上"南方谈话"	• "陆上丝绸之路"——中欧班列（郑州）实现每周"去九回八"高频次运行 • "空中丝绸之路"——郑州机场已开通航线236条，初步形成横跨欧美亚三大经济区、辐射全球近200个城市的国际枢纽航线网络 • "网上丝绸之路"——设立中国（郑州）跨境电子商务综合试验区，EWTO核心功能集聚区启动建设 • "海上丝绸之路"——郑州至连云港、青岛、天津等港口的海铁联运班列累计开行206班

图 7 – 1　郑州城市开放交流历史演化进程

　　以 1978 年党的十一届三中全会的胜利召开为标志，中国进入改革开放新的历史时期。为大力发展和不断加强对外经济技术交流，吸引国外资金和先进技术，加快推进社会主义现代化建设，党中央把对外开放确定为中国的基本国策，并将其作为党在社会主义初级阶段的基本路线的一个基本点。但是，鉴于中国区域经济发展不平衡，经济地理条件差异比较大，党和国家并没有采取全国同步开放的方针，而是坚持实事求是、一切从实际出发，首先从在深圳、珠海、汕头、

---

① 邓小平. 邓小平文选（第 2 卷）［M］. 北京：人民出版社，1994：127.

厦门设立经济特区开始，然后又先后确定了 14 个沿海开放城市、沿海经济开放区、沿江开放城市，以及内陆、边境、沿海省会城市，由点到线、由线到面，由沿海到内陆，由南至北，由东向西，逐步形成以经济特区和沿海开放城市为重点的全方位、多层次的开放格局。

1992 年 8 月，郑州市被国务院正式批准为内陆开放城市，享受沿海开放城市政策。郑州这个不靠海、不临江、不沿边的内陆省会城市，从此昂首迈进了改革开放新时代，其开放交流功能也开始逐步增强。

根据国务院赋予的内陆开放城市政策，郑州可享有扩大对外经济合作的权限，如外商投资项目审批权、外贸自营权、商务人员出国审批权等；可引进国外先进技术和管理经验，符合国家产业政策的技术改造项目所需进口设备，免征进口关税和产品税（增值税）；可对外商投资企业实行优惠政策；具备一定条件后，经国务院批准兴办一个经济技术开发区。郑州市紧紧抓住难得机遇，乘势而上，积极实施开放带动战略，大力招商引资，取得明显进展。到 1996 年底，全市共批准成立外商投资企业 1812 家，总投资额为 38.83 亿美元，注册资本 30.12 亿美元，协议利用外资 21.14 亿美元，实际利用外资 7.71 亿美元。① 投资分别来自 45 个国家和地区，投资领域分布较广，外资开始成为郑州经济社会发展不可或缺的一支重要力量。

1993 年 4 月，作为郑州市对外开放的窗口和重点产业园区，郑州经济技术开发区正式揭牌设立，规划面积 12.49 平方千米。经过各方努力，这里很快便成为外资企业、工业企业和出口加工企业的聚集地，2000 年 2 月被国务院批准为国家级经济技术开发区。目前，该开发区下辖国家级出口加工区（A、B 两区）、省级国际物流园区两个专业园区，拥有留学人员创业园、国家高新技术创新中心、保税物流中心等国家级开放平台；区内世界 500 强企业 36 家，占全省的 40% 以上；已形成汽车、装备制造和现代物流三大主导产业和国际陆港、郑欧班列、跨境贸易、电子商务等省、市重点开放平台。

进入 21 世纪，郑州对外开放步入快速发展轨道。2003 年，郑州市在对外开放方面出台一系列政策，搭建了郑州市对外开放的政策框架，全市外向型经济由此进入规范、有序的发展阶段。2002～2006 年，郑州市招商引资、出口贸易的增幅年均在 40% 以上。2002 年，郑州市实际利用外资不足 1 亿美元，出口额为 1.81 亿美元；2006 年这一数字分别为 6.2 亿美元、12 亿美元。在"引进来"的同时，郑州市"走出去"的步伐也在加快，2005 年全市国外经济合作合同额是 2001 年的 15.5 倍；国外经济合作营业额是 2001 年的 20 倍；外派人数是 2001 年

---

① 李红岩. 对郑州市外商投资企业经营状况的调查 [J]. 金融理论与实践，1997 (4)：44 - 45.

的 3.3 倍。2005 年郑州出口首度跃升为全省第一，2006 年全市出口额首次突破 10 亿美元。①

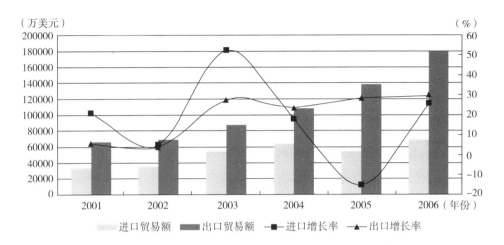

图 7 - 2 2001 ~ 2006 年郑州市进出口贸易额变化趋势

资料来源：《历年郑州市统计年鉴》。

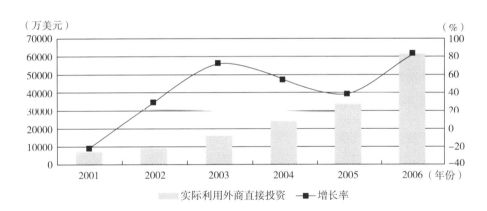

图 7 - 3 2001 ~ 2006 年郑州市实际利用外资额变化趋势

资料来源：《历年郑州市统计年鉴》。

党的十八大以来，在习近平新时代中国特色社会主义思想指引下，郑州市积极融入"一带一路"，加快推进空中、陆上、海上、网上"四条丝绸之路"建设，着力构建连通境内外、辐射东中西的物流通道枢纽，着力优化营商环境，着

---

① 侯爱敏. 郑州市招商引资、出口贸易增幅每年都在 40% 以上 [N]. 郑州日报，2007 - 07 - 14.

力推进自贸区郑州片区先行先试，致力于打造内陆开放新高地。

（1）坚持以习近平总书记提出的"买全球、卖全球"目标要求为统领，把建设郑州—卢森堡"空中丝绸之路"作为融入"一带一路"的重要支撑，着力构建"双枢纽、多节点、多线路、广覆盖"的发展格局：完善郑州和卢森堡枢纽功能，提升集疏能力，构建以郑州为中心的亚太集疏分拨基地、以卢森堡为中心的欧美集疏分拨基地；以国际枢纽节点城市为重点，加强经贸人文交流，形成莫斯科、莱比锡、芝加哥、悉尼、亚的斯亚贝巴等多点支撑的网络框架；依托"双枢纽"和主要节点城市，开辟航线、加密航班，构建连接世界主要枢纽机场的若干空中骨干通道；通过多式联运，增强枢纽和节点的辐射功能，构建覆盖亚太、连接欧美、辐射非洲和大洋洲的航空网络体系和陆空联运高效、空空中转便捷的集疏体系。目前，郑州机场已开通航线236条，横跨欧、美、亚三大经济区国际枢纽航线网络初步形成，成为全国第二个实现航空、铁路、轨道交通、高速公路一体化换乘机场，货运运力、全货机航线数量和航班量以及通航城市数量均居全国第五位。

（2）牢记习近平总书记提出的"建成连通境内外、辐射东中西的物流通道枢纽，为'丝绸之路经济带'建设多作贡献"嘱托，依托位于新亚欧大陆桥经济走廊的区位优势，着力构建东联西进的"陆上丝绸之路"。2013年7月18日，中欧班列（郑州）正式运行，当年仅开行13班。2018年，这一线路全年开行数量暴增，开行频率也从起初的每周"单趟对开"到如今的"九去八回"。目前，中欧班列（郑州）已成为国内唯一具备特种集装箱自主配置和运营能力的班列，也是国内唯一实现多口岸、多线路、高频次常态往返均衡对开和冷链业务常态化的班列，其总载货量、业务覆盖范围、往返均衡对开、满载率等市场化综合运营能力在中欧班列中持续保持领先。[①]

（3）在国际陆港建立铁水联运、陆水联运服务中心，积极引入沿海港口业务，着力在不靠海、不靠江的郑州打造"内陆无水港"。开通郑州至连云港、青岛、天津等港口的海铁联运班列，积极构建海—公—铁国际联运大通道。目前，郑州铁路集中箱中心站已与黄岛港、连云港、天津港、舟山港无缝衔接，铁路和港口功能对接、数据共享，实现了铁路与港口联运"一单通"。截至2018年底，郑州至连云港、青岛、天津等港口海铁联运班列累计开行206班，以郑州为中心、区域节点城市为支撑的陆海货运通道枢纽基本形成。

（4）以跨境电子商务综合试验区建设为抓手，不断创新发展模式，创造跨境电商"郑州模式"，打造更便捷通畅的"网上丝绸之路"。近年来，郑州跨境

---

① 王延辉. "陆上丝绸之路"：从"连点成线"到"织线成网"［N］. 河南日报，2018 – 11 – 09.

电子商务的总量、规模等在第一批试点的 5 个城市中名列前茅，已成为国内最大的进口国际化妆品、保健品、食品跨境电商交易的基地，全球网购商品分拨中心也基本建成，业务覆盖 196 个国家和地区。在监管通关上，率先实现跨境秒通关、查验双随机，跨境保税模式全国推广。2018 年，郑州跨境电商进出口包裹近亿单，交易额达 86.4 亿美元，增长 25.1%，位列全国第三。①

（5）从六个方面全面发力，努力打造国际接轨、国内领先、中部一流的营商环境新高地。在政务环境方面，全面提高行政审批服务效率，提升政务服务便利化水平，推进亲清新型政商关系建设。在商务环境方面，电子口岸实施"单一窗口"免费申报制度，着力降低物流成本、通关成本、用能成本、用人成本。在市场环境方面，放宽市场准入机制，全面实施市场准入负面清单制度，健全市场监管体系，健全"双随机、一公开"机制，完善政府部门及跨部门联合监管平台。在人文环境方面，健全诚信守信社会环境，塑造开放包容城市文化，推进志愿郑州、诚信郑州建设。在法治环境方面，着力健全完善法治体系，健全产权保护工作机制，健全涉企执法制度体系，健全商事纠纷解决机制。在城市环境方面，优化城市生态环境，加快建设"美丽中国"示范城市，努力打造天蓝、地绿、水清、景美的生态环境，有效提升市场主体和群众的舒适度宜居度。

（6）围绕"两体系一枢纽"战略定位，聚焦制度创新和体系打造两个核心，充分发挥自贸试验区先行先试优势，大胆试、大胆闯、自主改，以可复制、可推广为基本要求，全面深化"放管服"改革，着力构建商事简便、快捷高效、一次通办的政务服务体系，通关便捷、安全高效、一单关检的通关监管服务体系，多元融资、服务高效、一体联控的金融服务体系，机制健全、仲调结合、一律平等的法律服务体系，互联互通、物流全球、一单到底的多式联运服务体系，加快建设贯通南北、连接东西的现代立体交通体系和现代物流体系，着力将郑州片区打造成为服务于"一带一路"建设的现代综合交通枢纽、全面改革开放试验田和内陆开放型经济示范区，并努力形成一批系统集成性强、创新质量高的制度创新成果。

这一系列重大举措，为郑州新时代实施更高层次的对外开放开辟了道路、提供了保障，有力地促进了郑州开放型经济的持续高质量发展，同时也强力推动了郑州城市开放交流功能的提升。

回顾党的十一届三中全会以来郑州城市开放交流功能的历史嬗变过程，可以得出以下基本认识：郑州城市开放交流功能由弱到强，是同党的基本方针政策和当时大的国内外形势密切相关的。党的十一届三中全会后，党和国家实行对外开放政策，国际局势的发展演变也为我们扩大对外开放交流提供了可能。郑州市抓

---

① 赵振杰. 让"网上丝路"更通畅便捷［N］. 河南日报, 2019 – 05 – 11.

住这一难得机遇，通过自身努力，冲破了封闭保守的"内陆意识"等阻碍开放交流的思想羁绊，实现了从封闭半封闭到全方位开放的重要历史性转折，不断开创开放发展的新局面。也正是随着这一历史转折的实现和新局面的不断开拓，郑州的城市开放交流功能越来越强。

（三）郑州城市开放交流功能现状分析

自1992年被国务院正式批准为内陆开放城市以来，郑州市开始大步走向世界，开放交流活动日渐频繁，规模也越来越大。特别是党的十八大以来，郑州市在习近平新时代中国特色社会主义思想引领下，牢牢把握难得历史机遇，全面融入"一带一路"建设，坚持以打造内陆开放高地来促改革、促创新、促发展，以更加博大的胸怀拥抱世界，对外开放步伐越迈越大，开放交流的层次和水平越来越高，为郑州经济的高质量发展提供了强有力的动力支撑，并且极大地优化了郑州的开放交流功能，有力地提升了郑州的国际形象和国际知名度。

1978年，郑州的进出口尚为一片空白。1992年出口总额为0.28亿美元，但仍无进口。1995年，郑州的进出口总额为3.4亿美元，其中出口总额达到2.3亿美元。2002年突破10亿美元大关，达到10.38亿美元。2015年进出口总额达到570亿美元，跃居全国省会城市第四位，居中部六省省会城市第一位。2018年进一步飙升至615亿美元，稳居中部六省省会城市第一位。如图7-4所示。

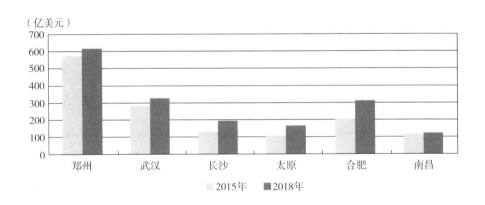

图7-4 2015年和2018年中部六省省会进出口总额对比

资料来源：各城市2015年和2018年《国民经济和社会发展统计公报》。

20世纪80年代以前，郑州市利用外商投资也几乎为零。1992年，郑州市实际利用外商直接投资仅为0.28亿美元。1997年首次突破2亿美元大关，达到2.19亿美元。2013年实际利用外商直接投资33.21美元，2018年进一步增加到

42.1亿美元。如图7-5所示。2016年以来，郑州市到境外融资积极性调动起来，通过17个批次境外发行债券项目，实际融资额达到41.26亿美元。其中，2019年实际融资额达到9.35亿美元。[①]

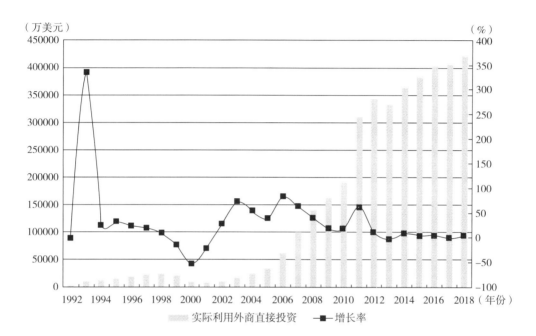

图7-5　1992~2019年郑州市实际利用外资变化趋势

资料来源：郑州市统计局。

　　郑州突出的交通区位优势、国家战略叠加优势和日趋优化的营商环境吸引了越来越多的外国公司在郑州投资、设立分公司及代表处。截至2017年底，共有63家境外世界500强企业在郑州投资、设立分公司及代表处。在郑州投资、设立分公司及代表处的境外世界500强企业中，包括可口可乐、渣打银行、香港汇丰、沃尔玛、富士康科技、正大集团等。郑州市吸引外商投资前三位的行业是制造业、房地产业和商贸服务业。投资主要来源地为香港、开曼群岛、美国等，到位资金分别为29.3亿美元、3.1亿美元和1.2亿美元。[②] 2016年以来，毕马威、普华永道、安永、德勤全球四大会计师事务所也相继落户郑州。

　　在引进来的同时，郑州也在积极"走出去"，对外投资方面也在持续优化。

---

① 谷长乐. 郑州市企业境外融资额突破40亿美元［N］. 郑州晚报，2019-06-20.

② 米方杰. 已有63家境外世界500强企业在郑州投资、设立分公司及代表处［N］. 东方今报，2018-12-29.

目前，郑州市共备案、核准赴境外投资企业 309 家，投资涉及美国、德国、澳大利亚、俄罗斯、尼日利亚、印度尼西亚等 40 多个国家和地区。近年来，郑州积极融入"一带一路"建设，截至目前，郑州市企业共在"一带一路"沿线国家开设企业 26 家，中方协议投资额约 4.2 亿美元，投资涉及马来西亚、印度、哈萨克斯坦、俄罗斯等十几个国家。

这些年来，郑州还高度重视并不断强化人文领域的对外开放交流，在教育、文化、旅游、会展等方面广泛开展国际交流与合作。2015 年成功承办了上海合作组织成员国政府首脑理事会第十四次会议，2016 年又先后承办了中欧政党高层论坛经贸对话会、中国（郑州）国际旅游城市市长论坛、中国（郑州）第二届国际创新创业大会暨跨国技术转移大会等重量级会议。2017 年，欧盟中国经济文化委员会（EUCNC）河南代表处在郑州落户。这是落户郑州的首家境外非政府组织代表机构，也是 EUCNC 在中国设立的第一家代表处。2017 年 4 月，卢森堡旅游签证（郑州）便捷服务平台在郑州市郑东新区揭牌运营，标志着外国驻豫签证服务平台实现"零"的突破，意味着郑州市民无须再前往北京、上海，在家门口就可轻松办理赴卢森堡的申根签证，通过郑州—卢森堡"空中丝绸之路"游历 26 个申根国家。连续举办黄帝故里拜祖大典、国际少林武术节等国际性文化交流活动，组织艺术团体赴德、法、美等国开展文化交流。此外，还在教育领域开展国际交流合作。截至目前，全市高中层次中外合作办学项目共有 27个，涉及 19 所学校，在校生数量 3000 多人。此外，郑州市以高层互访为引领，全方位推进各层级、各领域的交流，努力扩大郑州市的国际朋友圈。截至 2018年底，郑州市共签约国际友好合作交流城市 12 个。①

经过多年以来不懈的开放平台建设，目前郑州已经构建了"1+1+7"口岸体系：第一个"1"是郑州新郑国际机场，国家一类航空口岸；第二个"1"是郑州新郑综合保税区，中部地区第一个综合保税区；"7"是进口肉类、活牛、水果、食用水生动物、冰鲜水产品、国际邮件经转、郑州药品进口 7 个特种商品指定口岸。2018 年，郑州新郑国际机场客运吞吐量居全国第 12 位，货邮吞吐量居全国第 7 位；郑州新郑综保区进出口总额实现封关运营以来"7 连增"，完成3415.4 亿元②，与沿海相当、与国际接轨的开放体系已经基本形成，以往的内陆城市现已成为开放交流的前沿，成为我国内陆地区对外开放的重要门户。

然而，由于对外开放起步较晚，再加上其他主客观条件的影响制约，郑州的对外开放程度与先进的国家中心城市相比还存在较大差距。

---

① 米方杰. 已有 63 家境外世界 500 强企业在郑州投资、设立分公司及代表处［N］. 东方今报，2018 - 12 - 29.

② 打造中国的航空大都市郑州航空港经济综合实验区［N］. 人民日报，2019 - 04 - 26.

二、完善提升城市开放交流功能的意义和重点

党的十九大报告强调指出："开放带来进步，封闭必然落后。中国开放的大门不会关闭，只会越开越大。要以'一带一路'建设为重点，坚持引进来和走出去并重，遵循共商共建共享原则，加强创新能力开放合作，形成陆海内外联动、东西双向互济的开放格局。"① 进一步加强对外开放交流，打造国际化、法制化、便利化营商环境，全面提升郑州对外开放交流的层次和水平，完善和优化郑州的城市开放交流功能，对于郑州构建全方位对外开放新格局，加快推进郑州的国际化进程，增强郑州城市的国际影响力，支撑郑州国家中心城市建设，都具有十分重要的意义。要准确把握自身定位，抢抓历史机遇，明确并突出重点，充分发挥比较优势，着力优化提升郑州的城市开放交流功能。

（一）优化提升城市开放交流功能的意义

第一，优化提升开放交流功能是贯彻落实习近平总书记对郑州发展的期望和要求的客观要求。党的十八大以来，习近平总书记先后三次到河南调研指导工作，对河南特别是郑州高质量发展做出一系列重要指示。2014 年 5 月，习近平总书记在亲临郑州国际陆港考察指导时，希望建成连通境内外、辐射东中西的物流通道枢纽，为"丝绸之路经济带"建设多做贡献；在郑州市跨境贸易电子商务服务试点项目考察时，他勉励工作人员朝着"买全球卖全球"的目标迈进。2018 年 9 月，习近平总书记在听取河南省委和省政府工作汇报时再次强调，河南要推动经济高质量发展，在中部地区崛起中奋勇争先，谱写新时代中原更加出彩的绚丽篇章，必须"积极融入共建'一带一路'，加快打造内陆开放高地，加快建设现代化经济体系"② 。这些重要指示，为河南特别是郑州高质量发展指明了前进方向，提供了根本遵循。贯彻落实习近平总书记这些重要指示，绝不能只是空喊口号，必须紧密结合郑州实际，在深入调研和科学论证的基础上形成对扩大对外开放的具体举措。要把习近平总书记提出的殷切期望和目标要求贯彻落实到位，迫切要求郑州在新发展理念引领下，坚持主动开放、双向开放、公平开放、全面开放、共赢开放，加快构建参与全球竞争、集聚高端资源的门户枢纽和战略平

---

① 习近平．决胜全面建成小康社会　夺取新时代中国特色社会主义伟大胜利——在中国共产党第十九次全国代表大会上的报告［M］．北京：人民出版社，2017：34 - 35.
② 习近平．在河南视察时的讲话［N］．人民日报，2019 - 09 - 19.

台，进一步优化投资环境和营商环境，在更大范围、更宽领域、更深层次上提高开放型经济水平，把郑州的城市开放交流功能提升到一个新的更高水平。

第二，优化提升开放交流功能是郑州发展更高层次开放型经济的必然要求。改革开放是中国的第二次革命，是中国特色社会主义事业不断取得新发展的重要法宝。它不仅深刻改变了中国和世界，同时也深刻改变了郑州。党的十一届三中全会以来，特别是1992年被批准为内陆开放城市以来的实践充分证明，不断扩大对外开放交流是推动郑州经济社会发展的重要动力。对外开放交流是郑州建设国家中心城市的必由之路。进入新时代，以习近平同志为核心的党中央适应经济全球化新趋势、准确判断国际形势新变化、深刻把握国内改革发展新要求，作出了推动新一轮高水平对外开放的重大战略决策。推动新一轮高水平对外开放，客观上要求郑州必须紧紧围绕"一带一路"重要节点城市、新欧亚大陆桥战略支点城市的定位，积极融入"一带一路"建设，着力打造全方位立体化对外开放格局；赋予自贸区郑州片区更大改革自主权，实行更高水平的贸易和投资自由化便利化政策，全面实行准入前国民待遇加负面清单管理制度，大幅度放宽市场准入，扩大服务业对外开放，持续推进营商环境重点领域改革，加快形成市场化、法治化、国际化的一流营商环境，加快培育国际经济合作和竞争新优势。推动新一轮高水平对外开放，对郑州的城市开放交流功能提出了新的、更高的要求。只有进一步优化提升郑州的城市开放交流功能，才能更有力地推动郑州新一轮高水平对外开放。

第三，优化提升开放交流功能是郑州发展更高层次开放型经济的必然选择。以开放交流推进郑州国家中心城市建设，最重要的是发展更高层次开放型经济。由于地理位置、区域差异、政策导向及国际贸易发展阶段与特点的不同，各个国家中心城市之间长期存在对外贸易发展不平衡的问题，突出表现在：沿海国家中心城市先天条件便利，开放时间早，开放程度高，而郑州由于地处内陆腹地、对外开放比较晚等多重因素的制约，开放交流层次低，对外贸易不够发达，经济的外向度相对比较低。进入新时代，郑州经济也同全国经济一样进入了新常态。新常态下的郑州开放型经济进入了转型发展新阶段，呈现出一些过去未曾有过的新特征。重要特征之一，就是开放交流的目的和方式发生了重大变化：在战略目的上，从过去以出口创汇为主转向以抢占国际价值链的有利地位为主；在开放交流方式上，从过去以"引进来"为主转向"引进来"与"走出去"并重；在产业开放方面，从过去主要开放制造业转向更多注意服务业的开放。这就要求郑州必须着力发展更高层次的开放型经济。发展更高层次开放型经济，对郑州的城市开放交流功能提出了新的、更高的要求。只有进一步优化提升郑州的城市开放交流功能，才能更好地发展更高层次开放型经济。

第四，优化提升开放交流功能是郑州加快国际化进程的迫切需要。从内涵上说，国家中心城市是居于国家战略要津、肩负国家使命、引领区域发展、参与国际竞争、代表国家形象的现代化大都市。国家之所以要支持郑州建设国家中心城市，其重要意图之一，就是要郑州代表国家参与国际竞争，提升全球竞争力。而郑州要切实担负起国家和历史赋予的重大使命，不断提升全球竞争力，以确保在日趋激烈的国际竞争中立于不败之地，必须加快推进自身的国际化进程，努力建设具有世界影响力的社会主义现代化国际大都市，就必须以更大力度、在更高层次上全方位地推进对外开放，着力打造新时代对外开放新高地。建设具有世界影响力的现代化国际大都市，不全面深化改革开放不行，不着力提升城市开放交流功能不行。1984 年 6 月，邓小平同志在总结历史经验教训时指出："三十几年的经验教训告诉我们，关起门来搞建设是不行的，发展不起来。"① 进入新时代，习近平总书记也强调："我们的事业是向世界开放学习的事业。关起门来搞建设不可能成功。我们要坚持对外开放的基本国策不动摇，不封闭、不僵化，打开大门搞建设、办事业。"② 郑州建设现代化国际大都市，同样也不能关起门来进行，必须在更高层次的对外开放中进行。这就对优化提升郑州的城市开放交流功能提出了新的更高要求。

（二）优化提升城市开放交流功能的重点

第一，积极营造对外开放交流的良好社会氛围。党的十一届三中全会以来，40 年的实践充分证明："改革开放是党和人民大踏步赶上时代的重要法宝，是坚持和发展中国特色社会主义的必由之路，是决定当代中国命运的关键一招，也是决定实现'两个一百年'奋斗目标、实现中华民族伟大复兴的关键一招。"③ 这在当今中国已成为社会共识。但随着改革开放的不断深化和市场经济的深入发展，社会阶层也在不断分化，再加之海外特别是西方媒体的影响，人们对深化改革、扩大开放的看法也不尽一致。由于受到公众认识水平等自身条件的限制和外在客观条件的制约，舆论并非在任何时候都是正确的，它是一把锋利的"双刃剑"，其作用是正面和负面双向的。舆论作为社会公众的意见，对社会的经济、政治和文化具有深刻的影响力。全面深化新时代的改革开放需要有良好的社会舆论氛围，全方位、多层次、宽领域地推进新时代郑州的全面开放同样也必须要有良好的社会舆论氛围。缺失这样良好的社会舆论氛围，深化改革开放就会遇到阻力，扩大对外开放就会出现困难。在新的历史条件下，全面深化改革，推动更高层次的对外开放，优化提升郑州开放交流的城市功能，必须始终保持战略定力，

① 邓小平 . 邓小平文选（第 3 卷）［M］. 北京：人民出版社，1993：64.
② 习近平 . 在北京人民大会堂与在华工作的外国专家座谈时的讲话［N］. 人民日报，2012 - 12 - 06.
③ 习近平 . 在庆祝改革开放 40 周年大会上的讲话［N］. 人民日报，2018 - 12 - 19.

加强战略研判，吃准舆情，着力加强正面宣传和舆论引导，及时回答干部群众关心的重大思想认识问题，善于听取正确意见，坚定全社会改革信心。要切实加强党对新闻舆论工作的领导，坚持正确政治方向，坚持以人民为中心的工作导向，尊重新闻传播规律，创新方法手段，切实提高党的新闻舆论传播力、引导力、影响力、公信力，积极营造良好改革开放社会氛围。

第二，全面推进开放平台体系建设。推动更高层次的对外开放，优化提升郑州开放交流的城市功能，客观上需要有若干重大开放平台作为支撑。开放平台是外向型经济发展的主战场、产业转型升级的先行区、对外开放创新的前沿阵地。开放平台体系，在全面融入共建"一带一路"加快建设内陆开放高地中具有核心载体作用。开放平台建设属于开放交流的"硬件"建设。开放平台体系建设的实际状况如何，直接影响和制约着对外开放的力度和质量。对外开放是推动发展的必然选择，打造高水平的开放新平台是实现对外开放的有效举措。经过这些年来的不懈努力，郑州已经拥有了包括航空港经济综合实验区、中国（河南）自贸试验区郑州片区、中国（郑州）跨境电子商务综合试验区、国家大数据综合试验区以及多层次的海关特殊监管区域和完善的口岸体系等一系列开放平台。如图7-6所示，应当说，在这方面，郑州的资源并不少。这些开放平台，现已成为河南乃至整个中原经济区对外开放的"金字招牌"，吸引着境内外企业来豫投资兴业，助推引领全省和区域经济社会健康发展。目前，亟待实现从"有没有"向"好不好"的转变，推动郑州的新平台有新发展，老平台有新作为。要紧盯抓牢"四路协同"、拓展延伸，坚定走好"枢纽＋开放"的路子，坚持以国家战略性平台为重点，加快推进各类重大开放平台提档升级，进一步强化空中、陆上、网上、海上"四路"协同，着力打造国际交通枢纽门户、对外开放体系高地和参与国际合作高地的"一门户、两高地"体系。要着力做强做优战略平台，做高做新园区平台，做特做活功能平台，做精做实活动平台，健全和完善开放平台体系，使之成为郑州更高层次对外开放的强有力支撑。

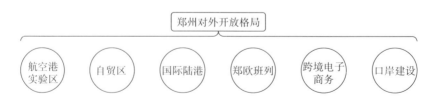

图7-6　郑州对外开放格局

第三，加快营造与国际接轨、国内领先、中部一流的营商环境。所谓"营商环境"，是指企业等市场主体在市场经济活动中所涉及的体制机制性因素和条件。

营商环境的优劣，对市场主体之兴衰、生产要素之聚散和发展动力之强弱具有重要的影响作用。良好的营商环境既是经济软实力的重要体现，也是打造开放型经济、提升对外开放层次和水平的必然要求。推动更高层次的对外开放，优化提升郑州开放交流的城市功能，内在地要求积极营造有利于对外开放的营商环境。这些年来，顺应时代发展要求，按照中央的决策部署，郑州持续推进"放管服"等改革，推动营商环境发生了一些重大变化，为推动形成更深层次的对外开放新格局提供了有力的环境支撑。但同时也应当看到，在营商环境方面，郑州与国内先进水平相比，还存在一些突出的短板和问题，仍存在比较大的差距。比如，打造优质营商环境的理念相对滞后，高端科技创新资源相对不足，"放管服"改革仍需进一步深化，部分审批事项存在环节多、时间长等问题。① 《2019 中国城市营商环境指数评价报告》显示：郑州的营商环境指数为 69.24，在全国经济总量前 100 城市营商环境指数排名中列第 21 位，在全国 9 个国家中心城市中仅高于排在第 22 位的重庆，而且指数也仅比重庆高出 1.28，如图 7 - 7 所示。该指数评价结

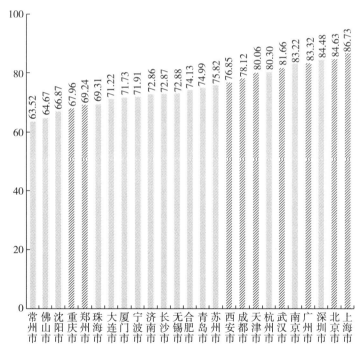

图 7 - 7　2019 年郑州营商环境在中国主要城市及 9 个国家中心城市排名情况

---

① 孙科. 郑州营商环境咋样? 如何更优化? 郑州市人大常委会会议上作出的报告给出答案 [EB/OL]. 大河网，2019 - 10 - 30.

资料来源：《2019 中国城市营商环境指数评价报告》。

果还显示：郑州在技术创新环境上存在明显短板，其中政府研发投入力度、企业研发能力仅列第 44 位和第 45 位。[①] 目前，营商环境是郑州全方位对外开放的主要制约因素之一。推动更高层次的对外开放，优化提升郑州开放交流的城市功能，必须按照郑州市委、市政府提出的要求，把优化营商环境作为建设国家中心城市的基础性工程来推进，全面加强政务、商务、市场、人文、法治、城市建设，加快构筑国际接轨、国内领先、中部一流的营商环境新高地。

三、优化提升城市开放交流功能的任务和路径

内陆地区高水平扩大开放是中央的科学决策，既是省委对郑州的期望要求，也是郑州自身实现赶超发展的历史机遇和紧迫任务。2019 年 8 月 19 日召开的郑州市委十一届十次全会提出，要以国际化、现代化为引领，以高水平对外开放为战略突破口，走好以开放促改革、促创新、促发展的路子，进一步加快郑州国家中心城市建设步伐，为中原出彩、中部崛起做出新的更大贡献。全会强调，要深化认识高水平扩大开放是中央、省委的科学决策和对郑州的殷切期望、是建设郑州国家中心城市的根本路径、是实现郑州赶超发展的历史机遇和紧迫任务，切实把扩大开放摆在更加突出的战略位置，紧紧围绕"在全省发挥更大辐射带动作用、在全国同类城市竞争中形成更多比较优势、在国际上赢得更大影响力"的目标要求，把握重点任务，明确推进路径，开拓创新、加压奋进，深度做好对外开放的文章，努力开创高水平开放发展的新局面。

（一）优化提升城市开放交流功能的任务

郑州优化提升城市开放交流功能主要任务如图 7 - 8 所示。

一是加快郑州航空港实验区发展。郑州航空港经济综合实验区是郑州对外开放的重要平台，承担着为内陆地区扩大开放探索路子、引领带动全省乃至我国内陆地区融入国际合作分工的重大使命。优化提升城市开放交流功能，促进郑州更高层次开放，必须加快推进郑州航空港经济综合实验区高质量发展。经过 6 年的发展，郑州航空港经济综合实验区建设取得了显著成效，其主要标志是以航空为龙头的现代立体综合交通体系初步形成，口岸开放体系逐步完善，临空产业和枢纽经济初具规模，城市基础框架初步成形，但也要清醒地看到，航空港实验区发

① 2019 中国城市营商环境指数评价报告［DB/OL］. 新浪财经，2019 - 05 - 14.

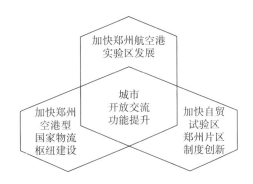

图7-8 郑州优化提升城市开放交流功能主要任务

展面临三个突出问题：经济结构相对单一，尚未形成多点支撑、系统配套、链条完整的产业体系；综合优势尚未形成，交通枢纽、口岸体系、产业体系还没有形成融合之势、集成之势；体制机制需要完善，管理体制由攻坚突破型向长期开发治理型的转变尚待加快。要进一步明确航空港实验区发展方向，坚持以国际化为取向，有所为、有所不为，着力建设交通大枢纽，着力建设开放大门户，着力建设航空大都市，努力将其打造成为国际化功能完备、国际化经贸发达、国际化形象充分体现的对外开放平台。要围绕"中流、北城、南工"，突出以产带城、产城融合、完善功能、协调发展。按照这一功能布局，着力解决好机场规划与实验区规划衔接问题、有序建设问题、核心区开发带动问题，促进航空国际运输功能、海关特殊监管区与实验区规划的有机衔接、相互支持和促进，实现优势充分叠加；坚持"总体规划、分期实施、滚动开发"，既拉框架又不把摊子铺得过大、使力量分散；以北部城区为重点，高水平构建基础设施、公共服务设施体系，完善城市功能，加快形成核心功能区，发挥好承接带动作用。

二是加快推进郑州空港型国家物流枢纽建设。党的十八大以来，以习近平同志为核心的党中央从推动更高水平对外开放、实现经济高质量发展的战略高度，重视并加快推进物流枢纽建设。2019年9月，国家发改委和交通运输部正式将郑州确定为全国唯一的空港型国家物流枢纽。推进郑州空港型国家物流枢纽建设，打造通达全球的"空中丝绸之路"航线网络，将更好地支撑和发挥航空港实验区和中国（河南）自由贸易试验区的对外开放平台功能，带动河南产业加快融入全球产业链、价值链和创新链，迈向全球价值链中高端，对于构建中部地区内陆开放高地、加快产业转型升级、发展更高水平的开放型经济意义重大。要按照《郑州国际航空货运枢纽战略规划》提出的要求，加快推进郑州空港型国家物流枢纽建设。要坚持全球航空货运枢纽、现代国际综合交通枢纽、航空物流改革创新试验区等功能定位，以"空中丝绸之路"为核心，打造高效通达全球主要货运枢纽和经济体的运输通道，构筑辐射全球的货运航线网络体系。以打造全球卓越效率机场为核心，提升专业能力，优化口岸服务，建设国际快（邮）件分拨中心、跨境电商分拨中心、国际冷链物流中心和全球供应链管理中心等，形成国际航空物流中心；以打造现代立体交通体系、现代物流体系和服务"一带一路"建设的现代综合交通枢纽为导向，建设以航空运输为核心的多式联运中心，促进航空网、铁路网、公路网"三网"深度融合发展，城市、城际、区际和国际客货流的高效集疏、中转。建设航空客货业务量位居全球前列的超级枢纽，实现货物运输"一单到底、协同高效、货畅全球"，旅客运输"一票到底、行李直挂、人享其行"；以提升服务效率为核心，全面实施通关服务、货代管理、多式联运、航空安保等领域的政策改革试点。大力推进大数据、人工智能、机器人等新兴技术与航空物流的融合发展，创新商业模式，引领航空物流产业变革。要经过努力，把郑州空港型国家物流枢纽建成以郑州机场为平台、功能完善、特色鲜明、协同高效的航空货运生态体系，成为辐射全球的国际航空货运（综合）枢纽，航空货运、客运吞吐量进入全球前列，成为引领中部地区实现现代化的强大动力源。

三是加快推进自贸试验区郑州片区制度创新。建立中国（河南）自由贸易试验区，是党中央、国务院作出的重大决策，是新形势下全面深化改革、扩大开放和促进"一带一路"内外统筹发展的重大举措。作为中国（河南）自由贸易试验区的重要组成部分，郑州片区承担着服务"一带一路"建设的现代综合交通枢纽、全面改革开放试验田和内陆开放型经济示范区的重要使命，是引领郑州更高层次开放的核心平台。加快推进郑州片区建设，对于提升郑州开放交流功能具有重要意义和作用。挂牌运行两年多来，郑州片区坚持以制度创新为核心，先行先试、勇于担当，在政务、物流、法律、金融、监管五大服务体系构建，以及多式联运、投资贸易便利化等方面积极探索，形成了一批可复制推广的创新成果，为优化营商环境、打造内陆开放高地、带动郑州高质量发展提供了有力制度支撑。要在此基础上进一步提升站位、开拓创新，紧紧围绕郑州片区定位和核心功能，以"最大限度实现便利化"为目标，积极推进制度创新，在枢纽、通道、网络平台建设等方面取得突破，逐步实现与"一带一路"沿线国家和地区互联互通，基本建立与国际接轨的制度框架。要全面对照国际标准，对接国际贸易规则，创新通关模式，进一步提高通关效率，降低企业通关成本。要在推进郑州片区进一步扩大开放上出台更多、更具体的措施，争取形成更多可复制、可推广的制度创新成果，推动自贸区的改革红利在更大范围内释放。要经过改革探索，努力将郑州片区建设成为投资贸易便利、高端产业集聚、枢纽功能完善、监管高效便捷、辐射带动作用突出的高水平、高标准内陆自由贸易试验区新标杆，建设成为服务于"一带一路"建设的现代综合交通枢纽、全面改革开放试验田和内陆开放型经济示范区，从而更好地推动郑州开放发展，更好地服务郑州国家中心城市建设。

（二）优化提升城市开放交流功能的路径

一是加快完善开放型物流枢纽体系。当今时代，物流枢纽是一座城市对外开放交流的重要基础设施。随着互联网、云计算、大数据、人工智能、区块链等现代信息技术的广泛应用，智慧物流时代已经悄然而至。在资源要素快速流动的现代社会，虚拟的资源要素在智慧互联网中流动，实体资源要素在智慧物流网中流动，二者并行不悖。智慧物流时代的物流枢纽，在理念上同传统物流枢纽有着诸多不同，因此，推进物流枢纽建设首先就要推进理念更新和思维变革。传统的物流枢纽是先有交通运输网络，并由道路交通网络节点形成物流枢纽，它着重强调的是实体网络枢纽，因而在物流枢纽建设实践中，更多的是强调交通枢纽建设。智慧物流时代，则是围绕物流平台创建物流网络，依托物流网络聚集物流，促进资源要素高效流动，也就是依托电商和物流平台聚集各种资源要素，从而形成新型物流枢纽。这就要求人们重新认知物流枢纽，从思想理念上实现从实体型枢纽向智慧型枢纽的转变。智慧物流时代加强物流枢纽体系建设，既要重视和加强交通枢纽（实体型枢纽）建设，进一步完善铁路集装箱中心站、铁路物流基地等进出站场配套道路设施，加快航空货运枢纽以及邮政快递分拨中心等外联专用公路项目建设，推动高铁、公路、航空等综合运输模式的多式联运发展，合理配置实体物流流动的要素配置，同时又要重视和加强新型物流枢纽（智慧型枢纽）建设，运用大数据、云计算、人工智能等现代信息技术，推动与现代物流枢纽对接的多层级的物流网络体系和通道体系建设，以平台化、网络化物流配置模式，实现货物在时间维度上的提前布局，在时空两个维度推动信息流与实物流的集成[1]，构建起具有全球配送能力的跨境物流骨干网。

二是加快推进郑州"枢纽＋开放"体系集成建设。2019年8月召开的郑州市委十一届十次全会在深刻分析郑州比较优势的基础上强调，郑州要发挥交通枢纽优势，走好"枢纽＋开放"的路子，加快建设高水平开放平台。这是郑州市委为深入贯彻落实习近平总书记关于郑州发展的重要指示精神、加快实施交通强国战略，进一步推动郑州更高水平的对外开放、打造内陆开放高地而作出的重大工作部署，理应作为未来一个时期优化提升郑州开放交流功能、加快郑州开放发

---

① 王继祥．现代物流枢纽体系建设理念的创新与变革［EB/OL］．中国物流与采购网，2019－05－23.

展的重点任务来推进。在枢纽方面，要加快推进"航空＋高铁、城铁、地铁、普铁、快速路"立体综合交通节点工程建设，着力解决好机场、铁路的建设和衔接问题；围绕"客运无缝隙零换乘、货运高效率快中转"提高交通组织效率，着力解决好枢纽节点的交通组织问题。同时，还要着力解决好航线利用与货源组织问题，加快组建河南本土航空公司，用好第五航权，大力引进国内外物流集成商、货代商、运输商建设国际物流分拨中心。在口岸方面，要推动海关特殊监管区扩区和功能提升，完善口岸体系，积极申报过境免签，全面落实准入前国民待遇加负面清单管理制度，充分用好电子口岸平台，推进与国内口岸互联互通，不断提升通关便利化水平，最终要努力形成口岸、保税、通关、多式联运、物流金融五大体系联动发展的格局。要按照优化、叠加、整合的原则和集中、集聚、集约的要求，以完善枢纽设施功能为重点，以构建枢纽产业体系为支撑，着力推动"通道＋枢纽＋网络"体系集成，形成强大集成优势，巩固提升郑州国际化综合交通枢纽地位，提升郑州枢纽体系的集疏能力和开放功能，强化枢纽建设引领经济圈、都市圈，进一步增强郑州的辐射力、集聚力和影响力，把郑州建设成为连接全球、融通全球、覆盖全球、影响全球的重要载体，全球化要素资源互联互通、融合集成的功能平台，统筹运用国际国内两个市场、两种资源、两类规则的重要通道。

三是以航空港和国际陆港为依托探索建设内陆无水自由贸易港。自由贸易港是当今世界最高水平的开放形态。[①] 作为目前全球开放水平最高的特殊经济功能区，自由贸易港是对外开放的最高层次，它是自贸试验区的升级版。与自贸试验区相比较，自由贸易港的"自由"范围更广泛，"除贸易自由外，自由贸易港具有更高程度的投资自由、金融自由和人员自由。"[②] 建设自由贸易港的价值和意义，通过制度创新，在离岸金融、离岸贸易以及人员往来等方面实现更高水平的自由化和便利化，促进生产和服务要素在自由流动的基础上实现高效率、高效益的优化配置。建设自由贸易港并不是沿海地区的专利，内陆地区依托空港和陆港也能建成无水港。河南自贸试验区郑州片区交通区位优势明显，在空间上与航空港和国际陆港两大枢纽彼此交叉，再加之五大国家战略叠加，经济腹地广阔，探索建设内陆无水自由贸易港的条件十分优越。要在自贸试验区郑州片区的基础上，依托郑州航空港和国际陆港两大枢纽，积极申建郑州自由贸易港，争取国家赋予更大改革自主权。要坚持以制度创新为核心，大胆试、大胆闯、自主改。要按照先行先试、风险可控、分步推进、突出特色的原则，准确把握郑州发展定

① 习近平. 在庆祝海南建省办经济特区30周年大会上的讲话［N］. 人民日报，2018－04－14.
② 王珍珍，赵富蓉. 自由贸易港建设：内涵、基础及效应分析［J］. 北京工业大学学报（社会科学版），2018（5）：40－49.

位，学习借鉴国际自由贸易港的先进经营方式、管理方法，在内外贸、投融资、财政税务、金融创新、入出境等方面，探索更加灵活的政策体系、监管模式、管理体制，打造开放层次更高、营商环境更优、辐射作用更强的开放新高地，把郑州片区建成现代综合交通枢纽功能突出、具有地方特色、服务于"一带一路"建设的内陆型自由贸易港。

第八章　完善提升郑州人文凝聚功能

　　人文精神是一种普遍的人类自我关怀，表现为对人的尊严、价值、命运的维护、追求和关切，对人类遗留下来的各种精神文化现象的高度珍视。城市人文精神是人赖以生存的精神家园，是区别于其他城市的精神气质和魅力所在。作为城市文化的内核，城市人文精神以人的全面发展作为核心价值追求，表征城市的社会文明程度和现代化水平，体现城市独特的个性、气质、品位和文化内涵，独特魅力，彰显城市卓尔不群的品格与魅力。城市人文精神具有强大的凝聚功能，它能给人以精神上的归属感、凝聚力和感召力，是一座城市发展进步的内生动力。建设郑州国家中心城市，必须大力培育和塑造文明健康向上的郑州人文精神，着力提升城市人文凝聚功能。目前，郑州的人文凝聚功能与建设国家中心城市、承担国家使命的要求还不相适应，还需要进一步优化和提升。在建设国家中心城市的新征程上，郑州要大力弘扬和传承优秀传统文化，积极培育和弘扬社会主义核心价值观，着力打造文化聚集新高地，不断增强郑州的文化软实力，提升郑州的人文凝聚功能。

一、郑州人文凝聚功能的历史发展及现状分析

　　作为一种精神文化现象，任何一座城市的人文精神都是伴随着经济社会发展而逐步形成的，都是历史的产物，这就决定了任何一座城市的人文凝聚功能也只能是历史的产物。对一个城市来说，她的不同历史发展阶段，都会形成与该阶段城市发展要求其相应的人文精神和人文凝聚功能。不同历史时期、不同社会历史条件下形成的城市人文精神和人文凝聚功能，也会呈现出一定的差异和具体特点。在新中国成立以来的 70 年发展历程中，郑州的人文凝聚功能也经历了不断演进的历史过程。回顾这一历史过程，分析人文凝聚功能发展现状，是新时代提

升郑州人文凝聚功能的重要基础和前提。

（一）城市人文凝聚功能理论概述

在西方社会发展演变的历史过程中，逐步形成了"人文"的概念。"人文"一词英文为 humanity，源自拉丁文 humanitas，意为人性、教养。在 15～16 世纪的欧洲，人们开始使用这一概念，其原意是指与人类相关的学问，借以同在中世纪中居统治地位的神学划清界限。随着欧洲文艺复兴运动的兴起，"人文"一词被赋予了了新的含义，由此形成了人文精神，并被人们用来表达这样一种思想体系：尊重人的价值、尊严，把对人类命运的关切作为终极追求。概括起来说，人文精神是人类对自己生存意义和价值的关怀，包含对人的价值的至高信仰，对人类处境的无限关切，并在此基础上凝结而成的人的价值理性、道德情操和精神境界。[1]

在中国，"人文"一词最早出现于《易经》这部传世经典之中。《易经》贲卦的象辞上讲："刚柔交错，天文也；文明以止，人文也。观乎天文，以察时变；观乎人文，以化成天下。"其大意是说，天生有男有女，男刚女柔，刚柔交错，这是天文，即自然；人类据此而结成一对对夫妇，又从夫妇而化成家庭，而国家，而天下，这是人文，是文化。人文与天文相对，天文是指天道自然，人文是指社会人伦。人类社会要生存发展，既要顺应天道自然，让世间万物自然通达，又要注重伦理道德，使人们的行为合乎文明礼仪。所谓人文，是人类文明时代区别于野蛮时代的重要标志。从某种意义上说，人之所以为万物之灵，就在于他有人文，有自己独特的精神文化。

中国人文精神是从中华优秀传统文化中提炼和概括出来的价值观念和思想精髓。中华优秀传统文化是以"人"为主体的文化，人文传统深厚，长期占据主导地位的是人学而不是神学。《周易》中所说的"天行健，君子以自强不息；地势坤，君子以厚德载物"这句话，就是对中华人文精神的最经典概括。"天行健"是指自然万物运动不止，其中蕴含着运动规律。"自强不息"是效法"天行健"这种自然现象、遵循其运动规律产生的人文精神。君子为人处世，也应像天按照天道运行不息一样刚毅坚卓、发奋图强、不屈不挠、永不停息。"地势坤，君子以厚德载物"的意思是：地的气势宽厚和顺，君子应增厚美德，容载万物。能够努力效法大地这种品格的人，有海纳百川、宽厚包容的胸怀，能听进各种不同意见，正确认识和解决各种现实问题，成为有修养的君子。与此同时，中华优秀传统文化中求同存异、和而不同的处世方法，形神兼备、情景交融的美学追

① 李阎魁. 城市发展的科学精神与人文精神——关于城市发展观的思辨［J］. 现代城市研究，2005（6）：52－56.

求、俭约自守、中和泰和的生活理念等，也都是中国人民思想观念、风俗习惯、生活方式、情感样式的集中表达，均体现了中华人文精神。①

城市是人类的一种文化存在，表达和释放着人类巨大的创造欲望和精神力量。在社会发展史上，作为人类走向文明与成熟的标志，城市一经出现，便孕育和生成了一种新的文化情境：城市人文精神。所谓城市人文精神，"是指一个城市通过其市民的行为方式、生活方式和城市的景观体现出来的共同的价值观念。它植根于城市的历史、体现于城市的现实、昭示着城市未来的精神风貌。城市人文精神是引导城市的价值取向，是城市形象建设的导向与核心"。②

作为城市居民智慧的结晶和精神文化的载体，城市人文精神"是在历史文化中形成和发展的，由人类优秀文化积淀、凝聚、孕育而成的精神"③，它是城市的根与魂，其核心是贯穿于人们思维与言行中的信仰、理想、价值取向、人文模式、审美情趣。从本质上说，城市人文精神是指内含在城市文化中的人的价值、境界、理想和道德追求，它积淀着一个城市的历史底蕴、审美情趣、道德价值等内涵，积淀着市民们最深沉、最持久的精神追求和行为准则。作为市民的聚居地，城市是人文精神孕育、形成、发展与传播的重要载体；作为支撑和引领城市发展的文化基因与灵魂，人文精神对任何一座城市来说都是至关重要的。大量历史事实反复证明，一座没有精神引领和文化支撑的城市是没有灵魂的城市，一座缺失终极人文关怀的城市是失去任何魅力的城市。

人文精神是城市发展的文化基因密码，又是城市发展的动力支撑；是城市的特色和魅力所在，同时又表征和展示着城市的文化软实力与核心竞争力。一座城市一旦拥有了这种人文精神，便具有了鲜明的特色和巨大魅力，而这种鲜明的特色和巨大魅力便构成了城市内在的强大凝聚力，便催生了城市人文精神的凝聚功能。

城市人文精神的凝聚功能，是指城市人文精神被城市居民认同后所形成的聚合和凝聚作用。城市人文精神认同，首先是价值观念认同。一个城市所倡导的价值观念，如果能在城市居民中产生共鸣并转化为个人的价值观念，这就为城市将其居民聚合和凝聚起来奠定了思想基础。城市人文精神中所体现的对城市居民的人文关怀，所表现出来的对人的尊严、价值、命运的维护、追求和关切，能够使城市居民在心理上产生强烈的归宿感。这种归宿感一经形成，便会使居民们对这座城市产生发自内心的信任和眷恋，就会自觉地以城市的价值追求作为自己的价

① 张岂之. 努力提炼中华优秀传统文化的精神标识［N］. 人民日报，2019 – 02 – 18.

② 陈宁. 城市人文精神培育中需要避免的几种倾向［J］. 毛泽东邓小平理论研究，2005（2）：77 – 80.

③ 万新平. 人文精神与城市发展［J］. 思考与运用，2006（10）：34 – 35.

值追求，以城市确立的行为规范作为自己的行为准则，并积极地为城市的经济发展与社会和谐做出自己应有的贡献。

城市人文精神之所以具有凝聚功能，根本在于人对社会的依赖性。马克思认为："人是最名副其实的政治动物，不仅是一种合群的动物，而且是只有在社会中才能独立的动物。"① 人对社会的这种依赖，不仅在于人只有依靠社会才能获得他所需要的物质生活资料，而且还在于他在人格上需要得到社会的尊重，他的人生价值需要经由社会才能实现。在现实社会，一个市民生活在城市，不仅需要从城市社会获取生活资料，过上富足的物质生活，更需要从城市社会那里感受到拥有尊严、实现人生价值的愉悦，从而在精神上得到慰藉。对任何一名具有理性的城市市民来说，一个拥有深厚人文底蕴的城市，不仅是其事业发展之地，更是其赖以安置身心的精神归依和"心灵居所"。这种精神归依和"心灵居所"，在一定条件和情形下能够成为把城市居民的意志和力量凝聚起来的"黏合剂"，进而转化为推动城市发展的强大精神动力。

（二）郑州人文凝聚功能的历史演化

任何一个城市的人文精神都是历史的产物，它的内容、形式和特征都是由其产生的时代历史条件所决定的。如同其他城市一样，郑州市的人文精神也是历史的产物，也是在长期的历史文化积淀中、在城市精神文化培育基础上逐步形成的。

郑州位于黄河中下游分界、伊洛河与黄河交汇处，地处河洛文化圈的核心区，是华夏文明的重要发祥地、中国八大古都之一。历史上，夏、商、管、郑、韩建均都于此。这里拥有 8000 年的裴李岗文化、6000 年的大河村文化、5000 年黄帝史诗、3600 年的商都文明，历史文化积淀极其深厚，如图 8 - 1 所示。

河洛文化发端于有"天下之中"美誉的洛河地区。它以"河图洛书"和"二程洛学"为标志，以夏、商、周三代文化为主干，以千年帝都洛阳厚重的都城文化为内核，因此成为中国早期文化中最具代表性和独特内涵的主流文化，并由此确立起作为中华民族根文化与核心文化的不可替代的正统地位。

任何一个国家或民族的主流文化，都无一例外地内含着反映其信仰、人文精神和价值理念的价值观。作为中华民族传统的主流文化，河洛文化同样也蕴含有为其所特有的价值观。在河洛文化的价值体系中，贯穿着决定该文化本质属性与特征的"和合"理念。这一理念是河洛文化首要的和最核心的价值理念，内含着天人合一、和而不同、和合中庸、协和万邦、崇礼尚乐、厚德载物、推己及人

---

① 马克思. 马克思恩格斯选集（第 2 卷）［M］. 北京：人民出版社，2012：684.

等重要思想观念和精神，蕴含有仁爱、向善这样的文化内核和精神因子，表达了河洛文化的最高价值追求，构成了河洛文化的核心价值观。

（a）裴李岗文化（新石器时期文化）

（b）大河村文化

（c）黄帝文化

（d）商都文化

图 8 - 1　郑州历史文明积淀

资料来源：百度图片。

以"和合"理念为核心价值的河洛文化，在历史上对郑州产生了极其深刻的影响，它所倡导的"仁爱中庸""和而不同""和为贵"等思想原则，几千年来贯穿于世世代代郑州民众的宇宙观、社会观、道德观之中，深深融入了郑州人民的血脉之中，体现到郑州这座城市的文化品格和精神气质之中，成为影响和支配郑州人民思想和行为的最核心的文化因子，从而为郑州人文精神的塑造和演变奠定了坚实的精神文化基础。

1923 年 2 月，在中国共产党的领导下，京汉铁路工人为反抗帝国主义和反动军阀的压迫和剥削，奋起举行全线大罢工，并冲破反动军警的阻挠，在郑州举行了京汉铁路总工会成立大会。2 月 7 日，反动军阀吴佩孚在英帝国主义指使下，悍然对罢工工人实行血腥镇压，制造了震惊中外的"二七惨案"。京汉铁路工人大罢工虽然失败了，但却为郑州这座城市注入了新的人文精神内涵，那就是：不畏强敌、不惧牺牲的英勇斗争精神和铁肩担道、勇立潮头的精神。这一精神内涵的注入，使郑州成为举世闻名的"二七"英雄城。

新中国成立后，在中国共产党的培养、教育和引导下，郑州人民为根本改变"一穷二白"的落后面貌，在极其艰苦的条件下建设社会主义，表现出了勤俭节约、艰苦奋斗、团结协作、无私奉献的精神，再为郑州这座城市注入了新的人文精神内涵。

党的十一届三中全会以来，在中国共产党领导和中国特色社会主义旗帜引领下，郑州人民解放思想、实事求是，不断破除传统思想观念和落后的思维定式，逐步树立顺应时代发展的新思想、新观念，勇立潮头、锐意进取，大胆地试、勇敢地改，不断开创郑州市改革开放事业的新局面。

悠久的历史文化表征了郑州昔日的辉煌，同时也曾一度使郑州背上了沉重的历史包袱。党的十一届三中全会后，全国其他地方特别是一些沿海城市思想比较解放，改革开放的步子迈得比较大，经济发展十分迅猛。相比之下，郑州改革开放的步子迈得要小得多，经济发展也滞后得多。20世纪90年代初，郑州市委市政府经过深入反思认识到，郑州改革开放和经济发展之所以严重滞后，根本症结是长期受"左"的思想影响和小农经济旧观念的束缚，使郑州丧失了多次发展良机。郑州的改革开放要进一步深化，现代化建设要跟上时代步伐，当务之急是要找出思想观念上的差距，在解放思想上有大突破。于是，一个启动思想观念"总开关"的热潮在郑州城乡迅即展开。这一热潮核心内容，就是"五破五立"：破除抽象的姓社姓资的思维定式，树立以"三个有利于"为衡量全部工作标准的观念；破除自然经济、计划经济体制下形成的旧观念，树立社会主义市场经济的新观念；破除一切靠本本的旧习惯，树立解放思想和实事求是相统一，一切从实际出发，敢闯、敢试、敢于创新的新观念；破除传统封闭的内陆意识，树立扩大对外开放，以开放促改革、促发展的新观念；破除消极畏难、无所作为、小进即满、小富即安的小农经济思想，树立自力更生、艰苦奋斗、开拓进取、干大事业、求大突破、上大台阶的新观念。从此，郑州的改革开放步伐显著加快，经济发展步入了"快车道"。

党的十八大以来，郑州人民遵循习近平总书记关于"价值先进、思想解放，是一个社会活力的来源"①的教诲，坚持不懈地把解放思想作为解放和发展社会生产力、解放和增强社会活力的总开关，在全面深化改革、发展社会主义市场经济，建设经济更加繁荣、社会更加和谐、环境更加优美、人民更加幸福的社会主义现代化城市的实践中不断开阔眼界、提升素质，主体意识、市场意识、竞争意识、效率意识、改革意识、开放意识、创新意识、科学意识、民主意识、法治意识、生态意识以及公平正义观念不断增强，展示了新时代郑州人的良好精神面貌，为新时代郑州的高质量发展提供了强大动力和精神支撑。

---

① 习近平. 在纪念马克思诞辰200周年大会上的讲话［N］. 人民日报，2018 – 05 – 05.

（三）郑州人文凝聚功能现状分析

党的十八大以来，郑州市坚持以习近平新时代中国特色社会主义思想为指导，高扬中国特色社会主义伟大旗帜，牢牢抓住培育和践行社会主义核心价值观这个根本，把全国文明城市创建作为群众性精神文明创建活动的龙头工程，扎实推进公民思想道德建设，深入开展群众性精神文明创建活动，传承弘扬优秀传统文化，着力塑造城市精神，着力优化人居环境，着力培育文明风尚，有力增强了城市的文化软实力和综合竞争力，辐射带动社会文明整体提升。

"全国文明城市"是国家级的综合性荣誉（见表8-1），是目前国内城市形象的最高标准。党的十八大以来，郑州市坚持以全国文明城市创建作为总抓手，作为党和政府为人民群众办实事的民心工程，并将其纳入全市经济社会发展的战略全局，取得了显著成绩，使郑州市的人文凝聚功能得到有效提升。

表8-1　全国文明城市评选要求

项目	具体要求
市容市貌的要求	（1）规划合理，公共建筑、雕塑、广告牌、垃圾桶等造型美观实用，与居住环境相和谐，能给人以美的享受 （2）街道整洁卫生，无乱张贴（包括牛皮癣）现象 （3）园、绿地、广场等公共场所气氛祥和
市民在公共场所道德的要求	（1）公共场所无乱扔杂物、随地吐痰、损坏花草树木、吵架、斗殴等不文明行为 （2）所有室内公共场所和工作场所全面禁烟，并有明显的禁烟标识 （3）剧院、图书馆、纪念馆、博物馆、会场等场所安静、文明，无大声喧哗、污言秽语、嬉闹现象
城市市民应具备的交通意识	（1）车辆、行人各行其道 （2）机动车让行斑马线，车辆、行人不乱穿马路、不闯红灯 （3）自觉保持交通畅通、不人为造成交通阻塞 （4）车辆、行人服从交警指挥 （5）在交通站点遵守秩序，排队候车，依次上下车 （6）禁止酒后驾车
建立公共场所人际互助关系的要求	（1）公交车上为老、弱、病、残、孕及怀抱婴儿者主动让座 （2）友善对待外来人员，耐心热情回答陌生人的问讯 （3）公共场所主动帮助老、残、弱或其他需要帮助的人

续表

项目	具体要求
市民的满意度要求	（1）群众对党政机关行政效能的满意度＞90% （2）群众对反腐倡廉工作的满意度＞90% （3）全民法制宣传教育的普及率≥80% （4）市民对政府诚信的满意度≥90% （5）市民对义务教育的满意度≥75% （6）市民对见义勇为行为的赞同与支持率≥90% （7）市民种绿、护绿等公益活动参与率≥70% （8）市民对捐献骨髓、器官等行为的认同率≥50% （9）市民对本市的道德模范的知晓率≥80% （10）市民对本地网吧行业形象的满意率≥70% （11）市民对公交站点布局与交通便捷的满意率≥60% （12）群众安全感＞85% （13）科教、文体、法律、卫生进社区活动覆盖率＞80% （14）家庭美德的知晓率≥80% （15）市民对创建工作的支持率＞80%
对窗口服务行业的要求	（1）对窗口行业进行实地考察、随机暗访，主要内容包括服务是否文明规范、投诉机制是否便捷有效等 （2）这些行业包括燃气、供热、自来水、供电、公交、出租汽车、铁路、长途汽车客运站、民航机场、环卫、风景园林、物业服务、邮政、电信、银行、医疗、宾馆、旅行社、商业零售、工商、税务、派出所、交警等

一是坚持以社会主义核心价值观建设为主线。把社会主义核心价值观贯穿文明城市创建的全过程、各方面，在贯穿融入上下功夫，在落细落小落实上下功夫，着力抓好市民素质建设、软环境建设、城市文化建设、社会风尚建设、青少年思想道德建设，积极培育崇德向善、诚信互助的社会风气。

二是坚持全面创建、全域创建、全民创建。紧紧围绕中央提出的"一个全面推进、四个着力提升、建设三个城市"的创建工作总目标、总任务，结合河南省百城建设提质工程，着力抓好全市文明城市创建工作，在深化全国文明城市创建上下功夫，要求各县（市）都在现有基础上，狠抓城市提质、创建提升；在创建过程注重城乡共建，以城带乡，全面加强城市和农村精神文明建设；注重发动群众支持创建、参与创建、监督创建，营造全域共建全民共建的良好局面。

三是坚持法治、德治并重。坚决贯彻落实习近平总书记关于依法治国和以德治国相结合的要求，不断强化问题导向和目标导向，既着力突出思想道德教化的作用，又善于运用法治解决道德领域突出问题和城市治理难题。根据有关法律、法规，结合本市实际，2017年12月21日，郑州市第十四届人民代表大会常务委员会第三十三次会议审议通过《郑州市文明行为促进条例》，为全面提升市民文明素质和城市文明程度提供法律保障。

四是坚持创建为民、创建惠民。全面贯彻以人民为中心的发展思想，积极主动回应市民群众诉求，着力解决与市民群众生活密切相关的热点难点问题。综合运用市场、法律、行政等手段，抓好规划建设，打造合理城市空间，强化精细化管理，积极推进城市清洁行动，突出综合治理，强力整治"脏乱差"，畅通城市交通，创造干净整洁有序环境，加快推进"三级三类"便民服务中心建设，完善城市功能和公共服务，使群众有更多的获得感和幸福感，使郑州日益和谐宜居。

经过持续不懈努力，郑州市创建全国文明城市的常态化、长效化机制逐步完善，确保郑州在创建全国文明城市的道路上砥砺前行：在 2012 年、2013 年中央文明办组织的全国城市文明程度指数测评中，郑州分别位列省会（副省级）城市第 7 名、第 10 名；2014 年，第四批全国文明城市创建之年，郑州深入开展全国文明城市、国家卫生城市、国家园林城市、国家森林城市"四城联创"，形成了强大的创建工作合力。2015 年 2 月 28 日，经中央文明委复查审核确认，郑州蝉联"全国文明城市"荣誉称号；2015 年 11 月 14 日，第五届全国文明城市名单和复查确认继续保留荣誉称号的往届全国文明城市名单公布，郑州市榜上有名，再次蝉联全国文明城市。全国文明城市创建活动的不断深化，推动郑州市"以创建促发展、以创建惠民生"的创建指导原则逐步实现：社会主义核心价值观日益深入人心，广大市民群众对伟大祖国的认同、对中华民族的认同、对中华文化的认同、对中国特色社会主义道路的认同不断增强，城市环境卫生面貌不断改善，城市管理水平、城市文化品位、市民文明素质有效提升，崇德向善、文化厚重、和谐宜居的文明城市日渐凸显，人民群众的获得感和幸福感不断提高，人文凝聚力不断增强。一个"博大、开放、创新、和谐"的郑州展现在世人面前。

新时代的郑州已成为享誉全国的大爱之城，2013～2015 年，连续三年都有来自郑州的人物感动中国：2013 年的"苍生大医"胡佩兰、2014 年的"中国好邻居"陇海大院、2015 年"卖唱育孤"的王宽家。连续三年产生"感动中国"人物，这在全国也是绝无仅有的。好人凝聚中国力量，好人引领道德风尚。有专家评论说，郑州之所以连续三年"诞生"感动中国年度人物，是因为郑州有更多的好人作基数保障，所谓"高山丈群峰"，也就是说郑州好人多，因此每年才会有特别典型的好人感动中国。① 也有专家点评说，郑州连续 3 年"诞生"感动中国人物，形成了"郑州现象"。"郑州现象反映了郑州城市品位的提高、人文素质的提升、软环境的优化、城市品牌形象的提升，城市实力的增强。"② 这些

① 宋晓珊. 郑州人连续 3 年感动中国全国唯一 郑州现象获赞［N］. 河南商报，2016 - 02 - 19.
② 王新昌. 郑州好人连续 3 年"感动中国"引专家热议：反映了城市品位的提高［N］. 大河报，2016 - 02 - 19.

年来，从陇海大院到王宽家，从不失信于顾客的"鸡蛋哥"到寒风中等待失主的环卫工肖梅花……郑州不断涌现出"好人好事"。一次次善行、一件件义举，让崇德向善的好人故事在郑州传扬。争做"郑州好人"已经成为一种社会现象，成为传递正能量的新名片，郑州这座城市也已成为道德建设的高地，成为阿里巴巴天天正能量大数据排名首位的城市。

随着经济的高质量发展和城市文明程度的不断提高，郑州的吸引力和凝聚力日益增强。在 2017 年中国主要城市人口吸引力排名中（见图 8-2），郑州市名列第 10 位，其人口吸引力指数为 3.789。在 2017 年中国各省会城市人口吸引力排名中（见图 8-3），郑州市居第 4 位，居前 3 位的城市分别是广州市、成都市、杭州市。

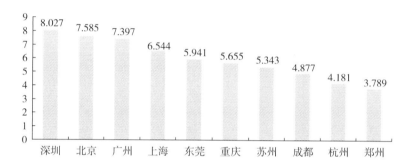

图 8-2 2017 年主要城市人口吸引力排名 TOP10

资料来源：根据公开资料整理。

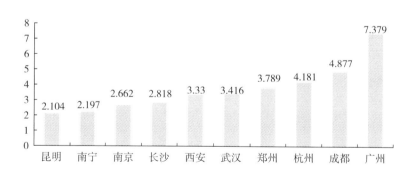

图 8-3 2017 年省会城市人口吸引力排名 TOP10

资料来源：根据公开资料整理。

二、完善提升郑州人文凝聚功能的意义和重点

城市人文凝聚功能，是用先进城市文化的核心部分把城市内部各要素凝聚在一起从而形成向心力的功能。当今时代是一个以文化论输赢、以文明比高低、以精神定成败的时代。一个城市的人文凝聚功能，是该城市文化软实力的基础要素和重要构成，更是其经济社会发展的助推器。完善提升城市人文凝聚功能，对于正在加快建设国家中心城市的郑州来说，既非常重要又十分迫切。要深入分析研判目前郑州人文凝聚功能现状，明确重点，补齐短板，强化优势，着力完善提升郑州人文凝聚功能。

（一）优化提升郑州人文凝聚功能的意义

第一，优化提升郑州人文凝聚功能是推进郑州经济高质量发展的迫切要求。所谓"人文"，说到底是一种观念的、道德的、文化的观念的、道德的、文化的东西。历史唯物主义认为："物质生活的生产方式制约着整个社会生活、政治生活和精神生活的过程。不是人们的意识决定人们的存在，相反，是人们的社会存在决定人们的意识。"① 社会存在决定社会意识，意识对存在具有能动作用。意识不仅能够正确反映客观事物，还突出地表现在意识能够反作用于客观事物。习近平总书记强调说："辩证唯物主义虽然强调世界的统一性在于它的物质性，但并不否认意识对物质的反作用，而是认为这种反作用有时是十分巨大的。我们党始终把思想建设放在党的建设第一位，强调理想信念是共产党人精神上的'钙'，强调'革命理想高于天'，就是精神变物质、物质变精神的辩证法。"② 现在，郑州建设国家中心城市，根本任务是发展社会生产力，实现经济高质量发展。发展社会生产力，实现经济高质量发展，优化人文凝聚功能、提升文化软实力很重要。任何城市都是由人的集聚形成的，都是人的城市。城市的主体是人，城市的发展靠人。没有人，就没有了城市。莎士比亚甚至说："城市即人。"一部城市发展史不仅是社会生产力发展的历史，同时也是人的自由度与幸福感不断提升的历史。人才是城市高质量发展的核心竞争力。一个城市如果缺失人文关怀，缺失人本化、个性化的公共服务，缺失开放包容、民主平等的社会氛围，不能满足人们对美好生活的追求，靠什么把更多的人才吸引和集聚过来？而缺失了

---

① 马克思. 马克思恩格斯选集（第2卷）［M］. 北京：人民出版社，2012：2.
② 习近平. 在十八届中央政治局第二十次集体学习时的讲话［N］. 人民日报，2015 – 01 – 25.

人才，又怎么能够实现经济高质量发展？新时代城市的发展与竞争，已经进到以文化论输赢、以文明比高低、以精神定成败的阶段。新时代郑州要实现经济高质量发展，优化城市人文凝聚功能，提升文化软实力，不仅是必要的，而且是非常迫切的。

第二，优化提升郑州人文凝聚功能是增强郑州文化软实力的迫切要求。文化是一个城市的独特标识。"世界浪漫之都"的法国巴黎，之所以具有令人向往的无穷魅力，并不在于其拥有多么发达的工商业，而在于这座城市塞纳河畔那璀璨迷人的历史文化和艺术，在于这里曾经哺育了莫里哀、雨果、巴尔扎克和大小仲马等文学艺术大师。文化软实力代表的是文化和意识形态吸引力，是现代城市竞争体系的核心组成部分。文化软实力不仅涵盖着市民的思想境界、道德情操、人格气节，彰显着城市的文化自觉、文化自信、文化自强，而且还体现着城市的凝聚力、向心力、创造力，关系着城市的荣枯兴衰。一个名副其实的国家中心城市，必须要有比一般中心城市更加强大的文化软实力。为了在日趋激烈的竞争中赢得主动权，各国家中心城市都把提升文化软实力作为高质量发展的重大战略任务。郑州市尽管历史文化底蕴深厚，并且经过多年努力，文化软实力也有较大提升，但与先进国家中心城市相比，文化软实力仍处于弱势地位，与郑州作为国家中心城市的地位还不相称。从上海华顿经济研究院发布的 2019 年中国软实力百强城市排行榜来看，在 9 个国家中心城市中郑州市综合分值为 63.81，排在第 8 位，属最弱者之一（见图 8 - 4）。造成郑州城市文化软实力不强的原因很多，但城市人文凝聚功能不强是其中的一个重要原因。文化软实力体现一个城市的影响力、凝聚力和感召力，而推动形成这种影响力、凝聚力和感召力的核心力量则是该城市的人文凝聚功能。一个城市的人文凝聚功能越强，那么其文化软实力也就越强。郑州要提升自己的文化软实力，加快推进国家中心城市建设，必须着力强化和提升自己的人文凝聚功能。

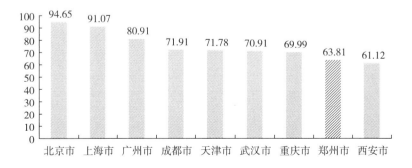

图 8 - 4　2019 年国家中心城市中国软实力排名
资料来源：根据上海华顿经济研究院发布的 2018 年中国软实力百强城市排行榜整理。

第三，优化提升郑州人文凝聚功能是强化社会治理、打造品质之城和幸福之城的迫切要求。推进城市社会治理体系和治理能力现代化，是加快国家中心城市建设的关键要件和应有之义。根据郑州市人民政府发布的《郑州建设国家中心城市行动纲要（2017—2035 年）》，郑州建设国家中心城市的远期目标是建成富强民主文明和谐美丽的社会主义现代化强市。实现这一目标，必须着力强化市域社会治理，推进市域社会治理现代化。强化社会治理，既要善于以法治思维、法治方式处理和解决突出的社会矛盾和问题，更要善于通过构建和优化市域社会德治体系，从源头上预防和治理社会矛盾问题。从现实情况看，目前影响市域社会和谐稳定，影响市民群众安全感、获得感、幸福感的突出矛盾和问题仍然存在。造成这些突出矛盾和问题的重要原因之一，就是片面追求经济增长，而在一定程度上忽视人文环境的营造。历史经验证明，对于一个中心城市而言，单向度的经济发展无疑是畸形的发展。在这种发展语境下，一些人会因过度追求金钱和商业目的而迷失自己。城市发展一旦"屈从于商业目的，追求的是通俗、刺激和时髦，考虑的是市场规模和效益和重复盈利机会，发展文化成了一本'生意经'，所谓主流文化就只能与清贫相伴，经受着销蚀与冲击，有着被蚕食甚至根本毁灭之虞。"[①] 一个城市的发展水平和现代化水平，绝不是 GDP 总量所能代表的，如果缺失自己的文化，缺失强有力的精神支撑，便会成为文化的荒漠和没有灵魂的躯壳。在这样一个城市中生活，人们就很难会有什么安全感、获得感、幸福感。郑州要强化社会治理，打造品质之城、幸福之城，建成富强民主文明和谐美丽的社会主义现代化强市，必须坚持依法治国和以德治国相结合，注重发挥道德的教化作用，树立鲜明道德导向，弘扬美德义行，引导全社会崇德向善，自觉践行社会主义核心价值观，提高全社会文明程度，为经济高质量发展创造良好的人文环境。

（二）优化提升郑州人文凝聚功能的重点

一是加快推进郑州经济高质量发展。按照历史唯物主义的观点，作为一种观念的、道德的、文化的精神层面的东西，人文属于上层建筑，它的形成、发展及其演变，最终是由经济基础决定的。上层建筑主要由观念的上层建筑和政治的上层建筑两部分组成。无论是观念的上层建筑还是政治的上层建筑，都是建立在一定的经济基础之上的。经济基础不仅是上层建筑赖以形成的根源，而且还是经济基础发展变化的决定因素。"随着经济基础的变更，全部庞大的上层建筑也或慢或快地发生变革。"[②] 人文精神作为观念的上层建筑，尽管对经济基础具有一定

① 汤茂林．注重城市化的"质"[J]．城乡建设，2001（4）：33.
② 马克思．马克思恩格斯选集（第2卷）[M]．北京：人民出版社，2012：3.

的反作用，但是它的存在和发展毕竟依赖于一定的经济基础。因此，我们加强人文精神建设，必须同时大力推进经济建设。人文精神建设和经济建设，二者相互联系、相互促进、相辅相成。经济建设可为人文精神建设提供必要的物质条件和经济基础，人文精神建设则能够为经济建设提供必要的精神条件和发展动力。习近平总书记指出："一个没有精神力量的民族难以自立自强，一项没有文化支撑的事业难以持续长久。"① 他还强调说："实现我们的发展目标，不仅要在物质上强大起来，而且要在精神上强大起来。"② 郑州要全面推进国家中心城市建设，既要努力创造"仓廪实衣食足"的物质生活，还要着力营造"知礼节知荣辱"的社会风气，为此，必须做到人文精神建设和经济建设两手抓，两手都要硬。应当说，郑州市与其他先进的国家中心城市相比，文化软实力总体处于弱势地位，既有人文精神建设亟待加强的因素，更有经济发展相对滞后的因素。因此，要优化提升郑州人文凝聚功能，增强郑州文化软实力，既要切实加强人文精神建设，同时还必须着力推进经济高质量发展。

二是积极引导全社会大力弘扬和自觉践行社会主义核心价值观。中国人看待世界、看待社会、看待人生，有着自己独特的价值体系。以"三个倡导"为主要内容的社会主义核心价值观，把涉及国家、社会、公民的价值要求融为一体，体现了马克思主义道德价值学说的本质要求，传承了中华优秀传统文化，同时也吸收了有益的世界文明成果，彰显出鲜明的时代精神。人无精神不立，城无精神不兴。培育和践行社会主义核心价值观，对于郑州优化人文凝聚功能、提升文化软实力、推进国家中心城市建设，具有极其重要的意义。核心价值观是一个城市赖以维系的精神纽带，是整个市域社会共同的思想道德基础。如果没有共同的核心价值观，这个城市就会魂无定所、行无依归。一个城市的文化软实力和人文凝聚力，从根本上说，取决于其核心价值观的生命力、凝聚力、感召力。一个城市的文明进步和发展壮大，需要一代又一代人接力努力，需要很多力量来推动，核心价值观是其中最持久最深沉的力量。一个城市要发展进步不能缺失文化。文化城市的灵魂，而价值观则是文化的核心。这是决定文化性质和方向的最深层次要素。人们愈加清晰地认识到，一座没有精神和文化的城市是没有魅力和吸引力的；人文精神的高扬，将最终决定一个城市的凝聚力、影响力和辐射力。核心价值观承载着一个城市及其市民的精神追求，体现着一个市域社会评判是非曲直的价值标准。如果一座城市缺失正确的核心价值观，大家莫衷一是，行无依归，那么这座城市便会迷失前进方向，导致市域社会丑态百出。习近平总书记指出："培育和弘扬核心价值观，有效整合社会意识，是社会系统得以正常运转、社会

① 习近平. 在同各界优秀青年代表座谈时的讲话［N］. 人民日报，2013 - 05 - 05.
② 习近平. 在同全国劳动模范代表座谈时的讲话［N］. 人民日报，2013 - 04 - 29.

秩序得以有效维护的重要途径，也是国家治理体系和治理能力的重要方面。"他还强调说，这是"文化软实力建设的重点"。他明确提出，必须"把培育和弘扬社会主义核心价值观作为凝魂聚气、强基固本的基础工程"①。因此，郑州要完善人文凝聚功能，提升文化软实力，同样也必须把培育和弘扬社会主义核心价值观作为基础工程来重点加以推进。

三是切实做好黄河文化保护传承弘扬这篇大文章。2019年9月18日，习近平总书记在郑州主持召开黄河流域生态保护和高质量发展座谈会时深刻阐明了保护传承弘扬黄河文化的重要性和必要性。他指出："黄河文化是中华文明的重要组成部分，是中华民族的根和魂。要推进黄河文化遗产的系统保护，守好老祖宗留给我们的宝贵遗产。要深入挖掘黄河文化蕴含的时代价值，讲好'黄河故事'，延续历史文脉，坚定文化自信，为实现中华民族伟大复兴的中国梦凝聚精神力量。"② 黄河文化是博大精深的中华主流文化，凸显着中华民族的文化自信和民族凝聚力。作为中华民族的优秀传统文化，黄河文化内涵极为丰富，涵盖政治经济、文学艺术、伦理道德和社会习俗等诸多领域，其中所包含的天人合一的宇宙观、协和万邦的国际观、和而不同的社会观、人心和善的道德观，对中华民族的民族性格、民族精神和民族习俗产生了深刻影响。正是黄河文化，成就了中国在世界上文明古国、礼仪之邦的地位。黄河文化在本质上是一种如何立德树人的文化。作为黄河文化的核心价值理念和基本要求，"仁、义、礼、智、信"的基本道德规范，"厚德载物""自强不息"的人文精神，铸就了中华民族贵和尚中、善解能容、厚德载物、和而不同的"和合"民族品格。这些极富生命力的文化内核和因子，至今仍对弘扬人文精神具有重要吸收借鉴价值。郑州所处的独特地理区位和黄河文化形成发展中居于的特殊历史地位，使其对保护传承弘扬黄河文化义不容辞，并在其中居于引领地位。要充分发挥郑州的这些比较优势，坚持以习近平总书记在黄河流域生态保护和高质量发展座谈会上的重要讲话精神为引领，勇于担当、积极探索，在推进黄河文化遗产系统保护的同时，深入挖掘黄河文化蕴含的时代价值，积极吸收借鉴其思想精华和宝贵文化因子，并将其融入人文精神的培育和塑造中，把老祖宗留给我们的这笔宝贵遗产切实利用好、发展好，以此来推进郑州文化软实力建设，优化提升郑州的人文凝聚功能，使古老的黄河文化在郑州国家中心城市建设实践中放射出更加璀璨的光彩。

---

① 习近平. 在十八届中央政治局第十三次集体学习时的讲话［N］. 人民日报，2014 - 02 - 26.
② 习近平. 在黄河流域生态保护和高质量发展座谈会上的讲话［N］. 人民日报，2019 - 09 - 20.

三、优化提升人文凝聚功能的任务和路径

进入新时代，郑州发展面临着新的机遇和挑战，也肩负着更大的使命和担当。为全面贯彻以习近平同志为核心的党中央对郑州建设国家中心城市、打造高质量发展区域增长极的决策部署，中共河南省委站位全省发展大局，深入分析郑州面临的形势和任务，对郑州提出了"在全省发挥更大辐射带动作用、在全国同类城市竞争中形成更多比较优势、在国际上赢得更大影响力""发展高质量、城市高品位、市民高素质"目标要求。推进郑州文化软实力建设，优化提升郑州人文凝聚功能，实现经济高质量发展是基础，提升城市品位是核心，提高市民素质是关键。要进一步明确任务和路径，加快提升郑州人文凝聚功能，着力增强郑州的文化软实力。

（一）优化提升城市人文凝聚功能的任务

一是推动郑州经济高质量发展，着力打造高质量发展区域增长极。进入新时代，我国经济发展由高速增长阶段转向高质量发展阶段。习近平总书记从优化全国区域经济布局的战略高度，深刻分析我国经济发展的空间结构正在发生的深刻变化，依据区域经济发展分化态势明显、发展动力极化现象日益突出的趋势，对郑州等大城市明确提出了发挥比较优势，构建高质量发展的动力系统，形成推动高质量发展的区域增长极，强化国家中心城市带动作用，推动沿黄地区中心城市及城市群高质量发展的要求。高质量发展是体现新发展理念的发展，是更有效率、更加公平、更可持续的发展。推动高质量发展是新时代郑州做好经济工作的根本要求。实现经济高质量发展，推动形成更高水平的高质量发展区域增长极，既是郑州贯彻落实习近平总书记提出的以人民为中心的发展思想、完成中央赋予郑州支撑全国区域经济发展新使命的必然要求，也是郑州遵循客观经济规律、实现自身发展、造福本市人民的内在要求。实现经济高质量发展是优化提升郑州人文凝聚功能的重要基础。没有经济的高质量发展，优化提升人文凝聚功能就会失去基础支撑，就会成为一句空话。要深入贯彻习近平总书记视察河南重要讲话和在中央财经委第五次、第六次会议重要讲话精神，把牢"贯彻落实黄河流域生态保护和高质量发展、中部地区崛起、对外开放国家战略，加快国家中心城市建设，加快形成更高水平的高质量发展区域增长极"这一主线，坚持新发展理念和以人民为中心的发展思想，坚持省委赋予郑州的"三个在"的目标定位，坚持

从国家战略布局、从经济发展极化视角思考、研判和谋划郑州发展，坚持目标引领、对标标准、问题导向、担当作为，更加注重深化改革开放激活发展动力，更加注重提高城市经济和人口承载力，更加注重经济稳增长、发展高质量，更加注重民生改善、增进群众获得感，在谱写新时代中原更加出彩绚丽篇章中奋勇争先。

二是牢固树立经营城市的理念，着力提升郑州市的城市品位。所谓"城市品位"，是指由城市空间、城市布局、历史文化、建筑风格、城市环境、城市景观等城市内部要素，经过长期发展而形成的一种潜在的和直观的综合素质反映，是城市整体风貌的艺术概括。城市品位体现着城市的时代价值与历史地位，反映着城市的对外形象与个性品牌。高品位的城市对集聚人才、资金、信息和技术，增强城市的吸引力和竞争力，推动城市经济文化协调发展具有独特的作用。[①] 城市品位是城市人文魅力的重要构成要素，展现城市的独特人文魅力。城市品位的高或低，关系城市人文凝聚力的强与弱，关系城市现代化国际化的历史进程。一个城市的人文环境改善了，城市品位和层次提高了，才能有力提升城市的凝聚功能，才能把更多的人才、技术、资本、信息等资源要素吸引和聚集过来，从而推动这个城市更快更高质量地发展。建设国家中心城市，打造更高水平的高质量发展区域增长极，迫切要求郑州必须加快提升城市品位，改善和优化人文凝聚功能。要牢固树立经营城市理念，尊重城市发展规律，统筹空间、规模、产业三大结构，统筹规划、建设、管理三大环节，统筹改革、科技、文化三大动力，准确把握规划的核心要义是功能，明确城市功能定位，积极推进"多规合一"，通过规划建设改善城市形象，通过人文传承提升城市品位，着力增强城市居民获得感，着力提升城市软实力和综合竞争力；准确把握城市建设的核心要义是品质，按照耐用、经济、绿色、美观这一城市品质的本质要求，突出环境品质、公共服务品质、项目品质，努力把郑州打造成为具有无穷魅力和吸引力、凝聚力的品质之城。

三是牢牢抓住城市人文建设的关键，着力提高市民素质。市民素质在一定程度上反映一个城市的整体文明程度，反映一个城市的文明形象和精神风貌。市民素质整体水平的高低，直接决定一个城市人文品位的高低，影响和制约着一个城市的发展进程与现代化走向。市民素质提升属于城市人文建设层面，是城市人文建设的题中应有之义。广大市民向往的美好生活，不仅是仓廪实衣食足，而且要精神文化生活丰富。良好的城市人文环境，对于一座城市来说，是一种无形的生产要素，是一种重要的发展资本。未来大城市之间的竞争，人的竞争是重要方

① 杨林防. 对提升城市文化品位的思考［J］. 重庆建筑，2004（1）：54－55.

面。在新一轮的城市发展中，必须更加重视人文素质提升，切实增强城市软实力。只有人文环境好的城市，才有吸引力和竞争力，才能在新一轮的开放发展中占据主动、抢得先机。市民是城市人文建设的主体，又是城市人文建设的受益者和根本落脚点。提高市民素质，既是推进城市人文建设的内在需要，又是增进市民福祉的必然要求。如果只有完善的城市硬件，而没有良好的市民素质，那么这个城市的人文环境就是有缺陷的，势必会对市民的获得感、幸福感、安全感产生一定影响。因此，加强城市人文建设，优化提升城市人文凝聚功能，核心是提高市民素质，关键也在提高市民素质。郑州是国家支持建设的国家中心城市，正在着力提升城市的国际化水平。加快郑州国家中心城市建设和国际化进程的一个重要方面，就是进一步加强市民道德文化建设，提升市民人文素质。尽管经过这些年来的建设和发展，郑州市民的人文素质得到明显提高，有力地提升和优化了郑州的城市人文环境和整体文明程度，但是与一些先进国家中心城市相比，还存在着很大的提升空间，还有许多工作需要加快去做。要进一步深入贯彻落实习近平总书记关于"坚持物质文明和精神文明两手抓两手硬"的指示精神，进一步强化问题导向，拉高工作标杆，采取有针对性的措施补齐短板，努力提升郑州人文建设工作水平，不断提升群众的幸福感和获得感。

（二）优化提升城市人文凝聚功能的路径

郑州人文凝聚功能提升路径如图 8 – 5 所示。

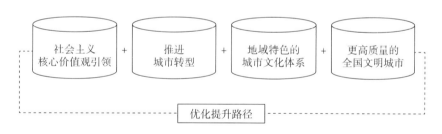

图 8 – 5　郑州人文凝聚功能提升路径

一是以社会主义核心价值观引领全市思想道德建设。国无德不兴，人无德不立。道德是社会关系的基石，是人际和谐的基础。一个市民思想道德素质低下的城市，必然是秩序紊乱、发展缓慢甚至停滞的城市。加强郑州城市人文建设，优化提升城市人文凝聚功能，必须把加强全体市民的思想道德建设摆在更加重要的位置切实抓紧抓好，以此来激发市民形成善良的道德意愿、道德情感，培育正确的道德判断和道德责任，提高道德实践能力尤其是自觉践行能力，引导市民向往和追求讲道德、尊道德、守道德的生活，形成向上的力量、向善的力量。加强思想道德建设，必须坚持以社会主义核心价值观为引领。"人类社会发展的历史表明，对一个民族、一个国家来说，最持久、最深层的力量是全社会共同认可的核心价值观。核心价值观，承载着一个民族、一个国家的精神追求，体现着一个社会评判是非曲直的价值标准。"① 要紧密结合郑州实际，进一步深化社会主义思想道德建设，弘扬中华传统美德，弘扬时代新风，用社会主义核心价值观凝魂聚力，为加快国家中心城市建设提供源源不断的精神动力和道德滋养。要抓好市民文明素质提升这个关键，广泛开展"文明出行、文明旅游、文明服务、文明礼仪、文明餐桌"系列活动，大力加强社会公德、职业道德、家庭美德、个人品德建设，加强未成年人思想道德建设，让文明成为市民发自内心的思想自觉和行为自觉。

二是以城市有机更新为抓手，加快推进郑州城市转型。城市是一个有机体，也是鲜活的生命体。与其他生命体一样，城市同样也会有年幼与成熟、兴盛与衰老的生命轮回。于是，推进城市有机更新便成为促使城市再生与复兴的重要路径和手段。城市的生命在于其不断进发的活力，城市有机更新是城市永恒的主题。近年来，郑东新区发展得很快，极大地提升了郑州的城市品位，增强了郑州的吸引力和凝聚力。但同时也要看到，郑州毕竟是一个历史文化底蕴非常深厚的城市，有大片老城区亟待更新改造，城市有机更新的任务很重。有序推进城市有机更新，加快城市转型，是优化郑州人文凝聚功能的内在要求。要坚持以城市有机更新为抓手，把郑州的历史文化主干立起来，推动经济发展质量高起来，把群众美好生活展现出来，加快推进中心城区转型升级、变优变强，展现出中原古都的新魅力、新活力。要重点解决好城中村改造、环境整治、城镇发展、项目布局等问题，着力推进城市转型。要坚持把城中村改造作为城市转型的关键抓手，联动推进旧住宅区、旧厂区、旧市场搬迁改造，全面打造"三改一拆"的升级版。要依托优越的地理位置，大力提升基础设施，通过空间资源的重新配置，提高空间品质，营造特殊的场景，营造人性化有温度的城市。在城市有机更新中要切实加强对历史文化的挖掘和传承，进一步加强对郑州历史文化的传承保护和利用，强化文化研究、价值提炼，切实把历史文化挖掘出来、展示出来。保护城市历史遗存，就是保护城市独有的个性。要切实加强对郑州二砂、棉纺织工业遗产的保护，留住人们对城市历史文化的记忆，让人们能记得住"城愁"。

三是加快构建具有郑州地域特色的城市文化体系。城市实力靠经济，城市品位靠文化。一座城市的存在与延续，是靠历史文化积淀不断延伸的。文化是城市的生命和灵魂，是城市的内核和形象。文化传承着城市记忆，提炼着城市精神，构成一座城市独特的凝聚力和强劲的竞争力。城市不仅是文明的载体，也是文化

① 习近平. 习近平谈治国理政 [M]. 北京：外文出版社，2014：168.

的容器。在英国社会学家麦克·费瑟斯通看来，城市总是有自己的文化的，它们创造了别具一格的文化产品、人文景观、建筑与独特的生活方式。城市中那些空间构形、建筑物的布局设计，本身恰恰是具体文化符号的表现。① 一座城市的伟大，不在于高楼林立，而在于有文化、有精神、有品质。城市的发展特别是城市品位的提升，最终落点是城市的人文气质和风骨。一个具有人文气质和风骨的城市，应该具备深厚的文化积淀、浓郁的文化氛围、美好的城市形象。要把郑州打造成这样一个具有人文气质和风骨的城市，推动城市人文凝聚功能优化提升，必须在城市规划设计和建设方面狠下功夫，进一步丰富城市文化内涵，不断扩大城市文化外延，着力构建城市文化体系。要切实把握好文化形态与文化精神的统一、文化创新与文化传承的统一、文化开发与文化保护的统一、外来文化与本土文化的统一、市政文化与市民文化的统一，坚决走出以往文化建设"千城一面"的怪圈，着力塑造具有郑州地域特色的城市风貌。要找准属于郑州的文化特质和文化定位，把握郑州的文化特征，通过建设和保护，丰富和强化郑州独特的个性、品位和文化内涵，进一步彰显郑州卓尔不群的风格与魅力，使郑州这座古老的城市永葆鲜明的特色、鲜活的灵魂和蓬勃的生机。要切实做好文化建设的"加法"，精心提炼郑州丰厚文化遗产的精神内核，讲好华夏文明流传有序、生生不息的文化故事，传承好具有中原文化特征的城市文脉。

四是坚持创建为民、创建利民、创建靠民，努力创建更高水平、更高质量的全国文明城市。文明是一个城市闪亮的名片，更是城市鲜明的精神底色，彰显着城市的品位与魅力。全国文明城市是综合性最强、含金量最高的荣誉，反映了一座城市的发展水平、综合实力和市民素质，是一个城市吸引人的金字招牌，是增强城市软实力、优化提升城市人文凝聚力的有效载体。党的十八大以来，郑州市坚持以习近平新时代中国特色社会主义思想为指导，认真贯彻落实党中央和省委关于精神文明建设工作的决策部署，深入开展创建为民、创建惠民、创建靠民，不断将精神文明建设推向更高水平，取得了令人欣喜的累累硕果：自感动中国人物评选以来，先后有 16 位河南人（集体）登榜，其中 9 名来自郑州，特别是2013 年以来，郑州人更是连续三年获得"感动中国人物"。文明郑州所展现出的大爱、品格与力量，充分彰显了这座城市深厚的文明底蕴。良好的市民素质、优美的城市环境、良好的公共秩序，不仅使郑州的文明形象享誉海内外，也使郑州实现了全国文明城市"三连冠"。文明创建只有起点，没有终点，永远在路上。要以先进标杆城市的标准要求为准绳，认真找差距，补齐短板，持续深化群众性精神文明创建活动，围绕在全国立标杆、做示范的目标定位，在高起点上建设更

---

① ［英］麦克·费瑟斯通. 消费文化与后现代主义［M］. 南京：译林出版社，2000：139.

高水平的全国文明城市，力争实现全国文明城市"四连冠"，为郑州国家中心城市建设和高质量发展提供坚强思想保证、强大精神动力、丰润道德滋养和良好文化条件。要切实增强责任感、紧迫感，不断推进文明创建工作水平提升、成效显现。要注重创建方式方法，坚持问题导向、效果导向，与改进城市管理、改善人居环境"三项工程、一项管理"相结合，突出重点领域、关键环节，把功夫下在平时，把创建渗透到各个行业、各个环节。要加强组织领导，强化责任落实，层层压实责任，坚持"块抓条保、以块为主"。各区县（市）要按照属地管理原则，主动承担，做到守土有责、守土负责、守土尽责；市、区两级职能部门要下沉力量，真正发现问题、解决问题；要严格落实牵头部门、责任部门、协同部门责任，推进全国文明城市创建工作常态长效。要加大宣传力度，推进文明创建进街道、进社区、进校园，不断提高群众的知晓率、参与率和支持率，积极营造全民创建的浓厚氛围。

五是坚持问题导向和目标导向，切实强化郑州城市精细化管理。提升城市品位，塑造城市文明形象，优化城市人文凝聚功能，离不开卓有成效的城市管理。城市管理事关市民生活品质和城市形象品位。城市管理的精细化程度，决定着一个城市文明形象和品位提升的实际成效。要牢固树立新发展理念和以人民为中心的发展思想，切实按城市发展规律办事，把城市管理工作摆在更加突出的位置，拉高标杆、完善机制、加大投入，做好城市精细化管理大文章，彻底改变粗放型管理方式，努力改善和优化城市环境，为市民群众提供精细化的城市管理，让老百姓有更多获得感。加强城市管理，不能光看数据成绩，更要看标准水平；不能关起门来自娱自乐，重在百姓直观感受。深化城市精细化管理，必须树牢"城市管理无小事"的理念，强化"只有起点没有终点"的意识，从一点一滴、一时一刻抓起，努力让郑州彻底告别"脏乱差"。要强化体制机制保障，不搞突击、不打运动战，着力推进常态化管理。城市管理是一项庞大的系统工程，要突出系统性、协调性、整体性、科学性，积极创新城市管理的体制机制、方式方法。要处理好顶层设计和分级管理的关系，加强市级标准、考核、制度统筹，推进执行操作重心下移，做到管而不死、放而不乱。要处理好建设与管理的关系，牢固树立城市管理重于建设的理念，做好建管结合文章，让建设更好地为管理创造条件。要处理好执法手段和经济手段运用的关系，既要强调严管，又要发挥价格诱导机制作用，加快公共资源周转使用。搞好城市管理是城市政府的基本职能。要加强组织领导，强化部门联动，强化评选考核，形成城市管理的良好工作导向。要加大财政投入力度，确保城市基本运行和日常维护需要。要加强执法能力建设，抓好城管队伍建设，严字当头抓好管理，做到依法文明执法，全面提升城市管理与执法工作水平。

第九章　完善提升郑州生态宜居功能

　　城市是人类文明的最大成果，是人类聚居的高级形式。人们向城市集聚，是为了追求更加美好的生活。满足人们追求宜居、舒适、安全的人居环境，不断提升人居环境的生态宜居性，是当今世界城市发展的历史趋势和根本方向。建设生态宜居城市，是新时代中国人民对美好生活的向往，是在城市建设中贯彻以人民为中心的发展思想、践行"绿水青山就是金山银山"理念、坚持生态优先绿色发展之路的生动体现，同时也是实现人与自然和谐共处和城市可持续发展的必然要求，是推进美丽中国建设的一项重要内容。生态宜居既是推进国家中心城市建设必须遵循的重要原则，更是国家中心城市不可或缺的重要功能。建设国家中心城市，不仅要有坚实的产业基础、强劲的创新能力、完善的交通设施、丰富的文化内涵，还必须要有生态宜居的人居环境。目前，郑州的人居环境在生态宜居性方面尚有着诸多亟待补齐的短板，与中央的要求和人民的期待还存在较大的差距。要全面贯彻以人民为中心的发展思想和"绿水青山就是金山银山"的核心理念，更加注重人文关怀，更加注重人与自然和谐共生，更加强调尊重自然、顺应自然、保护自然，把城市建设成绿色、包容、和谐、群众安居乐业的有机生命体，着力营造宜居、舒适、安全的人居环境，为把郑州打造成为生态宜居的国家中心城市而努力。

一、郑州生态宜居功能的历史发展及现状分析

　　作为人类工作劳动、生活居住、休息游乐和社会交往的空间场所，城市人居环境是一个拥有多种功能的有机综合体。城市人居环境的形成和发展演变，是社会生产力的发展及其所引起的生存方式变迁的结果。这就告诉我们，一个城市的生态宜居功能也不是从天上掉下来的，更不是一成不变的，而是随着生产力发展

和生存方式变迁而逐步形成和不断演变的。与其他城市一样，郑州的生态宜居功能也经历了一个不断发展和演变的历史过程，并在不同的历史时期呈现出不同的阶段性特点。优化提升郑州国家中心城市的生态宜居功能，就应当在认识和把握这些阶段性特点的基础上，深入分析郑州生态宜居功能的现状，找出优化提升的路径和办法。

（一）城市生态宜居功能理论概述

生态宜居城市是"生态城市"和"宜居城市"的有机统一体。所谓"生态"，是指生物的生活状态。按照《现代汉语词典》给出的定义，生态是指"生物在一定的自然环境下生存和发展的状态，也指生物的生理特性和生活习性。"[1] 就其内涵而言，生态这一概念着重考察的是人与自然之间的关系。作为人类聚居的空间场所，城市在其形成和发展过程中必然要涉及人与自然之间的关系，也就是人们居住的生态环境问题。于是便衍生出"生态城市"的概念。

"生态城市"概念是由联合国教科文组织从 1971 年起开始实施的"人与生物圈"（MAB）计划研究过程中最先提出的。一经提出，便引起了学术界的关注，但迄今为止，尚未就其内涵和定义达成共识。苏联生态学家杨诺斯基（1984）认为，生态城市是一种理想的城市模式，是技术与自然充分融合，人的创造力和生产力得到最大限度发展，城市居民的身心健康得到最大限度的保护，物质、能量、信息得到有效利用，生态良性循环的一种理想栖境。[2] 美国著名生态学家雷吉斯特（1987）提出，生态城市追求人类和自然的健康与活力，即生态健全的城市，是紧凑、充满活力、节能并与自然和谐共存的聚居地。[3] 澳大利亚建筑师唐顿在第二届国际生态城市大会（1992）上指出，生态城市就是人类内部、人与自然之间实现生态上平衡的城市，它包括了道德伦理和人们对城市进行生态修复的一系列计划。[4] 第五届国际生态城市大会（2002）正式通过的《生态城市建设的深圳宣言》强调，生态城市是指生态健康的城市。建设适宜于人类生活的生态城市首先必须运用生态学原理，全面系统地理解城市环境、经济、政治、社会和文化间复杂的相互作用关系，运用生态工程技术设计城市、乡镇和村庄，以促进居民身心健康、提高生活质量，保护其赖以生存的生态系统。[5] 生态城市应满足的标准和特点如图 9 - 1 所示。

---

① 中国社会科学院语言研究所. 现代汉语词典［M］. 北京：商务印书馆，2012：1163.

② 黄光宇. 生态城市研究回顾与展望［J］. 城市发展研究，2004（6）：41 - 48.

③ Richard Register. Ecocity Berkeley：Building Cities of a Healthy Future，North Atlantic Books［M］. USA，1987：13 - 43.

④ 夏涛. 论生态化城市绿地规划与设计［D］. 清华大学硕士学位论文，2003.

⑤ 国际生态城市大会. 生态城市建设的深圳宣言［J］. 城市发展研究，2002（5）：78.

生态城市应满足的标准	生态城市特点
• 广泛应用生态学原理规划建设城市，城市结构合理、功能协调	○ 和谐性
• 保护并高效利用一切自然资源与能源，产业结构合理，实现清洁生产	○ 高效性
• 采用可持续的消费发展模式，物质、能量循环利用率高	○ 持续性
• 有完善的社会设施和基础设施，生活质量高	○ 整体性
• 人工环境与自然环境有机结合，环境质量高	○ 区域性
• 保护和继承文化遗产，尊重居民的各种文化和生活特性	○ 结构合理
• 居民的身心健康，有自觉的生态意识和环境道德观念	○ 关系协调
• 建立完善的、动态的生态调控管理与决策系统	

图 9 – 1　生态城市应满足的标准和特点

城市的宜居问题也是在社会生产力发展到一定历史阶段才逐步提出来的。学术界对城市性宜居问题的研究，起源于对人类居住环境的研究。英国社会活动家霍华德（1898）最早触及了这一问题。当时伦敦城终日弥漫的大雾，泰晤士河黑臭的河水，引发了他对人类生活环境的担忧，认为是工业革命带来的后果，仿佛是整个大都市免疫系统出了大问题。正是在这一历史背景下，霍华德提出了著名的"田园城市理论"。他所说的"田园城市"是为健康、生活以及产业而设计的城市，是把一切城市生活的优点与美丽、愉快的乡村环境和谐地组合在一起的城市。1933 年 8 月，在希腊首都雅典召开的国际现代建筑协会（CIAM）第四次会议通过的关于城市规划理论和方法的纲领性文件——《城市规划大纲》即《雅典宪章》认为，人们的居住环境存在人口密度过大、缺乏空地及绿化、生活环境质量差等诸多问题，强调居住应当是城市的主要因素，要通过规划来提升城市的居住、工作、游憩与交通四大功能。美国著名城市规划家雅各布斯（1961）对传统城市规划的理念提出了质疑，呼吁创建更适宜人类居住的城市。1992 年，联合国环境与发展大会通过的《21 世纪议程》把人居环境建设列为重要内容，强调人类住区工作的总目标，是改善人类住区的环境质量特别是城市的生活和工作环境。1996 年，联合国第二次人居大会提出了城市应当是"适宜居住的人类居住"的概念，在国际社会达成广泛共识，许多城市开始把宜居作为城市建设的理念和目标。2005 年，国务院批复的《北京市总体规划（2004—2020）》将该市发展目标定位为"国家首都、国际城市、文化名城、宜居城市"。是年 7 月，国务院副总理曾培炎在全国城市总体规划修编工作会议上明确提出："要把建设宜居城市作为城市规划的重要内容，努力满足居民住房、出行、教育、文化、医疗、健身等方面的需求。"① 从此，全国许多城市都把"宜居城市"作为自身发展的目标定位。

关于"宜居城市"的内涵，学界迄今也尚未达成统一的认识。意大利学者爱德华多·萨尔扎诺（1997）强调，宜居城市是连接过去和未来的枢纽，宜居城市尊重所有的历史遗迹，同时它也尊重那些还未降临尘世的人们。② 哈尔韦格（1997）认为，人们在宜居城市中能够享有健康的生活，能够很方便到达要去的任何地方——无论是采取步行、骑车、公共交通或是自驾车的方式，宜居城市是一个全民共享的生活空间。③ 美国学者 Evans（2002）认为，宜居的概念应包含两个方面：一是适宜居民居住；二是符合生态可持续发展的要求。④ 20 世纪末，一些中国学者开始关注和讨论城市人居环境的宜居性问题。方可（1999）认为，在城市规划建设中，既要追求生态化，也要追求宜人性。他指出："人居环境建设应以人为本，注重人的尺度和人的需要，要着力营造亲切宜人的居住环境。"⑤ 舒从全（2000）提出了"舒适城市"的概念，并阐述了舒适城市的主要特征和衡量标准（舒适度），认为舒适城市应当拥有健康的经济结构、合理的空间模式、宜人的生活环境。他强调说，与传统城市环境的理想条件不同，现代舒适城市主要有和谐、便利、卫生、安全、美观等环境要求。⑥ 他在这里所说的舒适城市，其实和宜居城市没有本质上的区别。邓清华、马雪莲（2002）强调，城市人居理想的核心内容是安全、天人合一、宜人性、平等和文化性，并提出：通向城市人居理想的途径就是处理好人与自然和人与人之间这两对矛盾关系。⑦

生态城市和宜居城市在内涵上是相互交融、相互贯通的。生态城市是融合自然与人类活动的具有良好生态特征的人类居住区，它的"核心是城市生态系统，它由三个子系统所构成，即自然系统、经济系统、社会系统。它是由协调而且良性运行所组成的系统，是一个复合系统。生态城市是生态系统健康的、良性运行

① 曾培炎．切实转变城市发展模式 促进城市健康发展［DB/OL］．人民网，2005 – 07 – 21.

② E. Salzano. Seven Aims for the livable city［A］. // Lennard S H, von Ungern – Sternberg S., Lennard H. L. Maling Cities Livable Conferences［M］. Califomia USA: Gondolier Press, 1997.

③ D. Hahlweg. "Seven Aims for the Liveble city" in lennard, S, H, S von Ungern – Sternberg, H, L, Lennard, eds. MaKing ciyies Livable［C］. International Maling Ciyies Livable. Califomia, USA: Gondolier Press, 1997.

④ P. Evans. Livable Cities & Urban Struggles for Livelihood and Sustainability［M］. California: UniVersity of California Press Ltd., 2002.

⑤ 方可．生态化、宜人性与文化特色——创建 21 世纪中关村人居环境［J］．城市问题，1999（6）：34 – 35.

⑥ 舒从全．关于营建三峡库区"舒适城市"的构想［J］．重庆建筑大学学报，2000（2）：82 – 88.

⑦ 邓清华，马雪莲．城市人居理想和城市问题［J］．华南师范大学学报（自然科学版），2002（1）：129 – 134.

的城市。"① 而宜居城市则是经济、社会、文化、生态环境协调发展，人居环境良好，能够满足居民物质和精神生活需求，适宜人类工作、生活和居住的城市。宜居城市内在地要求其人居环境必须是生态良好的，只有生态良好的城市才可能是宜居城市。因此，生态宜居城市是生态城市和宜居城市的有机统一体。

（二）郑州生态宜居功能的历史演化

1978 年党的十一届三中全会的胜利召开，郑州这座古老城市的生态宜居建设步入了一个新的发展历史阶段。与其他许多城市一样，郑州市的生态宜居建设是从偏重于解决城市居民基本物质生活需要方面的问题开始的。随着经济社会的发展，郑州市的生态宜居建设内涵逐步拓展，生态宜居功能逐步完善，推动全市人民的收获感、幸福感、安全感逐步提升。

一个城市要有较强的生态宜居功能，必须要具有与之相适应的经济发展水平。一个城市要想让市民在这里居住具有宜居感，首先就应当设法满足他们最基本的物质生活需要，并逐步提升其经济富裕度。而要做到这一点，就应当大力发展社会生产力。经济发展水平不高，完善提升城市生态宜居功能就缺乏应有的经济基础。改革开放初期的郑州，生态宜居功能相当薄弱：城市基础设施非常落后，居民冬天还享受不到集中供暖，做饭还没有用上天然气，出门还坐不上地铁，只有少得可怜的几路公交车，夜里居家照明经常停电……而要改善城市基础设施，提高市民的宜居感，就需要有巨额的公共财政投入，需要具有强大的经济实力。因此，从那时起，郑州市就按照党中央的要求，集中精力搞经济建设，发展社会生产力，并且取得了辉煌的成就。1978 年郑州市的 GDP 总量只有 20.3 亿元，1990 年突破百亿元大关，2003 年突破千亿元大关，2018 年更是突破了万亿元大关，成为全国第 16 个"万亿元俱乐部"成员。1978 年郑州市的地方财政收入仅为 4.7 亿元，财政支出只有 1.5 亿元；2018 年全市地方财政总收入完成 1903 亿元，一般公共预算收入完成 1152.1 亿元，一般公共预算支出完成 1763.3 亿元。随着经济实力的不断增强，郑州把越来越多的财政资金用于城市基础设施建设。改革开放 40 多年来，全市基础设施投资累计完成超万亿元。2018 年全市基础设施投资同比增长 41.7%，占全市投资的比重达 20.9%，对全市投资增长的贡献率高达 62.8%。郑州城市基础设施建设步伐加快，使城市的宜居性越来越高，市民群众的获得感、幸福感、安全感日益提升。

天下顺治在民富，天下和静在民乐。加强生态宜居建设，完善提升城市生态宜居功能，保障和改善民生。改革开放 40 多年来，郑州市始终坚持党的根本宗

---

① 邹德慈. 生态城市的核心是城市的生态系统［J］. 广西城镇建设，2011（2）：32.

旨和执政为民理念，把更多公共财政资源向民生倾斜，将各项惠民措施落到实处。特别是党的十八大以来，郑州市更是把人民对美好生活的向往作为自己的奋斗目标，投入巨额财政资金，着力保障和改善民生，努力使市民能有更稳定的工作、更满意的收入，能享受到更好的教育、更可靠的社会保障、更高水平的医疗卫生服务、更舒适的居住条件，让市民的孩子能成长得更好、工作得更好、生活得更好，在学有所教、劳有所得、病有所医、老有所养、住有所居上不断取得新进展。仅 2018 年，全市在教育、社保、医疗等 9 个民生领域共完成支出 1402.9亿元，占到一般公共预算支出的 79.6%，充分彰显了公共财政的本质。

生态宜居城市，前提是生态环境必须良好。建设生态宜居城市，改善和优化城市生态环境很重要。郑州北濒黄河，位于黄河中下游的分界处。1938 年，国民党政府为阻滞日军侵入，下令在郑州花园口掘开黄河大堤，汹涌的黄河水一泻千里，形成了风沙肆虐的黄泛区。20 世纪 50 年代，在郑州市以东的黄河故道，有六七十个大沙丘，稍微有点风就黄沙滚滚。那时，郑州是座名副其实的"沙城"。为防风治沙、改善生态环境，郑州掀起了全民植树热潮。经过多年的努力，郑州街头的主色调开始变成了绿色。1985 年，郑州市区的绿化覆盖率和人均公共绿地面积分别达到 32.25%、4.12 平方米，位居国务院公布的全国 317 个大中城市之首，赢得了"绿城"称号。在绿化的基础上，郑州又开始向美化进军，并以创建国家生态园林城市为契机，持续加大生态建设力度。近年来，郑州市按照"组团发展、廊道相连、生态隔离、宜居田园"布局，在城区及周围规划城市公园、游园及绿色廊道，逐渐形成了"两带、三圈、四心、九水、千园、三十一廊"网络化生态空间格局。如今，城区景观环境明显提升，一座"新绿城"如画卷般展开。

（三）郑州生态宜居功能现状分析

经过改革开放以来特别是党的十八大以来的建设和发展，郑州的生态宜居环境不断改善，生态宜居功能不断提升。首先表现在城市基础设施持续改善上。现在的郑州城市基础设施日益完善，市民在这个城市工作和生活的舒适性、便利性日趋提升：市民做饭不再使用煤炉子，而是用上了清洁能源天然气；冬季取暖不再使用蜂窝煤，而是用上了集中供暖；市民不再饮用苦涩的自来水，而是饮用上了甘甜的南水北调水；市民出门不再单靠骑自行车，而是坐上了舒适、快捷、安全的地铁和公交车；夜间街道的路灯不再昏暗，取而代之的是一派"火树银花不夜天"的美景……特别引人注目的是郑州公交的发展变化。20 世纪 50 年代郑州公交公司成立时，只有 6 部运营车辆、3 条线路，现已形成了以轨道交通、快速公交为骨干、常规公交为主体、慢行交通延伸的一体化城市公共交通系统。2018

年 12 月，郑州被交通运输部授予"国家公交都市示范城市"称号。

　　在城市基础设施持续改善的同时，郑州市坚持从实际出发，不断加大民生建设资金投入，集中力量做好普惠性、基础性、兜底性民生建设，着力稳定和扩大就业，着力推进城乡社会保障体系建设，着力保障低收入群众基本生活，着力加强保障性住房建设和管理，全力解决好人民群众关心的就业保障、就医就学、食品安全、交通出行等问题，不断提高公共服务共建能力和共享水平，织密扎牢托底的民生"保障网"、消除隐患，确保人民群众安居乐业、社会秩序安定有序。2019 年，郑州成功上榜全国"2018～2019 年度美好生活指数最高的 10 个省会城市和直辖市榜单"①，并在福布斯 2018 年度中国最宜居城市 30 强榜单中名列第 13 位。如表 9 - 1 所示。

表 9 - 1　9 个国家中心城市在最适合新生活的宜居城市中的排名

福布斯排名	城市	得分	国家中心城市排名
1	上海	0.6043	1
2	北京	0.5136	2
3	广州	0.4511	3
4	重庆	0.3882	4
5	杭州	0.3623	—
6	成都	0.3542	5
7	南京	0.3491	—
8	深圳	0.3295	—
9	武汉	0.3220	6
10	长沙	0.3041	—
11	西安	0.3009	7
12	苏州	0.2998	—
13	郑州	0.2872	8
14	天津	0.2782	9

资料来源：福布斯中国。

---

　　① 美好生活城市榜单，是基于《中国经济生活大调查》面向 10 万中国家庭入户问卷调查结果形成的。该调查由中央广播电视总台、国家统计局、中国邮政集团公司、北京大学国家发展研究院通过遍布全国的网络完成，旨在全面了解和评价中国百姓在个人生活和工作、公共服务、社会治理等方面的满意度，以及在获得感、安全感、幸福感三个维度上对于美好生活的感受。

生态文明建设取得显著成效。这些年来，郑州市树牢"绿水青山就是金山银山"的发展理念，坚持从本市生态文明建设的具体实际出发，在继续强化植树造林、推进城市绿化的同时，重点加强综合环境污染治理，全力以赴打好蓝天碧水净土保卫战。自觉践行"绿水青山就是金山银山"的理念，坚持"世界眼光、国际标准、郑州特色"，坚持目标导向和问题导向，加快供给侧结构性改革，切实转变发展方式和建设模式，重点抓好产业结构、能源消费结构和运输方式的调整，着力增强自净能力、碳汇能力，不断提高整个城市的生态承载力。坚持严控严管，依法管住管好各类污染源。2019 年郑州市空气质量持续改善，优良天数为 177 天，同比增加 9 天，优良天数达标率 48.5%；重污染天气 24 天，同比减少 9 天；6 项污染物除臭氧同比持平外，PM2.5、PM10、二氧化氮、一氧化氮、二氧化硫均同比下降，多项数据为新空气质量标准考核以来最好的一年。①

在充分肯定上述成绩的同时，必须清醒地看到，与一些先进国家中心城市相比，郑州在生态宜居建设方面还处于后进状态，还存在一些亟待补齐的短板和需要强化的薄弱环节。从经济实力和财政实力看，郑州处于后进状态。2018 年，郑州市 GDP 总量达到 10143.32 亿元，人均 GDP 102658 元，一般公共预算收入完成 1152.1 亿元，在 9 个国家中心城市中分别居第 8 位、第 6 位和第 8 位，除人均 GDP 居中游以外，其余两项指标均处于倒数第二位。因此，尽管郑州近年来投入城市基础设施建设和保障改善民生的资金增长率较高，但因受制于经济实力和财政实力，实际投入的资金总量规模还有较大增长空间。从社会建设和民生改善看，因资金投入不足，在教育、医疗等方面还存在明显短板，如优质高端公共服务资源供给不足，大班额、上学难、入园难、入园贵，义务教育择校热，群众看病难、看病贵等问题，都未得到根本解决。再如，2018 年底郑州市机动车保有量达 410 万辆，但停车泊位仅有 90 余万个；2018 年冬季全市供热面积较 2017 年增长 23%，而供热能力仅增长 15%，使得许多市民家中供热温度不达标。从生态文明建设看，尽管综合环境污染治理取得了一定成效，但资源原材料工业占比过重、燃煤消耗总量过大、机动车总量多增速快、建筑拆迁工地扬尘等问题依然存在，冬春季雾霾锁城问题仍然突出。2019 年优良天数 177 天，与省定的 215 天目标值还有较大差距，全年重污染天数 24 天，占全年比率仍高达 7.2%。在 2019 年 12 月城市环境空气质量指数排名中，郑州在 9 个国家中心城市中列第 8 位。

---

① 付彧. 2019 年郑州市空气质量优良天数 177 天达标率 48.5% ［N］. 东方今报，2020-01-17.

表 9 - 2　2018 年国家中心城市经济实力和财政实力排行榜

综合排名	城市	GDP 总量（亿元）	人均 GDP（万元）	一般公共预算收入（亿元）
1	上海	32679.87	13.32	7108.1
2	北京	30320	13.76	5785.9
3	广州	23628.6	16.43	1632.3
4	重庆	20363.19	6.34	2265.5
5	天津	18809.64	12.52	2106.1
6	成都	15342.77	9.43	1424.2
7	武汉	14847.29	13.44	1528.0
8	郑州	10143.32	10.26	1152.1
9	西安	8349	8.6	684.71

资料来源：各市国民经济和社会发展统计公报。

表 9 - 3　2019 年 12 月 9 个国家中心城市环境空气质量指数排名

排名	城市	综合指数	最大指数	主要污染物
1	北京	4.14	1.29	PM2.5
2	上海	4.69	1.58	NO₂
3	重庆	5.10	1.86	PM2.5
4	广州	5.38	1.70	NO₂
5	天津	5.40	1.77	PM2.5
6	武汉	5.87	1.94	PM2.5
7	成都	5.92	2.23	PM2.5
8	郑州	6.57	2.54	PM2.5
9	西安	7.56	2.86	PM2.5

资料来源：中华人民共和国生态环境部官网。

二、完善提升城市生态宜居功能的意义和重点

同全国其他中心城市一样，在城市化进程进入加快发展新阶段的今天，郑州正经历着农村人口大规模向城区集聚的历史过程。随着城市规模不断扩大和城市人口急剧膨胀，给郑州的城市发展带来结构上的变化，使其资源环境系统所能承

国家中心城市（郑州）功能完善提升研究

受的能力极限正日益被逼近甚至被突破，土地资源短缺、交通拥堵、环境污染严重等问题日益突出。在这一历史背景下，建设社会和谐、环境优美、可持续发展的宜居城市，已经成为郑州城市发展不可或缺的重要目标。对于正在建设国家中心城市的郑州来说，加快城市生态宜居建设，完善提升城市生态宜居功能，意义非常重大。要在深入分析研判郑州生态宜居建设现状的基础上，对标先进查弱项，明确重点补短板，使郑州的城市生态宜居功能尽快完善提升起来。

（一）优化提升郑州生态宜居功能的意义

首先，优化提升郑州生态宜居功能是坚持人民为中心的发展思想、增强人民群众获得感幸福感安全感的具体体现和内在要求。生态宜居性是城市的基本特性，城市发展和建设的根本目的，不是城市本身的规模有多大，而是在其中工作和生活的人的感受究竟如何，居住和工作是否舒适与方便。我们建设生态宜居城市，完善提升城市生态宜居功能，归根结底是为了人，是为了让人们在工作和生活中能够感受到更多的舒适性、便利性、安全性，享有更多的获得感、幸福感、归宿感。这在本质上是贯彻落实习近平总书记提出的以人民为中心的发展思想的具体体现。习近平总书记指出："我们的人民热爱生活，期盼有更好的教育、更稳定的工作、更满意的收入、更可靠的社会保障、更高水平的医疗卫生服务、更舒适的居住条件、更优美的环境，期盼着孩子们能成长得更好、工作得更好、生活得更好。人民对美好生活的向往，就是我们的奋斗目标。"① 这是对以人民为中心的发展思想的最深刻阐述。习近平总书记还强调说："城市是人民的城市，人民城市为人民。无论是城市规划还是城市建设，无论是新城区建设还是老城区改造，都要坚持以人民为中心，聚焦人民群众的需求，合理安排生产、生活、生态空间，走内涵式、集约型、绿色化的高质量发展路子，努力创造宜业、宜居、宜乐、宜游的良好环境，让人民有更多获得感，为人民创造更加幸福的美好生活。"② 现阶段，郑州人民在党的领导下正为建设国家中心城市而奋斗，而建设生态宜居城市，完善提升城市生态宜居功能又是建设国家中心城市的题中应有之义。无论是建设国家中心城市还是建设生态宜居城市，根本目的都是让郑州人民在这座城市里工作和生活得更便利一些、更舒适一些、更惬意一些、更快乐一些，享有更多的获得感、幸福感、安全感，都正是贯彻落实以人民为中心的发展思想的内在要求，也是践行以人民为中心的发展思想的生动实践。如果我们不能在建设和发展实践中真正做到这些，而是任由这座城市生态环境和人居环境恶化下去，那就根本违背了以人民为中心的发展思想，从而也就使建设国家中心城市

---

① 习近平. 习近平谈治国理政［M］. 北京：外文出版社，2014：4.
② 习近平. 在上海考察时的讲话［N］. 人民日报，2019－11－04.

失去了应有的意义。

其次，优化提升郑州生态宜居功能是顺应城市发展规律、实现郑州经济高质量发展的客观要求。从世界城市发展历史看，生态宜居城市是城市发展到后工业化时代的产物，是城市发展进入高质量阶段的必然要求。按照胡鞍钢先生的分析，当前中国作为世界最大工业生产国，"已经出现了后工业化时代的基本特征"①。这些基本特征主要包括：制造业所占经济总量比重下降，去工业化；服务业所占比重增加；信息技术发展，并进入"信息时代"；经济增长是创新驱动，更多地依靠信息、知识、创造力等。胡先生的分析不无道理，但更概括地说，当今中国经济发展进入了新时代，其根本标志就是经济已由高速增长阶段转向高质量发展阶段。这是以习近平同志为核心的党中央根据国际国内环境变化，特别是我国发展条件和发展阶段变化做出的重大判断。高速增长阶段的基本特征是以数量快速扩张为主，主要解决的是短缺问题；而高质量发展则强调的是质量和效益，是解决好不好的问题。经济增长阶段的变化绝不只是增长速度的调整，更重要的是发展方式的转变、经济结构的升级和新旧动能的转换。随着中国经济由高速增长阶段转向高质量发展阶段，城市发展作为经济发展的重要组成部分，也进入了高质量发展阶段。实现城市高质量发展，是郑州建设国家中心城市的必然要求。郑州这些年来快速发展所积累的问题和矛盾已经显现，解决这些问题和矛盾的根本出路，就是实现城市高质量发展。为此，就要严格遵循城市发展规律，树牢新发展理念，坚持以人为核心，坚决摒弃粗放式、摊大饼、高能耗的城市发展模式，推动城市发展从单纯注重城市扩张、经济增长向注重民生发展和城市品质提升转型，坚持集约发展、盘活存量、做优增量、提高质量，尊重自然、顺应自然、保护自然，改善城市生态环境，不断完善城市功能，持续提升城市综合承载能力，提高城市发展持续性、宜居性，让郑州市民享受到现代化的公共基础设施、环境和服务，拥有良好的居住空间环境、人文社会环境、生态环境和清洁高效的生产环境，共享现代化建设成果。

最后，优化提升郑州生态宜居功能是集聚各类人才、加快推进国家中心城市建设的迫切要求。从根本上来说，当今世界国与国之间的竞争，更多体现为城市与城市之间的竞争。与此相适应，各区域之间的竞争同样也更多地体现为城市与城市之间的竞争，特别是中心城市之间的竞争。哪个城市拥有了人才优势，哪个城市就会在竞争中赢得主动。城市与城市之间竞争的核心，是人口特别是人才的竞争。因为，集聚、吸收和利用各种文明要素是城市竞争力的核心，而人口和人才则是各种文明要素核心中的核心。一座城市的兴盛与凋敝，常常与这座城市的

---

① 胡鞍钢. 中国进入后工业化时代［J］. 北京交通大学学报（社会科学版），2017（1）：1－16.

产业发展和人口聚集密切相关。古希腊哲学家普罗泰戈拉有句名言："人是万物的尺度，是存在的事物存在的尺度，也是不存在的事物不存在的尺度。"① 发展是第一要务，创新是第一动力，人才是第一资源。人才对于城市发展极为重要，而人口特别是适龄劳动人口则是城市运行和发展的基础。能够吸引到更多的人才，是一座城市具有竞争力的重要表征。近年来，全国许多中心城市相继出台非常诱人的人才引进政策，并围绕着构建产业体系吸引更多的适龄劳动人口。当前，对人口尤其是人才的争夺已经成为城市间竞争的焦点。人才竞争决定未来城市格局之变，这是各城市打响"人才争夺之战"的底层逻辑。对于郑州这样一个城市规模和城市人口明显偏小偏少、科教短板约束严重、人才特别是高端人才十分短缺的城市而言，对人口尤其是对人才的渴望在9个国家中心城市中是最强烈和最迫切的。吸引人口和人才，不能光喊口号不见行动，也不能光靠政策而忽视居住环境。一个人对其居住城市的选择，往往建立在对各方因素的综合判断基础之上，其中生态宜居是最重要的因素。人才人口流动有其客观规律性，仅靠补贴、户籍等优惠政策，还不足以吸引和聚集更多的人才人口，还必须着力营造良好的生态环境和人文环境，改善和提升城市的宜居性。从一定意义上说，生态宜居是城市吸引和留住人才人口最重要的砝码。郑州要吸引和留住更多的人才，就要在制定和出台各项优惠政策的同时，把更多的注意力放在如何改善城市生态环境和人文环境上来，把更多的精力用到提升城市的宜居性上来。

（二）优化提升郑州生态宜居功能的重点

一是坚持生态绿色发展理念，加快转变城市发展方式。目前郑州的城市化进程正处于加速提升期，2018年全市生产总值首次破万亿大关，成为全国第16个"万亿俱乐部"成员（见图9-2）。与此同时，郑州全市常住人口突破千万，人均生产总值首破10万元。业内专家分析说，GDP突破1万亿和人口突破1000万，是国家中心城市地位得到认可的两个硬性指标。在全市经济保持快速增长的同时，郑州环境质量总体稳定，污染物排放强度有所下降，生态保护得到加强。但是也要清醒地看到，当前郑州产业结构调整尚不到位，产业结构低度化、重型化的格局仍没有根本改变，煤炭、电力、水泥、耐材、氧化铝等高耗能行业，高污染、高排放的产业比重大，不断增长的城市人口和消费需求与有限的资源环境承载力之间的矛盾日益突出。生态环境问题，归根结底是发展方式问题。大量事实充分证明，高污染、高能耗的粗放型发展方式已经难以为继，依靠大量劳动力及资本投入的发展模式已经不可持续，否则就不可避免地面临要素价格上涨、资

---

① 普罗泰戈拉. 古希腊罗马哲学［M］. 北京：生活·读书·新知三联书店，1987：138.

源和环境污染等问题。生态环境问题的病根在于发展方式之弊。必须深刻认识到，绿水青山和金山银山绝不是对立的，关键在人、思路、在转变发展方式。转变发展方式，根本在深化供给侧结构性改革，加快新旧动能转换动，推动质量变革、效率变革、动力变革，建设现代化经济体系。新旧动能转换的本质是创新发展、绿色发展。要大力实施创新驱动发展战略，把发展的基点放到创新上来，进一步发挥科技创新的支撑引领作用，加快实现从要素驱动、投资规模驱动发展为主向以创新驱动发展为主的转变。产业结构优化升级是实现郑州高质量发展、提高综合竞争力的关键举措。要坚持从郑州具体实际出发，积极践行生态绿色发展理念，加快城市发展方式转变。要加快传统产业优化升级，深入推进信息化与工业化深度融合，着力培育战略性新兴产业，大力发展服务业特别是现代服务业，积极培育新业态和新商业模式，构建现代产业发展新体系，探索走好以生态优先绿色发展为导向的高质量发展新路子。要经过努力，从根本上改善城市生态环境，实现郑州可持续的高质量发展。

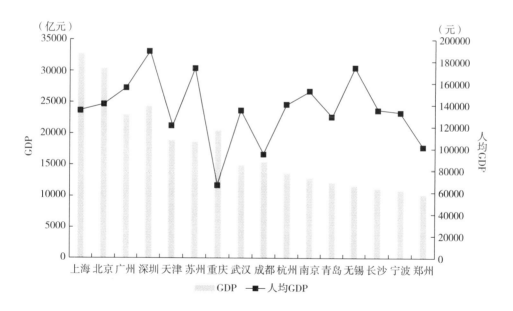

图 9 - 2　2018 年万亿 GDP 城市 GDP 及人均 GDP 对比

资料来源：各城市《2018 年国民经济和社会发展统计公报》。

　　二是坚持"软硬兼施"，全面提升城市能级。城市能级"通常反映一个城市所具有的资源集聚与配置的能力，也就是在特定区域、国家体系或世界范围内集中和扩散生产要素以及创造新的要素和产品（服务）的能力。城市能级越高，其核心竞争力、辐射力和影响力也就越大"①。城市能级是城市竞争力、影响力和辐射力的集中体现，也是改善城市人居环境、提升城市生态宜居功能的重要因素。城市能级可细分为经济能级、创新能级、开放能级和支撑能级（见图 9 - 3）。经济能级反映城市的经济规模、发展质量和增长活力，是决定城市影响力、辐射力和城市能级的根本因素。创新能级反映创新在城市发展中所起引领驱动作用的能力、质量与水平，是决定城市影响力、辐射力和城市能级的核心因素。开放能级反映城市开放发展的深度与层次，是影响城市影响力、辐射力和城市能级的关键因素。而支撑能级则反映城市基础设施、公共服务、社会治理、生态环境的完善或优良程度，是制约城市影响力、辐射力和城市能级的基础支撑因素。这四个细分能级之间相互联系、相互促进，共同构成一定的城市能级。作为国家中心城市，郑州要有效完善优化城市生态宜居功能，必须"软硬兼施"，全面提升自己的城市能级。经济能级是衡量城市绿色发展和高质量发展水平的重要尺度，有效提升城市经济能级，可为提升郑州生态宜居功能奠定坚实的基础。创新能级是衡量城市发展第一动力作用的发挥程度与水平的重要尺度，有效提升城市创新能级，可为提升郑州生态宜居功能提供强大动力。开放能级是衡量城市开放度和包容度的重要尺度。有效提升城市开放能级，可为提升郑州生态宜居功能提供源头活水。支撑能级是衡量城市综合支撑能力和水平的重要尺度。有效提升城市支

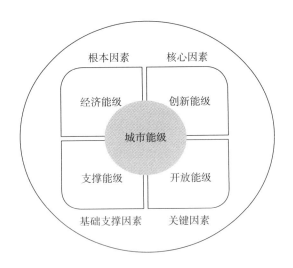

图 9 - 3　城市能级提升要素

---

① 张卫良. 坚持城市国际化战略加快提升杭州的城市能级［J］. 杭州（周刊），2018（30）：12 - 15.

撑能级，可为提升郑州生态宜居功能提供重要支撑。这四个维度的城市能级得到全面提升，就可以使郑州彰显出开放、创新、包容的鲜明城市品格，展示出光彩夺目的城市魅力，推动郑州生态宜居功能得到极大提升。

　　三是加快推进生态文明建设，为人民群众创造良好生产生活环境。加强生态文明建设，保护生态环境，走向生态文明新时代，建设美丽郑州，是建设国家中心城市的题中必有之义和重要内容，是营造生态宜居的人居环境的基础性、关键性工作。目前，生态产品短缺已成为影响和制约国家中心城市建设的"短板"。国家中心城市建设，生态环境质量是关键。良好生态环境是最公平的公共产品，既是最普惠的民生福祉，也是最基本的城市人居环境。保护生态环境就是保护生产力，改善生态环境就是改善城市人居环境、提升城市形象品质。生态环境保护是一项功在当代、利在千秋的事业，事关郑州未来的可持续发展、事关郑州国家中心城市建设、事关每个郑州市民的生活质量、事关郑州生态宜居功能的完善提升。要站位全局，着眼长远，着力增强建设美丽郑州的使命感。保护生态环境，绝不只是一个经济问题和社会问题，更是一个严肃的政治问题。"生态兴则文明兴，生态衰则文明衰。"① 党的十八大以来，以习近平同志为总书记的党中央从"五位一体"总体布局和"四个全面"战略布局的高度，把生态文明建设摆在了更突出的位置来抓，习近平总书记作出了一系列重要论述和重大决策部署，确立了新时代推进生态文明建设的重大原则，为建设美丽中国指明了方向。要增强"四个意识"，维护党中央权威和集中统一领导，维护习近平总书记党中央核心、全党核心地位的高度，清醒认识保护生态环境、治理环境污染的紧迫性和艰巨性，清醒认识加强生态文明建设的重要性和必要性，牢固树立绿色发展理念和底线思维，以对郑州人民群众、对子孙后代高度负责的态度，坚决担负起生态文明建设的政治责任，全面贯彻落实党中央决策部署，真正下决心把环境污染治理好、把生态环境建设好，努力走向社会主义生态文明新时代，为人民创造更加良好的生产生活环境。要牢固树立和坚决贯彻新发展理念，正确处理经济发展和生态环境保护的关系，像保护眼睛一样保护生态环境，像对待生命一样对待生态环境，坚决摒弃损害甚至破坏生态环境的发展模式，坚决摒弃以牺牲生态环境换取经济增长的做法，让良好生态环境成为郑州市民生活的增长点、经济高质量发展的支撑点、展现良好形象的发力点，让郑州大地的天更蓝、山更绿、水更清、环境更美。

---

　　① 习近平. 共谋绿色生活，共建美丽家园——在 2019 年中国北京世界园艺博览会开幕式上的讲话 [N]. 人民日报，2019 - 04 - 29.

三、优化提升生态宜居功能的任务和路径

生态宜居建设是一个城市高质量发展、可持续发展的基础和标志。国家发展和改革委员会在《关于支持郑州建设国家中心城市的指导意见》中明确提出，郑州市要努力建设具有创新活力、人文魅力、生态智慧、开放包容的国家中心城市，在引领中原城市群一体化发展、支撑中部崛起和服务全国发展大局中作出更大贡献。郑州要实现这样的建设目标，不仅要推进经济高质量发展，着力打造高质量发展区域增长极，而且还要进一步加强城市人文内涵和生态文明建设，着力营造良好的生态环境和人居环境，提升城市形象和城市品质，建设高品位的生态宜居城市。要坚持以习近平新时代中国特色社会主义思想为指导，以郑州市民群众满意为根本标准，围绕"人"字做文章，在"宜"字上下功夫，加快推进提升郑州生态宜居建设，着力提升城市居住生活的健康性、宜居性、亲和性，为国家中心城市建设提供更加坚实的人文和环境支撑。

（一）优化提升城市生态宜居功能的任务

一是加快健康城市建设，着力提升城市人居环境的健康性。"健康"是一个内涵丰富、涵盖面广的概念。这里所说的"健康"已经不仅是医学意义上的人类生理和心理上的健康状况，而是赋予健康以新的含义，把它提升至一个新的层面，"形成了以'健康'为大前提，将人的物质、精神需求提炼放大，营造一种生态的、可持续发展的、具有审美意识的并与人类相互融通的城市人居环境。"①当今社会的城市人居环境，人们对它的期望和要求已经不仅是满足于有房屋居住，而且还期望在"可持续"的良好生态环境中居住和生活。与此同时，在现代城市中生活和工作，人们不仅需要保持生理学意义上的健康，同时也需要保持心理学意义上的健康。改革开放以来，郑州城市建设快速发展，城市规模和常住人口急剧增加，2018 年建成区面积突破 1000 平方千米，常住人口突破 1000 万人，昂首跨入特大城市行列。然而，随着城市的迅速扩张和膨胀，交通拥堵、环境污染、公共资源短缺等"大城市病"逐渐显现。加快健康城市建设，着力提升城市人居环境的健康性，已经成为郑州城市发展进程中必须直面的挑战和亟待解决的课题。20 世纪 80 年代，世界卫生组织倡导发起了建设健康城市的全球行

---

① 赵肖，杨金花. 城市人居环境健康宜居性探析［J］. 艺术科技，2014（4）：280.

动战略。按照世界卫生组织（WHO）给出的定义，健康城市应该是由健康的人群、健康的环境和健康的社会有机结合发展的一个整体。健康城市建设是国家中心城市建设的重要组成部分，同时也是生态宜居城市建设的重要内容。建设生态宜居郑州，保障和提升人居环境的健康性不可或缺。健康性是便捷性、舒适性和安全性的必备前提。没有城市人居环境的健康性，就谈不上城市人居环境的便捷性、舒适性和安全性。只有加快建设健康城市，不断保障和提升城市人居环境的健康性，才能让市民更有机会享有生态宜居城市建设带来的便捷性、舒适性和安全性。建设健康郑州，提升郑州人居环境的健康性，必须遵循健康城市的内涵要求，从城市的规划、建设到治理的所有环节都坚持以人的健康为中心，以人的健康发展为终极目标，在为城市居民提供方便、适宜的生活工作环境的同时，更加关注市民的身心健康，实现城市建设与居民身心健康的协调发展。如图 9 - 4 所示。

增绿　　　　增水　　　　增文化　增公共空间

图 9 - 4　郑州人居环境健康建设

二是加快宜居城市建设，着力提升城市人居环境的宜居性。居住是城市最主要的功能之一，人类在城市中居住生活，必然需要一定的人居环境。城市人居环境是指城市地域范围内的生态环境、人造环境和社会经济环境的总和，不仅是城市居民的居住环境，还涉及人口数量、资源能源、社会发展机会等方面，是一个与居民生产生活息息相关、紧密相连的动态的复杂系统。[1] 人居环境是人类生存和发展的基础，是人类与环境最直接、最密切、最具体的进行物质交换的地理空间。人居环境质量的优劣不仅直接影响人类身心健康，同时也是衡量人类社会进步与文化发展的重要标识，关系到人口、社会、环境、资源相互协调的问题。[2] 城市人居环境的质量状况及其优劣，是城市人居环境宜居性的重要制约因素。城市人居环境宜居性，是城市居民对在自己所居住的城市中工作生活的舒适性、便利性、安全性、人性化的体验和感受。一座城市的人居环境质量越高，其人居环

---

①　邓玲，王芳. 共享发展理念下城市人居环境发展质量评价研究——以南京市为例［J］. 生态经济，2017（10）：205 - 209.

②　李华生. 大城市人居环境可持续发展的空间差异评价研究——以南京市区为例［D］. 南京大学博士学位论文，2007.

境的宜居性就越强。一个城市的人居环境是否具有宜居性，其宜居性的高低，主要是由其公共服务设施的完善性、公共交通的便捷性、自然环境的宜人性、社会人文环境的舒适性和居住出行的安全性等多重因素所决定的。因此，考察和评价一个城市人居环境的宜居性，就要既看其自然生态环境的优美、整洁和协调等方面，也要看其人文社会环境的安全、便利、和谐和舒适等内容。改革开放以来，郑州城市建设的快速发展给市民群众带来了实实在在的福祉，同时也给人居环境带来了许多问题和挑战。例如，人口的大规模集聚和私家车的快速增长，造成了城市交通拥堵；巨量的能源消耗和温室气体排放，既污染了环境，又造成了城市热岛效应；城市公共设施布局的不均衡，影响了一部分市民购物、就医、就学的便利性；等等。国家中心城市是中国城镇体系最高层级的"塔尖"城市，理应在城市人居环境建设方面走在全国的前列，应该拥有在宜居性上全国一流的城市人居环境。郑州是国家支持建设的国家中心城市，必须切实加强宜居城市建设，着力提升城市人居环境的宜居性。

三是加快和谐城市建设，着力提升城市人居环境的亲和性。"亲和性"一词，原本是一个生物学概念。在组织学上被视为表示组织对某种染料结合力强的一种术语。另外，在胚胎学上，表示细胞或组织相互连接的意思。在这种情况下，根据其连接倾向是紧密的还是分离的，分别称为正亲和性、负亲和性。在现实生活中，"亲和性"通常是指在实践的过程中，主体与客体之间形成的一种积极的情感关系。[1]"城市，让生活更美好"，作为2010年上海世界博览会的主题，集中反映了上海市居民对美好生活的渴望和追求。"随着城市文化价值及其独特魅力的日益凸显，城市间的竞争已然从单纯经济实力的比拼，转向城市综合实力特别是城市软实力的角逐。亲和力，是城市软实力的重要体现。[2]亲和力与亲和性二者既相互联系，又相互区别。前者是指一事物对他事物与之相结合的引力，而后者是指一事物对他事物与之相结合的性质。亲和性决定亲和力，亲和力体现亲和性。因此，一个城市具有一定的亲和力，首先就应当具有一定的亲和性。加快和谐城市建设，提升城市人居环境的亲和性，对于郑州这样一个正在建设国家中心城市的内陆城市来说非常重要。在人与城市的相互关系中，城市的核心要素是人，人是城市的主体，城市是为人服务的。人既是城市的建设者，也是城市的居住者和使用者。郑州的建设和发展，必须时刻关注市民的实际需求和心理体验感受，看城市人居环境是否具有亲和性，城市规划、城市建筑、城市环境是否人性化，人与自然、人与人、人与社会之间的关系是否和谐，能否使在郑州生活工作的广大市民群众切实体验到舒适性、便利性、安全性，能否使他们产生获得

---

① 吴杰. 城市市民广场空间亲和性营造研究［D］. 苏州科技学院硕士学位论文，2009.
② 郭宝贝. 城市的亲和力体现在哪里［DB/OL］. 中国城市文化网，2015 - 05 - 27.

感、幸福感、安全感的主观心理感受，也就是说能否使市民群众满意，这是坚持和践行以人民为中心的发展思想的最终要体现。同时还要认识到，加快和谐城市建设，提升城市人居环境的亲和性，还是增强郑州市民群众对他们生活居住其中的城市的归属感，调动他们更好建设和发展这座城市的积极性、主动性和创造潜能的重要路径。所谓归属感，主要是指人们对城市居住环境的认同、喜爱、依恋等心理感受。良好的人居环境，是人们对城市产生归属感的重要标志。在城市快速发展过程中，郑州市民在追求健康、舒适的人居环境的同时，更渴望对这座城市有一种强烈的归属感。这种归属感，在很大程度来自人居环境的亲和性及亲和力。

（二）优化提升城市生态宜居功能的路径

郑州优化提升生态宜居功能路径如图 9-5 所示。

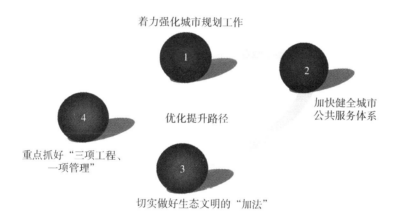

着力强化城市规划工作

优化提升路径

加快健全城市
公共服务体系

重点抓好"三项工程、
一项管理"

切实做好生态文明的"加法"

图 9-5　郑州优化提升生态宜居功能路径

一是着力强化城市规划工作，以科学的城市规划保障和提升城市生态宜居功能。城市规划是指导城市发展建设的蓝图，是全局性、综合性、战略性、前瞻性规划。城市规划在城市发展中起着战略引领和刚性控制的重要作用。城市规划的质量和水平高低，直接体现城市发展的质量和水平，对城市未来发展特别是城市生态宜居功能的完善提升至关重要。习近平总书记强调指出："考察一个城市首先看规划，规划科学是最大的效益，规划失误是最大的浪费，规划折腾是最大的忌讳。"① 城市规划建设做得好不好，最终要用人民群众满意度来衡量。生态宜

① 习近平. 十八大以来重要文献选编［M］. 北京：中央文献出版社，2018：81.

居是一个城市最重要的功能之一。是否全面贯彻"城市的核心是人"① 和"绿水青山就是金山银山"理念，是否有利于完善提升城市生态宜居功能，增强城市人居环境的宜居性，不断提高市民群众的获得感、幸福感、安全感，是衡量城市规划是否科学的一个重要标准。目前，郑州正在以建成富强、民主、文明、和谐、美丽的社会主义现代化强市为目标，着眼于建成有全球影响力的城市，加快推进国家中心城市建设。做好城市规划，是郑州建设国家中心城市、实现高质量发展的重要前提和首要任务。做好郑州城市规划，必须树立世界眼光，坚持世界水平，彰显郑州特色，做到以人为本、规划为先、品质为上、安全为重。其中最重要的，就是要把握好郑州发展的战略定位、空间格局、要素配置，坚持城乡统筹，突出城市生态宜居功能完善提升，落实"多规合一"，形成一本规划、一张蓝图，做到服务保障能力同城市战略定位相适应，城市规模同城市资源环境承载力相适应，人口资源环境同城市战略定位相协调，城市布局同城市战略定位相一致，不断朝着建设具有鲜明中原特色的和谐宜居城市目标前进。要创新规划理念，改进规划方法，把以人为本、尊重自然、传承历史、绿色低碳等理念融入城市规划全过程，增强规划的前瞻性、严肃性和连续性。要坚持品质为上，着力提升城市环境品质、建筑品质，努力打造一流的公共服务、公共设施和公共空间。要科学谋划城市空间功能、产业功能、环境功能和交通功能，促进城市结构合理、要素优化配置，实现生产、生活、生态相融合。要着力加强主要功能区块、主要景观、主要建筑物的设计，体现城市精神、展现城市特色、提升城市魅力。要进一步完善规划集中统一管理的体制，坚决破除"画地为牢"、各自为政的思想，坚持全市一张图、一张网、一盘棋，提升规划的统筹性、整体性、科学性，按照国家战略要求和建设国家中心城市、大都市区标准，尊重城市发展规律，注重各组团协调发展，用高水平规划促进城市建设管理水平提升。要进一步加强对规划工作的组织领导，加强规划能力建设，着力提高科学决策能力，提升规划管理水平和规划实施质量，用高质量规划引领城市高质量发展。要进一步强化规划的强制性，加强对城市规划执行的监督，严肃追究违反规划行为人的责任。

二是加快健全城市公共服务体系。以完善的城市公共服务保障和提升城市生态宜居功能。要进一步健全公共服务设施，应合理确定公共服务设施建设标准，加强社区服务场所建设，形成以社区级设施为基础，市、区级设施衔接配套的公共服务设施网络体系。应配套建设中小学、幼儿园、超市、菜市场，以及社区养老、医疗卫生、文化服务等设施，大力推进无障碍设施建设，打造方便快捷生活圈。要继续推动公共图书馆、美术馆、文化馆（站）、博物馆、科技馆免费向全

---

① 习近平.十八大以来重要文献选编［M］.北京：中央文献出版社，2018：83.

社会开放。要合理规划建设广场、公园、步行道等公共活动空间，方便居民进行文体活动，促进居民交流。要强化绿地服务居民日常活动的功能，使市民在居家附近能够见到绿地、亲近绿地。要顺应新型城镇化的要求，稳步推进城镇基本公共服务常住人口全覆盖。要深入贯彻落实国家优先发展城市公共交通战略，围绕建设宜业宜居有活力的城市，深化"公交都市"创建活动，推进公共交通高质量发展。要按照绿色低碳的理念进行规划建设，加快城市交通低碳发展，加快运量大、速度快、能效高、排放低的城市轨道交和城际铁路建设，大力发展综合交通、智慧交通、绿色交通、文明交通，进一步构建安全可靠、经济适用、便捷高效、舒适文明的城市公共交通服务体系，不断提高公共交通分担率，不断提升城市公共交通人性化水平，为市民出行提供更加优质的服务，努力建设人民满意的城市公共交通系统。要加快构建和健全城市安全保障体系，推动和促进郑州城市安全发展。要全面贯彻党的十九大精神，以习近平新时代中国特色社会主义思想为指导，紧紧围绕统筹推进"五位一体"总体布局和协调推进"四个全面"战略布局，牢固树立安全发展理念，弘扬生命至上、安全第一的思想，强化安全红线意识，推进安全生产领域改革发展，切实把安全发展作为城市现代文明的重要标志，落实完善城市运行管理及相关方面的安全生产责任制，健全公共安全体系，打造共建、共治、共享的城市安全社会治理格局，促进建立以安全生产为基础的综合性、全方位、系统化的城市安全发展体系，全面提高城市安全保障水平，有效防范和坚决遏制重特大安全事故发生，为人民群众营造安居乐业、幸福安康的生产生活环境。要坚持生命至上、安全第一，立足长效、依法治理，系统建设、过程管控、统筹推动、综合施策等项原则，加强城市安全源头治理，健全城市安全防控机制，提升城市安全监管效能，强化城市安全保障能力，持续推进形成系统性、现代化的城市安全保障体系，加快建成以中心城区为基础、带动周边、辐射县乡、惠及民生的安全发展型城市。要进一步加强城市应急管理体系和应急能力建设，构建统一指挥、专常兼备、反应灵敏、上下联动的应急管理体制，建立公共安全隐患排查和安全预防控制体系，健全风险防范、化解机制，从源头上防范化解重大安全风险。要加强风险评估和监测预警，加强应急预案管理，健全应急预案体系，落实各环节责任和措施。要进一步加强市政基础设施建设，加快实施和推进地下管网改造工程，提高城市排涝系统建设标准，提高城市综合防灾和安全设施建设配置标准；建立城市备用饮用水水源地，确保饮水安全；健全城市抗震、防洪、排涝、消防、交通、应对地质灾害应急指挥体系，完善城市生命通道系统，加强城市防灾避难场所建设，增强抵御自然灾害、处置突发事件和危机管理能力；加强城市安全监管，建立专业化、职业化的应急救援队伍，提升社会治安综合治理水平，形成全天候、系统性、现代化的城市安全保障体系。

三是切实做好生态文明的"加法"，以宜人的生态环境保障和提升城市生态宜居功能。提升生态环境质量，是提升郑州市民美好生活质量的生态环境保障。面对人民群众对更优生态环境的殷切期待，各级各部门要以"五大发展理念"为引领，把生态文明建设摆在更加突出的位置，认真做好生态经济发展这篇大文章，积极探索走出一条以生态文明建设引领经济转型升级的新路子，进一步开辟"绿水青山就是金山银山"的新境界。要始终坚持绿色规划引领，科学划定生态保护红线，自觉拉高标杆，提高生态保护区标准。要深入实施环境治理提效行动，着力打好蓝天、碧水、净土三大保卫战。要深入实施经济结构提质行动，持续调整产业结构，推进传统产业绿色改造、布局调整，加快退出落后产能、压减过剩产能，努力打造高效、清洁、低碳、环保的绿色制造体系。要深入实施生态功能提升行动和国土绿化提速行动，加快建设森林生态系统，大力发展特色经济林、花卉苗木、森林旅游等特色林业产业，着力打造"森林郑州"。加快建设城市生态系统，着力提升城市污水处理水平，增强城市垃圾处理能力，尽快消除城市黑臭水体。加快建设湿地生态系统，通过实施退渔还湿、退耕还湿、扩水增湿等工程建设，扩大生态湿地面积；强力推进湿地保护工程建设，加大湿地管护力度，坚决制止无节制围垦、开荒行为，维护湿地生态平衡，保护水资源和生物多样性，提高湿地自我修复能力，提升湿地生态功能；大力实施湿地恢复、扩水增湿、鸟类栖息地工程等湿地工程建设，重点打造贾鲁河生态湿地景观带，全面提升湿地经济、生态和社会效益。加快建设农田生态系统，加快农业结构调整，转变水产养殖方式，推进都市生态农业示范园项目建设，积极发展生态循环畜牧业，推进农业废弃物资源化利用和土壤面源污染综合治理。加快建设流域生态系统，着力推进贾鲁河和索须河综合治理等河道治理工程，努力做到水质有保证、景观有提升、管理有水平、发展有带动，切实改善水生态环境，进一步提升城市品质。要牢牢抓住生态修复主线，持续抓好以污水治理为突破口的"五水共治"，实现从污染治理向生态修复转变，从阶段性措施向长效性机制转变。要不断提升环境综合承载能力，坚决打好城中村改造攻坚战，深化小城镇环境综合整治，完善城市环境基础设施，有效提升源头治理能力。要持续深化生态制度改革，严格落实"党政同责""一岗双责"，加大环境执法力度，实施最严格的环保督察和监管机制，为把郑州打造成为天蓝地绿水净、宜居宜业宜游的美丽中国示范城市提供坚强制度保障。

四是重点抓好"三项工程、一项管理"，以良好的城市品质形象保障和提升城市生态宜居功能。城市是人类活动最集中的空间，是现代经济社会发展的大平台，是不断成长的"生命体"。改进郑州的城市管理、改善郑州的人居环境是完善城市治理体系、提高城市治理能力的重要举措，是满足全市人民群众美好生活需要、增进民生福祉的客观要求，是提升郑州城市品质形象、增强郑州城市竞争力的基础内容，也是顺应现代城市演进规律、推进郑州国家中心城市建设的紧迫任务。为进一步改进城市管理，改善人居环境，以实际行动推动城市规划、建设、管理全面提升，全力打造体现国家中心城市水准和特色的"品质之城"，郑州市提出了推进以城市道路改造工程、老旧小区改造工程、城乡接合部改造工程和改进城市精细化管理为主要内容的"三项工程、一项管理"的部署和要求。"三项工程、一项管理"是一个有机完整的工作体系，是提升城市承载力和品质内涵、优化人居环境、促进生态环境改善的有效手段。全市上下要统一认识、抓住关键、把握原则、讲究章法，以"三项工程、一项管理"为重点，着力推动城市功能、品质、形象全面提升，打造"整洁、有序、舒适、愉悦"的城市环境。要着力提升服务功能和形态风貌，不大拆大建、推倒重来；着力做到"最多改一次"，不反复动工、来回折腾；着力在规划设计上下功夫，不任意而为、低质推进；着力做好示范、滚动推进，不盲目铺摊子、影响城市正常运行；着力做好群众宣传发动，政府主导但不大包大揽、包办一切，努力把好事办好、实事办实，让广大人民群众满意。要在以人民为中心的发展思想引领下，以人为本推进设计、建设、管理等各个环节，坚持设计充分征求群众意见、实施过程让群众监督、实施结果让群众评判、工作效果让群众共享，问需于民、问计于民、问效于民，把人民城市为人民的理念落实到各方面、全流程，不断满足人民群众对美好生活的向往。要坚持设计引领，处理好专业技术与群众需求的关系，合理运用设计技术把群众需求表达好、实现好，既充分展现中原文化符号、郑州特色，又富有现代气息、时代风貌，使历史的厚重和时代的脉动紧密结合起来，让这个城市更有韵味、充满活力。要着力改进城市精细化管理，坚持以"洁化"促提质，确保城市环境干净整洁；以"序化"保畅通，确保城市交通规范有序；以"亮化"增颜值，确保城市流光溢彩；以"绿化"美环境，确保城市环境生态宜居，建设口袋公园、微景观、街头游园，大幅度增加城市绿量，打造"一街一景、一路一色、三季有花、四季常青"的美丽宜居环境。

第十章 以城市结构优化提升 郑州城市功能

　　城市结构是指城市各组成要素相互关系、相互作用的形式和方式，主要包括经济结构、社会结构、空间结构。城市功能依附和源于城市结构，但城市功能的演变也会推动城市结构的部分演变。城市空间结构是城市功能要素在一定空间范围内的分布和组合状态，是城市经济结构、社会结构、自然条件在空间上的投影，是城市经济、社会存在和发展的空间形式[①]，体现了城市内部系统中各功能组成部分及其相互之间的关联特征[②]。城市空间结构直接影响和制约着城市功能作用的发挥。城市空间结构包含城市内部空间结构和城市外部空间结构两个层次，前者为城市内部要素的地域布局和组合，后者则是指城市在区域中的规模序列和分布状态[③]，如图 10 - 1 所示。城市空间结构随着城市经济社会的发展而不

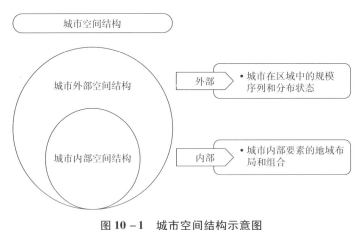

图 10 - 1　城市空间结构示意图

---

　　① 谢小龙. 上海城市空间结构调整与优化研究［D］. 苏州大学硕士学位论文，2009.

　　② 邓羽. 综合交通可达性视角下的城市空间结构优化研究——以北京市为例［D］. 中国科学院大学博士学位论文，2013.

　　③ 刘艳军，李诚固. 长春市城市空间结构演化机制及调控路径［J］. 现代城市研究，2008（6）：52 - 60.

断演变，并对城市功能提升和经济社会发展产生一定的促进作用。郑州城市空间结构的演变经历了一个漫长的历史过程，而且在不同的历史阶段呈现出不同的阶段性特征。在客观分析郑州城市空间结构演化规律及其影响因素的基础上，指出郑州城市空间结构优化方向，提出优化郑州城市空间结构的对策建议，对加快郑州国家中心城市建设、促进郑州社会经济发展具有重要的价值意义。

一、城市空间结构及其与城市功能的关系

马克思曾经指出："空间是一切生产和一切人类活动的要素。"① 作为社会生产和人类活动的集聚地场所，城市必然要有能够容纳和支撑这种生产及活动的空间载体。如果没有这种城市载体即城市空间作依托，城市的一切经济社会活动便无从展开。在开展各种经济社会活动的过程中，人类必然要对各种城市功能要素进行空间上的一定配置和布局，于是便产生了城市空间结构及其同城市功能的关系问题。城市空间结构与城市功能，二者之间是既相互区别又相互依存、相互作用的辩证统一关系。认识和把握城市空间结构与城市功能之间的相互关系，是研究和考察郑州城市空间结构对城市功能的制约作用、以城市空间结构优化提升郑州城市功能的重要前提和基础。

（一）城市空间结构及其与城市功能的相互关系

与其他客观事物一样，城市也是一个由诸多要素（部分）构成并相互作用的系统，因而同样有自己特定的结构和功能。作为城市各组成要素相互关系、相互作用的形式和方式，城市结构有经济结构、社会结构、空间结构之分。空间结构是城市不可或缺的重要结构。城市空间结构是特定社会的各种经济、文化因素作用在城市地域上的空间反映，表现了城市中各种物质要素在空间范围内的分布特征和组合关系，反映了城市资源要素的分布状况和利用程度。在城市的发展过程中，并不光是建筑物的增加，以及居民的聚集，而是城市内部产生各具功能的区域，如商业区、住宅区、工业区，同时各个功能区之间存在有机的联系。这种城市内部各种区域性的形成以及它的分布与配置情形，被人们称为"城市空间结构"②。

所谓城市空间结构，是指市各物质要素的空间区位分布特征及其组合规

---

① 马克思. 资本论（第3卷）［M］. 北京：人民出版社，2018：875.

② 施彦卿. 上海市中心城区 RBD 的空间结构研究 ［D］. 同济大学硕士学位论文，2007.

律，它是城市地理学及城市规划学研究城市空间的核心内容。城市各物质要素实体和空间的形态、风格等有形的表象有其规律，但就内涵而言，它是一种复杂的政治、经济、社会、文化活动在城市历史发展过程中交织作用的物化，是城市的技术能力与功能要求在空间上的具体表现。① 专家学者对城市空间结构问题的研究，概括起来有下述三个视角：首先是城市内部空间，其空间范围以主城区为主，但也包括城市的各功能区。这是城市空间中最基本的实体空间，最能反映城市空间结构演化的规律及趋势。其次是城市的外部空间，其空间范围涵盖主城区周边的卫星城、专业镇、各类飞地及周围农村。这是城市内部空间增长及向外扩展的发生区域。最后是城市群体空间，该类空间从区域层面反映了城市所处的区位及其与其他城市之间的相互影响关系。在这三类城市空间中，城市内部空间和城市外部空间是城市空间演化的主体②。

城市空间结构的基础理论主要有以下三种经典模式：

一是同心圆模式（Concentric Zone Model），如图 10 - 2 所示。由于该模式是

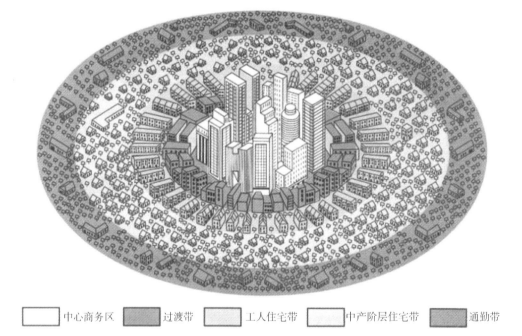

中心商务区　　过渡带　　工人住宅带　　中产阶层住宅带　　通勤带

图 10 - 2　典型城市空间结构同心圆模式

资料来源：普通高中课程标准实验教科书《地理必修2》，人民教育出版社，第32页。

---

① 谭跃. 城市空间结构演化研究——以成渝经济区为例 [D]. 重庆大学硕士学位论文，2009.

② 张彩丽. 郑州市城市空间结构演变研究 [D]. 郑州大学硕士学位论文，2007.

美国社会学家伯吉斯（E. W. Burgess）于1923年基于对美国城市芝加哥土地利用结构的分析基础上提出来的，因此又被人们称作"伯吉斯模式"。在这一模式语境下，城市内部空间结构是以不同用途的土地围绕单一核心，有规则地从内到外扩展，形成圈层式结构。当城市人口的增长导致城市区域扩展时，每一个内环地带必然延伸并向外移动，入侵相邻外环地带，产生土地使用的演替，但并不改变圈层分布的顺序①。该理论模式从动态变化的人口视角分析城市，认为城市中心的土地价值最高，并按照均匀的半径向城市外围逐步递减。在宏观效果上，同心圆模式基本符合单中心城市模式，但由于它忽视了道路交通、自然障碍物、土地利用的社会和区位偏好等方面的影响，与实际仍有一定的偏差②。

二是扇形模式（Sector Model），如图10-3所示。该理论模式是美国学者霍

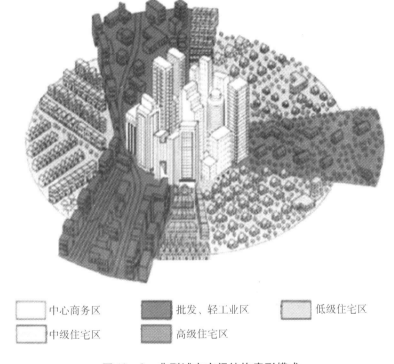

中心商务区　　批发、轻工业区　　低级住宅区
中级住宅区　　高级住宅区

图 10-3　典型城市空间结构扇形模式

资料来源：普通高中课程标准实验教科书《地理必修2》，人民教育出版社，第32页。

① 周长林. 天津市"城中之城"空间发展模式的新探索［C］. 国际住房与规划联合会（IFHP）第46届世界大会中方论文集，2002.
② 张宇炜. 苏州城市空间结构研究［D］. 苏州大学硕士学位论文，2008.

姆·霍伊特（Homer Hoyt）通过对美国 64 个中小城市及纽约、芝加哥等著名城市的住宅区分析后于 1939 年创立的。该理论模式认为，城市内部的发展尤其是居住区，并非像同心圆模式所认为的土地价值继续向城外增加，而是低值的住宅区也可能自城中心延向城外地区。同时还主张，城市的发展常从城中心开始，沿着主要交通要道或者沿着最少阻力的路线向外放射①。这一理论模式是在伯吉斯同心圆学说的基础上，进一步考虑了交通因素对地带结构的影响，因而它描述的分带区组合呈扇形结构。与同心圆模式相比较，该理论模式过度强调财富及房租在城市空间组织结构变化中的作用，忽略了其他社会经济因素的影响。

三是多核心模式（Multi core Model），如图 10 - 4 所示。由美国学者麦肯齐（R. D. Mckenzie）于 1933 年率先提出，后由哈里斯（C. D. Harris）和乌尔曼（E. L. Ullman）进一步完善和发展。该理论模式认为，大城市并不应当围绕着某单一核心来发展，而应当围绕一个主要商业区的主核心和其余的次核心（轻工业区、重工业区、卫星城）来发展。随着城市的发展和规模的进一步扩大，新的极核中心又会产生出来，并不断发挥成长极核的作用，直到城市的中心地带完全被

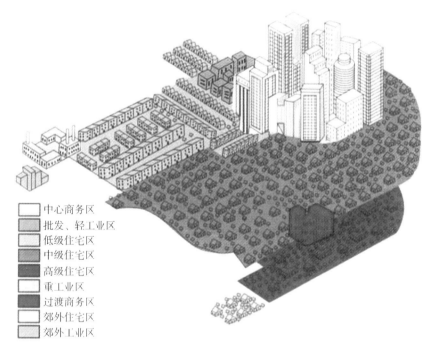

图 10 - 4 典型城市空间结构多核心模式

资料来源：普通高中课程标准实验教科书《地理必修2》，人民教育出版社，第 32 页。

---

① 施彦卿. 上海市中心城区 RBD 的空间结构研究［D］. 同济大学硕士学位论文，2007.

扩充。这种多元结构的考虑，触及了地域分化中多种职能的结节作用，但对多核心之间的职能联系讨论得比较少，尤其没有深入分析不同核心之间的等级差别和在城市总体发展中的地位①。

城市空间结构与城市功能具有密切的内在联系。城市是现代区域社会经济要素及产业的核心空间载体。现代城市形成的本身就是产业要素空间积聚的结果，城市群落在地理空间上如何分布，既取决于现代化大生产产业要素的流动和组合规律，也取决于地理、历史等因素。城市为产业要素的流动和配置提供了空间平台，正是不同产业要素与不同经济地理相结合形成了具有不同空间结构的城市类型，在这些不同城市类型的相互作用下形成的城市网络，处在不同地理空间中的城市又表现出不同的城市功能②。城市空间结构决定城市功能，有什么样的城市空间结构，就有与之相适应的城市功能。城市空间结构的优劣，还对城市功能的正常发挥着重要和直接的作用。城市功能对城市空间结构具有一定的反作用。城市功能是指一个城市在国家或地区内的政治、经济、文化生活中所处的地位和作用；而城市空间结构则是指城市功能组织在城市地域空间上的配置及组合状况，即通常所说的各种功能分区或城市用地在地域上的排列和组合关系。城市功能转变往往会带动城市空间结构的演化③。城市空间结构的优劣决定城市功能的优劣，城市功能的优劣可对城市空间结构产生重大影响作用。

优化城市空间结构是优化城市功能的重要手段。城市空间结构是城市各功能要素在一定区域范围内的分布状态和作用机制，强调的是各要素之间的相互关系及空间分布特征，是对城市空间总体层次上共同规律的高度抽象与概括④，是从空间的角度来表述城市形态和城市内部相互作用的网络⑤。城市空间结构形成、演变和发展的内在机制，本质上是出于城市结构不断适应变化着的城市功能的需要，即城市功能与空间结构的矛盾冲突是一个动态的发展过程，其演变过程受城市自然因素和人文因素两个方面的影响。这些因素直接或间接影响着城市空间结构的形成、演变和发展⑥。当城市功能的拓展没有超出城市空间结构的承载限度时，城市空间结构保持稳定状态。而当城市经济水平的提高致使城市功能拓展，超出了城市空间结构的承载限度时，城市结构就会发生局部或整体的调整⑦。

①　张宇炜．苏州城市空间结构研究［D］．苏州大学硕士学位论文，2008．
②　陈柳钦．城市功能及其空间结构和区际协调［J］．中国名城，2011（1）：46－55．
③　侯学钢，彭再德．上海城市功能转变与地域空间结构优化［J］．城市规划，1997（4）：8－11．
④⑥　许继清．郑州城市空间结构的演变与特征［J］．华中建筑，2007（9）：131－133．
⑤　姜晴．城市空间结构布局优化研究［J］．经济研究导刊，2009（31）：145－146．
⑦　李默．城市空间结构演化研究与用地规模预测——以乌鲁木齐市为例［D］．新疆大学硕士学位论文，2007．

（二）城市空间结构演化的内在机理

辩证唯物主义认为，运动是物质的根本属性和存在方式，任何物质都是不停地运动和发展变化的，绝对静止不变的物质是不存在的。城市空间结构也是如此。在一定时空范围内，城市空间结构表示为一种相对静态的结构关系，但在较长时期内则表示一种动态的地域演变过程①。影响城市空间结构演化的因素是多方面的，既有经济因素、人口因素、技术因素，也有政策及其他因素。现代城市的形成是产业要素空间积聚的结果。城市群落在地理空间上的分布，既取决于现代化大生产要素的流动和组合规律，也取决于地理、历史等因素。城市为产业要素的流动和配置提供空间平台，不同产业要素与不同经济地理的相互结合形成具有不同空间结构的城市类型，处在不同地理空间中又会产生出不同的城市功能。

推动城市空间结构演化的动力，主要源自诸种资源要素的聚集效应。所谓聚集效应，是由社会经济活动的空间集中所形成的聚集经济与聚集不经济综合作用的结果。其中，聚集经济一般是指因社会经济活动及相关要素的空间集中而引起的资源利用效率的提高及由此而产生的成本节约、收入或效应增加。与聚集经济相对应，聚集不经济是指因社会经济活动及相关要素的空间集中所引起的费用增加或收入、效用损失。聚集效应对城市具有特别重要的意义，它是城市各种经济因素、经济活动的相关性与结构性产生的重要机制。从宏观维度分析，聚集效应是城市形成、生存和发展的重要动力和依据。从微观视角看，由于聚集效应的形成和变动是由微观主体（居民、厂商）和其他有关的社会经济要素在城市地区空间配置所决定的，城市空间结构是各种要素聚集与配置的空间表现。因此，聚集经济与城市空间结构的形成和演变紧密相关②。

江曼琦的研究成果表明，城市空间结构的演化，一般是通过下列过程交互作用而成的。江曼琦指出，城市空间结构的形成与演变，是城市居民和厂商在城市不同经济活动中重新配置和组合土地资源和要素的过程。如韦伯对工业聚集的划分一样，在城市形成后，过去形成的人口和经济活动的分布，影响着现期的选址决策。江曼琦认为，绝大多数居民、厂商实际上根据已有的人力资源、市场、投入、工业、居住、公共设施、相关产业、自然资源与自然条件等的分布，即以某区位现在的聚集状况和开发建设的成本，对未来某区位可能获得的聚集经济效应预测为参考，进行选址活动的。所以，已存在的聚集效应会作为新的聚集因子影响新的聚集，而新的聚集又会进一步改变城市聚集效应的总量和分布。城市空间

---

① 陈辞，李强森.城市空间结构演变及其影响因素探析［J］.经济研究导刊.2010（18）：144－146.
② 江曼琦.聚集效应与城市空间结构的形成与演变［J］.天津社会科学.2001（4）：69－71.

结构的演化，就是一个以前一阶段聚集经济分布为基础不断更替演变的过程。随着城市的发展，城市功能结构、聚集内容和聚集主体的外部关系等都会发生变化，并引起城市聚集主体和城市空间结构各项用地比例的变化①。

城市产业结构是决定城市经济功能和城市性质最重要的内在因素。产业结构的变化和由此引起的人口由农业类型向工业及后工业类型的转化，既是城市化进程的主要特征，也是城市空间结构演化的主要原因。很显然，工业化进程的不断推进，将越来越多的人口从农业和工业生产中分离出来，为第三产业的发展提供了可能。而工业化后期的第三产业的迅速发展，又为更进一步吸收传统产业的富裕人口创造了条件，从而推动城市空间结构的演化。

二、郑州城市空间结构演化及其对城市功能的影响

每个城市都有其独特的发展轨迹和空间结构，并与其社会经济发展紧密联系。郑州市是近现代因铁路而发展起来的交通枢纽型城市。由于受铁路干线穿越的影响，郑州的城市空间结构呈现出与其他城市不同的演化轨迹和独有的形态特征。与中国其他城市一样，郑州城市空间结构也经历了一个漫长的演化历史过程。中国著名历史地理学家、中国科学院院士侯仁之曾经说过，城市是迄今为止人类所建造的最大、最复杂的工程。"我已经确信，没有对过去的研究和理解，就不能有效地规划未来，社会环境、经济环境、物质环境、自然环境均适于此，概莫能外"。② 同样，我们研究郑州城市功能优化升级问题，就应当首先考察和了解郑州城市空间结构演化的历史进程及其内在规律，在此基础上，进而深入分析郑州城市空间结构的现状及其对城市功能的影响。

（一）郑州城市空间结构的历史演化

20 世纪初，贯通中国东西、联系大江南北的陇海、京汉两大铁路干线相继建成通车，并在河南郑州交汇，给因长期封闭和战乱而衰落、凋敝的郑州城市发展带来了转机。新中国成立后，国家设立郑州铁路局，并投入巨资在郑州建设了全国最大也是亚洲最大的铁路编组站，获得了中国铁路"心脏"的美誉。随着郑州全国重要铁路枢纽的地位逐步确立，这座"火车拉来的城市"从此进入了新的发展时期。

---

① 江曼琦. 聚集效应与城市空间结构的形成与演变 [J]. 天津社会科学，2001（4）：69 – 71.
② 侯仁之. 侯仁之文集 [M]. 北京大学出版社，1998.

郑州历史文化十分悠久。据明清时郑州地方志记载，郑州老城始建于唐朝武德四年，城周 9 里 30 步，其形态与格局都完全体现着中国传统政治职能型城市的特色，"城"整体呈规则的长方形，东西延长，南北微狭，整个格局正朝四方，城门上有城楼四座，环城有城壕，东西城门相对，形成一条横贯城市中心的街道，南北城门相错，各从城门入口向城内延伸出一条与横贯东西城门大街成直角相交的街道，构成两个十字形结构，城内其他街道要么与这三条街道成直角相交，要么则为平行，纵横相交，整体形成规则有序的方格型结构。自唐至清，郑州的城市格局几乎未曾有过突破，只是有小的改动①。

给郑州城市空间结构带来历史性巨变的，是京汉、陇海两大铁路的建成和投入运营，不仅有力地带动了这座城市商贸经济的快速发展，还对其城市空间结构的形成产生了深刻的影响。京汉铁路在经过郑州老城（即明清郑州之城）附近时，经由郑州老城西边自西北而东南，北段与陇海铁路相交于郑州老城西北二里处，南段与陇海铁路相交于郑州老城西南二里处。由于两条铁路并非呈绝对的"十"字形相交，因而形成一个整体不太规则的双对角结构，郑州未来的城市空间亦自此被分成四部分。因为西北夹角和东南夹角较小，不太适合大规模的城市建设，因而郑州未来的城市空间发展便基本被限定在东北夹角和西南夹角内，直至 20 世纪末依然如此。又由于郑州老城与火车站均位于京汉线以东的扇区内，遂决定了近代郑州城市空间结构的早期发展格局，使其基本局限在京汉铁路以东、陇海铁路以北和郑州老城之间的区域②。于是，以京广、陇海两大铁路自然划分为界，郑州城市呈现出典型的双"V"字形的空间结构，其内侧为城市工业及铁路发展用地，外侧为城市生活发展用地。

这种双"V"字形空间结构存在一定弊端。因受到铁路的分割，郑州城区的许多道路被阻断，造成人流物流不畅。新中国成立初期，为解决因铁路分割带来的城市交通问题，在 1953 年进行规划时，开始着手对郑州城市空间结构作出调整，确定城市围绕旧城发展，不跨越铁路，将整个城区置于陇海铁路以北、京汉铁路以东地区。但后来在筹建几个大国棉厂时，发现京汉铁路以东区域土质条件差，地下水位高，不适宜兴建大型厂房，于是 1954 年对规划方案作出调整。在国家城建总局的指导下，郑州市总体规划编制完成。该总体规划将省直行政区街道改为正子午线方向，并将京汉铁路以西、陇海铁路以南辟为市区，城市跨铁路向东西方向发展，道路呈放射状正环形分布。该规划确定了郑州的城市性质：以轻工业为主的工业城市，全国重要的交通枢纽和河南省的政治、经济、文化中心。城市分区为七个部分，即工业区、仓储区、居住区、市中心区、行政区、文

① 朱军献. 无序生成与近代郑州城市空间结构之变动 [J]. 郑州工业大学学报，2011（3）：84－87.
② 朱军献. 郑州城市规划与空间结构变迁研究（1906—1957）[J]. 城市规划，2011（8）：44－48.

化区和铁路区。规划工业用地8.88平方千米，划分为四个工业区：重工业区位于市区西南；沿陇海铁路南侧的带型地区为棉纺织工业区；京汉铁路北段两侧，主要安排一些中小型工业项目；市区东部，沿陇海线南北两侧安排轻工业及服务业；居住区主要集中在西部工业区及东部旧城区，市中心位于市区西部；东北部为行政区，北部为文化区，火车站南为铁路局所在地①。依照该城市规划，郑州形成了"一心两片、铁路分割"的城市空间格局②，即以火车站和二七广场为中心的单核周边拓展的空间结构，在铁路以西形成了以工业为主的新市区，集聚了以轻纺工业为龙头的产业群；铁路以东以旧城区为依托形成了以省直机关为主体的行政区③。

　　党的十一届三中全会开辟了改革开放新的历史时期，也为城市发展提供了强大动力。郑州市借助交通枢纽优势，经济社会较快发展，城市也进入了新一轮转型发展期。改革开放初期，由于缺乏城市建设经验和规划指引，郑州在城市空间拓展上曾出现过单中心"摊大饼"的拓展模式。从20世纪90年代中后期开始，随着"退二进三"的产业结构调整，城市的现代服务性功能逐步增强。郑州高新技术产业开发区、郑州经济技术开发区、郑东新区、航空港区等城市组团的开发与完善，使城市空间结构从单中心结构逐步向多中心组团式空间结构逐步转变。从集聚与扩散的角度来看，郑州城市空间结构演变经历了下述三个阶段：

　　一是以城市集聚为主的城市化阶段。这一时期大约开始于20世纪80年代。在极化效应的作用下，人口和产业不断向城市中心集聚，形成城市人口、产业、资本、技术高密度集中的初级城市中心。为适应改革开放新的时代要求，郑州市编制了1982版城市总体规划。国务院在批复中对郑州作出战略定位：河南省省会、重要铁路交通枢纽和以轻纺工业为主的工业城市。批复中还提出，到1985年中心城区人口规模控制在85万人，2000年控制在100万人。在1982版总体规划的指导下，郑州城市人口和产业迅速向城市中心集聚，到1992年底，中心城区人口达到115万人，建成区面积达到87.9平方千米，先后建设了高新区、经开区和黄河度假区，同时还修建了新的国际民航机场、郑汴洛高等级公路、京深公路，基本形成了人口集聚和产业集中的空间布局。

　　二是城市集中与城市分散并存的大城市形成阶段。随着城市空间的不断拓

　　①　郑州市地方史志编撰委员会.郑州史志（第3分册）［M］.郑州：中州古籍出版社，1997：17.

　　②　赵建华，田根生.转型时期城市空间的发展特征研究——以郑州为例［J］.南方建筑，2010（1）：64 - 66.

　　③　蔡安宁，刘洋，梁进社，张伟.郑州城市空间结构演变与重构［J］.城市发展研究，2012（6）：54 - 60.

展，郑州中心城区用地开始出现紧张态势，城市开始沿京广、陇海两条铁路线向外围扩散，城市郊区化开始蔓延。随着城市产业和经济活动的外迁，城市中心职能开始逐步升级和转换，控制和管理功能加快向城市中心集聚，进而形成了集聚与扩散并存的大城市化阶段。为贯彻落实中央和省关于"把郑州建设成为社会主义现代化的商贸城市"的指示精神，郑州市于1991年开始组织编制新版总体城市规划。1998年国务院批准该规划，将郑州定位为河南省省会、陇海—兰新地带重要的中心城市、全国重要的交通枢纽、著名商埠；确定东西为城市主要发展方向，中心城区总用地面积为189平方千米，城市人口规模为230万人；中心城区空间由中心组团、北部花园口组团、西部须水组团、东部圃田组团和东南部小李庄组团组成，采取"多中心、组团式"布局，以中心组团为核心，各组团之间留有绿地系统分隔，形成相对独立的城市发展区。

三是多中心与复合型并存的城市分散阶段。随着城市化水平的大幅提高，郑州人口急速膨胀，密度大，核心城区人口集聚度高，城市中心的承载力超负荷运行。于是，城市人口及其他资源要素开始大规模外迁，城市总体向外蔓延的同时局部又相对集中，郊区出现了外围城市、边缘城市等次中心地区，城市向多中心、复合型大城市不断分散发展。为适应郑州城市发展的新形势，2005年郑州市启动新版总体城市规划编制工作，2010年8月获国务院正式批复，2017年又对总体规划作出修订。《郑州市城市总体规划（2010—2020年）》提出，构建"一主一城三区四组团"的城镇布局结构，逐步形成以主城区、航空城和新城区为主体、外围组团为支撑、新市镇为节点、其他小城镇拱卫的层级分明、结构合理、互动发展的网络化城镇体系。到2020年，市域总人口1245万，城镇人口1025万，城镇化水平82%左右。中心城区城市人口610万人，其中主城区470万人，航空城140万人。中心城区城市建设用地控制在583平方千米，主城区城市建设用地控制在420平方千米，航空城城市建设用地控制在163平方千米。

（二）郑州城市空间结构现状分析

从上述郑州城市空间结构演化的几个历史阶段可以看出，郑州从最初的"摊大饼"式拓展逐渐过渡到"组团"式发展格局，在拓展的战略方向上经历了"西—北—东"的发展过程。在演化过程中，主要产业的布局出现了不同程度的分化。从总的产业布局看，传统工业和高新产业主要在市区西部及西北部；商业、行政和服务业主要集中在中心城区；现代住宅区主要分布在北区和郑东新区；物流业主要集中在铁路沿线；会展、商住区主要分布在郑东新区；教育产业向四郊转移。这种分化一方面体现了现代城市发展理念的改变，另一方面也反映了郑州城市扩展方向的改变①。

　　组团式城市是走出传统的高度集中、大一统的城市规划观念，按照局部与整体协调、分工与整合相统一的城市发展新理念，突破原有的城市空间，根据地缘特点将城市整体功能分解为相互联系的不同局部的组团功能，实现城市功能在大空间上的重新整合。传统的城市规划和城市结构，是将城市承担的为生活、生产、文化、教育、政治服务的等多种功能高度地集中在有限的城市空间内，形成明显的城市功能中心。这种缺乏功能分区、高度集中的城市结构，不仅影响了城市在空间上的扩展，而且影响了城市功能的充分发挥②。

　　"组团"式发展格局的形成，标志着郑州城市空间结构优化取得了重大进展和突出成就，对郑州城市功能的优化提升起到了有力的推动和促进作用。在现代化交通体系和现代信息通信技术的强力支撑下，郑州正在按照"东扩、西拓、南延、北联、中优"的发展思路，推动形成"一核、四轴、三带、多点"的网络化、组团式、集约型区域空间格局。"一核"指的是郑汴港核心引擎区，它是郑州大都市区发展的核心增长极。"四轴"是指要求完善主要交通干线和综合交通运输网络，提升南北向沿京广、东西向沿陇海等区域发展主轴辐射带动能力，建设郑焦、开港登功能联系廊道，打造特色鲜明、布局合理的现代产业城镇密集带。"三带"是指黄河文化生态带、嵩山—太行山区文化生态带和农区田园文化生态带，三者共同构成郑州大都市区外围绿环。"多极"是指区域性功能中心、新的功能组团和外围特色小镇。这种空间形态有利于郑州城市组团式发展，形成"主城区、航空城、多组团、多节点"的城镇体系，不仅可以使高度集中的城市功能进行分区设置，形成明显的分区特色，而且也不影响各分区对城市各种功能的共享，由此形成大空间范围内多元功能相互组合的现代组团式城市，从而能够进一步优化各项功能，强化基础设施新支撑，加快新经济发展，打造联动发展新模式，构筑引领带动中原崛起核心增长极。

　　但是，目前郑州在城市发展的空间利用上还存在一些亟待解决的问题。主要有以下几个方面的问题：

　　一是高扩展导致城市人口产业结构失衡。近30年来，郑州市城市空间扩展速度迅猛，尤其是2000年以来，城市扩展区扩展强度指数均高于1.92。城市扩展速度迅猛，势必带来城市经济迅猛发展，致使产业结构和产业布局陷入混乱。从2017年全国13个特大城市建设用地扩张与人口增长的比较看，郑州市建设用地占市辖区土地面积比重最大，达到了41.8%，而近10年间人口增长仅为1.34倍。第二产业占比与广州、杭州、成都、武汉、南京等发达城市相比仍然较高。

　　①　刘英，赵荣钦，许明坡．郑州市空间结构演变分析［J］．现代城市研究，2008（3）：61–66.
　　②　梁玉芬．城市空间结构决定的城市功能模式探讨［J］．中共山西省委党校学报，2005(3)：78–80.

高端服务业发展滞后，尽管近年来郑州加快发展服务经济，在 2016 年服务业产值占 GDP 的比重首次超过第二产业，但与许多中心城市相比，服务业所占的比重仍有待提高，且生活性、现代性服务业发展不足，没有形成高端化的发展趋势。例如从星级饭店数量看，郑州只有 31 家，与处于前三位的广州 153 家、杭州 136 家、深圳 102 家相比，差距较大。因星级饭店数量少，星级饭店营业收入总额也不高。郑州星级饭店营业收入总额分别为 8.04 亿元，与全国 15 个副省级城市相比，处于垫底的位置①。

表 10-1　2000~2018 年郑州建成区面积与人口增长对比

年份	建成区		人口	
	面积（平方千米）	增长率（%）	数量（万人）	增长率（%）
2000	133.2	7.0	665.9	5.4
2001	142.4	6.9	677	1.7
2002	156.4	9.8	687.7	1.6
2003	212.4	35.8	697.7	1.5
2004	243.3	14.5	708.2	1.5
2005	262.0	7.7	716	1.1
2006	282.0	7.6	724.3	1.2
2007	302.0	7.1	735.6	1.6
2008	328.7	8.8	743.6	1.1
2009	336.7	2.4	752.1	1.1
2010	342.7	1.8	866.1	15.2
2011	354.7	3.5	885.7	2.3
2012	373.0	5.0	903.1	2.0
2013	382.7	2.6	919.1	1.8
2014	412.7	7.8	937.8	2.0
2015	437.6	6.0	956.9	2.0
2016	456.6	4.3	972.4	1.6
2017	500.8	9.7	988.1	1.6
2018	549.3	9.7	1013.6	2.6

资料来源：郑州市统计局。

---

① 王建国，王新涛等．郑州拓展优化城市发展空间问题研究［R］．河南省社会科学院，2019.

二是单中心的结构性问题依然显现。随着近年来郑州市城市空间结构的调整和优化，多中心的城市地域结构正在逐步形成，并开始对城市功能提升和经济高质量发展发挥重要支撑作用，但路径依赖的问题不容小觑，以往的单级化结构和摊大饼发展模式的影响仍在发生作用。应当看到，旧的空间结构和发展模式的影响不仅没有完全消失，甚至在某些方面、某些领域还得到了进一步的强化。近年来，郑州市一直在进行旧城改造，推进城市有机更新。然而，在旧空间结构和发展模式的影响下，旧城改造不仅未能有效疏散中心城区的人口，反而在容积率不断增加的同时，实际居住人口也持续增大，中心城区由居住人口密集型转为就业人口及外来人口密集型，人口总量不降反增，人口密度进一步提高。人口的过度密集给中心城的发展造成沉重压力，交通拥挤、基础设施负荷加重、人居环境质量下降。这种路径依赖所产生的影响，还将中心城区带入了"高地价—开发潜力大—改造、投资与投入—更高的地价—开发"的恶性循环。中心城区土地价值的提升，成为旧城改造和城市更新加快的直接动力，进而推动中心城区人口密度进一步加大。这种状况无疑会影响甚至阻遏城市功能的提升及其作用的发挥。

三是强弹性导致公共服务效率低下。近30年来，郑州市城市空间弹性指数较大，偏离标准值较多，城市建设用地与人口存在严重的不协调。从分析结果来看，城市空间弹性指数偏大，其主要原因在于扩展区年均面积变化率大幅度高于人口变化率。随着郑州市城市化进程的加快，大量人口涌入城市，城市承载力逐渐吃紧，城市中心区容量饱和。为缓解城市中心人口压力，城市开始向边缘地带扩展，城市功能呈现多元化，集聚信息流、物流、人流的新型区域逐渐形成，导致人们出行距离大大增加，严重降低了城市交通的通达性，增加了通勤时间，降低了生活工作效率。

四是低紧凑导致城市空间形态分散。经过这些年的发展和演进，目前郑州在城市化进程中形成了以二七区为城市主核心，郑东新区、航空港区为次核心的多核心跨越式模式。其中二七区由于其发展较早，多以文化娱乐、住宅、餐饮、服务业等第三产业为主，原有的工厂、学校等逐渐迁往市郊，中心城区成为名副其实的生活服务中心。郑东新区和航空港区是正在建设的城市中心，其中是以中央商务区为区域核心，集办公、科研、教育、文化、商业、居住等多种功能的新型城区。两大核心区与主城区交通联系不紧密，导致职住分离严重，通勤时间过长，三大城区的商业和日常交流十分不便，增加了就业成本与企业运营成本，造成城市生活效率降低。同时，还会导致城市土地利用效率偏低，出现城市空间资源浪费、城市建设用地低效率利用等情况，严重地弱化城市的综合竞争力[①]。

---

① 王建国，王新涛等．郑州拓展优化城市发展空间问题研究［R］．河南省社会科学院，2019.

五是城市功能地域结构发育不完善。尽管郑州市城市近域推进明显，但由于城乡二元结构比较突出，致使城市功能地域结构发育不够健全。其主要表现是：城镇地域结构体系发育水平低，2017年全市市域城镇化水平仅为71%，落后于广州、成都、武汉、西安，在五个省会国家中心城市中排在末位；城乡融合及大城市功能地域发展水平比较低，未能形成完整的大城市地域体系，城市边缘区道路功能尚待进一步完善，与城市核心区路网衔接性差；城市地域副中心发育水平较低，多中心的城市地域结构尚待进一步完善，城市要素流动仍然是以向城市核心区要素为主，导致核心区用地紧张，交通拥挤，基础设施供给能力严重不足，环境资源系统仍处于高负荷状态；城市用地布局与城市地价区位不够协调，许多商贸优区位仍被行政用地占据，核心区内居住用地仍占较高比重，城市核心区"退二进三"节奏有待进一步加快，土地竞租机制在城市功能地域结构形成中的主导地位尚待进一步确立和巩固。

三、优化郑州城市空间结构的思路与举措

城市空间结构是城市要素在空间范围内的分布和组合状态，是城市社会经济存在和发展的空间形式。城市空间结构的优劣决定着城市功能作用的发挥，对城市经济社会发展起着重大的影响作用。要站位党中央和习近平总书记对郑州高质量发展的期望和要求的高度，进一步深刻认识优化郑州城市空间结构的重要性和必要性，从建设郑州国家中心城市的具体实际出发，在深入分析研判郑州城市空间结构的不足、弱项和短板的基础上，提出优化郑州城市空间结构的基本思路与举措，推动郑州城市空间结构进一步优化，并以此推进郑州城市功能的有效提升。

（一）优化郑州城市空间结构的内在需求分析

郑州是国家明确支持建设的国家中心城市，又是"一带一路"建设的内陆核心节点城市，并将在黄河流域生态保护和高质量发展这一重大国家战略中发挥龙头带动作用。为支持郑州建设国家中心城市，国家先后赋予郑州诸多重要功能性定位，密集出台包括郑州航空港经济综合实验区、郑洛新国家自主创新示范区、中国（郑州）跨境电子商务综合实验区、中国（河南）自由贸易试验区、国家大数据（河南）综合试验区等在内的重要国家战略，要求郑州加快推进"一中枢一门户三中心"建设，在国家发展大局中承担重要使命。郑州要不辱使

命，就要在要素集聚、引领带动、创新发展、对外开放、生态文明建设等方面大有作为，在更大范围、更宽领域、更深层次上谋划发展框架和功能布局。这就要求郑州必须加快调整优化城市空间结构，并从以下几个方面对国家所赋予的重大使命作出积极响应：

一是交通枢纽空间响应。城市交通与城市空间结构有着紧密关联，交通结构在一定程度上决定了城市的空间布局和空间形态演变。郑州地处国家"两横三纵"城市化战略格局中陆桥通道和京哈京广通道的交会处，是中国重要的公路、铁路和航空综合交通枢纽，在全国发展大局中占有十分重要的地位。2017年2月，国务院印发的《"十三五"现代综合交通运输体系发展规划》明确提出，要强化郑州市物流集散、中转服务等综合服务功能，将其建设成为国际性综合交通枢纽。以郑州为中心的"米"字形高速铁路和航空运输中转中心加快形成。"空中丝绸之路"初具规模，以郑州为亚太物流中心、以卢森堡为欧美物流中心、覆盖全球的航空货运网络加快形成，郑州新郑国际机场开通国际货运航线已覆盖全球主要经济体。陆空对接、通连海港、多式联运的现代综合交通运输体系日益完善，国际物流中心地位持续上升，郑州正由过去以铁路为主导的国家枢纽向以航空、高铁为主导的国际性综合枢纽转型。发挥枢纽优势，形成国际商贸流通节点，带动要素集聚、城市发展，建设国际枢纽之城，是郑州在国家中心城市建设中应突出和强化的战略路径，这势必会对郑州调整优化城市空间结构提出客观要求。

二是创新发展空间响应。作为国家中心城市、河南省省会和郑洛新国家自主创新示范区的核心区与排头兵，郑州在未来发展中必须以全面提升城市自主创新能力和产业竞争能力为核心，大力推动大众创业、万众创新，推进国家创新型城市建设，打造开放创新先导区、技术转移集聚区、转型升级引领区、创新创业生态区和创新创业人才密集区。创新驱动所带来的产业经济转换和社会信息交流将重塑城市空间格局。为提升和夯实自主创新能力，郑州需要重点谋划建设大学创新城、海内外高层次人才创新创业基地、国家实验室等大型科学中心、战略性新兴产业示范基地、国内外知名企业研发基地、科技成果展示交易中心、金融创新中心等创新发展空间，以汇聚知识型创新阶层和高新技术创造人才，集聚前沿信息经济和尖端科技创新要素。同时，在全市范围内，以众创空间、创新街区、特色小镇、科学城等为代表的城市创新空间作为一种独特的空间系统需要不断涌现，这些空间以承载城市创新产业活动为主，也内含着研发、服务、设施、生态以及其他多种子类空间，能够有效发挥科技企业孵化、创业培育、创新研发、科技服务、人才集聚和生活服务等功能，整体带动高新技术产业发展，激发城市经济社会的快速增长，让郑州成为中西部地区"大众创业、万众创新"的热土。

三是对外开放空间响应。牢固树立开放发展理念，全面实施开放带动战略，在更大范围、更宽领域、更深层次上提高开放型经济水平，以高水平开放促进城市高质量发展，已成为郑州推进国家中心城市建设的必然选择。近些年来，郑州通过推进自贸区建设和跨境电商综合试验区建设，深度融入"一带一路"，着力打造内陆对外开放高地。高水平对外开放，势必将引发城市生产组织方式的变革和创新，推动着城市空间结构转型。首先，要求郑州发挥自贸区投资贸易便利化的政策优势，加快形成"自贸区高端服务＋外围生产"的功能布局。借助于自贸区的信息流资源和现代化服务要素，推动企业总部、营运等部门在自贸区郑州片区落户，研发机构、生产部门等在郑州各科技园区和产业集聚区布局。其次，要求郑州推进城市高品质商业中心的网络化布点，在全市范围内广域布局保税展销、线下体验等功能组织，并积极拓展保税仓储空间，推动传统商圈转型升级，打造电商集聚区域和网购天堂。最后，要求郑州进一步优化城市人居化境，打造国际化生活服务社区，规划建设生态优美、宜居宜业的高品质公共活动空间，提高教育、医疗国际化水平，并依托自贸区政策，通过国际人才引进、劳动制度、社会保障、司法仲裁等方面改革，推行具有国际通则的社会公共事务系统。

四是现代产业空间响应。城市发展的核心是产业的发展。建设国家中心城市，肩负起支撑中部地区发展的国家使命担当，郑州必须把强化产业发展置于首要位置，通过产业发展完善城市功能，提升城市级能。产业空间与城市空间具有密切的联系，前者是后者的重要组成部分，并对后者的发展演变起到推动或抑制作用。通过提升产业空间质量，可以产生"筑巢引凤"效应，吸引高质量产业的集聚和发展。在现阶段国家中心城市建设中，郑州正致力于加快构建以先进制造业为支撑、以现代服务业为主导，实体经济、科技创新、现代金融、人力资源协同发展的现代产业体系，打造成为国家重要的经济增长中心。构建现代产业体系，对城市产业空间发展提出了新的要求。产业空间载体只有不断调整优化自身的功能和布局，才能更好地适应现代产业体系的发展需求。随着城市产业结构调整、功能重组、规模扩张进程的加快，创意产业园物流产业园、跨境电商产业园等新产业空间在郑州蓬勃发展，并通过技术、知识、创新等内生优势深刻地影响和改变着郑州原有的经济活动和社会结构，并作为一个新城市空间和重要增长极，对城市空间结构优化起到十分重要的推动作用。

五是生态空间响应。城市生态空间是维持生态环境功能和生态产品再生产的空间载体。城市生态空间是城市复杂系统的重要组成部分，关系着整个城市系统的正常运行和健康发展。城市生态空间的品质如何，在很大程度上决定着城市人居环境质量和经济社会价值。党的十八大以来，在新发展理念指导和统领下，生态空间成为人们观察和评估当下城市空间形态问题的分析视角与研究向度，并日益紧密地与城市综合承载力问题联系在一起。在生态文明建设视阈下，郑州建设国家中心城市，必须坚持绿色发展理念，以生态逻辑置换传统的工业逻辑，坚定走新型城镇化道路，着力打造低碳、节能、循环、高效的城市生产空间，简约、舒适、和谐、安全的城市生活空间，绿色、清洁、美丽、宜人的城市生态空间。构建面向生态文明的郑州城市空间治理系统，防治工业化带来的各种弊病，推动人与自然和谐共生发展，核心是要对城市空间资源进行优化配置，并以此来提升城市的生态宜居功能。

（二）优化郑州城市空间结构的总体思路

一是要明确优化郑州城市空间结构的指导思想。坚持以习近平新时代中国特色社会主义思想为指导，全面贯彻党的十九大和十九届二中、三中、四中全会精神，贯彻创新、协调、绿色、开放、共享的发展理念，坚持以人民为中心的发展思想，把牢"贯彻落实黄河流域生态保护和高质量发展、中部地区崛起、对外开放三大国家战略，加快国家中心城市建设，加快形成更高水平的高质量发展区域增长极"这一主线，坚持省委赋予郑州的"三个在"目标定位，坚持"东强、南动、西美、北静、中优、外联"城市发展布局，坚持以系列三年行动计划为工作抓手，更加注重深化改革开放激活发展动力，更加注重经济稳增长、发展高质量，更加注重民生改善、增进群众获得感，更加注重提高城市经济和人口承载力，更加注重治理体系治理能力现代化建设，以集约为前提，以效益为导向，以产业为核心，以赋能为保障，坚持框定发展空间容量，盘活发展空间存量，做优发展空间增量，提高发展空间质量，全方位拓展与优化城市生产、生活和生态空间，有效提升城市发展的综合效益与协调水平，强化空间资源对郑州建设国家中心城市的战略支撑。

二是要明确优化郑州城市空间结构的指导原则。第一，坚持以人为本。把以人为本作为优化郑州城市空间结构的根本出发点，把满足人民对美好生活的向往作为郑州城市空间结构的奋斗目标，牢固树立"绿水青山就是金山银山"的理念，着力提高郑州的城市承载力，提升郑州的城市宜居性和包容性，营造良好的城市宜居环境，使郑州成为人们向往的创业之都、宜居之城、幸福之家，让人民群众有更多的获得感、幸福感和安全感。第二，坚持统筹协调。按照人口资源环境相均衡、经济社会生态效益相统一的原则，整体谋划国土空间开发，统筹人口分布、经济布局、国土利用、生态环境保护，科学布局生产空间、生活空间、生态空间，给自然留下更多修复空间。要统筹中心城区与周边区域协调发展，统筹生产、生活、生活空间协调布局，统筹居住用地与就业用地协调分布，统筹交通设施与人口流动协调均衡，统筹城市发展与乡村振兴。要通过统筹协调，将各类开发活动限制在资源环境承载能力内，达到人口经济与资源环境相均衡的状态。第三，坚持内优外拓。按照"东强、南动、西美、北静、中优"的城市功能布局，坚持以城市品质提升为主线，加快推进生态修复和城市修补，加快推进中心城区有机更新，推动郑州城市品质提升和城市功能完善。第四，坚持交通引领。以轨道交通、快速公交等交通方式作为城市空间优化拓展的重要手段，通过构建快速城际交通运输走廊，打造城市发展轴线，引领城市发展方向，加快推动产业和人口向快速交通走廊节点区域和产业新城等组团集聚，引导城市外围增量空间的有序发展。第五，坚持集约增效。树立集约开发理念，树立以空间结构优化推动空间资源集约增效利用的理念，划定生态保护红线、永久基本农田、城镇开发边界等空间管控边界，统筹地上地下空间综合利用，合理控制空间开发强度，提高土地集约节约利用水平。

三是要明确优化郑州城市空间结构的发展目标。郑州空间拓展优化的总体目标是坚持生态优先、绿色发展，尊重自然规律、经济规律、社会规律和城乡发展规律，在资源环境承载能力和国土空间开发适宜性评价基础上，科学有序统筹布局城市功能空间，形成集约高效的生产空间、宜居适度的生活空间、山清水秀的生态空间，增强城市发展的持续性。具体目标可细化为三个维度：①生态城市空间结构，即土地和各种资源高效利用的空间结构。把郑州建成一种理想的生态城市模式，使现代技术与自然环境融为一体，将城市社会—经济—自然复合系统中各产业经济活动过程视为城市生存的活力，而把城市居民的文化观念和社会行为当作城市结构演变的动力；实现城市内部系统与外部系统之间能量流、物质流、信息流循环的优化及城市各种资源的高效利用，生态城市空间结构的实现需要综合考虑城市物质环境和社会人文环境，把工业、居住和服务设施综合起来加以考虑。②可持续的城市空间结构，即有多样化开敞空间的城市空间结构。这一目标维度包括可持续的土地利用、可持续的居住环境、可持续的能量利用和可持续的交通通信系统。根据郑州市目前的情况，要实现可持续发展，必须构建可持续的城市内部空间结构，提高绿化用地、公园用地、住宅用地、交通用地和第三产业用地的比例，降低工业用地的比重。合理布局城市开放空脚系统，提高城市生态环境质量，使城市在自然、经济和政策调控下实现高效、持续运营。③和谐的城市空间结构，即人工环境与自然环境和谐发展的城市空间结构。坚持从郑州城市自然环境和人居环境的具体实际出发，重新审视城市中人与自然的关系，建立人与自然和谐发展的城市空间结构，实现城市自然环境和人工环境的协调一致。体现在商业区、居住区、开放空间等城市功能要素的规划设计中，就要求既考虑各功能要素的经济效益，又照顾各构成要素的文化和生态效应，实现城市空间的协调有序发展。

（三）优化郑州城市空间结构的路径举措

第一，坚持以规划引领郑州城市空间结构优化。规划是城市建设的龙头，是城市建设的蓝图，也是城市的"成长坐标"。城市规划在城市发展中起着战略引领和刚性控制的重要作用。做好规划，是任何一个城市发展的首要任务，同时也是一个城市优化城市空间结构的首要任务。郑州要优化城市空间结构，首先就要做好规划，坚持用规划引领城市空间结构的优化。要高水平、高质量做好城市规划，把以人为本理念落细落实，着力推进从物的城市化向人的城市化转变，坚持规划引领、产城融合，优化城市空间布局、空间尺度，推进生产、生活、生态复合构建，注重城市发展的协调性、舒适性，以宜居宜业的城市环境提升城市的影响力、吸引力。以规划引领郑州城市空间结构优化，要重点在"五个强化"上下功夫、见实效。一要强化功能规划。注重城市功能研究，科学谋划城市空间功能、产业功能、环境功能和交通功能，促进城市结构合理、要素优化配置，实现生产、生活、生态相融合。二要强化立体规划。加强城市设计，深化城市竖向规划和地下空间开发利用规划。三要强化多规合一。以城市规划、土地利用规划为依托，促进城乡空间规划的统一，实现全市规划"一张图"。四要强化对规划的编制监督。加强对重大问题的战略研究，强化规划编制工作，提高规划质量，实现规划编制、审批和监督工作的有效衔接。五要强化城乡统筹规划。深化城乡统一规划管理，推进城乡一体化发展。

第二，加快转变郑州城市发展方式。以牺牲环境为代价片面追求增长速度的传统城市发展模式，给城市空间结构带来诸多负面影响，导致城市功能布局混乱、用地结构不合理、生态空间丧失等一系列问题，城市空间发展矛盾突出。2015 年召开的中央城市工作会议强调，要贯彻创新、协调、绿色、开放、共享的发展理念，转变城市发展方式，建设和谐宜居、富有活力、各具特色的现代化城市。近年来，郑州市扎实推进城市工作，城市规划、建设管理水平不断提升。随着国家明确提出支持郑州建设国家中心城市、诸多国家战略规划和战略平台的密集落地，郑州城市发展步入了新阶段。郑州要抓住难得机遇，进一步优化城市空间结构和城市功能，提升城市发展质量，必须加快转变城市发展方式。要坚守土地、人口、环境、安全底线，注重内涵发展和弹性适应，控制城市开发强度，推进城市发展由外延扩张向内涵提升转变，实现国家中心城市睿智发展。要强化底线约束，推进集约节约用地和功能适度混合，提升土地利用绩效。持续优化人口结构和布局，有效调整人口密度和人均建设用地水平。要锚固城市生态基底，确保生态用地只增不减，实现生态空间的保育、修复和拓展。要统筹规划、建设、管理三大关键环节，以规划创新引领城市发展方式转变。要加强城市双修，在做好历史文化保护基础上实施渐进式、可持续的有机更新模式，促进空间利用向集约紧凑、功能复合、低碳高效转变。创造多元包容的城市公共空间，构筑紧凑的社区生活圈网络和公共活动网络。合理布局各类空间资源，加强跨区域的基础设施和生态环境共建共享。要结合城市功能布局调整，进行战略空间留白，为未来重大事项、重大功能项目预留空间。加强对留白空间的规划引导，战略预留区用地由市级管控，建立动态评估机制，根据人口变化调控土地供需关系与开发时序计划。

第三，按照既定城市发展思路，持续优化市域空间布局。遵循城市发展客观规律，结合郑州发展实际，优化郑州城市空间结构，必须坚决贯彻市委十一届十一次全会精神，按照"东强、南动、西美、北静、中优、外联"来优化城市功能布局。所谓"东强"，就是东部要强起来，以郑东新区为依托，统筹经开区、中牟县部分区域，统筹国家自贸区、跨境电商综合试验区、国家大数据综合试验区、金融集聚核心功能区等战略平台建设，把这一区域打造成全省对外开放窗口、产城融合发展示范区和全国重要的先进制造业、现代服务业基地。所谓"南动"，就是南部要动起来，依托航空港实验区，围绕"枢纽+口岸+物流+制造"，完善以航空枢纽为带动的多联运体系，做大做强以智慧终端为代表的电子信息先进制造业集群，打造国际航空枢纽经济引领区、内陆地区对外开放高地。所谓"西美"，就是西部要美起来，以郑州国家高新技术开发区为依托，统筹荥阳、上街，拓展覆盖西部县市，将其建设成为城市的生态屏障、全省创新创业最活跃区域，让美丽人居、美丽生态、美丽经济成为西部的鲜明特征。所谓"北静"，就是北部要静下来，依托黄河生态文化带建设，突出"自然风光+黄河文化+慢生活"，把水滩林、文化、产业等作为一个有机体系进行研究谋划，打造郑州的"后花园"。所谓"中优"，就是中部要"优"起来，通过道路有机更新带动城市有机更新，实现形态更新、业务更新、功能更新，强化现代商贸、文化创意、金融商务、国际交往等功能，不断提高产业层次，激发老城区活力，彰显中原文化魅力。所谓"外联"，就是周边要连起来，加快郑州与开封、新乡、焦作、许昌等城市的深度融合，推进交通一体、产业协同、生态共建、资源共享，拓展发展空间，强化优势互补，实现协调发展。

第四，加快调整中心城区行政区划结构，为郑州建设国家中心城市提供空间发展支撑。党的十八大以来，郑州市经济社会持续快速健康发展，成就显著。2018年郑州市GDP总量突破一万亿元，人均生产总值突破10万元，常住人口突破一千万。但是也应清醒地看到，尽管目前郑州已成为国家支撑建设的国家中心城市，但其发展质量和水平与国家中心城市的内涵要求和所承担的功能使命相比，还存在很大差距。认真分析郑州发展的制约因素，除了其他方面以外，其中最重要的制约因素就是市区行政区域面积过于狭小。在现有的九个国家中心城市中，无论是市区面积、建成区面积还是城市建设用地面积，郑州都处于末尾，而且与其他城市相比差距甚大。如表 10 - 2 所示。即便是在中部六省省会城市中，郑州在经济集中度、人口集中度和空间集中度等方面都处于落后状态。市区行政区域面积过于狭小，成为郑州拓展市区承载发展要素空间的一大障碍。在现有国家中心城市中，北京、上海、广州、武汉均已实现"无县化"，其他城市也加快了撤县（市）设区的步伐。建设国家中心城市，构建"双城引领、多组团、多节点"的大中小城市、中心镇和特色村镇合理布局的城镇体系，需要拓展郑州市发展空间，推动城市功能整合和产业布局优化，调整郑州市现有行政区划格局既是必要的，也是迫切的。应从更高站位、更宽视野审视郑州空间布局规划，支持郑州加快区划调整，优先完成中牟、荥阳、新郑的撤县（市）改区，加快推进新密组团、登封组团、巩义组团建设，扩大城市建面，放大发展空间，为国家中心城市建设提供空间支撑。

表 10 - 2　2017 年九个国家中心城市建成区面积排名　　单位：平方千米

建成区排名	城市名称	市区面积	建成区面积	城市建设用地面积
1	北京	16410.0	1445.4	1465.30
2	重庆	43263.1	1423.09	1213.18
3	广州	7434.4	1263.34	708.52
4	天津	11760.3	1087.57	995.02
5	上海	6340.3	998.75	1910.74
6	成都	3639.8	885.61	810.11
7	西安	5440.7	661.08	625.31
8	武汉	8569.2	628.11	840.19
9	郑州	1010.3	500.77	486.45

资料来源：国家住建部 2019 年 1 月发布数据。

第五，摒弃计划经济思维，走好组团式高质量发展的路子。改革开放以前的计划经济时期，国家实行的是无偿、无期限、非流动的土地使用制度。这种制度安排忽视了城市土地的生产要素功能，导致城市土地使用效率低下和国家土地收益的大量流失，中心城区大量土地被企事业单位占据[①]。郑州城市发展中出现的

---

① 闵忠荣，杨贤房．城市空间结构优化与城市空间管制区划——以南昌市为例 [J]．现代城市研究，2011（3）：43 - 47.

不少弊端都同这一制度安排有关。优化郑州城市空间结构，必须坚决摒弃传统的计划经济思维，改变过去功能割裂划分、摊大饼式蔓延发展的做法，走好组团式高质量发展的路子。要抓住郑州新一轮修编城市规划的契机，把新发展理念和以人民为中心的发展思想贯穿到城市规划全过程，处理好拉开框架与绿色发展、节约集约发展之间的关系，处理好大中小尺度的关系，处理好功能区作用发挥与行政区管理覆盖的关系，围绕"主城区—城市片区—组团板块"的城市架构，以20~30平方千米的组团板块为单元，通过依托于路网的大体量生态设施相隔离，强化规划管控、设计引领，构建生产、生活生态功能复合的中小尺度空间，引导人口、产业、公共服务合理布局，解决好城市人口长距离摆渡带来的一系列问题，使城市发展更科学、更人性化。

第十一章　以城市空间形态优化
提升郑州城市功能

　　大都市区是城市化发展到高级阶段的一种城市空间形式①。建设现代化大都市区，是推动城市群一体化的重要步骤和抓手，也是建设高质量城市群的前提和基础。推进大都市区建设，是当今世界城市化发展的主导趋势，也是推动区域经济发展的强大引擎。2017 年 1 月国家发展和改革委员会批复的《中原城市群发展规划》中明确提出，要推动郑州与开封、新乡、焦作、许昌四市深度融合，建设现代化大都市区。建设郑州大都市区，是优化提升郑州城市功能、打造高质量发展的区域增长极的客观要求，对于深化中原城市群一体化发展、更好发挥郑州对中原城市群发展的引领作用、支撑国家中心城市建设具有重要意义。要认真研究和借鉴国内外发展大都市区的成功经验，探索大都市区形成和发展的客观规律，推动郑州大都市区高质量发展，为郑州国家中心城市建设提供有力支撑。

一、大都市区建设的理论与实践概述

　　作为城市化进程的产物，大都市区是城市化发展到较高级阶段时的一种城市地域形式。大都市区的形成和发展，是在经济全球化和信息化不断深化驱动下现代城市化进程中呈现的一种重要特征，也是 21 世纪世界城市化发展的主导趋势。在经济全球化的带动下，大都市区发展实践首先发端于欧美发达国家，纽约、东京和伦敦等成为各国大都市区发展的标杆②。随着城市化发展到高级阶段，大都市区建设在中国方兴未艾。国内外大都市区的一些做法和成功经验反映了客观规

---

① 焦鹏. 美国大都市区界定标准及空间结构的演变 ［D］. 北京大学博士学位论文，2006.
② Sassen S. The Global City：New York，London，Tokyo ［M］. New Jersey：Princeton University Press，1991.

国家中心城市（郑州）功能完善提升研究

律，对郑州大都市区建设实践具有一定的借鉴意义和价值。

（一）大都市区的概念和基本特征

在经济全球化与一体化趋势日益加强的当今世界，无论在西方发达国家还是亚太发展中国家，都出现了一种新型的城市空间形式，即以一定地域空间范围内的中心城市为核心而形成的网络化的城市群体或城市集团，这个核心就是大都市，这个核心空间载体就是大都市区①。

美国是最早采用都市区概念的国家。1910年，美国人口普查局首次采用"大都市区"这一概念进行人口统计，规定大都市区包括一个10万以上人口的中心城市及其周围10英里以内的地区，或虽超过10英里但与中心城市连绵不断、人口密度达到每平方英里150人以上的地区②。随着大都市区的发展演进，1949年大都市区概念被修正为"标准大都市区"，并在1959年改称为"标准大都市统计区"。1983年，美国将标准大都市统计区进一步更名为"大都市统计区"。1990年，美国又将"大都市统计区"更名为"大都市区"。2000年5月核心统计区术语开始生效，反映了美国大都市区化的新动向③。

美国大都市区概念的内涵虽曾几度调整与修正，但却反映了大城市及其辐射区域在美国社会经济生活中地位不断增长的客观事实。在美国城市化过程中，大城市一直呈优先发展的局面，并在空间结构方面有相应变化。20世纪前，主要是大城市的市区本身不断扩大，但尚未形成大都市区。20世纪20年代，美国城市人口超过农村人口，大城市人口开始向郊区迁移，形成了功能相当集中的中心商业区和以居民为主的郊区，构成美国大都市区的两个基本要素。大都市区的郊区不断横向扩展。每当其外延地区达到大都市区规定的标准时，便被划入大都市区。此后，美国城市的发展主要是在大都市区范围内④。

美国大都市区的形成具有典型意义，其发展可划分为三个阶段：

第一阶段（19世纪后期至1920年）是大都市区孕育和初步形成阶段。随着美国工业革命启动，工业化和城市化拉开序幕，一些起步较早的大城市优先发展，逐步形成中心城市。由于城市发展存在集中与分散两种趋势，在大城市集中发展的同时，分散过程也在进行，大城市周围出现了工业卫星城。城市中心逐渐形成中心商业区，并以其强大的辐射力和吸引力将周围郊区紧密联系在一起，从

---

① 曹传新. 大都市区形成演化机理与调控研究 [D]. 东北师范大学博士学位论文，2004.
② 谢守红. 都市区都市圈和都市带的概念界定与比较分析 [J]. 城市问题，2008（6）：19-23.
③ 武文霞. 美国大都市区概念演变及其对我国城市化的启示 [J]. 广东第二师范学院学报，2012（6）：32-38.
④ 王旭. 大都市区化：本世纪美国城市发展的主导趋势 [J]. 美国研究，1998（4）：67-71.

· 216 ·

而形成具有一体化倾向的城市功能区域。

第二阶段是大都市区逐渐成为美国城市发展主导模式阶段（1920～1940年）。在经历了集聚、扩散、再集聚的多重反复后，美国城市地域发生了一些重要的演变和重组。一方面，郊区化迅猛发展，大量资源要素流向郊区，并在郊区中心形成功能较完备的新都市，大都市格局由原来的单中心向多中心演变。另一方面，郊区仍依赖中心城市的信息和服务，与其保持密切联系。这种集聚与扩散的双向运动推动大都市区地域迅速膨胀，到 1940 年其人口占全国总人口的 47.6%。大都市区成为全国的主要发展模式和社会生活主体。

第三阶段是大都市区迅速膨胀和多中心化阶段（1940～1990年）。在这 50 年中，大都市区的数量上升到 268 个，人口达到 2 亿，占全国总人口的 79.6%，美国成为一个以大都市区为主的国家。截至 2000 年，美国百万人口以上的大都市区数量达到 47 个，生活在人口不足 25 万的城市里的人只占总人口的 7%[①]。如图 11-1 所示。

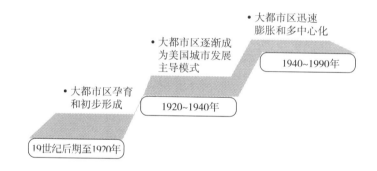

图 11-1　20 世纪美国大都市区发展历程

20 世纪美国城市化发展的历程表明，大都市区尤其是大都市区的发展是主导趋势。这种以大城市为轴心横向扩展，从而使其市区和郊区规模不断扩大、城市化水平不断提高的过程，又称为大都市区化。大都市区的出现不仅使城市地域空间形态与规模发生重组和变化，而且使人口、资本、产业等要素流动以及社会政治结构出现新的变化[②]。

尽管学者们在对大都市区及其相关概念的阐释上并未达成共识，但在对其本

---

① 刘建芳. 美国大都市区政治巴尔干化现象的成因及改革途径 [J]. 首都师范大学学报（社会科学版），2007（5）：34-40.

② 谢守红. 美国大都市区发展的特点与趋势 [J]. 天津师范大学学报（社会科学版），2003（6）：25-29.

质内涵的理解上还是基本一致的。综合而言，大都市区是在城市化发展的高级阶段，在一定的地域空间范围内，以资源要素高度聚、具有高效配置功能的中心城市为核心，以具有一定结构和一定功能的具有内在经济联系的城镇群体为中心城市辐射空间，而形成的高度城市化的经济区域。

大都市区在美国形成和发展的历程中表现或呈现出以下重要特征：

（1）人口移动：郊区化、逆城市化和再城市化。第二次世界大战后，由于大城市人口激增，市区地价不断上涨，交通拥挤，环境恶化，加上人们追求低密度的独立住宅以及小汽车的广泛应用、高速公路大量兴建等原因，城市人口开始大量向郊区迁移，中心城区人口下降，出现人口郊区化现象。1970 年后，一些大都市区人口外迁出现新动向，即郊区人口也开始向更远的乡村地区和小城镇迁移，整个大都市区人口出现负增长，这一过程被称为逆城市化。面对城市人口减少，中心区衰落，美国一些大都市区积极调整产业结构，发展高科技产业和第三产业，以吸引人口，推动城市人口再度增长，出现了所谓再城市化。

（2）产业发展：服务化与集约化。大都市区成为美国经济活动的主要依托和载体，成为美国经济增长和全球化竞争力的引擎。1999 年，美国大都市区创造的 GDP 总量占全国总量的 85%，在大都市区就业的人数占全国就业人数的 84%。美国大都市区产业发展最引人注目的两个特点是服务化和集约化，即服务业在国民经济中的比重不断上升，制造业的比重不断下降，城市由工业经济形态向服务业经济形态转变。同时，高科技产业发展迅速，成为带动经济增长的强大推动力。大都市区的产业转型极大地推动了美国社会经济结构的转变。1980 年以来，美国高科技产业迅猛发展，大都市区更成为高科技产业的发源地和集聚地。

（3）空间演变：集聚与扩散。大都市区是城市规模发展到一定程度后，聚集于城市的非农产业活动和城市的其他功能对周围地域的影响力不断增大，使周围一定范围内的地域与中心城市能够保持密切的社会经济联系，从而形成具有一体化倾向的城市功能地域。各种经济要素在中心城市的集聚是大都市区形成的前提，但集聚发展到一定程度后会导致规模不经济的后果。因此，城市必然通过扩散来重新获取规模经济效益，但分散到一定程度后又需要走向新的集中。在经历这种集聚、扩散、再集聚的多重反复后，最终达到城市地域空间组织的优化。这种集聚与扩散的双向运动，推动了大都市区地域的迅速膨胀，使城市功能空间进一步分化和重组①。

① 谢守红. 美国大都市区发展的特点与趋势 [J]. 天津师范大学学报（社会科学版），2003（6）：25－29.

（二）国内外大都市区的发展实践及其经验启示

大都市区不仅出现在美国，而且也出现在英国、法国、荷兰、日本等发达经济体。20 世纪 50 年代，欧洲西北部从巴黎经布鲁塞尔、阿姆斯特丹直到鲁尔、科隆这一地区，英格兰中部从曼彻斯特、利物浦到伦敦这一地区，已形成了若干个大都市区在地域上彼此相连的现象。如同美国纽约大都市区一样，英国大伦敦、法国大巴黎、日本大东京等，都是世界上闻名遐迩的大都市区。

伦敦大都市区是工业革命后最早形成的大都市区之一。19 世纪末，大伦敦人口猛增至 650 万，已演化成为一个空间地域广、人口规模大、功能结构复杂、基础设施领先的大都市区。第二次世界大战后，伦敦大都市区的人口规模有所下降，但经过不断更新改造，仍保持着较旺盛的发展活力，仍是全球的三大金融中心之一①。伦敦大都市区以伦敦—利物浦为轴线，包括伦敦、伯明翰、谢菲尔德、利物浦、曼彻斯特等大城市，以及众多小城镇。全域面积为 45000 平方千米，总人口达 3650 万，其核心区由伦敦城和其他 32 个行政区共同组成，面积达 1605 平方千米②。

日本的工业化、城市化进程也具有以大都市区发展为主导的显著特征。重工业化时期，日本制造业高度集中于东京、大阪、名古屋、福冈四个大都市区，1960 年这四大都市区占当时日本工业总产值的 70%。为克服产业过度集中带来的弊端，日本政府于 1962 年通过了东京、大阪、名古屋工业布局限制法。尽管如此，由于大都市区的巨大集聚效应，人口、资本、技术等资源要素继续向大都市区集中。目前，日本近八成的 GDP 仍集中在四大都市区。其中东京大都市区是人口和经济密度最高的世界级大都市区。它以东京都为核心，半径约 100 千米，2003 年人口为 4132 万，地区生产总值占全国总量的 36%③。

大都市区不仅出现在欧美发达经济体，而且在诸如墨西哥、巴西、印度尼西亚等发展中国家也有一些大都市区在发展，形成了墨西哥城、圣保罗、雅加达等大都市区。有学者认为，大都市区形成和发展是城市化进程中基于特定人口和地域条件的个别现象。然而事实表明，在人口、地域条件差别较大的不同国家和地区，其城市化发展到一定阶段都呈现了以大都市区为主导的特征，这对大都市区

① 王法成. 伦敦大都市区发展历程及规划实践简述 ［J］. 城乡规划（城市地理学术版），2014（4）：11－15.

② 王玉婧. 欧洲首都大都市区经验对我国首都区建设与发展的启示 ［J］. 环渤海经济瞭望，2010（3）：49－53.

③ 李国平. 东京大都市圈：多策并举应对挑战 ［N］. 光明日报，2019－08－01.

形成和发展的普遍性无疑是一个有力的佐证①。因此，大都市区不是只在发达经济体出现的现象，它是城市化发展到一定阶段的必然产物，是全球城市发展中重要并有效率的城市空间组织形式。

随着城市化进程的加快推进，在当今中国，构建大都市区也已成为一些中心城市。强化区域合作、提高城市化水平的路径选择。目前，在长三角、京津冀、珠三角、长江中游、成渝地区等经济区域形成了分别以上海、北京、广州、武汉、成都、西安等中心城市为核心的大都市区。这些大都市区的形成和发展，成为中国区域经济发展的一个重要特征，正日益深刻地改变着中国的经济版图，为中国经济发展注入强大动力。

上海大都市区的形成在中国具有典型意义，长三角是中国经济高度发达的地区之一。自20世纪90年代实施浦东开放开发战略以来，上海进入加快发展的历史时期。从空间格局看，人口的快速增长和空间持续扩张，既带来空间蔓延的压力，也使传统的中心城与郊区的概念发生转变。随着区域经济合作关系日益深化，长三角地区开始形成一个以上海为核心，包括南京、杭州、苏州、无锡、宁波等周边城市，总面积10万平方千米、总人口达8743万（2000年）的大都市区。进入21世纪，外资在长三角地区的布局呈现均衡态势，如南通、嘉兴、绍兴、昆山、吴江等小城市也实现经济快速增长。其间，上海辐射中心地位进一步强化，同时又形成了苏州、无锡、南京等区域次级辐射中心，大都市区的空间结构和组织结构更趋优化。为进一步发挥上海龙头作用，引领长三角城市群发展成为具有全球影响力的世界级城市群，《上海市城市总体规划（2016—2040）（草案)》提出，上海与苏州、无锡、南通、宁波、嘉兴、舟山等地区协同发展，形成90分钟交通出行圈，突出同城效应；在交通通勤、产业分工、文化认同等方面与上海关系更紧密的地区作为上海大都市区的范围，推动上海大都市区同城化发展。

由于历史传承、文化传统、经济发展基础不同，各个国家或地区的大都市区在地理、发展路径及地域分工等方面各有其特点，但从空间发展视角对这些大都市区的历史演变、功能结构、产业布局以及形成的相应空间范围等作比较分析，可以发现其中共同的空间发展特征和规律。了解和把握这些特征和规律，对于构建和发展郑州大都市区具有一定的启示和借鉴意义。

一是必须形成发挥辐射带动作用的核心城市。任何一个大都市区要形成和发展，首先就要有在整个区域空间范围内发挥辐射带动作用的中心城市，并以此作为整个区域空间发展的核心和龙头。世界各国经济发展经验表明，大都市区的形

① 黄勇，朱磊．大都市区：长江三角洲区域城市化发展的必然选择［J］．浙江社会科学，2005（1）：71-74.

成即区域一体化过程，绝不是地域空间范围内各城市同步化、均等化发展的过程，而是通过集中有限资源首先做大做强核心城市，在此基础上再由其带动周边城市协调发展。大都市区通常会经历大都市区通常会经历强核、外溢、布网、整合、耦合五个发展阶段。每一阶段的发展都是紧紧围绕中心城市来进行的，中心城市的地位和作用十分突出。中心城市是大都市区的核心，引领着整个大都市区的发展。拥有发挥核心作用的中心城市，是大都市区形成和发展的重要前提。当然，在有些大都市区的中心城市可能不止一个，如日本东京大都市区就有东京和横滨两个中心城市；中国广州大都市区也有广州和深圳这"双核"。这就启示我们，构建郑州大都市区，首先必须"强核"，把作为核心和龙头的中心城市郑州做大做强，使之成为辐射带动区域发展的核心增长极。

　　二是中心城市周边要有众多与之经济联系密切的中小城市。如果一个区域空间范围内只有一个中心城市，周边没有与之密切联系的一批中小城市，同样也不能形成大都市区。世界经济发展实践证明，东京、纽约、伦敦、巴黎等大都市不仅在于自身的强大影响力，更在于它们都有一个支撑其发挥控制职能的高度发达的大都市区域[①]。任何中心城市特别是对全球事务有直接影响的世界城市，都不可能在落后的区域空间范围内长期孤立存在和持续繁荣，它需要有发挥其集聚—扩散功能的作用对象即周边中小城市作依托。没有这个依托，该中心城市就不能发展成为"强核"，以它为核心的大都市区也就难以形成。大都市区内发挥核心引领作用的中心城市还应同中小城市建立起紧密经济联系，形成完整的产业分工协作网络。在经济、地理、历史等因素的作用下，美国纽约大都市区形成了以纽约为核心、其他城市各具特色、产业互补性强、经济错位发展的产业分工协作体系。城市分工协作明确、功能定位合理，使区域内的产业结构出现多元化和互补性强的格局。这就启示我们，构建郑州大都市区，应在做大做强中心城市的同时，精准划定郑州集聚—扩散功能作用发挥的地域空间范围，尤其要明确其他各城市的功能定位，构建以郑州为核心的产业分工协作体系。

　　三是要着力培育形成通勤高效、一体化发展的都市圈。大都市区本质上是一种城市功能区域，主要包括中心、腹地以及中心与腹地之间的经济联系三个要素，理论上可通过计算中心与腹地间的社会和经济交往模式、密度或强度，从而判断其的边界和结构[②]。基于产业布局、各城市之间经济的关联度、区域一体化等空间特征，国际大都市区的空间范围一般覆盖中心城市的周边区域和主要交通

---

① 张萍，张玉鑫. 上海大都市区空间范围研究［J］. 城市规划学刊，2013（4）：27－34.
② 周阳. 中国大都市区的空间范围与城镇体系——以武汉大都市区为例［J］. 学习与实践，2014（12）：37－45.

轴线延伸的区域，与中心城市的半径距离在 150 千米左右，单程交通时间为 2 小时①。也就是说，应以通勤效率来确定大都市区的空间范围边界，既不可过大，也不宜过小。为强化中心城市与周边城镇的经济关联度，加快区域一体化进程，通常在大都市区范围内构建以轨道交通为骨干的现代交通运输体系，以提高通勤效率。

四是要统筹构建大都市区新型治理机制。美国是大都市区概念的发源地，也是大都市区发展最典型的国家。美国现代城市尤其是大城市的发展，其空间范围或影响范围都在客观上构成了由中心城市及周边城镇共同组成的大都市区，成为现代城市发展的新型空间单元②。这一新型空间单元，在地域空间上超越了传统的行政区域边界，有的甚至超越了州的边界。如何实施跨行政区划治理、解决行政碎片化问题，成为发展大都市区的重中之重。20 世纪 90 年代，联邦政府探索出了一个治理之道：树立区域化和整体化理念，淡化原有的行政区域界限，将相关的区域融入大都市区的规划中，构建由政府、非政府组织等多元主体参与的大都市区协调治理机制和规划模式。这一机制和模式的主要职能，就是对大都市区服务特别是对公共服务、交通规划、产业布局等，进行长远的发展规划；对各类各级政府进行监督，并就重大问题向政府提供咨询，以推动公共服务更加整合高效，促进经济社会一体化③。

（三）大都市区发展与城市功能提升的关系

大都市区的区域在地域空间上是一个有机联系的城市体系。在这个有机体系中，大中小城市根据各自不同的功能定位和资源禀赋，相互之间发生密切的经济和社会联系，并相互补充，使整个大都市区空间范围内的经济社会彼此相互融合，趋于一体化。大都市区内的中心城市不断通过对其他城市的资源要素集聚和扩散，以及城市间人流、物流、资金流、信息流的彼此交换，达成对整个区域空间范围内资源要素的有效整合，从而促进整个城市体系经济社会的协调发展，成为更大区域空间范围内的经济中心与增长极。

大都市区范围内的诸城市之间具有广泛多维的空间联系，并在此基础上形成了不同于过去孤立城市发展阶段的特定的空间结构。孤立城市发展阶段存在的基本条件，是市场化发育程度不高，生产力发展水平比较低下，城市规模也相对较小。这一发展阶段，城市与城市之间经济联系不够密切，资源要素交流也不够频繁，整个经济系统呈现出一种彼此独立和相对静止的状态。尽管此阶段各城市按

① 张萍，张玉鑫. 上海大都市区空间范围研究 [J]. 城市规划学刊，2013 (4)：27-34.
② 崔功豪. 都市区规划——地域空间规划的新趋势 [J]. 国外城市规划，2001 (5)：01-10.
③ 王博文. 美国大都市区区域规划发展及对我国的启示 [J]. 党政视野，2015 (11).

其不同的规模和能级，对周边区域产生一定的集聚—扩散功能，但由于此时城市规模小、城市能级不高，对周边区域的集聚—扩散功能也相对有限。

大都市区的有机城市体系一经形成，则表明在该区域空间范围内生产力发展和市场化发育已达到较高水平，形成了一个甚至多个规模大、能级高的中心城市，它们对周边区域的集聚—扩散功能也已强化起来，城市与城市之间的经济联系也已十分密切，并且已经形成了以中心城市为核心的较为完善的产业分工协作体系。从理论上说，空间结构和产业结构的演变，必然影响或导致城市功能结构的变化。

大都市区的形成和发展，表征着该区域范围内已经形成了诸城市之间的空间联系，这种空间联系主要表现为一种经济联系。在经济全球化趋势和技术进步的推动下，以产业区位重组为主要内容的区域空间组织变迁反映了经济增长的水平，而空间结构则反映大都市区内诸城市在空间上的相互作用及其所形成的空间集聚程度和集聚形态[1]。从其发展的客观规律上讲，大都市区的经济增长在其空间结构演化上一般表现为极化效应和扩散效应矛盾运动的过程。极化效应使大都市区域内经济从孤立、分散走向局部集聚的不平衡阶段，而扩散效应则使集聚逐步向整个大都市区域推进。二者的矛盾运动所形成的能量，推动着经济空间的不断拓展和产业空间组合的不断优化。

中心城市一般具有良好的基础设施、健全的公共服务、更多的就业机会、更大的上升空间，所以对资源要素能够产生更大更强的引力。在大都市区形成和发展的初期，中心城市凭借其自身优势所形成的集聚功能，对周边区域和城市的资源要素形成强大的吸引力，即产生虹吸效应，推动资源要素向自身快速集聚，从而确立自己在区域范围内的"强核"与增长极的地位。在市场对资源配置起决定作用的条件下，当中心城市这个"强核"成长到一定规模，也就是资源要素在城市空间的聚集度达到极端非均衡状态，超过了城市综合承载力，出现城市过度极化的情形，经济活动过密与城市空间有限性之间的矛盾便会显现出来，导致"大城市病"。

中心城市要持续健康发展，客观上就要求对资源要素及经济活动在空间上进行重新配置，于是便催生了城市扩散功能。此时，中心城市通常会调整和优化自身产业结构，以经济技术合作和企业搬迁等方式将部分资源要素及经济活动向周边地域和城市进行扩散和外溢，将自己的非核心功能向周边地区和城市疏解。这一扩散和外溢过程，既是产业疏解的过程，也是中心城市产业高端化发展的过程；既是对周边地域和城市发挥辐射功能、带动它们共同发展的过程，也是在大

---

① Paul Krugman. Increasing Returns and Economic Geography ［J］. Journal of Political Economy，1991，99（3）.

都市区空间范围内推进产业重新布局和城市分工协作体系形成的过程。

中心城市非核心功能的扩散和外溢，其实是在整个大都市区空间范围内进行产业上的战略性空间重组。经过这种战略性重组，大都市区的产业结构和空间结构得到进一步优化，整个区域发展日趋成熟，各个城市都会根据自身的功能定位和资源禀赋构建形成与中心城市及其他城市间的产业分工合作关系，进而形成大都市区空间范围内完整和高效的产业分工合作体系。由此可见，推动大都市区发展，不仅有助于优化城市功能，而且是提升城市功能的重要途径。

二、建设郑州大都市区的战略意义、现实基础和发展目标

大都市区是城市化发展到一定历史阶段的必然产物，是当今世界城市化发展的主导趋势。经过改革开放 40 多年来特别是党的十八大以来的加快发展，目前郑州已经渐显大都市区的基本形态，建设郑州大都市区的条件已臻于成熟。建设郑州大都市区，推动郑州大都市区高质量发展，符合区域经济发展规律，顺应世界城市化发展历史趋势，对于郑州加快建设国家中心城市、构筑中原崛起核心增长极、引领带动中原城市群向具有国际影响力的国家级城市群迈进具有重要意义。

（一）建设郑州大都市区的战略意义

首先，建设郑州大都市区是支撑中部地区崛起、实现中华民族伟大复兴的客观要求。实现中华民族伟大复兴是中华民族近代以来最伟大的梦想。实现中国梦，客观上要求全国各族人民必须努力奋斗，要求全国各地高质量发展，尤其需要全国区域协调发展。加快中部地区崛起是全国区域协调发展的重要一环，是一项重大的国家战略。中部地区处于全国中心地带，既承东启西又连南接北，具有十分重要的战略地位。2019 年 5 月 21 日，习近平总书记在推动中部地区崛起工作座谈会上强调指出："推动中部地区崛起是党中央作出的重要决策。做好中部地区崛起工作，对实现全面建成小康社会奋斗目标、开启我国社会主义现代化建设新征程具有十分重要的意义。"[1] 实现全国区域协调发展，必须在东部崛起的基础上加快推进中部地区崛起。推进中部地区崛起，客观上要有多个区域核心增

---

① 习近平. 在推动中部地区崛起工作座谈会上的讲话［N］. 人民日报，2019 – 05 – 23.

长极作为战略支撑。位于中部地区腹地的郑州，既是河南省省会和国家中心城市，又是中原城市群的核心城市，具有显著的区位优势，建设大都市区条件得天独厚。高水平推进郑州大都市区建设，推动郑州与开封、新乡、焦作、许昌四市深度融合，拓展郑州大都市区承载发展要素空间，形成带动周边、辐射全国、联通国际的核心区域，无疑能在中部地区崛起中发挥重要支撑作用。

其次，建设郑州大都市区是引领带动中原城市群向具有国际影响力的国家级城市群迈进的客观要求。为着力解决中国经济发展不平衡问题，党的十九大首次把区域协调发展战略提升为统领性的区域发展战略。实施区域协调发展战略，必须建立更加有效的区域协调发展新机制。为此，2018年11月18日中共中央、国务院颁布了《关于建立更加有效的区域协调发展新机制的意见》（以下简称《意见》）。《意见》强调指出，要建立以中心城市引领城市群发展、城市群带动区域发展新模式，推动区域板块之间融合互动发展。城市群是支撑全国经济增长、促进区域协调发展的重要平台，而大都市区则是城市群内部以超大特大城市或辐射带动功能强的大城市为中心、以"一小时通勤圈"为基本范围的城镇化空间形态。推动大都市区发展是促进区域协调发展的新模式，对于实施区域协调发展战略具有重要意义。中原城市群范围涵盖河南省18个省辖市，以及山西、山东、安徽、河北4省的12座城市，是中国重要的国家级城市群之一，而郑州则是这一城市群的核心城市。中共中央、国务院在《意见》中将12个中心城市明确为国家战略布局中的重要节点城市，要求这些城市在带动辐射区域发展中发挥重要功能作用，成为引领城市群发展的新引擎。其中就赋予郑州以引领中原城市群的重要使命。以"一小时通勤圈"为区域空间范围，建设以郑州为中心的大都市区，更能发挥郑州对于中原城市群发展的引领作用，并以此带动区域发展。

最后，建设郑州大都市区是实现河南高质量发展的客观要求。河南省委书记王国生在河南省委十届八次全会上强调，要推动区域协调发展，加快形成高质量发展的动力系统，并明确提出，加快郑州大都市区建设是当前全省发展的大局。①有利于加快河南新型城镇化进程。尽管近年来河南城镇化进程有所加快，但与发达地区相比还有较大提升空间。在今后一个较长历史时期，城镇化仍然是河南经济社会转型发展的持续动力。建设郑州大都市区，可有效增强大都市区吸纳要素、集聚产业和人口的能力，以及对周边城市和小城镇的辐射功能，加快城乡一体化发展。②有利于推进河南产业结构优化升级。实现经济高质量发展，推动产业结构优化升级和新旧动能转换是根本路径。这就内在地要求中原城市群中的诸城市抱团发展、形成发展合力。建设郑州大都市区，有利于发挥郑州的比较优势，集聚区域发展的高端要素，持续提升核心城市功能和辐射能级，为中原城市群发展提供高端要素服务支撑，提升全省产业结构优化水平。③有利于推动河南更高水平的对外开放。开放是实现国家繁荣富强的根本出路，也是谱写新时代中原更加出彩绚丽篇章的根本出路。实现河南经济高质量发展，关键在推动新一轮更高水平的对外开放，发展更高层次的开放型经济，为此就要着力构筑辐射带动全省开放发展的内陆开放高地。郑州是河南参与全球竞争、集聚高端资源的门户枢纽和战略平台。要把郑州这个门户枢纽和战略平台做大做强，使之在国际上拥有更大影响力，在全国同类城市竞争中形成更多比较优势，在全省发挥更大辐射带动作用，建设郑州大都市区无疑是正确选择。

（二）建设郑州大都市区的现实基础

一是郑州的"经济极核"地位逐步确立。前已述及，在一定的区域空间范围内，形成一个具有较强集聚与扩散功能的中心城市，是建立大都市区的重要前提。缺失这样一个作为"经济极核"的中心城市，建设大都市区就无从谈起。改革开放以来特别是党的十八大以来，郑州经济社会实现了跨越式发展，取得了巨大成就，成为"一带一路"新亚欧大陆桥上经济走廊上的重要节点城市和中国重要的综合交通枢纽、商贸物流中心和内陆开放高地。2017年1月，国家发展和改革委员会正式复函，支持郑州建设国家中心城市。随后，一系列国家战略相继花落郑州。2018年郑州全市地区生产总值首次突破万亿元大关，人均生产总值突破10万元，常住人口突破一千万，历史性地昂首跨入全国特大城市行列。郑州高新技术开发区、郑州经济技术开发区、郑东新区的迅猛发展，特别是郑州航空港经济综合实验区和河南自贸区（中国）郑州片区的高质量发展，使郑州的集聚与扩散功能显著增强。目前，郑州已发展至集聚与扩散并行阶段。在高端要素和各类经济活动继续大量集聚的同时，中心城区的承载力已出现严重超载现象，资源要素和一些类经济活动开始向周边土地开发潜力较大的区域扩展，与周边城市的经济联系和经济互动日渐密切。

二是郑州辐射区域范围内拥有一批与之经济联系密切的城市。在以郑州为核心的"一小时通勤圈"内，有新乡、开封、焦作、许昌四个省辖市，以及巩义、武陟、原阳、新乡、尉氏、长葛等县市。更重要的是，改革开放以来这四个省辖市都获得了较好发展，并与省会郑州建立了密切的经济联系，初步形成了产业分工协作体系，呈现出联动发展、融合发展的良好态势。随着郑州"东扩北进"战略和新乡"东移南扩"战略的实施，郑新两市在黄河之滨顺势融合。新乡市依托平原城乡一体化示范区、原阳产业集聚区和亢村专业园区主动对接郑州发展，积极承接郑州产业转移。焦作市以产业集聚区为平台，主动承接郑州辐射带动，积极与郑州发展产业协作配套。许昌市围绕推进与郑州空间对接，在毗邻郑州区域推出许（昌）长（葛）城乡统筹试验区、航空经济承接区两个发展规划。

不仅如此，郑许两市产业错位发展、分工协作的局面也已初步形成。郑州和开封一体化更是取得了实质性进展。两市不仅签署了推进郑汴一体化发展的框架协议，建立了由两市市长参加的郑汴一体化发展联席会议制度，而且还在推进金融同城、电信同城、交通同城、产业同城、生态同城和资源共享等方面取得进展。正是因为具备了这样一个好的基础，2016 年 12 月，国务院正式批复的《中原城市群发展规划》中提出，支持郑州建设国家中心城市，推动郑州与新乡、开封、焦作、许昌四市深度融合，建设现代化大都市区，形成带动周边、辐射全国、联通国际的核心区域。

三是以郑州为核心的现代综合交通枢纽体系正在形成。俗话说："要致富，先修路。"建设一个大都市区并使之兴旺发达，也要坚持交通先行，着力构筑现代交通网络体系。按照国际通行原则，建设大都市区应当围绕超大特大城市或辐射带动功能强的中心城市，以"一小时通勤圈"为基本范围布局城镇化空间形态。这里所说的"一小时通勤圈"，按照国际通行的通勤工具特指轨道交通。因此，国家发展和改革委员会在印发的《关于培育发展现代化都市圈的指导意见》中强调："统筹考虑都市圈轨道交通网络布局，构建以轨道交通为骨干的通勤圈。"并提出："在有条件地区编制都市圈轨道交通规划，推动干线铁路、城际铁路、市域（郊）铁路、城市轨道交通四网融合。建设郑州大都市区，同样也应当按照 1 小时通勤圈的区域空间范围，规划建设以轨道交通为骨干的现代综合交通枢纽体系。只有这样，才能为郑州大都市区建设提供交通硬支撑。为此，在科学论证的基础上，河南省编制了《中原城市群城际轨道交通网规划（2009—2020 年）》并得到国家发展和改革委员会批复。按照该规划，将有序开工建设郑州—焦作、郑州—开封、郑州—洛阳、郑州—新郑机场—许昌—平顶山、郑州—新乡的城际轨道。经过多年施工建设，目前郑开城际铁路、郑焦城际铁路、郑机城际铁路已经建成并投入运营；郑登洛城际铁路、郑州机场至许昌市域铁路正在加紧建设中；郑新城际铁路已完成规划，即将开工建设。同时，郑州还以"两环多放射"高速公路网、"七横十四纵五放射"干线公路网、客运场站为重点，加快完善高速公路网、中原城市群干线公路网、郑州大都市区快速路网和综合客运枢纽。表明以郑州为核心的现代综合交通枢纽体系正在形成，"一小时通勤圈"雏形已现。

（三）郑州大都市区的功能定位

建设郑州大都市区，首先就应当遵循大都市区发展的一般规律，结合郑州大都市区区域空间范围内的具体实际，明确大都市区的功能定位和发展目标。

从理论上说，大都市区的功能定位，应综合体现大都市区核心城市的功能和增长带动作用，体现国家相关战略在区域空间范围内的贯彻落实，体现大都市区对更大区域范围发展的引领示范作用。综合这些因素考虑，郑州大都市区建设应以创新、协调、绿色、开放、共享五大新发展理念为引领，以辐射带动中原城市群发展、支撑中部地区崛起为使命，以构建区域分工协作体系实现联动发展为主题，以实现区域经济高质量发展、增强整体竞争力为目标，坚持改革推动、开放带动、创新驱动，坚持战略共谋、资源共享、设施共建、利益共赢、生态共保，促进区内外要素资源自由流动，优化区域重大功能布局，加快重点区域合作开发，加强产业合理布局和分工协同，推进基础设施共建共享，增强社会民生同城效应，强化生态环境共保共治，促进郑州大都市区经济社会文化实现全方位、多层次、宽领域的一体化发展，建设成为职能分工明确、经贸联系密切、产业层次较高、空间结构优化、资源利用集约、生态环境良好的，全国重要的经济增长极、中国内陆重要的对外开放门户、连通世界的物流枢纽和华夏历史文明传承创新中心，在辐射中原经济区、促进全国区域协调发展、支撑中部地区崛起中发挥积极作用。

（1）全国重要的经济增长极。鉴于郑州独特的区位优势和近年来经济发展的良好表现，党中央对郑州发展寄予厚望。2019 年岁末，习近平总书记在《求是》杂志上发表的署名文章《推动形成优势互补高质量发展的区域经济布局》中，把郑州列为 10 个国家高质量发展区域增长极城市之一。2010 年 1 月 3 日，习近平总书记在中央财经委员会第六次会议上明确指出，要强化郑州国家中心城市的带动作用。这就赋予郑州以新的战略定位和使命担当，也为郑州大都市区建设指明了前进方向，提供了根本遵循。推进郑州大都市区建设，必须坚决贯彻落实习近平总书记的重要指示，顺应我国区域经济发展动力极化趋势，担当使命、服务全局，立足现实基础，发挥比较优势，提升承载能力，加快优质资源要素集聚，全力打造更高水平的高质量发展区域增长极。

（2）中国内陆重要的对外开放门户。扩大对外开放是习近平总书记对郑州发展提出的一贯要求。2014 年 5 月在郑州考察河南保税物流中心时，习近平总书记勉励这里朝着"买全球卖全球"的战略目标不断迈进。郑州及周边城市扩大开放的基础条件良好。以国际航空枢纽为带动，以"米"字形高铁、城市轨道、快速公路交通网为依托的连通境内外、辐射东中西的大交通体系初步形成，空中、陆上、网上、海上四条"丝绸之路"已呈协同发展之势；"1 + 7"口岸体系框架初现端倪，成为内陆地区功能性口岸最集中的区域；高端要素加快集聚，高端产业竞相发展，一个竞争优势突出、创新活力迸发、区域带动有力、具有较大国际影响力的航空经济集聚区正在形成；涵盖郑州、开封、洛阳三大片区的河南自贸区（中国），正以制度创新引领内陆经济转型发展，营造法治化、国际化、便利化的营商环境，推动构建全方位对外开放新格局。

（3）连通世界的物流枢纽。2014年5月，习近平总书记在郑州国际陆港铁路集装箱中心调研时，希望把郑州"建成连通境内外、辐射东中西的物流通道枢纽，为丝绸之路经济带建设多作贡献"。实现这一目标要求，必须按照国家关于加快建设贯通南北、连接东西的现代立体交通体系和现代物流体系的要求，以郑州航空港为中心，着力推动形成以郑州新郑国际机场为龙头、以"米"字形高速铁路网为骨架、以干线公路网为支撑的大交通格局，构建多式联运体系，使之成为辐射全国、联通世界、服务全球的国际性、综合性交通枢纽。坚持大枢纽带动大物流，依托航空网、铁路网、公路网"三网"融合与航空港、铁路港、公路港、海港"四港一体"的多式联运综合交通枢纽优势，打造网络通达、衔接高效、费用低廉、方式多样的多式联运国际物流中心，提升服务"一带一路"建设的物流枢纽功能。

（4）华夏历史文明传承创新中心。郑州地处中原，历史悠久，文化底蕴厚重，郑州商城遗址是目前世界范围内现存同时期规模最大的都城遗址。在以郑州为中心的1小时通勤圈内，东有"八朝古都"开封，西有"九朝古都"洛阳，南有汉魏古都许昌，北有古代殷商故都朝歌古城，是华夏文明的核心区，是中华文化和华夏文明的重要发源地。这里孕育而生的黄河文化、河洛文化、黄帝文化，是中华民族的根和魂。2019年9月18日，习近平总书记在郑州主持召开黄河流域生态保护和高质量发展座谈会时明确提出："要推进黄河文化遗产的系统保护，守好老祖宗留给我们的宝贵遗产。要深入挖掘黄河文化蕴含的时代价值，讲好'黄河故事'，延续历史文脉，坚定文化自信，为实现中华民族伟大复兴的中国梦凝聚精神力量。"[①] 独特的地理区位和历史地位，决定了郑州大都市区在保护传承弘扬黄河文化及整个华夏历史文明中的引领地位，而这一引领地位决定了郑州大都市区在黄河文化整个华夏历史文明的传承创新方面的责任担当。

三、推进郑州大都市区建设的思路与举措

建设郑州大都市区，是推动郑州由外延扩张式发展向内涵式提升、推进郑州与周边区域和城市一体化、强化郑州要素集聚—扩散功能、打造支撑中部地区崛起的经济增长极的客观需要，是强化中心城市带动、构建现代城镇体系、加快河

---

① 习近平. 在黄河流域生态保护和高质量发展座谈会上的讲话［N］. 人民日报，2019 - 09 - 20.

南新型城镇化进程、推动全省高质量发展的迫切要求。要在搞清楚郑州大都市区功能定位的基础上，进一步明确建设郑州大都市区的原则、任务与举措，稳步推进郑州大都市区建设，提升大都市区的地域功能，为建设名副其实的国家中心城市提供有力支撑。

（一）建设郑州大都市区的基本原则

建设大都市区是有原则的，绝不可随心所欲、任性而为。推进郑州大都市区建设，应当把握和遵循以下六项基本原则。

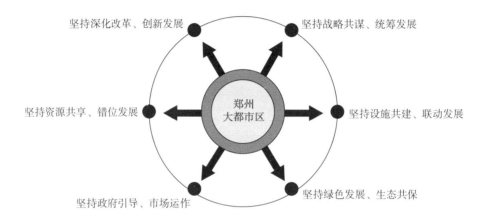

图 11 - 2　建设郑州大都市区的基本原则

一是坚持深化改革、创新发展。以强化制度、政策和模式创新为引领，坚决破除制约各类资源要素自由流动和高效配置的体制机制障碍，科学构建都市圈协同发展机制，加快推进都市圈发展。以经济转型升级为主线，以资源要素市场化配置改革为突破口，以激发市场主体活力、提升创新驱动能力、增强城市化发展潜力为关键，着力在重要领域和关键环节改革上取得实质性突破，在郑州大都市区推动形成充满活力、富有效率、更加开放、有利于科学发展的体制机制。

二是坚持战略共谋、统筹发展。按照优势互补、务实合作、互惠双赢、共同发展的要求，围绕建设繁荣创新、生态宜居、魅力人文、开放包容的国际化大都市区的总目标，统筹推进《郑州大都市区空间规划》落地实施，持续推动郑州与周边毗邻城市融合发展。充分发挥区域范围内有关各方的区位优势和资源优势，建立全面战略合作伙伴关系。从区域发展全局出发，对郑州大都市区的圈层结构、功能定位、产业布局、要素配置、基础设施建设、生态环境保护等做出统一谋划。

三是坚持资源共享、错位发展。发挥郑州在市场、产业、科技、人才等方面的比较优势，在科技创新、公共服务、产业升级、城市建设、文化繁荣、生态保护等领域与大都市区内各城市有重点、有针对性地交流合作，完善资源开放、共享机制。强化大都市区内各城市战略协同、创新协同、主体协同，各城市要从自身资源禀赋、创新资源和产业基础的具体实际出发，主动对接郑州新一轮发展规划，借势谋划新产业、新空间，培育发展新动能。探索建立促进资源要素在区内自由流通的体制机制，加强一体化的市场体系建设，形成各具特色、优势互补、互促共进、均衡协调的区域分工体系。

　　四是坚持设施共建、联动发展。在现有交通网络基础上，与国家有关部委和河南省协调，按规划同图、建设同步、管理协同的要求，实施重大基础设施共建共联，推进大都市区内基础设施特别是跨区域大型基础设施、社会公共服务设施的共同建设和整体布局，避免重复建设，实现"同城化"效应。着力构建以城际铁路、市郊铁路和市域轨道为主体覆盖大都市区的综合交通网络，做好不同运输方式的彼此衔接和换乘。实施交通基础设施互联互通战略，打通一批断头路、瓶颈路，解决大都市区外联、内通问题，完善区域高速公路网。通过一体化的设施网络建设，带动空间结构优化，促进区域联动发展。

　　五是坚持政府引导、市场运作。坚持以人民为中心的发展思想，充分发挥市场配置资源的决定性作用和企业主体作用，鼓励社会组织参与大都市区共建共治，更好发挥政府在空间开发管制、基础设施布局、公共服务供给、营商环境建设等方面的引导和支持作用，使大都市区建设成为市场主导、自然发展的过程，成为政府引导、高质量发展的过程。运用政府引导与市场运作相结合的发展模式和运行机制，推进大都市区内城市之间、大都市区与其他区域的经济合作，抱团参与国内外区域竞争与合作，在合作中谋求整体利益最大化，实现互利共赢。

　　六是坚持绿色发展、生态共保。以推动大都市区生态环境协同共治、源头防治为重点，强化生态网络共建和环境联防联治，在一体化发展中实现生态环境质量同步提升。以黄河为生态保护的核心纽带，通过进一步强化生态网络共建和环境联防联治，实现水系和其他生态资源的跨区域综合治理。严格保护跨行政区重要生态空间，加强中心城市生态用地维护与建设，编制实施都市区生态环境管控方案，构建绿色生态网络。充分考虑都市区的环境承载力，合理开发利用自然资源。加强区域生态廊道、绿道衔接，促进林地绿地湿地建设和都市区生态环境修复。加快生态环境监测网络一体化建设，协商建立都市区大气污染、流域水污染、土壤污染、噪声污染综合防治和利益协调机制。

（二）建设郑州大都市区的主要任务

一是构建内畅外联互通、智慧绿色高效的现代综合立体交通体系建设。按照网络化布局、智能化管理、一体化服务、绿色化发展的要求，加快构建以轨道交通为骨干的多节点、网格状、全覆盖的交通网络。以"三网融合、四港联动、多式联运"为核心，完善连接国内主要城市群的综合运输通道，构建横贯东中西、连接南北方的开放经济走廊，强化与周边地区和国内其他地区的合作互动，加快构建全球通达、全国集疏的大通道体系，建设国际化、现代化、立体化的综合交通枢纽。强化郑州航空港和其他重要交通枢纽的对外开放门户功能，打造对内对外开放平台，营造与国内外市场接轨的制度环境，加快形成全方位、多层次、宽领域的双向开放格局，形成具有全球影响力的内陆开放合作示范区。提升大都市区内轨道等公共交通与功能布局的协同性，加快推进内畅外联，有效治理城市交通拥堵和停车难等问题。积极推动大都市区内交通大数据开放共享，构建物流公共信息平台，推进多式联运信息互联互通。践行绿色低碳发展理念，积极打造绿色交通，加快建设低消耗、低排放、低污染的现代交通系统。突出一体化、立体化、开放式布局，加快建设一批衔接各种运输方式的综合客运枢纽和货运枢纽建设，提高各种运输方式之间的转换效率。

二是构建智慧化、国际化、高端化产业支撑体系。如图11-3所示。坚持高端化、集聚化、融合化、智能化战略取向，发展壮大先进制造业和战略性新兴产业，加快发展现代服务业，推动三次产业融合发展，培育一批先进制造业龙头企业和产业集群，建成具有全球影响力的物流中心、国际旅游目的地和全国重要的商贸中心。坚持以智慧产业为引领，以推动产业结构优化升级为中心任务，大力推进产业信息化、集群化、融合化发展，加快构建中高端现代产业体系。以促进制造业高端化、智能化发展和提高制造业创新能力、基础能力为重点，大力发展高端先进制造业和战略性新兴产业。坚持分类指导、突出重点、精准施策，打好工业和信息化发展组合拳，推进传统制造业数字化转型、绿色化转型、品质化转型、资本化转型和集群化转型，培育壮大新产业新业态新模式，加快打造传统制造业竞争新优势。坚持市场需求引领、重点产业带动，以现代物流和现代金融引领生产性服务业提速发展，以精细化、品质提升为导向促进生活性服务业优质高效发展。以集约、高效、绿色、可持续为方向，大力发展体验参与型、生态景观型、高科技设施型、休闲观光型等规模化、品牌化的都市生态农业。

三是构建统筹城乡协调发展的都市城镇体系。引领中原城市群"一极三圈八轴带"总体布局，按照"核心带动、组团布局、节点提升、联动周边"的总体思路，进一步优化大都市区内部城镇组团的空间布局，全面提升大都市区承载力、辐射力、带动力。按照核心发展区和联动辐射区两条主线，将人口调控、产业发展、基础设施建设、公共服务、资源利用、环境保护等纳入大都市区四级城镇体系规划，合理谋划城乡空间布局。以培育中心城市为重点，以建设中小城市和重点小城镇为支撑，优化城市规模结构，形成大中小城市和小城镇合理分布、协调发展的城镇化战略格局，强化城镇功能互补和内在联系，提高产业和人口集聚能力。牢固树立和践行生态文明理念，加强生态环境保护，传承弘扬中原优秀传统文化，推动历史文化、自然景观与现代城镇发展相融合，打造历史文脉和时尚创意、地域风貌和人文魅力相得益彰的美丽城市，建设生态环境优良的宜居城市群，努力将大都市区打造成为绿色生态发展示范区。注重城乡协调发展，在促进城乡基础设施一体化建设的基础上，强化乡村规划和改造提升，大力发展都市型农业，增强都市圈城乡风貌的协调性。

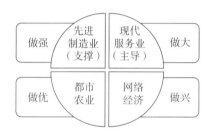

图 11-3 郑州现代产业体系构建

四是构建与国际接轨的开放型经济新体系。坚持以加快开放型经济治理体系和治理能力现代化为导向，建立市场配置资源新机制，形成国际合作竞争新优势，推动大都市区与"一带一路"在空间布局上的无缝对接和深度融入，努力将其打造成为内陆开放高地和外向型经济发展示范区。持续打好郑州航空港这张大都市区扩大开放的"王牌"，以提升功能、增创优势为核心，坚持建设大枢纽、发展大物流、培育大产业、塑造大都市的发展思路，全面提升航空港多式联运物流功能，增强航空港的国际影响力和区域发展带动力。加强与郑州国家中心城市建设配套衔接，打造以航空枢纽为主体，融合高铁、城际铁路、高等级公路、城市轨道交通、公共交通等多种交通方式的现代综合交通枢纽，形成陆空衔接、公铁集疏、内捷外畅的综合交通新优势。依托现代综合交通枢纽，推动形成以航空网络、中欧班列（郑州）为骨干的国际物流通道，加快建设以空铁联运为亮点的"四港联动、多式联运"国际物流中心。充分发挥河南自贸区三个片区的各自功能和整体效应，着力推进制度创新，积极营造市场化、法治化、便利化、国际化营商环境，不断提升大都市区经济发展的内生动力和国际竞争力。

五是构建科技创新链、人才支撑链、全民创业链"三链"融合的大创新体系。坚持把创新驱动作为提升大都市区竞争力的核心动力，围绕打造"全民创业热土、国家创新中心"目标，大力实施创新驱动战略。坚持以建设郑洛新国家自主创新示范区为统领，聚焦基础性、关键性、引领性等科技领域，通过打造创新平台、培育创新企业、营造创新创业环境等途径，不断增强大都市区的基础科研实力和原始创新能力。强化大都市区有关各方与郑洛新三市的协作联动，推动形成区域协同、部门协作机制，创新跨层级、跨部门的集中统筹和协同创新组织模式。建立技术创新市场导向机制，发挥市场机制在创新资源优化配置中的作用。实施产业技术创新战略联盟发展工程，积极引导企业、高等学校和科研院所等建立产业技术创新战略联盟。以产业技术创新战略联盟和创新龙头企业为主体，实施一批重大科技专项，突破主导产业关键核心技术，推动产业向中高端迈进。推动科技资源开放共享，加快建设企业主导的产学研用协同创新体系。探索建立高校与科研机构、知名企业高端人才交叉培养机制，充分发挥高校创新人才培养的枢纽作用。采用多种方式，积极吸引国内外高级经营管理人才、高级专业技术人才和创业者到大都市区创新创业。着力构建全链条式科技创新创业服务体系，大力发展科技中介服务机构、科技金融服务和"众创"空间。

六是构建自然之美、田园风貌、绿色低碳的大生态体系。大力实施黄河流域生态保护和高质量发展战略，全面贯彻"重在保护、要在治理"的根本方针，高起点谋划推进黄河流域生态保护和高质量发展。加快推进黄河两岸生态文化带建设规划编制工作，统筹谋划黄河两岸生态、产业、城镇、基础设施等空间布局。科学划定黄河生态保护红线，强化水土涵养和生物多样性维护，重点保护黄河湿地生态系统及其珍稀濒危水禽。推动建设郑州古荥大运河文化区、开封黄河湿地公园等一批重点功能区，有序推进南太行地区山水林田湖草生态保护修复试点工程。加快形成节约资源和保护环境的空间格局、产业结构、生产方式、生活方式，给自然生态留下休养生息的时间和空间。统筹区域产业发展布局，合力分工，加快构建绿色产业体系。加快调整大都市区的经济结构和能源结构，优化国土空间开发布局，调整区域流域产业布局，培育壮大节能环保产业、清洁生产产业、清洁能源产业，推进资源全面节约和循环利用，实现生产系统和生活系统循环链接，倡导简约适度、绿色低碳的生活方式。坚持以空气质量明显改善为刚性要求，强化联防联控，着力消除重污染天气，还老百姓蓝天白云、繁星闪烁。

（三）建设郑州大都市区的重要举措

一是积极推动郑州北向跨河发展，加快郑焦、郑新融合发展进程。加快郑州大都市区建设，最重要的是把郑州这个"塔尖城市"和"经济极核"做大做强。

作为辐射带动中原城市群乃至河南全省的核心增长极，近年来郑州的首位度虽有所提高，但与其所处的核心地位尚不匹配。在全国城市和城市群竞争日趋激烈背景下，首位度不高，集聚力、辐射力、影响力、带动力、竞争力不强，是郑州的突出短板，严重制约了其功能的发挥。而影响郑州首位度提升的一个重要因素，就是郑州市域面积过于狭小。作为国家中心城，郑州市域面积 1010 平方千米，建成区面积 457 平方千米，两个数据在九个国家中心城市中均居末尾，在全国省会城市中倒数第二。提升提高城市首位度，通常有两个基本路径：①提升城市发展质量和发展能级；②扩大城市建成区规模。对郑州来说，这两个路径都是可行的，可同时并进，应在着力提升城市发展质量和发展能级的同时，设法拓展城市建成区面积。为有效破解郑州市域面积不足难题，早在 2003 年，时任河南省委书记的李克强就提出了"东扩北移，跨河发展"的空间发展战略，即推进郑东新区建设，实现与开封的空间对接融合；推进惠济区建设，实现与新乡和焦作的跨河对接融合。从目前落实情况看，东扩推进较快、成效明显，而北移进度则显得滞后，虽然惠济区建设取得预期进展，但因黄河隔离，北向跨河对接发展效果不够理想。加快推进郑州跨河北扩，不仅是重构和优化郑州城市空间结构、提升省会城市首位度的现实需要，也是发挥郑州核心城市功能、辐射带动新乡和焦作发展、更好贯彻落实黄河流域生态保护和高质量发展重大战略的客观要求。要以建设郑州大都市区为契机，通过行政区划调整，将武陟县、原阳县、新乡县和平原城乡一体化示范区划归郑州市，并以此作为推进郑新、郑焦融合发展的"桥头堡"。要在进一步完善提升有关行政区划调整方案的基础上，推动河南省有关部门积极与国家对口部委沟通协调，积极争取支持。

二是探索突破行政区划限制，加快大都市区一体化进程。作为一种跨行政区划的经济共同体，大都市区是市场经济发展的产物，市场机制是其形成和发展的内生动力。是市场机制推动了大都市区内资本、人口、技术等生产要素的自由流动与合理配置，促成了资源要素的集聚—扩散效应。在大都市区形成和发展过程中，往往会遇到市场机制与行政管理之间的矛盾问题，即行政区划上的条块分割限制市场机制作用的发挥，成为阻碍资源要素跨行政区域流动与整合的行政障碍。随着郑州大都市区建设的推进，这一矛盾问题也愈益凸显出来。与沿海发达地区大都市区相比，郑州大都市区的一体化发展程度和水平明显滞后。之所以出现如此现状，除了思想认识问题之外，还有行政区划方面的问题。行政边界的存在，阻碍了资源要素的跨行政区配置，公共服务、社会保障等均未实现一体化。解决这一矛盾问题主要有两种办法：①调整行政区划，将原有独立设置的几个市县划归中心城市，由中心城市政府统一规划和管理；②在不改变行政区划的情况下，制定共同发展规则和保障机制，实现区域一体化发展。具体到郑州大都市区而言，可采取两种办法并用的策略来应对：通过行政区划调整，推进郑汴、郑许一体化，促进郑焦、郑新融合发展；与此同时，在不改变行政区划的前提下，通过推进规划政策接轨、交通互联互通、产业协同发展、科技创新协作、文旅项目合作、生态环境共治、公共服务等机制来突破行政区划的藩篱，推进大都市区一体化进程，实现区域协调发展。无论采取哪一种应对策略，都要首先从思想认识上解决问题，都应进一步解放思想、转变观念，自觉打破自家"一亩三分地"的思维定式，树立大都市区共同体意识，突破行政区划壁垒，改革创新制度机制，促进要素合理流动，抱成团朝着顶层设计的目标一起做。郑州周边各市县要高起点参与大都市区分工合作，主动承接大都市区核心城市郑州的产业转移和辐射。要按照重点突破、整体推进原则，统筹安排、先易后难、有序推进，以跨区域重点领域合作带动整体融入，不断拓展融入郑州大都市区的广度和深度。

三是强化各城市政府间协同治理，推进大都市区域治理体系和治理能力现代化。尽管近年来郑州大都市区一体化取得一些重要进展，有力地促进了大都市区内经济社会协调发展。但由于受到转型期经济、社会和行政管理等方面体制性因素的影响，郑州大都市区在发展模式上仍是以行政区经济为主导。所谓行政区经济，是指在由于行政区划对区域经济的刚性约束而产生的一种特殊区域经济现象，是经济体制转轨过程中，区域经济由纵向运行系统向横向运行系统转变时期出现的一种过渡性类型，其主要特征是：①企业竞争中渗透着强烈的地方政府经济行为；②生产要素跨行政区流动受到很大阻隔；③行政区经济呈稳态结构；④行政中心与经济中心的高度一致性；⑤行政区边界经济的衰竭性①。在行政区经济模式支配下，容易出现区域内市场失灵和政府失灵同时存在的情况，从而导致大都市区发展陷入治理困境：地方保护主义盛行、区域产业结构同质、引进外资恶性竞争、环境污染治理不能同步等。这一治理困境的形成，"直接涉及城市地方政府权力要素之间的协调机制"②。为了摆脱这一治理困境，郑州大都市区内各城市间也建立了市际联席会议制度、区域合作工作推进制度、部门间对接合作和咨询机制等形式的协调机制，但由于这些协调机制下的区域治理核心主体仍是各城市政府，而各城市城市府际关系又缺乏正式的建制性制度设置，所以很难改变各城市政府各自为政、单打独斗甚至以邻为壑的局面，这就难免出现区域治理碎片化现象，从而导致区域治理效率和治理效能的低下，并且治理成本居高不下。要在借鉴国内外先进经验的基础上，积极探索适合郑州大都市区实际的区域治理模式，构建各城市政府协同治理的合作制度框架。建议考虑在现有各城市政府基础上，设立更高层级的大都市区政府——郑州大都市区管理委员会。设立

① 陈占彪. 从"行政区经济"到"区域政治经济"[J]. 社会科学，2009（4）：57 - 61.
② 宋道雷. 大都市区域治理何以可能[J]. 杭州师范大学学报（社会科学版），2015（1）：101 - 108.

"有法定资格的、有规划和投资权力的区域性权威机构"① 可有效统筹协调大都市区的发展，提高区域治理效率和治理效能。但设立此类机构，涉及行政区划重大调整与城市政府职能整合，有一定的操作难度，并且不可能一蹴而就。鉴于此，可考虑先行设立"郑州大都市区协调发展委员会"之类的有限权力机构作为过渡形式。应在区域发展规划、重大基础设施建设等方面赋予其超越各行政区的管辖权限，而其他领域仍沿袭现有的各城市府际之间的非正式合作模式。推动郑州大都市区融合发展，应围绕阶段性的中心工作，从具体事项做起，常态化推进，不断深化一体化合作。在 2020 年初新冠肺炎疫情防控工作中，上海大都市区的苏皖浙就探索建立了长三角健康码互认通用、产业链复工复产协同互助、企业复工复产复市就业招工协调合作、疫情防控特殊时期区域经济政策协调通报等跨省市联防联控机制，效果显著。这一经验值得郑州大都市区认真借鉴。同时，为强化大都市区治理，推进大都市区域治理体系和治理能力现代化，应当着力推进社会治理创新，促进社会组织发展，注重运用法治方式，实行多元主体共同治理。

---

① 杨新海，王勇. 由生物入侵到城市竞争与区域协调［J］. 城市问题，2004（5）：17 - 22.

第十二章 提升郑州国家中心城市能级的政策建议

城市能级是城市竞争力、影响力和辐射力的集中表现。城市能级水平体现城市价值，决定城市在国家发展大局中的地位，决定城市在全球竞争中的影响力、辐射力和集聚力。提升城市能级是提升城市功能及其核心竞争力的重要路径。提升城市能级是世界城市发展的一般规律，更是作为国家中心城市的郑州承载国家战略、担当国家使命、参与国际竞争的必然要求。提升城市能级是郑州建设国家中心城市的内在要求和重要抓手。要实现郑州国家中心城市建设目标，把郑州建成具有全球影响力的国际大都市，应主动对标国内外先进城市，着力提升城市能级，着力强化核心功能，着力增强城市的吸引力、创造力、竞争力。提升城市能级，需要有力的政策举措做支撑。加快推进郑州城市能级提升，需要以创新精神着力构建具有强大支撑力的政策举措支持体系。

一、提升郑州城市能级的意义及指导原则

城市能级是一个城市的经济集聚—扩散能力及其对区域经济发展的带动能力，反映城市的综合实力及其对该城市周边区域的辐射影响程度。提升城市能级是增强中心城市核心竞争力、提升其辐射力带动力引领力、实现高质量发展的客观要求。2018 年 11 月，习近平总书记在上海考察时对上海提升城市能级和核心竞争力、实现高质量发展提出了明确要求。他指出："坚持以新时代中国特色社会主义思想为指导，坚决贯彻落实党中央决策部署，坚定改革开放再出发的信心和决心，坚持稳中求进工作总基调，全面贯彻新发展理念，坚持以供给侧结构性改革为主线，加快建设现代化经济体系，打好三大攻坚战，加快提升城市能级和

核心竞争力，更好为全国改革发展大局服务。"① 这一重要指示，尽管是针对上海讲的，但同样适用于其他国家中心城市。郑州要加快国家中心城市建设，更好担当国家使命，引领中原城市群发展，支撑中部地区发展，必须着力提升自身城市能级。

（一）城市能级的内涵及其分类

"能级"原本是一个现代物理学概念。由玻尔②的理论发展而来的现代量子物理学认为，原子核外电子的可能状态是不连续的，因此各状态对应能量也是不连续的。这些能量值就是能级。能级是用来表达在一定能层上（K、L、M、N、O、P、Q）而又具有一定形状的电子云的电子。1998 年，孙志刚将这一概念引入城市功能研究领域，提出并阐释了城市能级概念。他指出，城市能级是指一个城市的某种功能或各种功能对该城市以外地区的辐射影响程度，主要表现为经济功能（集聚—扩散能力）、创新功能（科技创新辐射力）、开放能级（开放带动能力）、服务功能（基础支撑能力）。2005 年，赵全超进一步阐释了城市能级概念。他提出："所谓城市的能级，指一个城市的某种功能或诸种功能对该城市以外地区的辐射影响程度。城市能级对外辐射范围越大，则能级越高；对外辐射范围越小，则能级越低。也就是说，能级的高低与辐射空间的大小呈正比关系。"他进一步指出："一个城市的功能按其作用的方向可以分为内部功能和外部功能。内部功能指为城市本身服务的各种功能，外部功能指城市对外部服务的功能，也就是城市对外部区域的集聚和辐射能力。也可将城市的对外服务功能和对内服务功能分别称为基本功能和非基本功能。城市能级的高低主要由城市的外部功能，即基本功能决定。"③ 他还根据增长及理论、梯度转移理论和城市功能理论，运用城市能级概念构建了一套城市能级综合评价指标体系，并对珠江三角洲经济圈城市群能级的梯度分布结构进行了实证研究（见图 12 - 1）。2007 年，孙海鸣教授领衔的上海财经大学区域经济研究中心团队在其完成的一项研究成果④中，对长三角、珠三角、环渤海三大城市群的城市能级作了综合评价研究。

① 习近平. 在上海考察时的讲话 [N]. 人民日报，2018 - 11 - 08.

② 尼尔斯·玻尔，丹麦物理学家，他于 1913 年提出了关于氢原子结构的模型。该模型引入量子化的概念，使用经典力学研究原子内电子的运动，解释了氢原子光谱和元素周期表。

③ 赵全超. 对珠三角经济圈城市群能级梯度分布结构的实证研究 [J]. 西北农林科技大学学报（社会科学版），2005（5）：60 - 65.

④ 上海财经大学区域经济研究中心. 2007 中国区域经济发展报告特辑：区域发展总体战略与城市群规划 [M]. 上海：上海财经大学出版社，2007.

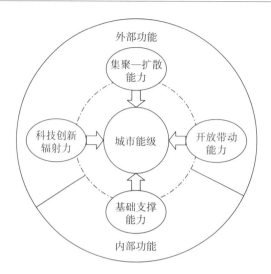

图 12 – 1 城市能级示意图

学界对城市能级的研究显示，中心城市集聚—辐射能力的提升，源自自身能级的提升。城市能级的提升过程，也是城市综合功能完善和城市空间重构的过程，包括经济实力的提升、基础设施的完善、创新能力的增强、发展环境的优化等方面的内容。同时，各个城市能级的提升，也有利于优化其所属城市群的资源配置和空间拓展能力，提升区域经济的整体实力①。

为了能对不同城市的能级作出全面客观的综合评价，学者们运用科学方法，遵循一定原则，构建了系统的城市能级综合评价指标体系。人们在收集一定的统计数据，选择适当的统计分析和综合评价方法，运用这些综合评价指标，对城市能级作出综合的评价与分析，并据此对一个城市的能级进行分类。城市能级分类是依据城市能级的高低而对城市功能所进行的一种分类。依据不同的分类标准，可以得出不同的分类结果。按照一个城市对其所在经济区域的集聚力和辐射力，可以把城市分为核心城市、中心城市、一般城市。按照一个城市与外界的联系程度及其所产生的影响力，可以把城市分为世界城市、国家中心城市和区域性城市。按照城市的人口规模（城区常住人口②）又可以把城市分为四级：人口少于

① 韩玉刚，焦华富，李俊峰. 基于城市能级提升的安徽江淮城市群空间结构优化研究 [J]. 地理经济，2010 (7)：1101 – 1106.

② 城区是指在市辖区和不设区的市、区、市政府驻地的实际建设连接到的居民委员会所辖区域和其他区域. 常住人口包括居住在本乡镇街道，且户口在本乡镇街道或户口待定的人；居住在本乡镇街道，且离开户口登记地所在的乡镇街道半年以上的人；户口在本乡镇街道，且外出不满半年或在境外工作学习的人。

50 万的为小城市，50 万～100 万的为中等城市，100 万～500 万的为大城市，500 万～1000 万的为特大城市，1000 万以上的为超大城市。把城市行政等级、城市人口数量、城市规模、城市 GDP 水平、城市科技教育水平等指标综合起来评价，则可以将城市划分为一线城市、二线城市、三线城市、四线城市、五线城市。根据城市功能和辐射范围，可把城市分为综合型和专能型两类，类型的不同会对城市能级的高低产生影响作用。综合型城市是指某一城市的多种功能在一定区域范围内起支配作用，从而使该城市成为区域内的综合型中心城市，综合型城市一般具有较高的城市能级。专能型城市是指某一城市的某一功能在区域内具有突出的地位和作用。在一个国家或一定区域内，由于专能型城市主要受制于资源和产业状况，可以存在多个此类城市，而且正是由于存在多个专能型城市，能够优势互补，以城市群的分布发挥整体效应①。

城市能级综合评价指标体系，是建立在一定原则基础上的指标集合。这种指标体系并非一些评价指标的简单组合，而是一个有机联系的整体。构建城市能级综合评价指标体系的依据，一般是衡量城市能级的标准和城市功能系统的结构。城市能级综合评价指标体系的构建，通常需要在遵循科学性与实用性相统一、系统性与层次性相统一、可比性与可靠性相统一、相关性与整体性相统一、动态性与静态性相统一、指标的覆盖性与概括性相统一等项原则②的前提下来进行。

在具体评价指标的选取上，指标体系应能全面覆盖城市综合发展战略目标的内涵和目标的实现程度。城市的经济发展水平、科技发展水平、教育发展水平、对外开放发展水平和基础设施建设水平等城市综合发展战略的主要构成要素，都应当在指标体系中得到反映。如图 12 - 2 所示。由于城市功能系统是一个由不同层次、不同要素构成的复杂系统，而且其内部的子系统之间既彼此独立又相互联系，因此，指标体系既要全面反映城市综合功能的各个方面，客观反映整个系统的运行态势，又要力避指标之间的相互重叠。城市功能系统既是目标又是过程，因此指标体系应当充分考虑系统动态变化的特点，能综合反映城市综合发展的现状及未来趋势。同时，在一定时期内，指标体系内容不易频繁地变动，应当保持相对的稳定性。在选取指标体系时，可供选择的评价指标可能有很多，但是并非选用的指标越多越好。选取的指标过多，可能会出现"信息过载"现象，导致各应选用指标实用性和使用效率降低。当然，指标范围也不可过小，否则可能会出现系统机能失调的风险③。

① 人民论坛测评中心. 对 19 个副省级及以上城市的城市能级测评［J］. 国家治理周刊，2019（2）：03 - 23.

②③ 赵全超. 我国三大经济圈城市群能级分布研究［D］. 天津大学博士学位论文，2004.

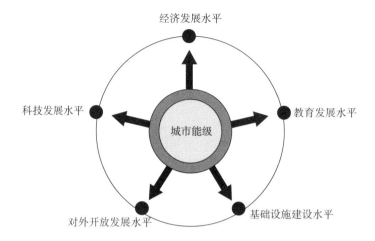

图 12 - 2   城市能级评价指标体系

（二）提升郑州城市能级的重要意义

郑州城市是区域经济发展的重要增长极，是中原城市群的核心城市，又是国家中心城市，还是国家支持打造的推动高质量发展的区域增长极。郑州的城市能级不仅体现着郑州这个城市本身的核心竞争力，而且还体现着中原城市群乃至更大区域的综合竞争实力。郑州城市能级的高低，关系着城市竞争力和区域辐射力。提升郑州城市能级具有显而易见的重要意义。

首先，提升城市能级是郑州贯彻落实中央战略部署的重大任务。建设国家中心城市是党中央、国务院着眼完善全国城镇体系、促进区域协调发展、提升特大中心城市辐射带动力、赢得全球竞争，做出的重大战略部署。2017 年 1 月，国家发展和改革委员会在《关于支持郑州建设国家中心城市的指导意见》中明确提出，郑州要着力发展枢纽经济，着力提升科技创新能力，着力增强综合经济实力，努力建设具有创新活力、人文魅力、生态智慧、开放包容的国家中心城市，在引领中原城市群一体化发展、支撑中部崛起和服务全国发展大局中做出更大贡献。2018 年 11 月，中共中央、国务院在《关于建立更加有效的区域协调发展新机制的意见》中提出，要以郑州为中心，引领中原城市群发展，带动相关板块融合发展。2019 年岁末，习近平总书记在《求是》上发表了题为《推动形成优势互补高质量发展的区域经济布局》的署名文章，表达了对郑州打造推动形成高质量发展的区域增长极的殷殷嘱托与期盼。这是新时代国家赋予郑州的新使命。因此，全面提升郑州城市能级，是贯彻落实中央战略部署的具体体现和必然要求。只有着力提升城市能级，郑州才能更好地把中央战略部署落实到位，把自己肩负的历史使命完成好。

其次，提升城市能级是加快郑州发展的现实需要。党的十八大以来，郑州牢记使命担当，聚焦建设国家中心城市，积极融入"一带一路"建设，砥砺奋进、拼搏赶超，在产业聚集、科技创新、对外开放等方面均取得了显著成绩，在中原经济区和全省的影响力、辐射力和引领作用不断提升，带动作用日益增强。但是，郑州的现有发展水平与国家赋予的使命特别是习近平总书记的殷殷嘱托与期盼相比较，还存在较大的差距。郑州在自身发展上，还不能有丝毫懈怠。目前郑州在城市定位上，已经进入了从区域中心城市向国家中心城市迈进、发展动力从要素驱动向创新驱动转换、产业体系从传统产业主导向新型产业引领转型、城市治理从传统管理向现代治理转变的重要阶段。提升城市能级，内在地要求必须着力提升郑州的经济综合实力、产业竞争力、科技创新力、文化创造力、枢纽辐射力和国际影响力，推动城市功能和城市能级的全面优化，进一步加快全面体现新发展理念的国家中心城市建设步伐，推动郑州发展向更高质量、更有效率、更加公平、更可持续的方向前进，提升郑州在世界城市体系中的地位。这是郑州加快自身发展的必然选择。

最后，提升城市能级是郑州更好发挥国家中心城市作用的客观要求。国家中心城市是国家综合实力最强、引领作用最明显、集聚辐射和带动能力最大，并能代表国家参与国际竞争的中心城市。作为国家中心城市俱乐部的重要一员，郑州应当在引领、辐射、服务区域高质量发展中发挥更大作用。城市能级水平是一种内在综合素质及其地位与作用的表征，主要表现为城市功能水平、城市现代化水平、城市经济增长水平、城市经济增长水平和城市影响与控制力水平等方面[①]。也就是说，城市能级在内涵上包含着城市功能，城市功能的强弱反映和体现城市能级的高低。提升城市能级有助于增强城市核心功能。一个国家中心城市要发挥好自己应有的功能作用，首先自身应当具有比一般中心城市更高的城市能级和更强的核心竞争力。从目前情况来看，郑州的城市能级水平明显低于现有 9 个国家中心城市中的多数城市，在经济综合实力、产业竞争力、科技创新力、文化创造力、枢纽辐射力和国际影响力等方面与先进国家中心城市相比，存在较大的差距。这种状况严重制约着国家中心城市功能作用的发挥。郑州要摆脱目前这种被动落后状况，迎头赶上先进国家中心城市，就必须着力提升城市能级水平，增强城市的竞争力、辐射力和国际影响力。

（三）提升郑州城市能级的指导原则

习近平总书记指出："我们的改革开放是有方向、有立场、有原则的。我们

---

①　周振华. 论城市能级水平与现代服务业［J］. 社会科学，2005（9）：11 – 18.

当然要高举改革旗帜，但我们的改革是在中国特色社会主义道路上不断前进的改革，既不走封闭僵化的老路，也不走改旗易帜的邪路。"① 提升郑州城市能级，也应当是有方向、有立场、有原则的。

提升郑州城市能级，必须要有正确的指导思想：以习近平新时代中国特色社会主义思想为指导，全面贯彻党的十九大和十九届二中、三中、四中全会精神，按照"打造推动形成高质量发展的区域增长极"，"在中部地区崛起中奋勇争先"，当好"谱写新时代中原更加出彩的绚丽篇章"的先行者和排头兵的要求，坚持新发展理念，面向全球、面向未来，把提高城市国际化水平作为郑州发展的重要取向，对标国内外先进城市，着力构筑新时代郑州发展的战略新优势，全面增强郑州城市核心功能，充分发挥郑州在中原城市群和中部地区高质量发展中的龙头带动作用，努力实现高质量发展、创造高品质生活，不断增强城市吸引力、创造力、竞争力，加快打造创新活力、生态宜居、魅力人文的现代化都市圈，建成具有世界影响力的国际大都市。

提升郑州城市能级，还必须在遵循正确原则的前提下进行。这些原则主要有以下几条：

一是坚持深化改革、扩大开放。习近平总书记强调指出："现在，解决我国进一步发展面临的一系列突出矛盾和挑战，必须深化改革开放。改革开放是决定当代中国命运的关键一招，也是决定实现'两个一百年'奋斗目标、实现中华民族伟大复兴的关键一招。"现在，我们提升郑州城市能级，同样也离不开改革开放。要始终坚持用改革开放的思路和办法破除制约城市能级和核心竞争力提升的瓶颈难题，深化供给侧结构性改革，着力提高供给结构适应性和灵活性，着力提高供给体系质量和效率，着力增强高水平制度供给能力，促进各类要素资源高效流动、高效配置、高效增值，增强经济持续增长动力，在深度融入经济全球化中服务带动中部地区改革开放，有效提升郑州在全球城市体系中的影响力和竞争力。

二是坚持对标先进、创造一流。在浙江工作期间，习近平总书记曾提出过"四个杭州"的定位和"四个世界一流"的要求："杭州不应当仅仅是浙江的杭州、中国的杭州，也应当是亚洲的杭州、世界的杭州"和"世界一流的标准，世界一流的业绩，世界一流的胸襟和气魄，世界一流的现代化国际大都市。"② 很显然，郑州也不应当仅仅是河南的郑州、中国的郑州，也应当是亚洲的郑州、世界的郑州，也应当以世界一流的标准创造世界一流的业绩，以世界一流的胸襟

① 习近平. 习近平关于全面深化改革论述摘编［M］. 北京：中央文献出版社，2014：14.
② 吴雅著，俞熙娜，张留. 杭州，迈向世界名城的脚步——写在 G20 杭州峰会一周年之际［N］. 浙江日报，2017－09－07.

和气魄建设世界一流的现代化国际大都市。要以更高的站位和更宽的视野，全方位对标国际先进城市，在全球城市体系中谋划提升郑州战略定位，充分发挥自身比较优势，全面融入全球分工合作，不断提高城市国际化水平，成为全球城市体系中的一个重要节点。

三是坚持问题导向、需求导向。坚持问题导向是马克思主义的鲜明特点，也是习近平总书记一贯倡导的科学方法论。疑乃思之始，问乃学之端。马克思曾经说过，一个问题只有当它被提出来时，意味着解决问题的条件已经具备了。发现问题是有效提升郑州城市能级的重要前提。发现了问题，就等于抓住了提升城市能级所应当解决的主要矛盾，坚持问题导向就等于抓住了化解矛盾的着力点，找到了化解矛盾的金钥匙。提升郑州城市能级，还必须坚持以人民需求、市场需求和城市发展需求为导向，着眼国家战略定位要求，着眼世界经济格局变化，着眼全球城市分工调整，瞄准国家迫切需要和人民基本需求，依托郑州独特优势，突出重点，抓住关键，聚焦发力，集中资源力量实现重大突破，赢得战略主动。

四是坚持软硬并重、同步提升。一个城市的综合实力和竞争力，可以区分为硬实力和软实力。提升郑州城市能级，既要着力提升包括经济发展、科学技术、产业结构、教育医疗、基础公共设施等方面的硬实力，也要着力提升人文精神、公民素质、政府治理、形象传播、环境舒适、区域影响等方面的软实力。对于提升一个城市的能级而言，硬实力和软实力同等重要。城市硬实力和城市软实力两者相互联系、相辅相成，硬实力是软实力的有形载体，软实力是硬实力的无形延伸，硬实力是软实力发展的基础，软实力是硬实力的动力，二者缺一不可，也不可偏废。因此，提升郑州城市能级，必须坚持硬实力与软实力协调推进。要在着力提升郑州市经济发展、科学技术、产业结构、教育医疗、基础公共设施等硬实力的同时，加快提升郑州市的各项软实力，尤其应着力营造国际一流的营商环境、公平正义的法治环境、充满魅力的人文环境、优美宜居的生态环境，更加注重让广大市民分享经济发展的红利，让生活工作在这座城市的人们能够享有更多的获得感、幸福感、安全感。

二、提升郑州城市能级的目标任务和路径选择

目标是行动的牵引，任务指引前进方向。开展任何一项有意义的实践活动，必须确立所要实现的目标任务。提升城市能级是优化提升郑州城市功能、助推郑州国家中心城市建设的一个重要举措，同样也应当确立所要实现的目标任务，坚

持目标导向。每个城市在地理区位、资源禀赋、历史文化、产业发展等方面都有不同于其他城市的特色。不同的市情，往往会使诸城市在提升城市能级方面有不同的路径选择。作为地处内陆腹地的国家中心城市，郑州具有自己的城市特色，因此在提升城市能级方面也应当因地制宜地作出自己的路径选择。

（一）提升郑州城市能级的目标

确立提升郑州城市能级所要实现的目标，首先应当搞清楚目前面临的国际国内大势、中央对郑州发展提出的要求，以及目前郑州城市能级的实际状况。这是制定正确的提升目标的重要基础。

当前，全球新一轮科技革命和产业变革正在孕育突破，世界经济格局也处于深刻调整之中。全球化的飞速进程改变了当今世界国际经济竞争的方式，其合作与竞争的基本单位既不是国家也不是企业，而是中心城市及其所在的城市群，因为中心城市和城市群能够有效地从更广的范围配置资源、安排市场、布局网络，形成优势互补和资源互补的创新格局，并以此为基本单位展开对全球的经济往来与合作[①]。随着城市群特别是其核心城市在国际竞争合作中的作用愈益凸显，人们对城市能级和核心竞争力的提升给予了越来越多的关注，以前所未有的力度推动城市吸引力、创造力、竞争力全面增强。必须看到，进入经济全球化时代，全球产业链、价值链、创新链、人才链、服务链的演化进程，同时也是全球大分工、大融合的进程。一个城市群及其核心城市要国际经济竞争中赢得主动，就必须在全球产业链、价值链、创新链、人才链、服务链中占据一定高端环节。而要做到这一点，就必须着力强化中心城市的核心功能，提升其在世界范围内集聚和配置高端资源要素的能力，成为全球资金、信息、人才、货物、科技等要素流动的重要枢纽节点。

目前，我国处在实现第一个百年奋斗目标、向第二个百年奋斗目标进军的重要历史时期，迫切需要加快建设与我国综合实力和国际地位相匹配的全球城市和国家中心城市引领服务全国发展，参与国际合作与竞争。党的十八大以来，在以习近平同志为核心的党中央坚强领导下，郑州抓住一系列重大战略机遇，深化改革开放，推动创新发展，城市核心功能持续增强，综合实力持续提升，成为引领中原城市群一体化、支撑中部地区崛起、服务全国发展大局的国家中心城市。在新时代大背景下，应当把郑州发展放在国际大环境、全国大格局中来思考谋划，准确把握世界经济发展趋势和全球城市发展规律，加快提升城市能级和核心竞争力，努力实现更高质量、更高水平的发展，切实承担起新时代新使命。

---

① 魏达志. 城市群已成国际竞争基本单位 [J]. 珠江经济，2007（6）：4.

进入新时代，党中央、国务院着眼全国发展大局，确定了郑州发展的新战略定位，赋予了郑州以新的使命和责任，要求郑州依托突出区位优势，建成连通境内外、辐射东中西的物流通道枢纽，朝着"买全球、卖全球"的目标迈进，为"丝绸之路经济带"建设多做贡献；努力建设具有创新活力、人文魅力、生态智慧、开放包容的国家中心城市，在引领中原城市群一体化发展、支撑中部崛起和服务全国发展大局中作出更大贡献；主动服务"一带一路"建设、黄河流域生态保护和高质量发展等国家重大战略，在中部地区崛起中奋勇争先；以创新驱动促进转型升级，通过技术创新、产业创新，在产业链上不断由中低端迈向中高端；把制造业搞上去，把实体经济搞上去；进一步发挥龙头带动作用，引领中原城市群实现更高质量一体化发展。经过近些年来的努力，郑州城市能级不断提升，目前已连续三年（2017～2019年）进入全国新一线城市①行列，而且在15个新一线城市的排名逐年上升。但是，与北京、上海、广州、深圳四个一线城市相比，无论是城市经济发展水平还是城市吸引力、创造力、竞争力，都存在着天壤之别；即便是同新一线城市中的成都、杭州、重庆、武汉等先进城市相比，差距也非常巨大。因此，郑州提升城市能级和核心竞争力，任重而道远。

　　综合上述各方面情况，郑州提升城市能级的目标应当是：经过5年的努力，使郑州的核心功能显著增强，城市能级和核心竞争力大幅提升，城市吸引力、创造力、竞争力全面增强。经济实力全面跃升，经济总量迈上新台阶，现代化经济体系建设加快推进，供给体系质量和效率大幅提高，在全球产业链、价值链、创新链、人才链、服务链中占据一定高端环节；核心功能全面跃升，集聚和配置全国乃至世界高端资源要素的能力显著增强，成为全国乃至世界资金、信息、人才、货物、科技等要素流动的重要枢纽节点；竞争优势全面跃升，城市功能优势、先发优势、品牌优势和人才优势逐步确立，全社会研发经费支出相当于全市生产总值比例进一步提高；治理能力全面跃升，制度供给更加有效，高效市场和有为政府更好发挥作用，城市治理体系和治理能力现代化水平显著提高。在此基础上，再用5年左右时间，使郑州的核心功能全面提升，在全球城市体系中具有一定影响力，初步建成全球高端资源要素配置的重要承载地，形成一批具有全国竞争力的一流企业和品牌，成为全国金融体系、贸易投资网络、技术创新网络的重要枢纽城市。到2035年，稳定进入全国一线城市行列，令人向往的宜居之城、创业之都、幸福之家，建成具有创新活力、人文魅力、生态智慧、开放包容的国家中心城市和具有全球影响力的现代化国际大都市。

---

　　①　新一线城市是第一财经·新一线城市研究所依据品牌商业数据、互联网公司的用户行为数据及数据机构的城市大数据对中国338个地级以上城市排名而出，该榜单标准依托商业资源集聚度、城市枢纽性、城市人活跃度、生活方式多样性和未来可塑性五大指标。

（二）提升郑州城市能级的重点任务

提升郑州城市能级，应紧紧围绕优化和增强城市核心功能，聚焦关键重点领域，在加快推进核心功能建设上取得新突破。

一是在打造国家重要的经济增长中心上取得新突破。在郑州的国家中心城市功能定位中，国家重要的经济增长中心列在首位，足见其重要性。打造国家重要的经济增长中心，是提高郑州经济密度、增强郑州辐射带动功能的现实需要和必然选择，对于提升郑州城市能级具有重要意义。要把制造业发展放到更加突出位置，着力推进先进制造业和现代服务业深度融合，加快传统优势产业转型升级，大力承接新兴产业布局和转移，建设数字经济发展核心区；借助现有高端设备制造业、新一代信息技术产业链，为创新产业集群的构建创造良好的环境；积极促进创新产业集群的形成与发展，促进经济结构进一步成熟和完善，提升郑州整体创新能力，达到整体产业结构升级，实现经济增长有效拉动。要加快创新要素资源的聚集，全面提升经济发展核心竞争力，加快形成带动区域经济发展的动力源。要发挥区位优势，大力发展交通、通信等基础设施，增强航空枢纽作用，增加连接全球主要枢纽机场的货运、客运航线，加强国际国内航线对接，强化郑州机场与高速铁路、城际铁路等便捷高效交通系统的无缝衔接；拓展铁路枢纽对外通道网络，巩固优化以郑州为中心的"米"字形铁路枢纽通道。推进郑州与"一带一路"沿线重要口岸的互联互通，提升郑州在新亚欧大陆桥经济走廊建设中的重要节点作用；加快建设5G产业发展先行区和创新应用示范区、国家级智能传感器创新中心，构建顺畅的立体交通网络以及通信网络，打通郑州经济增长通道，增强经济发展后劲①。

二是在打造极具活力的创新创业中心上取得新突破。当今世界，创业已成为经济发展的原动力，而创业在本质上是创新。创新创业活动以创新为实践的主体和核心，对社会经济发展具有重要的促进作用②。作为基于一种创新基础上的创业活动，创新创业是创新经济发展的根基，也是发挥城市功能作用、提升城市能级的根基。目前，创新驱动成为城市发展的主要形态，新兴产业成为国际上城市竞争的焦点。打造极具活力的创新创业中心，是郑州应对新一轮科技革命、实现高质量发展、增强国际影响力的必然要求。要坚持创新是第一动力、人才是第一资源的理念，实施创新驱动发展战略，完善城市创新体系，加快关键核心技术自主创新，为郑州高质量发展打造新引擎。要聚焦企业技术创新，不断做大做强创新主体，抓好高新技术企业培育发展，建成一批千亿级高新技术产业群。要努力

---

① 喻新安、徐艳红．国家中心城市建设报告［M］．北京：社会科学出版社，2019：325–326.

② 赵丽丽，胡拂晓．论创新创业活动的实践特征［J］．文存阅刊，2017（19）：45.

打通科技向经济转移转化的快速通道，建立以企业为主体、市场为导向、产学研用深度融合的技术创新体系。科技型中小微企业是最具潜力、最具创造力的企业群体之一，是科技创新的一支重要生力军。要加快制订和实施科技金融扶持计划，通过银政企合作贴息、科技保险、天使投资引导、科技金融服务体系建设和股权投资项目，撬动银行、保险、证券、创投等资本市场要素资源支持企业创新创业。要坚持问题导向，过全面深化改革开放，着力解决影响创新创业创造的突出体制机制问题，营造鼓励创新创业的社会氛围。

三是在打造华夏历史文明传承创新中心上取得新突破。文化是一个城市的灵魂。一个城市综合实力与竞争力最核心的是文化软实力。把文化软实力纳入城市核心竞争力，推动文化产业快速发展，是当今世界许多城市提升能级的路径选择。增强文化软实力是提升城市能级和核心竞争力的重要内涵。郑州提升城市能级，加快建设国家中心城市，就应当充分发挥历史文化底蕴深厚的独特优势，致力于推进华夏历史文明传承创新，建设国际文化大都市，增强城市文化软实力和国际影响力。打造华夏历史文明传承创新中心，既是郑州建设国家中心城市的战略定位之一，也是郑州提升城市能级和核心竞争力的重要抓手。要以建设文化魅力十足、文化特色鲜明、文化设施完善、文化精品纷呈、文化氛围浓厚的国际文化大都市为方向，努力将郑州打造成为与国家中心城市地位相匹配的华夏文化传承创新基地、黄河文化魅力之都、文化产业集聚高地、文化资源配置枢纽、文化艺术创作中心、文化交流国际平台。要深度挖掘商都文化、嵩山文化、黄帝文化、黄河文化、革命传统文化等资源，加快商都历史文化区、古荥大运河文化区等文化遗址保护开发和利用，持续办好黄帝故里拜祖大典、国际少林武术节等活动，推动中原优秀传统文化与现代文明融合创新，深化"一带一路"沿线人文交往交流交融，建设丝绸之路文化交流中心，提升凝聚荟萃、辐射带动和展示交流功能。

四是在打造国际综合交通和物流枢纽上取得新突破。综合交通枢纽是整合铁路、公路、航空、内河航运、海港和运输管道为一体的海陆空协同枢纽体系，而物流枢纽则是集中实现货物集散、存储、分拨、转运等多种功能的物流设施群和物流活动组织中心。综合交通和物流枢纽的能力就是城市竞争力，它对于城市能级提升具有战略意义。在中部地区崛起中，地处内陆的郑州日益走向对外开放前沿，国家综合交通和物流枢纽的地位愈益凸显。国务院印发的《"十三五"现代综合交通运输体系发展规划》明确提出，要建设郑州国际性综合交通枢纽，强化国际人员往来、物流集散、中转服务等综合服务功能，打造通达全球、衔接高效、功能完善的交通中枢。打造国际综合交通和物流枢纽，对于强化郑州在产业发展和空间布局的核心地位，参与生产要素全球化配置和全球化产业分工，深度融入全球产业链、供应链、价值链，增强郑州的辐射带动作用和国家影响力，具有重要意义。要全面贯彻落实党的十九大提出的建设交通强国的决策部署，依托郑州航空港经济综合实验区，以现代口岸功能体系为支撑，以促进航空港、铁路港、公路港、海港之间要素自由流动和产业一体化发展为目标，推进航空港、国际陆港、口岸基础设施建设和互联互通，着力构建资源整合、信息共享、业务创新的多式联运体系，不断增强郑州枢纽在国内外的辐射力、竞争力，进一步提升郑州在国际多式联运中的话语权。

五是在打造高水平对外开放门户枢纽上取得新突破。所谓对外开放门户枢纽，是从综合功能和功能转换层面对城市属性的描述，是在一定区域范围内居于引领和核心地位的门户城市。门户枢纽最本质的功能是资源配置①。高水平地对外开放国家主要门户枢纽，与一般意义上省内对外开放枢纽不同，不仅具有组织本国与外国商品流、资金流、信息流、人员流、技术流的国际转国内枢纽功能，而且具有国内转国际枢纽功能；不仅是一般性跨国公司基地，也是全球性跨国公司集聚地。郑州要提升城市能级，并依托较高的城市能级和高水平开放，增强面向全球开放的枢纽门户链接能力，进而强化其全球资源配置功能。要抓住"一带一路"建设和经济全球化变革机遇，进一步密切郑州与世界主要经济体的直接经济联系，特别是建设全球性跨国公司基地，全面吸引跨国公司总部，重点培育和发展全球性跨国公司。要以制度创新为核心，实施"自贸区＋战略"，通过深化河南自贸区郑州片区改革创新，推动投资贸易便利化、政府职能转变，营造国际化市场化法治化营商环境；以要素集聚辐射为目标，实施"枢纽＋战略"，通过建设交通信息枢纽设施，引进金融机构、总部机构等枢纽主体，打造各类枢纽型平台，构建国际化互联互通的组织体系和网络体系，进而强化郑州对全球资源要素的集聚辐射和高效配置能力；以科技创新为驱动，实施"智能＋战略"，通过推进人工智能和大数据、云计算、物联网等新一代信息技术与产业发展、区域开发、城市管理、社会治理深度融合，为高水平对外开放门户枢纽提供有力技术支撑。

（三）提升郑州城市能级的基本路径

基于郑州的基本市情及发展态势，提升其城市能级应主要有以下路径：

一是以提高经济密度为核心，着力提升城市经济能级。城市经济密度与城市经济能级紧密联系。城市经济密度越高，要素流动就越强，集聚辐射能量就越大，城市能级也就越高。经济规模与总量是一座城市竞争力的基础，没有一定的

---

① 蔡朝林．建设高水平对外开放门户枢纽的策略与路径［J］．暨南学报（哲学社会科学版），2018（8）：28－39.

经济体量做支撑，提升城市能级就是一句空话。但是提升郑州城市能级，单靠经济总量扩张是不行的，更要在提高发展质量上做文章。我们不以 GDP 总量论英雄，绝不是不要 GDP，而是要更高质量的 GDP。为此，要在继续扩大郑州经济总量和城市规模的同时，更加注重经济密度，在提升经济密度中做大城市经济总量，不断壮大综合经济实力。经济密度是指区域国民生产总值与区域面积之比，它表征了城市单位面积上经济活动的效率和土地利用的密集程度。提高经济密度是提升城市能级的基础支撑之一。为贯彻落实习近平总书记提出的"在提高城市经济密度、提高投入产出效率上下功夫"要求，上海市确立了"以亩产论英雄、以效益论英雄、以能耗论英雄、以环境论英雄"的鲜明导向。意味着上海推动高质量发展，将在不断提高单位土地、能耗、环境消耗等经济产出上下功夫。郑州提升城市能级，也应当树牢这样的鲜明导向，也应当在这方面下足功夫。要对标国际化大都市的空间布局和空间治理，对标国内最高、国际一流的用地绩效，致力于向存量要空间、以质量促发展，更多依靠优化存量资源配置，扩大优质资源供给，全面提升土地的综合承载容量和经济产出水平。

二是以增强全球资源配置能力为核心，着力提升城市集聚能级。全球资源配置能力，是指一个城市在全球范围内吸纳、凝聚、配置和激活城市经济社会发展所需要的战略资源的能力，它反映一个城市在全球范围内进行资源配置的规模、质量和效率。全球资源配置能力是城市国际化发展的核心能力，也是区域中心城市走向国际城市的必经之路。从现实情况看，郑州全球资源配置能力存在亟待解决的结构性矛盾：资本要素配置功能有所增强，但创新资源和文化、信息、人才的配置功能还相当薄弱；经济与科技的融合度还不高，战略性新兴产业发展不足，具有全球联系的高端服务体系尚未建立起来。面向未来，要将郑州由一个国际区域中心城市建成具有世界影响力的全球城市，必须着力提升郑州配置全球高端资源的能力。要坚持内向度与外向度并举，充分发挥中心城市和门户城市的作用，着力拓展全球资源配置的空间范围；坚持本土化与国际化并重，吸引和推动功能性机构向郑州集聚，抢占全球高端价值链；着力构建创新生态体系，加快集聚创新要素，积极融入全球分工体系和产业链、创新链、价值链；拓展城市的社会资本，提高在全球治理体系当中的参与度与话语权。应以航空港经济综合实验区为依托，着力增强全球资源配置能力，努力把郑州建成中国内陆全球化与市场化的超级资源配置平台。要树立全球视野和战略眼光，大力发展智能终端等战略性新兴产业，增强战略性新兴产业在转型发展中的带动作用。要着力提高金融业经济密度，提升金融业贡献率，持续增强全球金融资源配置能力。要强化综合服务功能和基础配套建设，注重生态保护，打造宜业宜居的良好发展环境。

三是以增强科技创新策源功能为核心，着力提升城市创新能级。科技创新策源能力是一种原创能力，是城市能级提升的动力之源，同时也是一种最核心的城市竞争力。评价城市能级的一个最要维度，就是看其是否具有别人难以复制的战略优势。纵观全球城市的发展，创新策源能力对于增强城市能级具有显著的带动作用。创新和城市未来的命运息息相关；创新策源能力越来越体现城市的综合实力。对科技创新中心的战略追求，契合新时代创新驱动深入推进的时代要求，是郑州顺应科技革命和产业变革、担当国家使命的重大战略选择。科技创新功能应该是郑州未来城市发展的核心功能，是郑州提升城市能级和核心竞争力的"牛鼻子"。提升创新策源能力，必须着力强化基础研究的厚度，致力于建设世界一流的教育科研机构，集聚更多高水平创新单元和具有全球影响力的专家学者，聚焦世界前沿领域，实现关键核心技术突破；集聚一批世界一流的跨国企业，聚集一批在某些产业领域具有全球竞争力的新创标杆企业，集聚更多的创新企业家和创新资本；必须优化机制、打通环节、消除堵点，建立完善以企业为主体、市场为导向、产学研深度融合的技术创新体系，培育一批科技服务机构，不断提高科技成果转化率。要经过努力，使郑州在不远的将来成为全球学术新思想、科学新发现、技术新发明、产业新方向的重要策源地。

　　四是以强化高端产业引领功能为核心，着力提升城市产业能级。长时期以来，人们在产业发展问题上着重强调两个概念：转型和升级。实际上，所谓产业转型是指产业发展中的第一、第二、第三产业的结构和比例关系的演变。从这个意义上说，产业转型的任务郑州现已基本完成，目前已初步形成了以服务经济为主导、以先进制造业和现代服务业发展为主体的产业发展新格局。然而，看一个城市的产业发展，不能只看产业发展的比例度，更应当看产业发展的高级度。高端产业更多地体现在面向未来、面向世界的产业形态，其产业特征主要体现为先进性和引领性。推动产业发展高端化，是提升城市产业能级、实现经济高质量发展的必然趋势和重要支撑。近年来，郑州产业高端化进程不断加快，但其高级度与郑州城市发展的要求还很不适应。面向未来，郑州要加快构建高质量发展产业体系，培育发展新动能，精准把握产业链核心环节，占据产业链高端地位，抢占新一轮产业变革的制高点。要集中优势资源要素，加快推动新一代信息技术与制造技术深度融合，以智能制造为主攻方向，着力发展智能产品和智能装备，推进传统制造业高端化、智能化、绿色化。要以现代生产性服务业为重点，加快培育现代化经济体系，突出发展新经济、新技术、新业态，加快发展数字经济，推动实体经济和数字经济融合发展，推动互联网、大数据、人工智能同实体经济深度融合。要抓紧落实国家扩大汽车整车制造开放措施，支持外资新能源汽车项目落地。认真落实国家鼓励技术和产品进口政策，促进先进技术设备、关键零部件和紧缺资源型产品进口。

五是以强化开放枢纽门户功能为核心，着力提升城市开放能级。开放是实现国家繁荣富强的根本出路，也是提升城市能级、优化城市功能、实现城市高质量发展的根本出路。一个城市要提升城市能级，必须扩大对外开放。一个城市只有在开放合作中才能聚集更多的资源要素，更好地融入全球产业链、供应链、价值链，更好地构筑全球产业竞争优势。面向未来，面向全球，郑州要承担起国家赋予的新使命，构筑郑州新的战略优势，扩大开放是必由之路。当今中国高质量发展，需要把郑州打造成为中部地区与全球竞争、集聚高端资源的战略平台，需要在着力这里构筑全球化要素资源互联互通、融合集成的功能平台，充分发挥其开放枢纽门户功能。同时，郑州也需要在更高层次对外开放中融入国际产业分工体系，推动形成开放发展的战略优势，并依托开放枢纽门户功能的发挥不断提升自己的城市能级。要充分发挥郑州航空港经济综合实验区开放门户功能，全面实施郑州国际航空货运枢纽战略规划，建设卢森堡货航亚太地区分拨转运中心；吸引知名航空公司在郑州设立基地公司；培育航空偏好型产业集群，打造全球智能终端研发制造基地；建设中卢创新科技产业（郑州）园区；加快发展飞机租赁、飞机维修、航空培训、高端服务等产业。要以国际化、现代化为引领，以高水平对外开放为战略突破口，抢先打造国际交通枢纽门户、对外开放体系高地和参与国际合作高地的"一门户、两高地"体系，让郑州枢纽动起来、强起来。

三、提升郑州城市能级的政策举措

提升城市能级，要有相应的政策举措作为支撑。推动郑州城市能及提升，应当采取以下政策措施：

（一）以更大力度开放合作提升郑州金融业国际化水平和能级

金融业是城市能级赖以提升的命脉，也是提升城市核心竞争力的重要举措。加快金融业发展，必须进一步扩大金融市场对外开放，只有这样，才能推进金融机构集聚，增强城市全球金融资源配置功能，从而提升城市能级和核心竞争力。当今的郑州，比以往任何时候更需要建设更加开放的金融体系，需要打造与其经济实力和国家中心城市地位相匹配的国际化金融中心。

一是要以更大开放合作力度提升郑州国际金融中心能级。积极争取国家政策支持，大幅放宽银行业外资市场准入，取消在郑州的银行和金融资产管理公司外资持股比例限制，支持外国银行在郑州同时设立分行和子行，支持外商独资银行、中外合资银行、外国银行分行在提交开业申请时一并申请人民币业务。支持商业银行在沪发起设立不设外资持股比例上限的金融资产投资公司和理财公司。支持在郑州的外商独资银行、中外合资银行、外国银行分行开展代理发行、代理兑付、承销政府债券业务。鼓励在郑信托、金融租赁、汽车金融、货币经纪、消费金融等银行业金融领域引入外资。按照国家现代服务业开放整体部署，鼓励外商在郑州投资设立金融机构、保险公司、投资性公司、营利性养老机构等。鼓励外资参股地方资产管理公司，参与不良资产转让交易。加强与全球主要国际金融中心对接，完善国际化金融交流机制。

二是放宽证券业外资股比及业务范围限制，进一步扩大保险业对外开放。鼓励外商在郑投资设立保险公司，支持合资证券公司发展。积极争取国家政策支持，允许外资在郑设立证券公司、基金公司、期货公司，取消外资持股比例，不再要求合资证券公司境内股东至少有一家证券公司。争取扩大合资券商业务范围，允许其从事经纪、咨询等业务。争取放开外资保险经纪公司经营范围，允许开展为投保人拟定投保方案、选择保险人、办理投保手续，协助被保险人或者受益人进行索赔，再保险经纪业务，为委托人提供防灾、防损或风险评估、风险管理咨询服务等业务。支持外资来郑经营保险代理和公估业务，不设股比限制。以区域性再保险中心、国际航运保险中心、保险资金运用中心建设为抓手，加快郑州国际保险中心建设。以"一带一路"再保险业务为重点，支持郑州保险交易所加快发展。

三是推进更高层次金融市场开放，拓展自由贸易账户功能和使用范围。支持郑商所扩大对外开放，引入境外交易者参与交易，提高郑商所的国际化水平，扩大 PTA 期货市场的国际影响力；支持其研发上市各类符合实体经济需求的期货和期权等衍生品。在国家政策允许的前提下，积极支持合格的境外机构投资者参与郑商所市场的交易。放开银行卡清算机构和非银行支付机构市场准入限制，放宽外资金融服务公司开展信用评级服务的限制。争取将自由贸易账户复制推广至郑州市有条件、有需求的企业及河南自贸试验区（中国）洛阳及开封两个片区；在风险可控前提下，为保险机构利用自由贸易账户开展跨境再保险与资金运用等业务提供更大便利；对通过自由贸易账户向境外贷款先行先试，试点采用与国际市场贷款规则一致的管理要求；支持境外投资者通过自由贸易账户等从事金融市场交易活动。

（二）构筑更加开放的现代服务业和先进制造业产业体系

一个城市的产业发展，特别是现代服务业和先进制造业发展，是城市发挥集聚与扩散功能的物质基础和重要条件。提升郑州城市能级和核心竞争力，内在地要求大力发展现代产业，特别是现代服务业和先进制造业。深化改革、扩大开放，是推进现代产业发展的根本动力和关键一招。提升郑州产业能级，必须全面贯彻落实中央推动更高层次开放的重大举措，加快建立开放型经济新体制，着力提升现代服务业和先进制造业的产业层次和国际化水平。

一是进一步放宽服务业市场准入。积极争取放宽外商设立投资性公司条件，将设立申请前一年外国投资者资产总额降为不低于两亿美元，外国投资者在中国境内已设立外商投资企业数量降低为五个及以上。鼓励外资参与郑州现代服务业发展提速提质行动，重点放宽银行类金融机构、证券公司、证券投资基金管理公司、期货公司外资准入限制，支持保险机构、保险中介机构外资准入，放开会计审计、建筑设计、评级服务等领域外资准入限制，推进电信、互联网、文化、教育、交通运输等领域有序开放。鼓励外商投资工业设计和创意、工程咨询、现代物流、检验检测认证、医疗养老、旅游休闲、融资租赁等生产生活性服务业。落实国家自由贸易试验区外商投资准入特别管理措施（负面清单），按照《中国（河南）自由贸易试验区建设实施方案》要求，以制度创新为核心，深度对接国际高标准投资贸易规则体系，发挥投资自由化、贸易便利化、金融国际化、监管法制化等优势，探索外商投资项目备案文件自动获准机制，争取世界500强企业、全国500强企业在郑州设立区域总部、采购中心、物流配送中心等功能性机构，鼓励生产环节在郑州的企业将行政、销售、核算、研发等机构迁入郑州，支持在郑州地区总部和总部型机构集聚业务、拓展功能、提升能级。依托郑州市郑东新区龙湖金融岛、龙子湖智慧岛等区域，重点引进一批外资金融、大数据、信托基金等企业总部。积极复制推广上海自由贸易试验区增值电信开放措施，全面推进河南自贸试验区内增值电信业务的开放。引进大型物流集成商和基地航空公司，拓展中欧班列（郑州）铁路线网和腹地范围，推进空铁国外和国内"双枢纽"建设，打造多式联运国际物流中心。大力引进分享经济、数字经济、生物经济、智造经济、创意经济等新业态，与国际知名企业、大型物流集成企业和供应链管理企业深化合作，促进产业融合发展。积极推动建立畅通的国际通信设施，争取将郑州打造成为重要的国际化信息枢纽。对实施"主辅分离"、转型现代服务业的外资企业，符合条件的经批准允许相应变更项目用地性质。利用存量工业房产发展生产性服务业的外资企业，可在5年内继续按原用途和土地权利类型使用土地，5年期满或涉及转让需办理相关用地手续的，经批准可按新用途、新权利类型、市场价，以协议方式办理。鼓励实行弹性出让、长期租赁、先租后让、租让结合等灵活的工业用地供应方式，降低企业用地成本。

二是加快先进制造业对外开放。以建设郑州—卢森堡"空中丝绸之路"为引领，做大做强航空物流、跨境贸易、商务会展等产业，引进高端制造、现代服务业龙头企业，推动产业链上下游拓展，发展壮大枢纽经济。鼓励外资参与郑州先进制造业扩优拓新行动，引导外资投向高端制造、智能制造、绿色制造等先进制造业。重点取消轨道交通设备制造、摩托车制造、燃料乙醇生产、油脂加工等领域外资准入限制。采矿业放宽油页岩、油砂、页岩气等非常规油气以及矿产资源领域外资准入限制。石油、天然气领域对外合作项目由审批制改为备案制。符合政策规定的鼓励类外商投资项目适用引进技术设备免征关税、重大技术装备进口关键零部件和原材料免征关税及进口环节增值税等优惠政策。对符合产业导向的战略性新兴产业、先进制造业等优先发展且用地集约的外资项目，可按不低于所在地土地等别对应工业用地出让最低价标准的 70% 确定土地出让底价。对符合规划和安全要求、不改变工业用途、在原有建设用地进行厂房加层改造、增加用地容积率的外资企业，不再增收土地价款，免收城市基础设施配套费用。

（三）构筑中国内陆最具活力的创新创业新高地

创新创业是提升城市能级的关键。郑州建设国家中心城市和国际性大都市，重在提升城市能级和城市的核心竞争力，而提升城市能级和核心竞争力的关键在于激发全社会的创新潜能和创业活力。强大的创新创业活力，是保持郑州朝气蓬勃发展，不断提升城市能级的重要法宝。

一是着力打造有利于激发创新创业活力的营商环境。营商环境是一个城市重要软实力，也是城市的核心竞争力。优化营商环境是提升城市能级的生命线。面向未来，郑州要赢得高质量发展的主动，唯有优化营商环境，这是提升城市能级和核心竞争力最持久、最强劲的制胜之道。要通过强有力的制度和政策措施，不断改进工作作风、优化营商环境，有效激发全社会创新创业热情，推动形成大众创业、万众创新的"场效应"，促进各类企业加快发展。要进一步转变政府职能，增加公共产品和服务供给，为创业者提供更多机会；持续推进"放管服"改革，全面建设以政务服务"一网通办"为载体和标志的智慧政府，以大数据中心为基础，大力推进线上线下业务流程的革命性再造，努力做到一网受理、只跑一次、一次办成，实现协同服务、一网通办、全市通办。各相关政府部门应结合自身工作特点细化落实方案，通过细致的任务分解，明确每项工作的属地责任、部门责任、领导责任，把工作任务落到岗位上，落到人头上。要进一步提高科学决策水平和科学管理能力，建立任务清单、责任清单、问题清单、效果清单，促使相关部门由被动地改善环境，转变为主动跟进、抢抓先机超前制定方案应对环境变化。

二是着力打造充满活力的创新创业生态系统。积极营造勇于探索、鼓励创新、宽容失败的文化氛围，大力扶持创新型企业发展，培育一批市场前景好、成长爆发性强、技术和模式先进的独角兽和超级独角兽企业，一批细分行业专精特新企业和隐形冠军企业。加大财政资金支持民营企业发展力度，通过资助、购买服务、奖励等方式，支持民营经济战略性新兴产业、"双创"和"专精特新"企业发展，激发各类市场主体活力。深化国有企业分类改革，持续推进国有企业开放性市场化重组，稳步发展混合所有制经济，增强国有企业活力和竞争力。切实抓好诚信政务、诚信社会、诚信公民建设，构建更加完善的诚信体系。进一步强化法治保障，维护公平高效的市场秩序，落实公平竞争审查制度，坚持对所有市场主体一视同仁，弘扬市场契约精神和企业家精神。推动企业和个人诚信建设，完善征信平台，营造诚信的社会氛围。大力繁荣创新创业文化，营造鼓励创业、宽容失败的良好社会氛围。发挥各类新闻媒体和网络社交平台等的作用，加大对"大众创业、万众创新"的新闻宣传和舆论引导力度，大力弘扬创新创业的进取精神、勤劳品质、坚韧毅力。开展"双创"人物评选宣传活动，树立一批创新创业典型人物，大力培育创业精神和创客文化，将创新创意转化为实实在在的创业活动，让"大众创业、万众创新"蔚然成风。

三是着力加强创新平台建设。在郑各高校要坚持全球视野，紧密对接国家战略需求，以全球视野谋划和推动科技创新，提升使用全球创新资源能力，推动高等教育实现跨越。要聚焦关键核心技术，整合部门、高校、企业的创新资源，组建集中攻关平台，完善机制、协同联动，把高校的科技创新优势转化为产业发展的优势。要进一步加大高校研究院、人才培养基地、技术研究中心等新型研发机构的引进力度，赋予新型研发机构人员聘用、经费使用、职称评审、运行管理等方面的自主权。要加快推进省级实验室、技术创新中心等重大公共创新平台建设，建立与国家级研发机构合作机制，高标准建设生物育种创新中心等国家级高端研发平台。建立完善科研设施与仪器共享服务平台，推动资源开放共享。要进一步深化科技创新开放合作，加快融入全球创新网络。要着力完善科技创新开放合作机制，继续深化政府间科技合作，完善双多边重点领域的合作研发平台建设，丰富创新对话机制内涵，加强创新战略对接，推动联合研究中心和科技创新中心建设。深入实施科技伙伴计划，组织开展技术和政策管理国际培训，加强建设科技示范园和联合实验室。鼓励社会力量更广泛地参与国际科技创新合作。要加强体制机制创新，着力在管理体制、人员聘用机制等方面创新突破，特别是大科学设施要对海内外用户开放共享，构建创新型、开放型、共享型的实验室。

（四）打造中国内陆最具吸引力的高端人才集聚新高地

人才是发展的第一资源，是城市的第一竞争力。从某种意义上说，人才资源决定城市能级。有什么样的人才资源，就有什么样的城市能级。哪个城市拥有了一流人才，哪个城市就掌握了提升城市能级的主动权。提升郑州城市能级，加快郑州国家中心城市建设，关键在人，关键在人才。当前，郑州建设国家中心城市进入了发展新阶段，郑州比以往任何时候都更加重视人才、渴求人才、珍爱人才。只有集聚起一批具有全球视野、在世界科技前沿领域掌握核心技术的高端人才，才能更有效地提升郑州城市能级。

一是实施更加积极、更加开放、更加有效的人才政策，奋力打造人才生态最优城市。要从健全制度体系入手，建立与国际接轨、符合国际惯例的人才引进、使用和评价机制。要积极向用人主体放权，切实为国际化人才松绑。要建立多元化的人才评价体系，将国际标准和水平作为衡量高层次人才成果的重要依据，畅通国际化人才评价的"绿色通道"。进一步发挥市场主体在人才引进、培养、评价、激励等方面的决定性作用，鼓励用人单位自主选才、自主用才，对引进的高层次人才，可突破岗位结构比例限制，通过特设岗位先行聘用，充分激发用人主体活力。要创新人才收入分配政策，有序推进收入分配制度改革，完善知识、技术、管理、技能等按贡献参与分配的办法，健全对人才的股权期权及分红激励机制，收益分配重点向创新创业人才倾斜。

二是要创造更具吸引力的人才引进环境。要牢固树立人才第一、人才至上理念，树立"不唯地域、不求所有、不拘一格"的新人才观，大兴识才爱才敬才用才之风，以识才的慧眼、爱才的诚意、用才的胆识、容才的雅量、聚才的良方，把国内外各方面优秀人才集聚到郑州发展中来。要以更大力度、更实举措确保"智汇郑州"人才工程配套措施全面兑现落实，真正把政策优势转化为竞争优势。持续实施高层次人才国际化培养项目、国际人才合作项目。加强各类引智平台建设，实施名校英才入郑计划，扎实开展海外名校英才回归、海外智力郑州行等活动。吸引一批战略性科技创新领军人才，高水平创新团队来郑发展，按照不同层次，分别给予相应资金和政策支持。要加快实施人才强市、科技强市战略，建好创新平台，优化城市环境和创新生态，将郑州打造成人才受到充分尊重、人才价值充分体现的城市。要精准把握全球人才流动大趋势，坚持全球视野、国际标准，面向全球引才聚才，大力营造一流人才环境，以强大人才优势构筑城市核心战略优势。要集聚用好支撑城市能级提升的各类人才，构建门类齐全、梯次合理、充分满足发展需求的人才体系。要建好创新平台，让各类人才在郑州创新有条件、创业有机会、发展有空间。要全方位扩大与国内外一流高校、知名科研院所和大型企业战略合作，推动政产学研用协同创新平台建设，为优秀人才创新创业提供更多的公共资源和政策支持，创造更多的成功机会。要适应优秀人才对高品质生活的需求，进一步优化城市环境，让郑州更有人才吸引力；优化创新生态，不断探索创新人才引育、投入、流动、激励和评价机制，让人才在政治上有荣誉、工作上有待遇、生活上有保障。要建立高层次人才服务绿色通道，确保服务对象更加精准、服务事项更加丰富、部门协同更加有力、政策落实更加高效。在国际化社区和国际化企业集聚的重点片区开办国际学校、开设国际课程和配置国际化医疗机构，提供与国际接轨的教育、医疗保障服务。加快建设河南卢森堡中心，为符合条件的外国人才在办理永久居留、签证证件等方面提供更加便利的服务。要为高层次人才配备"一对一"服务专员，推行代办服务模式，为其提供出入境和居留、户籍、住房、配偶随迁、子女入学等便捷服务。要最大限度地发挥党管人才工作的指导、引领和辐射作用，为科研人才提供施展抱负的机会、增长才干的空间。如表 12 – 1 所示。

表 12 – 1 "智汇郑州"人才工程

人才策略	主要内容
四类高层次人次	顶尖人才、国家级领军人才、地方级领军人才、地方突出贡献人才
七个专项计划	（1）顶尖人才（团队）引领计划 （2）重点产业人才支撑计划 （3）社会事业人才荟萃计划 （4）优秀企业领航计划 （5）高技能人才振兴计划 （6）青年人才储备计划 （7）海外高层析人才集聚计划
2020 年主要目标	（1）引进培育 5～10 个顶尖创新团队 （2）聚集 100 名国内外顶尖人才 （3）聚集 3000 名重点产业急需紧缺人才 （4）聚集 2000 名社会企业领域领军和专业骨干人才 （5）新增 40000 高技能人才 （6）每年吸引 20 万名高校生在郑创新创业

资料来源：智汇郑州人才网。

（五）打造中国内陆最具魅力的品质生活新高地

提升城市能级与打造高品质生活新高地，两者相互联系、相互促进、相辅相成。城市能级的提升可以为人民生活水平的改善提供更加广阔的空间，而不断满足人民群众对美好生活的向往，让人民群众能够享有高品质生活，则是城市能级提升的助推力和重要标志。提升郑州城市能级的最终目的，是要满足郑州人民对美好生活的向往和追求。因此，提升郑州城市能级必须坚持以人民为中心的发展思想，着力打造中国内陆最具魅力的品质生活新高地，让郑州人民过上更加美好的生活。

一是着力构建更完善的公共服务体系。坚持对标国内一线城市，对标世界城市，以与国际接轨、中部地区领先、方便群众、降低成本为目标和原则，通过健全和完善政策制度、组织架构、运行机制，采取服务前移、窗口受理、内部运转、网上经办、监控测评等具体举措，统筹建立与经济社会发展水平和人民群众预期相适应的公共服务体系，加快实施一批战略性、引领性、功能性重大基础设施和民生项目，努力增加多层次、高水平公共服务供给，提高公共服务的便捷性、可及性、群众满意度，推动形成高品质生活保障体系，逐步实现教育事业优质化、医疗卫生多元化、养老服务全覆盖、人居环境日益优化，使教育、医疗卫生、养老、城乡民生基础设施、交通、住房等主要指标总体达到中部地区领先水平。要进一步优化医疗机构和教育机构规划布局，顺应城市空间格局调整、大都市区一体化发展的新形势，科学编制医疗卫生和教育机构及其设施布局的区域规划，实现机构层级、服务半径与群众医疗需求的精准匹配和无缝衔接。要进一步完善各类基础设施，全面提升市民出行的便捷度和通达率，提高各类居住区的舒适程度。

二是着力营造更加优质的法治环境和人文环境。良好的法治环境和人文环境是高品质生活的应有之义。要全面推进依法治市，大力推进法治郑州建设，弘扬法治精神，培育法治文化，强化基层普法，努力在全市形成办事依法、遇事找法、解决问题用法、化解矛盾靠法的良好法治环境，努力把郑州建成法治环境最好的国家中心城市，使法治成为郑州核心竞争力的重要标志。要大力培育和践行社会主义核心价值观，弘扬博大、开放、创新、和谐的郑州城市精神，打造公正包容、更富魅力的人文之城，让郑州更具人文关怀，让城市更有温度。要着力保护好、挖掘好、利用好郑州丰富的历史文化资源，延续城市历史文脉，推进商代王城、黄帝故里、登封"天地之中"历史建筑群等保护开发，凸显厚重中原文化，不断提升郑州"华夏文明之源、黄河文化之魂"的认同感和感召力，全面提升城市气质、城市气派，让人们感受到华夏文明、黄河文化的历史厚重感，增强文化自信心。要努力讲好"黄河故事"，高标准打造黄河历史文化主地标，建好黄河文化公园，将黄河沿线生态保护与文化挖掘有机结合起来，努力把黄河郑州段建成世界级的黄河文明寻根胜地和中华优秀传统文化观光体验的目的地。

三是着力推进生态环境质量持续改善。持续改善生态环境质量，是郑州满足市民对美好生活向往的重要举措，也是郑州提升城市品质和城市能级的重要内容。生态环境问题是目前郑州城市发展的短板。全市上下要认清形势、坚定信心，把生态环境保护工作摆在突出位置，扎实推进生态文明建设。要全面推动绿色发展，坚决打赢蓝天保卫战，坚决打好碧水保卫战，扎实推进净土保卫战，持续加强生态建设。要坚持目标导向、问题导向，突出重点，持续攻坚，在"控、治、建、转"上下功夫，在统筹上做好文章。要严格规划实施、环境管控，做到保护有据、开发有界、发展有序、管控有力。要坚决抓好中央环保督察问题整改，切实在解决突出问题上下功夫，既治标更治本，着力实现环境保护体制机制新突破，以制度建设固化整改成效回应社会关切，提高人民群众的幸福感和满意度。要进一步加大投入，加快推进生态建设，不断提高自净能力、碳汇能力和生态承载能力。要着力转变发展方式，推进绿色发展，走好绿色发展路子。要注重统筹、协调推进，进一步完善市域生态空间格局，让天更蓝、地更绿、水更清。

参考文献

一、马克思主义经典作家重要文献

［1］马克思恩格斯选集［M］．北京：人民出版社，2012.

［2］马克思恩格斯选集［M］．北京：人民出版社，1995.

［3］马克思恩格斯全集（第2卷）［M］．北京：人民出版社，1957.

［4］马克思恩格斯全集（第3卷）［M］．北京：人民出版社，1972.

［5］马克思恩格斯全集（第21卷）［M］．北京：人民出版社，1965.

［6］马克思恩格斯全集（第47卷）［M］．北京：人民出版社，1979.

［7］马克思．资本论（第3卷）［M］．北京：人民出版社，2018.

［8］毛泽东外交文选［M］．北京：中央文献出版社，世界知识出版社，1994.

［9］毛泽东选集［M］．北京：人民出版社，1991.

［10］毛泽东文集［M］．北京：人民出版社，1999.

［11］邓小平文选（第2卷）［M］．北京：人民出版社，1994.

［12］邓小平文选（第3卷）［M］．北京：人民出版社，1993.

二、习近平总书记重要文献

［1］习近平．习近平谈治国理政［M］．北京：外文出版社，2014.

［2］习近平．习近平谈治国理政（第2卷）［M］．北京：外文出版社，2017.

［3］习近平．决胜全面建成小康社会 夺取新时代中国特色社会主义伟大胜利——在中国共产党第十九次全国代表大会上的报告［M］．北京：人民出版社，2017.

［4］习近平．在北京人民大会堂与在华工作的外国专家座谈时的讲话［N］．人民日报，2012－12－06.

［5］习近平．在参加十二届全国人大一次会议上海代表团审议时的讲话［N］．人民日报，2013－03－06．

［6］习近平．在同全国劳动模范代表座谈时的讲话［N］．人民日报，2013－04－29．

［7］习近平．在同各界优秀青年代表座谈时的讲话［N］．人民日报，2013－05－05．

［8］习近平．在十八届中央政治局第十三次集体学习时的讲话［N］．人民日报，2014－02－26．

［9］习近平．在中国科学院第十七次院士大会、中国工程院第十二次院士大会上的讲话［N］．人民日报，2014－06－10．

［10］习近平．在十八届中央政治局第二十次集体学习时的讲话［N］．人民日报，2015－01－25．

［11］习近平．在参加十三届全国人大一次会议广东代表团审议时的讲话［N］．人民日报，2018－03－08．

［12］习近平．开放共创繁荣，创新引领未来——在博鳌亚洲论坛2018年年会开幕式上的主旨演讲［N］．人民日报，2018－04－11．

［13］习近平．在庆祝海南建省办经济特区30周年大会上的讲话［N］．人民日报，2018－04－14．

［14］习近平．在纪念马克思诞辰200周年大会上的讲话［N］．人民日报，2018－05－05．

［15］习近平．在上海考察时的讲话［N］．人民日报，2018－05－25．

［16］习近平．齐心开创共建"一带一路"美好未来——在第二届"一带一路"国际合作高峰论坛开幕式上的主旨演讲［N］．人民日报，2019－04－27．

［17］习近平．共谋绿色生活，共建美丽家园——在2019年中国北京世界园艺博览会开幕式上的讲话［N］．人民日报，2019－04－29．

［18］习近平．在推动中部地区崛起工作座谈会上的讲话［N］．人民日报，2019－05－23．

［19］习近平．在中国科学院第十九次院士大会、中国工程院第十四次院士大会上的讲话［N］．人民日报，2018－05－29．

［20］习近平．在庆祝改革开放40周年大会上的讲话［N］．人民日报，2018－12－19．

［21］习近平．在河南视察时的讲话［N］．人民日报，2019－09－19．

［22］习近平．在黄河流域生态保护和高质量发展座谈会上的讲话［N］．人民日报，2019－09－20．

［23］习近平．在上海考察时的讲话［N］．人民日报，2019－11－04.

三、党委政府重要文献

［1］国家发展改革委．关于支持郑州建设国家中心城市的指导意见，2017.

［2］中共河南省委，河南省人民政府．关于支持郑州建设国家中心城市的若干意见，2019.

［3］河南省人民政府．关于支持郑州建设国家中心城市若干政策措施的意见，2019.

［4］中共河南省委，河南省人民政府．建立更加有效的区域协调发展新机制实施方案，2019.

［5］中共河南省委，河南省人民政府．关于深化人才发展体制机制改革　加快人才强省建设的实施意见，2017.

［6］河南省人民政府．关于扩大对外开放积极利用外资的实施意见，2017.

［7］河南省人民政府．关于大力推进大众创业万众创新的实施意见，2016.

［8］中共上海市委．关于面向全球面向未来提升上海城市能级和核心竞争力的意见，2018.

［9］上海市人民政府．关于进一步扩大开放加快构建开放型经济新体制的若干意见，2017.

［10］中共成都市委．关于全面深入贯彻落实党的十九大精神　加快建设全面体现新发展理念国家中心城市的决定，2017.

［11］中共成都市委，成都市人民政府．关于创新要素供给培育产业生态提升国家中心城市产业能级若干政策措施的意见，2017.

［12］成都市人民政府．关于加快总部经济发展做强国家中心城市核心功能支撑的意见，2018.

［13］中共武汉市委，武汉市人民政府．关于进一步加快推进国家中心城市建设的意见，2016.

［14］武汉建设国家中心城市实施方案，2018.

［15］中共西安市委关于加快国家中心城市建设　推动高质量发展的决定，2018.

［16］西安市贯彻落实"追赶超越"定位加快国家中心城市建设行动方案，2019.

［17］中共郑州市委．关于高举习近平新时代中国特色社会主义思想伟大旗帜　开启郑州全面建设国家中心城市新征程的意见，2017.

［18］郑州市人民政府．郑州建设国家中心城市行动纲要（2017—2035

年），2018.

［19］中共郑州市委郑州市人民政府　关于实施"智汇郑州"人才工程加快推进国家中心城市建设的意见，2017.

［20］中共郑州市委，郑州市人民政府．关于全面加快科技创新推动经济高质量发展的若干意见，2019.

四、其他重要著作

［1］藤田昌久等．集聚经济学：城市产业区位与区域增长［M］．成都：西南财经大学出版社，2004.

［2］普罗泰戈拉．古希腊罗马哲学［M］．北京：生活·读书·新知三联书店，1987.

［3］彼得·纽曼等．规划世界城市——全球化与城市政治［M］．上海：上海人民出版社，2012.

［4］赵健等．国家中心城市建设报告（2018）［M］．北京：社会科学文献出版社，2018.

［5］赵健等．国家中心城市建设报告（2019）［M］．北京：社会科学出版社，2019.

［6］王建国．郑州建设国家中心城市研究［M］．北京：中国经济出版社，2018.

［7］姚阳．国家中心城市形成与发展——以广州为例［M］．北京：研究出版社，2013.

［8］孙志刚．城市功能论［M］．北京：经济管理出版社，1998.

［9］陶松林等．现代城市功能与结构［M］．北京：中国建筑工业出版社，2014.

［10］彭兴业．首都城市功能研究［M］．北京：北京大学出版社，2000.

［11］刘江华等．国家中心城市功能比较与广州发展转型之路［M］．北京：中国经济出版社，2016.

［12］王观松．建设国家中心城市复兴大武汉［M］．武汉：湖北人民出版社，2012.

［13］常战军等．建设国家中心城市发展战略研究——以郑州市为例［M］．郑州：郑州大学出版社，2018.

［14］陈秋玲等．服务城市：现代城市功能的回归［M］．上海：格致出版社，2010.

［15］屠启宇．全球视野下的科技创新中心城市建设［M］．上海：上海社

会科学院出版社，2015.

　　[16] 魏后凯. 现代区域经济学 [M]. 北京：经济管理出版社，2006.

　　[17] 周一星. 城市地理学 [M]. 北京：商务印书馆，1995.

　　[18] 李小建. 经济地理学（第二版）　[M]. 北京：高等教育出版社，2006.

　　[19] 梁琦. 产业聚集论 [M]. 北京：商务印书馆，2004.

　　[20] 江激宇. 产业集聚与区域经济增长 [M]. 北京：经济科学出版社，2006.

　　[21] 徐康宁. 产业聚集形成的源泉 [M]. 北京：人民出版社，2006.

　　[22] 纪良纲等. 城市化与产业集聚互动发展研究 [M]. 北京：冶金工业出版社，2005.

　　[23] 张强等. 增强城市综合服务功能研究：理论、实证与广州策略 [M]. 北京：中国经济出版社，2012.

　　[24] 王丰龙等. 国家中心城市建设的科学基础与途径 [M]. 北京：中国财政经济出版社，2017.

　　[25] 倪鹏飞等. 国家中心城市视角下的郑州指数："一带一路"倡议下郑州建设国家中心城市研究 [M]. 北京：中国社会科学出版社，2018.

　　[26] 丁伟等. 国家中心城市与城市的战略思维 [M]. 北京：中国城市出版社，2012.

　　[27] 广州市社会科学规划领导小组办公室. 建设国家中心城市的战略构想：广州智库研究报告 [M]. 北京：社会科学文献出版社，2017.

　　[28] 王一鸣等. 广州迈向国家中心城市的战略选择 [M]. 北京：中国建筑工业出版社，2012.

　　[29] 高汝熹等. 上海大都市圈结构与功能体系研究 [M]. 上海：三联书店，2007.

　　[30] 王建国. 郑州大都市区建设研究 [M]. 北京：社会科学文献出版社，2017.

　　[31] 王圣学. 西安大都市圈发展研究 [M]. 北京：经济科学出版社，2005.

　　[32] 李程骅等. 城市与区域创新发展论 [M]. 北京：中国社会科学出版社，2014.

五、期刊

　　[1] 金碚. 全球化新时代的中国区域经济发展新趋势 [J]. 区域经济评论，

2017（1）.

　　［2］金碚．以创新思维推进区域经济高质量发展［J］．区域经济评论，2018（4）.

　　［3］田美玲．国家中心城市研究综述［J］．国际城市规划，2015（2）.

　　［4］陈来卿．建设国家中心城市以功能论输赢［J］．城市观察，2009（2）.

　　［5］陈江生等．国家中心城市的发展瓶颈及解决思路——以东京、伦敦等国际中心城市为例［J］．城市观察，2009（2）.

　　［6］周阳．国家中心城市：概念、特征、功能及其评价［J］．城市观察，2012（1）.

　　［7］尹稚等．基于国家战略视野的国家中心城市建设［J］．北京规划建设，2017（1）.

　　［8］田美玲等．国家中心城市职能评价及竞争力的时空演变［J］．城市规划，2012（11）.

　　［9］朱小丹．论建设国家中心城市——从国家战略层面全面提升广州科学发展实力的研究［J］．城市观察，2009（2）.

　　［10］姚华松．论建设国家中心城市的五大关系［J］．城市观察，2009（2）.

　　［11］白桦等．内陆国家级中心城市经济发展路径研究——基于内陆自贸区视角［J］．经济问题探索，2018（18）.

　　［12］李柏峰．关于北京优化城市功能布局的对策建议［J］．北京市经济管理干部学院学报，2015（2）.

　　［13］杜姗姗．北京：基于宜居视角的国家中心城市之墨尔本经验借鉴［J］．北京规划建设，2017（1）.

　　［14］许治等．国家中心城市技术扩散与区域经济增长——以北京、上海为例［J］．科研管理，2013（4）.

　　［15］汪江龙．首都城市功能定位与产业发展互动关系研究［J］．北京市经济管理干部学院学报，2011（4）.

　　［16］杨姝琴．广州增强国家中心城市辐射力研究［J］．城市观察，2014（6）.

　　［17］王国恩等．基于国家中心城市定位的广州核心职能研究［J］．城市规划，2009（S2）.

　　［18］罗开利．广州国家中心城市开放型经济体制转型升级问题研究［J］．特区经济，2014（7）.

［19］刘治彦．广州城市功能布局优化研究［J］．企业经济，2013（10）．

［20］彭丽敏．武汉建设国家中心城市的思考——以城市功能和国家战略的动态耦合为线索［J］．城市发展研究，2013（1）．

［21］杨先榕．从城市功能角度看城市综合竞争力提升——以武汉市为例［J］．今日湖北（理论版），2007（5）．

［22］武汉市财政科学研究所课题组．建设国家中心城市复兴大武汉［J］．武汉学刊，2014（1）．

［23］李后强等．国家中心城市发展动力研究——以成都市为例［J］．中国西部，2018（2）．

［24］周灵．国家中心城市绿色发展研究——以成都市为例［J］．当代经济，2017（32）．

［25］朱逸宁．西部国家中心城市的定位与文化软实力提升——以西安和成都为例［J］．中国名城，2018（11）．

［26］黄俊等．国家中心城市职能评价体系建构——以武汉市为例［J］．现代城市研究，2018（5）．

［27］郭国峰．郑州市国家中心城市辐射力研究［J］．中州大学学报，2019(2)．

［28］易雪琴．国际经验与郑州建设国家中心城市研究［J］．郑州航空工业管理学院学报，2017（5）．

［29］易雪琴．国家中心城市建设的国内经验及其对郑州的启示［J］．中共郑州市委党校学报，2018（3）．

［30］易雪琴．国家中心城市：推进、成效及评述［J］．郑州航空工业管理学院学报，2019（3）．

［31］朱晓燕．郑州市建设国家中心城市的优势和发展问题研究［J］．现代经济信息，2016（22）．

［32］喻晓莹等．郑州建设国家中心城市的独特优势与主要任务［J］．区域经济评论，2018（6）．

［33］杨兰桥．郑州建设国家中心城市的战略路径研究［J］．黄河科技大学学报，2018（5）．

［34］王新涛．基于国家中心城市识别标准的郑州发展能力提升研究［J］．区域经济评论，2017（4）．

［35］王元亮．国家中心城市建设背景下郑州市综合承载能力评价研究［J］．生态经济，2019（2）．

［36］胡星等．郑州国家中心城市功能优化提升研究——基于中西部五个中心城市的比较［J］．中国名城，2019（9）．

［37］孙诗瑶．郑州市建设国家中心城市的产业结构问题研究［J］．时代经贸，2018（27）．

［38］刘战国．构建郑州国家级中心城市问题探讨［J］．河南科学，2014(6)．

［39］刘战国等．郑州大都市圈及中原城市群结构优化研究［J］．郑州航空工业管理学院学报（社会科学版），2017（5）．

［40］王琳．国家中心城市文化软实力评价研究——以港京沪津穗城市为例［J］．城市观察，2009（3）．

［41］陈柳钦．城市功能及其空间结构和区际协调［J］．中国名城，2011（1）．

［42］陈柳钦．基于产业视角的城市功能及其优化协调［J］．上海城市管理职业技术学院学报，1999（1）．

［43］王凯等．建设国家中心城市的意义和布局思考［J］．城市规划学刊，2012（3）．

［44］张复明等．城市职能体系的若干理论思考［J］．经济地理，1999（3）．

［45］刘静波．关于产业结构调整与城市功能演变的关系研究［J］．生产力研究，2012（4）．

［46］田美玲等．国家中心城市的内涵与判别［J］．热带地理，2015（3）．

［47］庞亚君．中心城市功能的内涵特征与发展演变［J］．中国城市化，2015（2）．

［48］吴一洲等．多中心城市的概念内涵与空间特征解析［J］．城市规划，2016（6）．

［49］高宜程等．城市功能定位的理论和方法思考［J］．城市规划，2008（10）．

［50］于向英等．郑州市产业结构现状及优化方略的思考［J］．河南省情与统计，2002（1）．

［51］赵丽珍．关于综合运输枢纽概念及其分类［J］．综合运输，2005（12）．

［52］王娟等．我国多式联运枢纽发展分析［J］．综合运输，2016（10）．

［53］刘涛等．国家中心城市建设背景下的郑州文脉挖掘和人文形象塑造［J］．上海城市管理，2017（3）．

［54］胡杨．国际多式联运的优越性［J］．大陆桥视野，2014（14）．

［55］盖星石．推进南京交通枢纽及枢纽型经济一体化发展的若干思考［J］．城市，2017（10）．

［56］毛科俊等．我国亟需明确枢纽经济发展的方向和路径［J］．中国经贸

导刊，2017（30）.

  ［57］张士运等.科技创新中心的功能与评价研究［J］.世界科技研究与发展，2018（1）.

  ［58］张战仁.关于发展我国京沪两市科技创新功能的思考［J］.世界地理研究，2013（1）.

  ［59］中共浙江省委党校课题组.国际一流科创平台发展的成功经验［J］.浙江经济，2016（13）.

  ［60］张仁开等.我国国家技术创新体系建设的战略思考［J］.科技与经济，2009（1）.

  ［61］赵航.产业集聚效应与城市功能空间演化［J］.城市问题，2011（3）.

  ［62］蒋贵凰.基于文献综述的产业集聚与城市化的互动机理分析［J］.当代经济管理，2013（6）.

  ［63］刘晖.铁路与近代郑州城市空间结构变动及功能演变［J］.安徽史学，2015（4）.

  ［64］杜金岷.论广州城市综合服务功能的现状及发展定位［J］.南方经济，2003（11）.

  ［65］张少华.中心城市区域服务功能研究［J］.中国软科学，2013（6）.

  ［66］郑辉等.国外城市增强城市综合服务功能的借鉴与启示［J］.价值工程，2016（31）.

  ［67］周振华.城市综合竞争力的本质特征：增强综合服务功能［J］.开放导报，2001（4）.

  ［68］李红岩.对郑州市外商投资企业经营状况的调查［J］.金融理论与实践，1997（4）.

  ［69］李阎魁.城市发展的科学精神与人文精神——关于城市发展观的思辨［J］.现代城市研究，2005（6）.

  ［70］陈宁.城市人文精神培育中需要避免的几种倾向［J］.毛泽东邓小平理论研究，2005（2）.

  ［71］万新平.人文精神与城市发展［J］.思考与运用，2006（10）.

  ［72］杨林防.对提升城市文化品位的思考［J］.重庆建筑，2004（1）.

  ［73］黄光宇.生态城市研究回顾与展望［J］.城市发展研究，2004（6）.

  ［74］方可.生态化、宜人性与文化特色——创建21世纪中关村人居环境［J］.城市问题，1999（6）.

  ［75］舒从全.关于营建三峡库区"舒适城市"的构想［J］.重庆建筑大学

学报，2000（2）.

　　［76］邓清华等.城市人居理想和城市问题［J］.华南师范大学学报（自然科学版），2002（1）.

　　［77］邹德慈.生态城市的核心是城市的生态系统［J］.广西城镇建设，2011（2）.

　　［78］胡鞍钢.中国进入后工业化时代［J］.北京交通大学学报（社会科学版），2017（1）.

　　［79］张卫良.坚持城市国际化战略　加快提升杭州的城市能级［J］.杭州（周刊），2018（30）.

　　［80］赵肖等.城市人居环境健康宜居性探析［J］.艺术科技，2014（4）.

　　［81］邓玲等.共享发展理念下城市人居环境发展质量评价研究——以南京市为例［J］.生态经济，2017（10）.

　　［82］刘艳军等.长春市城市空间结构演化机制及调控路径［J］.现代城市研究，2008（6）.

　　［83］陈柳钦.城市功能及其空间结构和区际协调［J］.中国名城，2011（1）.

　　［84］侯学钢等.上海城市功能转变与地域空间结构优化［J］.城市规划，1997（4）.

　　［85］许继清.郑州城市空间结构的演变与特征［J］.华中建筑，2007（9）.

　　［86］姜晴.城市空间结构布局优化研究［J］.经济研究导刊，2009（31）.

　　［87］陈辞等.城市空间结构演变及其影响因素探析［J］.经济研究导刊，2010（18）.

　　［88］江曼琦.聚集效应与城市空间结构的形成与演变［J］.天津社会科学，2001（4）.

　　［89］朱军献.郑州城市规划与空间结构变迁研究（1906—1957）［J］.城市规划，2011（8）.

　　［90］赵建华等.转型时期城市空间的发展特征研究——以郑州为例［J］.南方建筑，2010（1）.

　　［91］蔡安宁等.郑州城市空间结构演变与重构［J］.城市发展研究，2012（6）.

　　［92］刘英等.郑州市空间结构演变分析［J］.现代城市研究，2008（3）.

　　［93］赵伟.中心城市功能与武汉城市圈发展［J］.武汉大学学报（哲学社会科学版），2005（3）.

　　［94］梁玉芬.城市空间结构决定的城市功能模式探讨［J］.中共山西省委党校学报，2005（3）.

　　［95］闵忠荣等.城市空间结构优化与城市空间管制区划——以南昌市为例

［J］．现代城市研究，2011（3）．

　　［96］谢守红．都市区都市圈和都市带的概念界定与比较分析［J］．城市问题，2008（6）．

　　［97］武文霞．美国大都市区概念演变及其对我国城市化的启示［J］．广东第二师范学院学报，2012（6）．

　　［98］王旭．大都市区化：本世纪美国城市发展的主导趋势［J］．美国研究，1998（4）．

　　［99］刘建芳．美国大都市区政治巴尔干化现象的成因及改革途径［J］．首都师范大学学报（社会科学版），2007（5）．

　　［100］谢守红．美国大都市区发展的特点与趋势［J］．天津师范大学学报（社会科学版），2003（6）．

　　［101］王法成．伦敦大都市区发展历程及规划实践简述［J］．城乡规划（城市地理学术版），2014（4）．

　　［102］王玉婧．欧洲首都大都市区经验对我国首都区建设与发展的启示［J］．环渤海经济瞭望，2010（3）．

　　［103］黄勇等．大都市区：长江三角洲区域城市化发展的必然选择［J］．浙江社会科学，2005（1）．

　　［104］张潇潇．基于城市功能的国家中心城市发展质量评价［J］．当代经济，2017（36）．

　　［105］张萍等．上海大都市区空间范围研究［J］．城市规划学刊，2013（4）．

　　［106］周阳．中国大都市区的空间范围与城镇体系——以武汉大都市区为例［J］．学习与实践，2014（12）．

　　［107］崔功豪．都市区规划——地域空间规划的新趋势［J］．国外城市规划，2001（5）．

　　［108］王博文．美国大都市区区域规划发展及对我国的启示［J］．党政视野，2015（11）．

　　［109］陈占彪．从"行政区经济"到"区域政治经济"［J］．社会科学，2009（4）．

　　［110］宋道雷．大都市区域治理何以可能［J］．杭州师范大学学报（社会科学版），2015（1）．

　　［111］杨新海等．由生物入侵到城市竞争与区域协调［J］．城市问题，2004（5）．

　　［112］赵全超．对珠三角经济圈城市群能级梯度分布结构的实证研究［J］．

西北农林科技大学学报（社会科学版），2005（5）.

［113］韩玉刚等．基于城市能级提升的安徽江淮城市群空间结构优化研究［J］．地理经济，2010（7）.

［114］人民论坛测评中心．对19个副省级及以上城市的城市能级测评［J］．国家治理周刊，2019（2）.

［115］周振华．论城市能级水平与现代服务业［J］．社会科学，2005（9）.

［116］魏达志．城市群已成国际竞争基本单位［J］．珠江经济，2007（6）.

［117］赵丽丽等．论创新创业活动的实践特征［J］．文存阅刊，2017（19）.

［118］蔡朝林．建设高水平对外开放门户枢纽的策略与路径［J］．暨南学报（哲学社会科学版），2018（8）.

［119］课题组．加快宁波都市圈建设的战略构想［J］．宁波经济（三江论坛），2017（4）.

［120］童燕．推进宁波都市圈建设的若干对策建议［J］．宁波经济（三江论坛），2017（6）.

［121］王超深等．1990年代以来我国大都市区空间规划研究综述［J］．北京工业大学学报，2017（4）.

［122］赵义怀．提升上海城市能级和核心竞争力的若干思考［J］．开放发展，2018（8）.

［123］伍江．上海城市发展内涵和理念优化调整与城市能级的阶段性提升［J］．开放发展，2016（4）.

［124］黄露．北京、上海对周边区域经济辐射能力的比较研究［J］．时代金融，2015（33）.

［125］肖奎喜等．纽约增强城市辐射力研究——兼论对广州的启示［J］．城市观察，2013（5）.

［126］赵娴等．中国国家中心城市经济辐射力分析与评价［J］．经济与管理研究，2013（12）.

［127］任宗哲．城市功能和城市产业结构关系［J］．探析电子科技大学学报（社会科学版），2000（2）.

［128］蒋铁柱等．构建完善的科技创新政策支持体系——北京、上海、深圳三地科技创新模式比较［J］．上海社会科学院学术季刊，2001（3）.

六、学位论文

［1］陈永生．城市功能定位研究——以辽源市为例［D］．东北师范大学硕士学位论文，2006.

［2］丁正源．基于产业结构的城市功能分析——以长三角为例［D］．浙江大学硕士学位论文，2008.

［3］赵敬．基于核心竞争力的城市功能定位研究［D］．暨南大学硕士学位论文，2006.

［4］乔墩墩．郑州建设国家中心城市的综合评价及路径研究［D］．河南大学硕士学位论文，2018.

［5］王晓蔓．国家中心城市科技实力评价理论研究与实证分析［D］．武汉理工大学硕士学位论文，2014.

［6］宋思曼．国家中心城市功能理论与重庆构建国家中心城市研究［D］．重庆大学博士学位论文，2013.

［7］张少华．广州综合服务功能研究：空间属性和强度分析［D］．中山大学硕士学位论文，2010.

［8］屈莹莹．国家中心城市的金融集聚对经济效率的影响研究［D］．郑州大学硕士学位论文，2017.

［9］李晶．武汉与五大中心城市功能比较研究［D］．武汉理工大学硕士学位论文，2013.

［10］耿娟．基于城市功能的城市发展质量评价及提升对策研究［D］．辽宁师范大学硕士学位论文，2015.

［11］力华生．大城市人居环境可持续发展的空间差异评价研究——以南京市区为例［D］．南京大学博士学位论文，2007.

［12］吴杰．城市市民广场空间亲和性营造研究［D］．苏州科技学院硕士学位论文，2009.

［13］谢小龙．上海城市空间结构调整与优化研究［D］．苏州大学硕士学位论文，2009.

［14］邓羽．综合交通可达性视角下的城市空间结构优化研究——以北京市为例［D］．中国科学院大学博士学位论文，2013.

［15］施彦卿．上海市中心城区 RBD 的空间结构研究［D］．同济大学硕士学位论文，2007.

［16］谭跃．城市空间结构演化研究——以成渝经济区为例［D］．重庆大学硕士学位论文，2009.

［17］张彩丽．郑州市城市空间结构演变研究［D］．郑州大学硕士学位论文，2007.

［18］张宇炜．苏州城市空间结构研究［D］．苏州大学硕士学位论文，2008.

［19］李默．城市空间结构演化研究与用地规模预测——以乌鲁木齐市为例［D］．新疆大学硕士学位论文，2007．

［20］焦鹏．大都市区是城市化高级阶段的城市空间形式［D］．北京大学硕士学位论文，2006．

［21］曹传新．大都市区形成演化机理与调控研究［D］．东北师范大学博士学位论文，2004．

［22］赵全超．我国三大经济圈城市群能级分布研究［D］．天津大学硕士学位论文，2004．

［23］高丰．中国大都市区的界定研究——兼论珠江三角洲大都市区的形成机制［D］．华东师范大学硕士学位论文，2007．

［24］鲍晓雯．特大城市辐射力初探［D］．首都经济贸易大学硕士学位论文，2013．

［25］曾浩．城市群内城际关系及其对城市发展影响研究［D］．中国地质大学博士学位论文，2016．

［26］李昕．区域性核心城市辐射带动能力研究［D］．山东科技大学硕士学位论文，2010．

［27］石正方．城市功能转型的结构优化分析［D］．南开大学博士学位论文，2002．

［28］潘承仕．城市功能综合评价研究［D］．重庆大学硕士学位论文，2004．

国家发展改革委关于支持郑州建设
国家中心城市的指导意见

（2017 年 1 月 22 日）

在全国布局建设若干国家中心城市，是引领全国新型城镇化建设的重要抓手，也是完善对外开放格局的重要举措。《促进中部地区崛起"十三五"规划》明确提出，支持郑州建设国家中心城市。郑州作为中原城市群核心城市，区位优势明显，腹地市场广阔，人力资源丰富，文化底蕴厚重，建设国家中心城市具有良好条件和巨大潜力，但经济发展体量、科技创新水平、辐射带动能力等仍需加快提升，迫切需要抢抓机遇、勇担使命，实现更大作为。为加快郑州建设国家中心城市，引领中原发展、支撑中部崛起、服务全国大局，现提出以下意见。

一、重要意义

一是有利于增强综合服务功能，引领中原城市群发展和支撑中部地区崛起。郑州地处国家"两横三纵"城镇化战略格局中陆桥通道和京哈京广通道交汇处，是中原城市群核心城市。但郑州经济首位度不高，高端要素资源集聚力不强，区域辐射带动作用发挥不足。加快建设国家中心城市，有利于推动郑州提升综合经济实力，补齐创新发展和高端功能短板，引领中原城市群一体化发展和支撑中部地区崛起。

二是有利于加快新旧动能转换，带动中部地区供给侧结构性改革。郑州坐依中原经济区广阔腹地，处于工业化、城镇化快速发展阶段，拥有郑东新区、自主创新示范区等平台，人力资源丰富，市场空间广阔，发展潜力巨大。建设国家中心城市，有利于郑州整合资源和政策，将人力资源、市场空间、功能平台等优势转化为发展新动能，积极探索供给侧结构性改革新模式，带动中部地区加快发展。

三是有利于打造内陆开放高地，积极服务和参与"一带一路"建设。郑州是新亚欧大陆桥经济走廊主要节点城市，是我国重要综合交通枢纽、商贸物流中心和内陆进出口大市，具有打造内陆开放型经济高地的先天优势，但开放水平不高、窗口作用不强。建设国家中心城市，有利于郑州依托自由贸易试验区、航空港经济综合实验区等，推动对内对外开放联动，不断拓展开放发展新空间，积极服务和参与"一带一路"建设。

二、总体要求

全面贯彻党的十八大和十八届三中、四中、五中、六中全会精神，深入贯彻习近平总书记系列重要讲话精神，按照统筹推进"五位一体"总体布局和协调推进"四个全面"战略布局的要求，牢固树立和贯彻落实创新、协调、绿色、开放、共享发展理念，积极把握引领新常态，深入推进供给侧结构性改革，以改革开放促发展、以全面创新促转型，着力发展枢纽经济，着力提升科技创新能力，着力增强综合经济实力，努力建设具有创新活力、人文魅力、生态智慧、开放包容的国家中心城市，在引领中原城市群一体化发展、支撑中部崛起和服务全国发展大局中作出更大贡献。

郑州建设国家中心城市必须坚持以下原则：

改革创新，提升功能。深入推进供给侧结构性改革，面向国内外聚合创新资源，推进创新链、产业链融合，提升科技创新、产业集聚、综合枢纽功能，加快形成发展新动能，形成更多以制度创新为引领、高端功能为支撑的发展新优势。

开放引领、区域联动。建设贯通南北、连接东西的现代立体交通体系和现代物流体系，提升内陆开放门户地位，深化与中原、沿海地区的联动，形成新亚欧大陆桥经济走廊区域互动合作的重要平台，辐射带动中原和中部地区开发开放。

生态优先、文化传承。严守基本农田保护红线和生态保护红线，明确城镇开发边界，合理布局生产、生活、生态空间，传承弘扬中华优秀文化和华夏历史文明，建设绿色低碳可持续发展城市，增强城市软实力和吸引力。

三、夯实产业基础，全面提升综合经济实力

（一）壮大先进制造业集群。全面提升制造业创新能力和创新能力，在高端装备、电子信息、汽车及零部件等领域，培育一批国际知名创新型领军企业，打造若干具有国际竞争力的产业集群。发展壮大新一代智能终端、电子核心基础部件、智能制造装备、生物医药、高端合金材料等新兴产业。

（二）提升服务业发展水平。增强国际物流通道和文化旅游交流功能，提高服务业外向度，积极引进跨国公司和企业集团区域性、功能性总部。加快郑东新区金融集聚核心功能区、郑州期货交易所等平台发展，搭建辐射全国的特色化、专业化服务平台，提升服务经济层次和水平。加快发展服务型制造和生产性服务业，创新发展商务服务、信息服务、文化创意、健康养老等服务经济。建设好中国服务外包示范城市。

（三）加快培育发展新经济。促进"互联网＋"新业态创新，发展分享经济、平台经济、体验经济、社区经济。建设龙子湖大数据谷，打造国家大数据综合试验区核心区。推进中国（郑州）跨境电子商务试验区建设。在下一代信息网络、生命科学、人工智能等前沿领域培育一批未来产业。

四、突出改革创新，加快培育壮大新动能

（四）深入推进政府职能转变。以高效市场、有限政府为目标，基本建立符合社会主义市场经济规律、适应现代治理体系要求的政府管理服务模式。加大简政放权、放管结合、优化服务力度，全面建立权力清单、责任清单、负面清单，最大限度放宽市场准入和减少政府对市场经济活动的干预。全面实施政府办事"单一窗口"模式。加强事中事后监管。

（五）改革优化创新政策制度。清楚妨碍创新的制度规定和行业标准，构建普惠性创新支持政策。深化保障和激励创新分配机制改革，落实创新成果处置权、使用权和收益权改革以及科技成果转化收益分配制度的相关政策。完善知识产权创造和保护机制，建设在线知识产权交易服务平台。

（六）加快聚合创新要素资源。支持开展一流大学、一流学科建设，引进国

内外高水平大学和国家级科研院所设立分支机构，建设全国重要科教中心。完善更加开放、更加灵活的人才培养、吸引和使用机制，集聚国内外创新型领军人才、高水平创新团队和专业人才队伍。加快促进科技和金融结合试点城市建设。

（七）打造创新创业发展平台。推进郑洛新国家自主创新示范区、郑（州）开（封）创新创业走廊等建设，积极开展重大政策先行先试。培育产业技术研究院等新型研发机构，推进跨行业跨区域协同创新，建设制造业创新中心。加快郑州航空经济综合实验区国家双创示范基地建设，发展开放式众创空间。建设国家区域性技术转移中心，促进国内外技术成果就地转移转化。积极融入全球创新网络，建设高水平国际联合研究中心和科技合作基地。

五、发挥区位优势，打造交通和物流中枢

（八）着力增强航空枢纽作用。进一步增强连接全球主要枢纽机场的货运航线和洲际客运航线，形成覆盖全球的国际客货运航线网络。加强国际国内航线对接，强化郑州机场与高速铁路、城际铁路等便捷高效交通系统的无缝衔接，提升国际化服务能力。推动低空空域开放，积极发展通用航空产业。

（九）巩固提升全国铁路枢纽功能。优化铁路枢纽布局，加快建设郑州南站和高铁快件物流集散中心，完善枢纽货物转运集疏系统。拓展铁路枢纽对外通道网络，构建以郑州为中心的米字形高速铁路大通道，强化郑州铁路枢纽在全国铁路网的作用和地位。完善提升国际铁路集装箱中心站功能，扩大中欧班列（郑州）服务范围。

（十）建设多式联运国际物流中心。结合郑州现代物流创新发展试点城市和示范物流园区建设，推进航空港、铁路港、公路港、出海港（国际陆港）一体协同，建设以航空、铁路为骨干的国际物流通道，完善以快速铁路和高等级公路为支撑的国内集疏网络。创新多式联运方式，支持开展国家空铁联运试点，建设物流一体化公共信息平台。

六、坚持内外联动，构筑内陆开放型经济高地

（十一）提升"一带一路"节点作用。推进与"一带一路"沿线重要口岸互

联互通，建设东联西进的陆海通道。聚焦物流、装备制造、工程承包等优势领域，深化与中亚、俄罗斯、东南亚、东中欧等重点区域的合作，建设双向经贸产业合作园区和海外物流基地，全面加强文化、旅游、教育、医疗、人才等领域交流合作。深化与连云港、西安、乌鲁木齐等城市合作，提升在新亚欧大陆桥经济走廊建设中的重要节点作用。

（十二）构筑双向开放大平台。高水平建设中国（河南）自由贸易试验区郑州片区，扩大投资领域开放，积极有效吸引境外资金、先进技术和高端人才，深化金融领域开放创新，扩大航空服务对外开放，创新国际医疗旅游产业融合发展。提升郑州航空港经济综合试验区、郑州经济技术开发区等开放功能，布局发展高端制造业和现代服务业。

（十三）大力发展口岸经济。拓展郑州国际航空口岸和国际铁路口岸功能，健全口岸经济发展机制，促进口岸与枢纽、物流、贸易、金融联动发展。提高功能性口岸、海关特殊监管区运行效益，加快发展中转贸易、离岸贸易等新型业态。创新大通关协作机制和模式，加快建设国际贸易"单一窗口"。

（十四）增强辐射带动功能。强化郑州核心功能，推进中原城市群交通一体、产业链接、生态共建、服务共享。发挥中部崛起战略支撑作用，加强与中部地区省会城市互动合作。依托独特区位优势，引领中原城市群加强与京津冀、长三角、珠三角、长江中游、成渝等城市群的联动互动。

七、彰显人文特色，建设国际化现代都市

（十五）引领大都市区建设。加快与开封、新乡、焦作、许昌等城市融合发展，共建高效衔接基础设施，共守生态安全，健全多元共享公共服务体系，打造现代化大都市区。强化重大交通廊道支撑作用，推动城市功能整合和产业布局优化，形成网络化、多中心、组团式、集约型大都市区空间结构。

（十六）营造美丽宜居环境。严守生态保护红线，优化生产、生活、生态空间布局，着力构建森林、湿地、流域、农田和城市五大生态系统，构筑主城区绿色生活圈、城市周边生态隔离圈、外围森林防护圈。突出西部山地、黄河沿岸等生态空间主体功能，加强黄河湿地保护修复。推进生态廊道建设，打造彰显绿城特色的生态网络。强化环境综合治理，促进资源集约复合利用，加快形成绿色低碳生产生活方式和城市建设运营模式。

（十七）彰显中原文化魅力。传承保护和创新发展古都文化、功夫文化、根

亲文化和儒释道文化，提升凝聚荟萃、辐射带动和展示交流功能，建设国际文化大都市。提升嵩山论坛影响力，打造中华文明与世界文明对话交流的重要平台。强化城市文化设计，塑造具有中原文化特色、传统与现代交相辉映的城市形象。深化对外文化交流，培育一批知名文化品牌。

（十八）推动城乡统筹发展。优化城乡空间布局、规模和结构，统筹全域城镇建设、基础设施布局、农田保护、产业集聚、村庄分布、生态涵养。推进公交都市、智慧城市、海绵城市和地下综合管廊等建设，提升城镇现代基础设施水平。优化城乡公共服务设施布局，增加就业、教育、医疗、文化等公共服务供给，促进基本公共服务均等化。加快中小城市和特色小（城）镇建设，促进农业现代化和农民就地就近城镇化，推进农村一二三产业融合发展。

郑州市是建设国家中心城市的责任主体，要制定具体实施方案，强化改革创新，提升综合服务功能。国家发展改革委和河南省人民政府给予支持指导，在规划编制、政策实施、项目安排、改革试点等方面予以适当倾斜。

后　记

　　2017 年，经郑州市委批准、在郑州师范学院领导的大力支持下，开始着手筹建郑州国家中心城市研究院，致力于围绕中心服务大局打造一个在国家中心城市研究领域具权威性和话语权的新型高校智库。经过近两年的探索，高端论坛、蓝皮书、智库内刊等系列品牌成果获得业内认可，智库建设初见成效。在这一过程中凝聚了队伍、打造了平台，也收获了成长。2019 年初，在第二本国家中心城市蓝皮书《国家中心城市建设报告（2019）》创研过程中，我们创新引入国家中心城市的成长性分析，并惊喜地发现，郑州虽然现阶段综合发展实力在九个国家中心城市中相对较弱，但成长性居首位。郑州发展潜力巨大，前进的步伐铿锵有力。怀着对郑州这座古老又年轻的城市深深的热爱和期待，同时在岗位职责使命的驱动下，我们开始聚焦郑州，并以郑州为例，思索如何从历史的脉络中分析国家中心城市功能的演进及功能完善提升的路径与方法。

　　"研究性的写作，犹如探险旅行。"在 2019 年初夏的时候，我们也开始了类似的探险旅行。在近一年的研究学习中，我们曾饱尝几多辛酸苦涩，也一路收获攻克座座理论堡垒后的无比快乐。终于，在樱花惊艳绽放的美好时节，在新时代最可爱的人踏着春光从武汉凯旋的感人时刻，我们的这次探险之旅也进入了扫尾收官阶段。

　　本书的创研工作得到了郑州师范大学国家中心城市研究院闫德民研究员的鼎力支持与无私帮助。特别是在写作过程中经常性地一起研究探讨，并对书稿进行了全面、细致的修改。中国社会科学院工业经济研究所研究员、中国区域经济学会副会长兼秘书长、郑州师范学院国家中心城市研究院院长陈耀研究员，对本书的框架结构和写作大纲提出了宝贵的建设性意见，并会同中国区域经济学会副会长、河南省高校智库联盟理事长、郑州师范学院国家中心城市研究院首席专家喻新安研究员审阅了全部书稿。郑州师范学院国家中心城市研究院徐艳红博士、常阳博士为本书制作了全部图表，并为本书撰写查阅和提供了大量文献资料。本书的创研工作，得到了中国区域经济学会国家中心城市专业委员会主任委员、中共郑州师范学院党委书记赵健教授和郑州师范学院校长孙先科教授的亲切关心与热情鼓励，得到了中国区域经济学会国家中心城市专业委员会副主任委员、郑州师范学院副校长蒋丽珠教授的悉心指导和鼎力支持。值此本书即将付梓之际，特向他们表示由衷的感谢和诚挚的敬意。

本书出版得到河南省软科学研究计划项目（202400410267）和郑州市软科学研究计划项目（2019RKXF0035）支持。同时，在创研过程中，我们参考、借鉴和吸收了诸多专家学者的相关研究成果。在此，一并致以由衷的感谢！

由于创研能力和水平有限，书中存在瑕疵、疏漏乃至谬误之处在所难免，恳请各位专家、同仁和读者不吝赐教，批评指正。

石玉

2020 年 3 月